법과 생활

이철호 著

머 리 말

현대사회에서 법에 대한 이해는 민주시민으로서 최소한의 의무이며, 사회생활의 필수적 요건이 되었다. 아울러 법 없이 살 수 없는 세상이 되었다. 민주사회는 자유로운 경쟁과 거래를 보장하고 있지만, 한편으로는 법률과 법 제도를 악용하여 사회적 약자를 해치며 이득을 보는 교활한 사람들도 있다.

자유와 권리는 법률문서에 기록된 것만으로 자동적으로 보장되는 것은 아니다. 권리의 성문화는 보장의 '가능조건'이지 '보장' 그 자체를 의미하는 것은 아니다. 자유와 권리는 현실 생활에서 부단하게 지키려고 노력하는 과정에서 보장되는 것이다.

세상을 살아가면서 넘지 말아야 할 문턱으로 흔히 '병원문턱'과 '법원문턱'이라고 말한다. 평소에 건강관리를 하지 않아 여러 가지 질병으로 치료받기 위해 병원에 가는 순간 경제적 부담과 항생제 등의 사용으로 몸이 망가지는 것이다. 그래서 병원문턱을 넘지 않기 위해서는 평소에 건강에 관심을 가지고 관리를 해야 한다. 이것이 바로 예방의학의 중요함이다.

이와 마찬가지로 일상생활에서 주고받는 영수증이나 계약서 등에 세심한 주의를 기울이지 않거나 인정(人情)에 이끌려 법률생활을 소홀히 하는 경우 필시 사법기관이나 법원문턱을 넘을 수밖에 없다. 법은 각종 분쟁과 탈법을 규제하는 사회통제수단의 일종이며, 법률분쟁이 당사자 사이에 해결되지 않으면 법원의 심판을 빌리는 수 밖에 없다. 이러한 면에서 법원은 '사회 질병'을 치료하는 곳이라고 볼 수 있다. 또한 '송사 3년에 기둥 뿌리 뽑힌다'고 하는 법률속담이 있다. 소소한 법률분쟁의 시작은 어느덧 패소가 불보듯 하지만 감정싸움으로 치달아 논팔고 집팔고 끝내는 패가망신하고 만다. 자신이 법률지식을 갖고 있지 않으면 눈뜨고서 속고 피해를 당할 수밖에 없는 세상이 되었다. 예방의학의 중요성만큼이나 법률세계에서 분쟁을 사전에 막는 예방법학이 오늘날 더욱 중요하다.

세상을 살아가다 보면 크고 작은 여러 가지 법률적인 문제에 부딪히게 되지만, 자신의 권리와 이익을 올바로 지킬 수 있는 방법을 몰라 당황하는 경우가 있다.

이번 책의 당초 구상은 법학을 배우는 초학자(初學者)들에게 실생활에 도움이 되는 법률내용으로 꾸며보려고 계획하였으나, 그것이 뜻대로 되지는 못하였다. 연구와 강의를 통하여 미진한 부분을 계속하여 보완해 나갈 작정이다.

어려운 출판환경에서도 흔쾌히 출판을 허락하여 주신 도서출판 21세기사 이범만사장님께 감사의 마음을 표한다.

2018년 7월 15일

삼애관 연구실에서
이 철 호

목 차

제10장 ▪ 폭력과 법

제11장 ▪ 형사사건의 절차와 법률생활

제12장 ▪ 정치참여와 지방자치

제13장 ▪ 계약일반과 금전거래

제 1 장 현대사회와 권리를 위한 투쟁

현대사회에서 법에 대한 이해는 민주시민으로서 최소한의 의무이며, 사회생활의 필수적 요건이 되었다. 아울러 법 없이 살 수 없는 세상이 되었다. 민주사회는 자유로운 경쟁과 거래를 보장하고 있지만, 한편으로는 법률과 법 제도를 악용하여 사회적 약자를 해치며 이득을 보는 교활한 사람들도 있다.

자유와 권리는 법률문서에 기록된 것만으로 자동적으로 보장되는 것은 아니다. 권리의 성문화는 보장의 '가능조건'이지 '보장' 그 자체를 의미하는 것은 아니다. 자유와 권리는 현실 생활에서 부단하게 지키려고 노력하는 과정에서 보장되는 것이다.

규범(規範)이란 개인이나 집단의 이해(利害) 갈등의 조정기술(調整技術)의 하나라고 볼 수 있다. 인간 자체가 불완전한 존재이기 때문에 그 생활을 타율적(他律的)으로라도 규제하는 기준이나 제도가 있어야 하고, 행위의 테두리가 정해져야 한다. 규범이 추구하고 실현하고자 하는 질서는 공정(公正)·공평(公平)을 이상으로 한다. 사람 사이의 관계에서 이해관계를 공평하게 조절해서 공존(共存)하는 질서를 세워가자는 것을 이상(理想)으로 한다. 물로 법 자체나, 법의 현실이 모두 그러한 이상을 충족시키고 있는 것은 아니다. 법 자체가 불비(不備)하기도 하고, 법의 실제가 불공평한 경우도 있다. 법을 만드는 과정에서 그에 참여한 사람들이 특정의 사회적 이해만을 지나치게 옹호하여 법이 불공평(不公平)하게 될 수도 있다. 또 법을 집행하는 과정에서도 정실(情實), 뇌물, 편파된 행동이 작용할 수도 있다. 가장 공정해야할 재판(裁判)조차 오판(誤判)이 생겨나게 된다. 그렇다고 실망할 필요는 없다. 불완전하지만 최선의 상태를 모색하여 끊임없이 노력하고 그런 과정에서 조금씩 향상·진보되는 것이 인간사회이다.[1)]

---

1) 한상범·연기영, 『법학개론』, 법문사(1990), 6-7면.

19세기 독일의 법학자인 루돌프 폰 예링(Rudolf von Jhering, 1818-1892)은 "강제(强制)가 없는 법(法)[2)]은 타지 않는 불이고 비치지 않는 등불"이라고 했다. 법이라고 하면 강제성(强制性)이 있는 것이고, 또 반드시 있어야 한다는 의미이다.

예링(Rudolf von Jhering)은 그의 명저(名著) 『권리를 위한 투쟁(Der Kampf uns Recht, 1872)』에서 권리를 위한 투쟁은 권리자의 영광스러운 의무이며, 권리를 주장함으로써 손해를 입는다 하더라도 권리를 위하여 싸운다는 것이 침해당한 자기인격을 회복하기 위한 윤리적 의무라고 말했다. 특히 후진국가에서는 법제도상으로는 권리를 보장하고 있으나 국민이 미처 자기 권리를 깨닫지 못하고, 또 권리침해를 받더라도 소송상의 구제를 꺼리고 침해를 용인하거나 법정(法廷)에서 권리 투쟁을 피하는 경향이 많은 실정이므로, 예링의 충고는 우리에게 유익한 교훈이 될 것이다.[3)]

봉건사회(封建社會)는 촌락공동체사회로서 개인(個人)보다 공동체가 우선하는 구성원 상호가 연대적인 사회관계를 이루는 사회였다. 그런데 근대사회(近代社會)는 개인이 사회적 활동의 단위가 되는 경쟁사회(競爭社會, competitive society)이다. 주고받는 거래관계를 통해서 자기의 이해를 계산하는 권리주체가 서로 경쟁하면서 공존하는 이익사회(利益社會, gesellschaft)이다. 누구나 대등한 인격자로서 항상 대립하는 이해관계 속에서 거래(去來)를 통한 상호공존을 모색하게 된다. 시민법(市民法)에서 인격평등이 전제되는 것은 경쟁사회의 '룰'로서 경쟁자 상호간의 공평한 처우를 의미하는 것이다. 만일에 상하신분적(上下身分的) 차별이나 불평등한 인격자 사이라면 경쟁관계가 될 수 없다. 시민사회가 경쟁사회라고 하는 것은 대등한 인격상호간의 경쟁이라는 의미이다. 그래서 이러한 경쟁관계를 공정하게 하도록 세워진 기준이 시민법(市民法)이다. 누구나 이 '룰'이 정한 바에 따라 경쟁을 하며, 여기서 다툼이 있을 때에는 제3의 공평

2) 독일어의 Recht란 말은 법(法)이란 뜻도 있고, 정의(正義)란 뜻도 있다. 영어의 Justice도 재판(裁判)이란 뜻과 함께 정의(正義)란 뜻도 있다. 법이 지향하는 이상이 정의(正義)에 있음을 엿볼 수 있는 것이다(한상범·연기영, 법학개론, 10면).

3) 장경학, 『법학통론(法學通論』, 法文社(2000), 105면.

한 심판자(審判者)인 재판소(법원)가 법에 의해 판정한다. 그래서 시민국가는 법의 지배(法의 支配)와 사법권의 독립을 기본으로 한다. 근대법 하에서 생활하는 사람에게는 권리의식(權利意識)이 결여되면 곤란하다. 법 자체가 그러한 인격을 예정하고 있지는 않기 때문이다. 경쟁사회에서 경쟁을 포기하는 것은 탈락이고 제도권 밖으로의 도피이기도 하다. 경쟁사회에서 권리(權利)는 스스로 주장하고 수호하는 자에게 보장되는 것이지 방관자에게는 해당되지 않는다. "권리 위에 잠자는 자"는 보호받지 못하는 것이 경쟁사회의 법칙이기 때문이다.[4)]

4) 한상범·연기영, 앞의 책, 51면.

제 2 장 법의 개념과 법의 이념

1. 법의 의의

법은 무엇인가? 법이란 정치적으로 조직된 사회의 강제력을 수반하는 사회규범이라고 일반적으로 정의된다.

법의 뜻을 한마디로 정의한다는 것은 어려운 문제이며 사람에 따라 여러 가지 의견이 있을 수 있다. 법의 개념을 밝힌다는 것은 법학의 처음이자 마지막의 과제라고도 할 수 있는 법학의 궁극적인 문제이다. 법학을 공부함에 있어서 처음부터 법의 의미를 정확히 이해하기는 어려우며, 법의 일반적 정의를 염두에 두고 법의 실제적인 내용을 파악해 가는 과정에서 그 의미가 드러나게 될 것이다.

(1) 법은 당위(當爲)를 명하는 규범이다.

법은 하나의 규범이다. 규범이란 사람이 마땅히 지켜야 할 당위(Sollen)의 법칙을 말한다. 예컨대, "사람을 죽이지 말라", "빌린 돈은 갚아야 한다"와 같이 사람이 하여서는 아니 될 것(부작위)과 사람이 하여야 할 것(작위)를 명하는 명제가 규범이다.

이러한 당위의 법칙은 필연성이 지배하는 자연의 법칙과 구별된다. 예컨대, "물은 위에서 아래로 흐른다", "사람은 모두 죽는다"와 같은 존재(Sein)의 법칙은 모든 자연현상에 예외 없이 적용된다.

(2) 법은 사회적 규범이다.

아리스토텔레스(Aristoeles, B.C. 384-322)는 인간은 '사회적 존재'이며 인간

존재의 본질은 '사람과 사람과의 결합'에 있다고 하여, 인간의 사회성(社會性) 즉 사회 속에서 살아야 하는 인간의 본성에 대하여 강조하였다. 사회적 동물인 사람은 홀로 살아갈 수는 없으며, 다른 사람과 더불어 살아간다. 이러한 인류의 사회생활이 원활히 운영되기 위해서는 각개의 사회구성원이 공동생활의 규칙을 잘 지켜야만 한다. "사회 있는 곳에 법이 있다"라는 격언이 의미하는 바와 같이, 인간은 사회규범(社會規範)에 의하여 공동생활의 통일과 질서를 유지하게 된다.

이와 같이 법은 다른 사람과의 관계를 규율하는 규칙이라는 의미에서 개인규범과는 구별되며, 사회규범에는 법 뿐만이 아니라 도덕, 종교 및 관습 등이 있다. 이러한 사회규범은 원시사회에서는 서로 혼합하여 존재하였으나, 사회집단의 거대화와 공동생활이 복잡해짐에 따라 점차 분화되어 발전해 왔다. 역사적으로 국가성립 이전의 원시상태에는 법이나 도덕, 종교가 다같이 관습으로 존재하다가 내면적 · 자율적 · 개인적 측면은 도덕 · 종교로, 외형적 · 타율적 · 공권적 측면은 법으로 분화 · 발전되었다. 현대사회에서 가장 중요한 역할을 하는 사회규범은 법이라 하겠다.[5)]

(3) 법은 정치적으로 조직된 사회의 강제규범이다.

법은 정치적으로 조직된 사회, 즉 국가의 강제력이 뒤따르는 규범이다. 법이 강제력(强制力)을 수반한다는 것은 그 실효성을 지키기 위한 것이다. 이런 의미에서 독일의 법학자 예링(Rudolf von Jhering, 1818-1892)은 "강제가 없는 법은 타지 않는 불, 비치지 않는 등불과 같다"라고 표현하였다.

이와 같이 법은 자기를 거부하는 자에게 반드시 일정한 통제와 강제를 가한다는 점에서 도덕, 관습이나 종교와 같은 사회규범과 성격을 달리한다. 다시

5) 근대 이후에는 정치와 종교가 분리되고 개인의 자아와 단체로부터의 독립성이 인정됨으로써, 법은 종교 · 도덕 · 관습 등 다른 사회규범과 구별되는 독립된 사회규범으로서 질서유지 기능을 담당하게 되었다. 특히 근대국가에는 개인과 전체의 조화, 개인과 개인간의 이해조정의 문제가 복잡하게 전개됨에 따라, 법규범도 더욱 복잡해지고 국가권력에 의한 강제력이 없이는 그 기능을 수행할 수 없게 되었다. 사회의 대규모화되고 복잡화된 오늘날 사회규범은 그 중심이 관습에서 도덕과 종교규범 그리고 법으로 점차 옮겨가고 있다.

말해서, 법은 사회구성원에 의해 일반적으로 승인되고 궁극적으로는 물리적 강제력에 의해 유지 · 강행되는 규범이다.

2. 강제규범인 법의 구조

사회생활에서 지켜야 할 행위의 준칙인 법은 일정한 행위를 할 것과 일정한 행위는 하여서는 아니 된다는 작위 · 부작위(금지)의 명령을 내린다. 한편 강제규범(强制規範)인 법은 위와 같은 행위명령에 따르지 않는 자에 대하여 국가의 강제력을 동원하여 일정한 제재를 가하게 되는데, 이와 같이 법규범은 행위규범과 강제규범의 구조를 갖고 있다.

(1) 행위규범

"약속을 지켜라", "남의 물건을 훔치지 말라"와 같이 사회생활에서 지켜야 할 법칙이 행위규범(行爲規範, act normative)이다. 이러한 행위규범이 준수되면 사회질서가 유지될 수 있기 때문에, 좁은 의미의 사회규범은 행위규범만을 가리킨다. 도덕이나 종교규범도 일종의 행위규범이라 하겠으나, 법규범은 강제규범과 결합되어 그 내용의 실현이 뒷받침된다는 점에서 차이가 있다.

예컨대, 형법 제250조 「사람을 살해한 자는 사형, 무기 또는 5년 이상의 징역에 처한다」라고 할 때, 그 의미는 「살인자는 처벌된다」라는 강제규범을 명시한 것인 동시에, 「사람을 살해해서는 안 된다」라는 금지의 행위규범을 전제로 하고 있다.

(2) 강제규범(재판규범)

인간의 사회생활은 제1차적으로는 행위규범에 의하여 그 질서가 유지될 수 있으나, 모든 사람이 이를 지키는 것은 아니다. 만약 어떤 사람이 행위규범을 위반하면 국가의 강제력이 이에 개입된다. 예컨대 약속을 지키지 않은 자에 대하여는 강제이행과 손해배상(민법 제389, 390조), 남의 물건을 훔친 자에 대하여는 6

년 이하의 징역(형법 제329조)과 같은 강제조치가 취해지게 된다. 이러한 국가의 강제력은 재판을 통해 확정 · 집행되므로 강제규범을 재판규범(裁判規範, justice normative)이라고도 한다. 이와 같이 법규범은 제1차적 규범인 행위규범과 제2차적 규범인 강제(재판)규범이라는 이중구조를 가지고 있다.

(3) 조직규범

법규범은 행위규범과 강제규범만으로 나눌 수 있는 것은 아니다. 그밖에도 국가기관 또는 사회단체와 같은 법률관계주체의 조직에 관한 규범이 있다. 예컨대 헌법중의 국회 · 대통령 · 법원조직에 관한 규정, 국회법, 정부조직법, 법원조직법, 지방자치법 그리고 민법상의 법인, 상법상의 회사에 관한 규정들이 이에 속한다. 조직규범에 의하여 국가권력이 어떠한 조직과 절차에 의하여 제정 · 적용 · 집행되는가, 또한 이러한 일에 종사하고 있는 공무원이 어떠한 권한 · 책임을 갖고 있는가가 명확하게 되어 국가 법질서의 통일이 유지된다. 국가조직도 법에 의하여 결정되는 것이다. 이러한 조직규범(組織規範)은 일반국민의 직접적인 의무나 이에 대한 강제를 규율하는 것이 아니라 법적 단체의 조직에 관한 규범이라는 점에서 행위규범이나 강제규범과 구별된다.

3. 법과 다른 사회규범

법은 인간의 사회생활을 규율하는 하나의 사회규범으로서 도덕, 관습, 종교와 같은 다른 사회규범들과 밀접한 관련을 가지고 있다. 법만 가지고 모든 사회생활관계를 규율해 나갈 수는 없다. 그렇다면 법과 다른 사회규범들은 과연 어떻게 다르며, 또한 어떠한 관계를 가지고 있는 것인가? 이러한 문제는 법규범의 개념을 제대로 파악하기 위하여도 매우 중요한 의미를 갖는다.

(1) 법과 도덕

인간의 사회생활을 규율하는 여러 사회규범 중에서 중요한 것으로는 법외에

도덕이 있다. 법과 도덕의 문제는 법학에 있어서 가장 기본적인 과제의 하나이며, 법의 본질을 파악하기 위해서는 반드시 거쳐야 할 관문이라고도 하겠다. 그러나 이 문제는 매우 어려운 것이기 때문에, 예링(Jhering)은 이를 가리켜 법철학에 있어서 「케이프 혼」(Cape Horn: 조류관계로 범선의 난파가 많았던 남미의 남쪽 끝 곳의 이름)이라고 하였다.

1) 법과 도덕의 구별

자연법은 실정법을 초월한 영구불변의 인륜의 대도라고 보는 자연법론자(自然法論者)들은 자연법을 모든 실정법의 기초가 되고 법과 도덕은 일치한다고 하여 그 구별을 문제삼지 않는다.

이에 대하여 성문화된 실정법만을 법으로 인정하는 법실증주의자(法實證主義者)들은 법과 도덕을 엄격히 구분한다. 어쨌든 법과 도덕은 여러 측면에서 구분해 볼 수 있으며 중요한 몇 가지를 들면 다음과 같다.

(가) 법의 외면성(外面性), 도덕의 내면성(內面性)

법은 사람의 외면적인 행위를 구별하지만, 도덕은 사람의 내면적인 의사를 규율한다는 것이다. “생각에는 누구도 벌을 가할 수 없다”라는 말과 같이 마음 속의 간음은 법적으로 처벌할 수 없으나, 도덕적으로는 비난의 대상이 된다. 그러나 이러한 차이점은 절대적인 것이 아니라 상대적인 의미를 가질 뿐이다.

(나) 법의 쌍면성(雙面性), 도덕의 편면성(片面性)

법적 의무에는 이에 대응하는 권리가 있으나, 도덕적 의무에는 이에 대응하는 이익은 없다. 즉 법적인 채무(매도인의 목적물인도의무)에는 상대적인 채권(매도인의 대금청구권)이 존재하나, “너의 적을 사랑하라”는 도덕적 의무에는 그 대가가 당연히 뒤따르는 것은 아니다.

(다) 법의 타율성(他律性), 도덕의 자율성(自律性)

이것은 칸트(I. Kant, 1724-1804)가 개인주의, 형식주의적 도덕철학에 의해 구별한 것이다. 즉 법은 외부의 강요에 의하여 지켜지는 데 반해, 도덕은 스스로의 자각에 의하여 실천하는 규범이라는 것이다. 그러나 현실사회에 있어서 법이나 도덕은 모두 외부에서 강요되며 그 실효성은 모두 타율적인 요소가 있으므로 이 구별은 타당하지 않다.

(라) 법의 강제성(強制性), 도덕의 비강제성(非強制性)

법은 그 위반에 대하여 국가 권력을 배경으로 한 강제가 뒤따르나, 도덕은 사회적 비난은 있을지언정 국가적 강제력에 의해 그 실현이 보장되지는 않는다. 이와 같은 강제성의 유무에 의해 법과 도덕을 구별할 수 있다는 것이 일반적인 견해이다.

2) 법과 도덕과의 관계

법과 도덕과의 관계에 대한 학자들의 견해는 다양하다. 옐리네크(Jellinek, 1838- 1911)는 "법은 도덕의 최소한(ethisches Minimum)·법은 윤리의 최저한"이라고 하였으며, 슈몰러(G. Schmoller, 1838-1917)는 "법은 최대한의 도덕(ethisches Maximum)"이라고 하여 도덕이 사회생활 전반에 걸쳐 확대됨을 강조하였다.[6)]

6) 도덕적 영역이 법으로 강제되는 문제를 이야기 할 때 거론되는 것이 '착한 사마리아인 법' 이다. 착한사마리아인 법은 성서에 나오는 착한 사마리아인의 비유에서 연유된 이름으로, 어떤 유태인이 예루살렘에서 여리고로 가다가 강도를 만나 상처를 입고 길가에 버려졌는데, 동족인 유태인 제사장과 레위인은 못 본 척 지나가버렸다. 그런데 유태인에게 멸시받던 사마리아인이 그를 보고 측은한 마음에서 구조해 주었다는 것이다. 일부 국가에서는 형법에 '착한 사마리아인 조항' 을 설치해 놓고, 구조 불이행에 대하여 법적 제재를 가하고 있다. 예를 들면, 프랑스 형법 제63조 2항은 "위험에 처해 있는 사람을 구조해 주어도 자기가 위험에 빠지지 않음에도 불구하고 자의(自意)로 구조해 주지 않은 자는 3개월 이상 5년 이하의 징역, 혹은 360프랑 이상 15,000프랑 이하의 벌금에 처한다." 고 규정하고 있다. 프랑스 외에도 많은 국가들이 이런 조항을 채택하고 있다.

(가) 내용면에서의 관계

법은 내용면에 있어서 도덕적 요소를 내포하고 있으며 법과 도덕의 내용이 중복되는 경우가 많이 있다. 예컨대 살인죄, 절도죄, 사기죄 등의 형법상의 전형적인 범죄는 대부분 반도덕적 행위가 되며, "선량한 풍속"(민법 제103조), "신의성실"(민법 제2조) 등의 일반조항에서 볼 수 있는 법적 개념은 도덕원리의 단적인 표현이라고도 볼 수 있다.

그러나 모든 도덕이 법으로 될 수는 없으며 또한 법적으로 강제하는 것이 적당하지 않은 경우도 있다. 이러한 의미에서 "법은 도덕의 최소한"이라고 말할 수 있다. 반대로 법의 내용이 도덕으로 전화되는 경우도 있다. 예컨대 교통법규가 오래 시행되어온 결과 하나의 교통도덕으로 인식될 수도 있다. 이를 두고 독일의 법철학자인 라드부르흐(G. Radbruch, 1878-1949)는 "도덕의 왕국에의 법의 귀화"라고 말했다.

(나) 효력면에서의 관계

법은 국가의 강제력에 의하여 실효성이 보장되나 도덕적 지지가 없이는 엄벌에 처한다 해도 잘 지켜질 수가 없다. 한편 도덕은 사회적 비난만에 의해 강요되나 법적 강제력이 뒷받침되면 그 실효성도 보장받게 된다. 따라서 법은 도덕원리의 실현을 위한 좋은 후견인이 되어야 할 것이다.

〈법과 도덕의 구별〉

구 분	법	도 덕
목 적	정의 실현	공동선 실현
규율대상	행위·결과 중시 : 외면성(합법성) 내면을 주시하면서 관심의 방향을 외부에 둠	동기·의사 중시 : 내면성(도덕성) 외면을 주시하면서 관심의 방향을 내부에 둠
위반시 제재	국가의 처벌	위반시 사회적 비난
권리와 의무	양면성(권리와 의무	일면성(주로 의무)

자율성	타율성	자율성
강제성	강제성(외적 강제)	비강제성(자기강제)
존재형식	법률·명령 등 문자에 의하여 표시	성문화되지 않고 관념 속에 존재
성립	경험적 사실에 의하여 성립	선험적 이성에 의하여 발생

(3) 법과 관습

관습(慣習)이란 사회에서 널리 반복되어 행해짐으로써 사람들로 하여금 그에 따르는 것이 올바른 것이라는 의식을 지니게 하는 사실을 말하며, 습속이나 풍속이라고도 한다.

원래 고대의 미개사회에서는 종교의식과 결부된 관습에 의하여 사회질서가 유지되었으나, 사회가 발전하고 개인적 자아의식과 합리적 정신이 눈을 뜨자 맹목적이며 무의식적인 관습은 두 갈래의 방향으로 분화현상을 일으키게 되었다. 즉 내면적 측면은 도덕으로 외면적 측면은 법으로 나누어져 발전되어 왔다. 한편 관습은 이전부터 내려오는 생활질서이기 때문에 "선량한 풍속"(민법 제103조)이라는 이름으로 법체계속에 포함되어 존중되기도 하며, "관습법"은 하나의 법원(法源)으로 작용하기도 한다(민법 제1조).

이와 같이 법과 관습은 현대사회에서도 밀접한 관련을 맺고 인간의 사회생활을 규율하고 있으므로 양자를 개념적으로 명확히 구별하는 것은 쉬운 일이 아니나, 권력적 강제가 없다는 점에서 도덕과 마찬가지로 법과는 차이가 있다.

(4) 법과 종교

영국의 법사학자 메인(H. Maine, 1822-1888)은 「고대법」(The Ancient Law, 1861)에서 원시적인 법이 종교와 깊은 관계가 있음을 잘 설명하고 있다.

원시인들은 금기(Taboo)라는 규범을 가졌는데, 이는 한편으로는 종교적이면서 한편으로는 법적 규범이었다. 예컨대 고조선의 「팔조금법(八條禁法)」이나 모세의 「십계명」이 그러하다. 또한 중세의 서양에서도 종교가 최고의 권위를 누려 법과 도덕을 포함하고 있었으며, "이자의 금지"나 "이혼의 금지" 등과 같

은 종교적 계율이 「교회법」이라는 이름으로 일반인의 사회생활을 규율하던 때도 있었다.

그러나 근세에 이르러 정교분리가 이루어지고 국가주권이 확립됨에 따라 종교도 국가권력의 통제를 받게 되었으며, 교회법은 종교내부에만 적용되는 자치법으로서의 효력만 유지하게 되었다. 다만 종교는 인간의 본성이라고도 할 수 있는 신앙을 바탕으로 한 것이기 때문에 국가는 이를 보호하고 그 자유를 인정하고 있다(헌법 제20조).

법과 종교는 어떠한 권위에 대한 복종이 요구된다는 점에서 공통점을 찾아볼 수 있고, 그 학문적 방법도 절대적 가치의 추구와 독단적인(dogmatic) 성격이 있다는 점에서 유사한 점이 있으나, 다음과 같은 차이점이 있다.

① 법이 사회질서의 유지를 목적으로 함에 대하여 종교는 일정한 신앙을 통한 각자의 안심입명(安心立命)을 그 목적으로 한다.

② 법이 인간의 외면적 행위를 규율함에 대하여 종교는 도덕과 마찬가지로 인간의 내면적 의식을 규율한다.

③ 법이 권리 · 의무라는 쌍면적 규범임에 대하여 종교는 의무만이 따르는 편면적 규범이다.

④ 법은 현실적인 세계를 대상으로 하나 종교는 초월적이며 궁극적인 가치를 추구한다

4. 법의 이념

법의 이념이란 법이 추구하는 근본적 목적을 말한다. 즉 법의 이념이란 법은 무엇을 위해 존재하는가 하는 물음이다. 법은 결코 맹목적이 아니라, 일정한 이념과 가치를 실현하기 위해 존재하는 것이다. 법이 추구하는 이념을 안다는 것은 법의 본질을 바르게 이해하는데 필수적인 과제라 하겠다.

법의 이념에 대해서는 적지 않은 법학자들이 다양하게 주장하여 왔으나, 가장 대표적인 이론체계를 제시한 학자는 독일의 법철학자 라드부르흐(G.

Radbruch, 1878-1949)이다. 그는 법의 이념으로 정의(正義), 합목적성(合目的性) 그리고 법적 안정성(法的 安定性)의 3가지를 들고 있다.

(1) 정의

정의(正義)의 문제는 법철학에서의 가장 근본적인 것이며, 법(jus)이란 말 자체가 정의(justice)에서 유래한다. 로마의 법학자 켈수스(Celsus)이래 법은 「정의와 형평의 기술」이라고 정의되어 왔다. 따라서 법은 정의의 표현이며 법은 정의를 실현하는 것이 고유의 사명이라고 하겠다.

정의개념을 최초로 이론화한 사람은 아리스토텔레스(Aristoteles)였다. 그는 먼저 윤리학적 입장에서 정의를 사람이 이행하여야 할 최고의 덕이라고 함과 동시에 정의는 단순한 개인의 도덕이 아니고 공동생활에서 실현하여야 할 사회적인 도덕이라고 주장하였다. 아리스토텔레스는 정의를 넓은 의미와 좁은 의미의 둘로 나누었다.

여기서 넓은 의미의 정의란 사회전체를 대상으로 하는 거시적인 관점에서의 정의를 말하는 것으로 인간의 심성 및 행동을 공동생활의 일반원칙에 적합하게 하는 것, 즉 사회구성원이 공동생활의 규범인 법을 준수하는 것이라고 하였다. 좁은 의미의 정의는 법의 구체적 원리에 따라 개개의 사람의 물질 및 정신적 이익을 평등하게 하는 것이라고 하여 사회구성원의 평등을 개별적 정의로 보았다. 이러한 개별적 정의는 평균적 정의와 배분적 정의로 나누어진다. 이러한 아리스토텔레스의 정의론(正義論)은 개인주의와 전체주의의 조화를 꾀한 것으로 후세의 정의론에 결정적인 영향을 미쳤다.[7)]

7) 존 롤스(John Rawls)의 정의론 : 위에서 살펴본 바와 같이 라드부르흐는 정의, 합목적성 및 법적 안정성이라는 3가지의 척도를 가지고 법의 이념을 논하였으나, 가장 기본적인 것은 한마디로 정의(바름)라고 하겠다. 최근에 사회적 정의에 관하여 철학계를 비롯한 인문 · 사회학 전반에 많은 반향을 일으킨 이론이 존 롤스(John Rawls, 1921-2002)의 정의론이다. 그는 정의라는 단일주제의 철학자라는 별명이 붙을 정도로 평생 정의라는 주제의 한 우물만을 팠던 철학자로서 대표적인 저서가 바로 「정의론」(A Theory of Justice, 1971)이다. 롤스는 「최대다수의 최대행복」이라는 구호아래 개인의 권리보다는 보다 많은 사회구성원의 양적인 행복을 추구한 벤담, 밀 등의 공리주의적 행복론을 배척하고, 루소나 로크 등의 사회계약론을 채용하면서도 정의를 절대적 이념에서 도출하려는 자연법론을 극복하였다. 롤스가 주장한 사회계약의 당사자들은 자신의 재산이나 소속된 사회계층을 모르는 상태에서 분배적 정의의 원칙들을 선택해야

1) 평균적 정의

평균적 정의(ausgleichende Gerechtigkeit)는 절대적 평등을 요구하며 사적 거래에서의 등가교환의 원칙이나 공법상의 국민기본권의 절대적 평등의 원리로 구체화된다.

2) 배분적 정의

배분적 정의(verteilende Gerechtigkeit)는 상대적 · 비례적 평등을 의미하며, 「각자에게 그의 몫을」 나누어주는 형평의 원리로 구현된다. 요컨대 정의의 본질은 평등에 있는 것으로 평등은 보편타당한 성격을 갖는다. 따라서 법의 이념인 정의로운 사회를 실현하기 위해서는 사회구성원의 자유와 권리를 보장함과 동시에 그 사회가 보유하는 정신적 · 물질적 가치의 적절한 분배가 필수적인 것이며 이를 위해 법은 봉사하여야 한다.

(2) 합목적성

합목적성(合目的性)이란 목적의 방향을 결정하는 원리나 기준을 말한다. 정의는 그것이 아무리 중요한 보편적 가치라 하더라도 평등을 지향하는 공허한 형식에 불과하다고 할 수 있기 때문에, 이러한 형식에 내용을 담아주는 가치기준으로 작용하는 것이 바로 합목적성이라고 라드부르흐는 설명한다. 그는 이러

한다고 하였다. 이렇게 해야만 재산소유자의 이익보다는 자신과 후손들이 인간으로서의 품위 있는 삶을 보장하는데 더 큰 배려를 하게 된다고 하였다. 이와 같이 롤스는 단순한 이념이 아닌 사회현실에서 정의를 찾으려는 이른바 사회적 정의론을 주장하였다. 즉 인간은 생존을 위하여 일정량의 재화가 필요한데, 이를 혼자서 생산할 수는 없고 타인과의 협동을 필요로 한다. 따라서 사회구성원의 협동으로 생산된 재화를 공정분배하는 것이 사회정의를 구현하는 조건이라고 하였다. 롤스가 주장한 정의의 원칙은 2가지인데, 제1원칙은 평등한 자유(equal liberties)의 원칙이다. 이는 사상, 양심, 언론, 집회, 보통선거의 자유, 공직 및 개인재산을 소지할 자유 등 자유주의가 내세우는 가장 기본적인 자유를 보장하는 데에 우선성을 두고 있다. 정의론의 제2원칙은 차등과 기회균등이라는 2부분으로 구성된다. 가장 유명한 첫째 부분인 차등의 원칙(difference principle)은 최소수혜자(least advantager)에게 최대의 이익을 가져다 줄 사회 · 경제적 불평등을 정당화하며, 그렇지 못할 경우 평등분배를 내세운다. 제2원칙의 둘째 부분은 공정한 기회의 균등을 요구하는 것으로 비슷한 능력과 기능을 가진 사람이라면 누구나 그들이 태어난 사회적 지위와 관계없이 비슷한 삶의 기회를 보장받아야 한다는 것이다. 이상과 같이 롤스(John Rawls)의 정의론은 최소수혜자 즉 사회적 약자를 우선적으로 고려하는 자유주의라 할 수 있고, 대립되는 자유주의와 사회주의의 이념을 가장 체계적이고도 정합적으로 절충하여 통합한 이론으로 평가받고 있다. 국내에도 번역서(존 롤스 지음, 황경식 옮김, 〈정의론〉, 이학사, 2003)가 있다.

한 합목적성으로 개인주의(個人主義)와 단체주의(團體主義) 그리고 문화주의(文化主義)를 들었다.

개인주의는 하나 하나의 인간을 궁극적 가치로 지향하며, 개인의 자유와 행복이 최대한 보장되도록 노력한다. 따라서 모든 개인이 평등하게 존중되도록 평균적 정의가 강조된다.

단체주의는 민족이나 국가와 같은 단체를 최고의 가치로 신봉하고, 개인은 단체의 부분으로 전체의 가치를 실현하는 존재로서 그 의미가 인정된다. 여기에서는 단체를 유지 · 발전시키기 위하여 개인들에게 비례적인 평등을 실현시키면서 배분적 정의에 중점을 둔다.

문화주의 또는 초인격주의는 개인도 단체도 아닌 인간이 만들어 낸 문화나 창작물에 최고의 가치를 둔다. 따라서 개인과 국가는 이러한 문화를 창조해 가는 의미에서만 부차적인 가치를 인정한다. 문화주의도 문화업적에 따라 배분적 정의에 의한 차별을 인정한다. 이와 같이 라드부르흐는 3가지의 가치기준을 제시함으로써 상대주의적 정의론을 전개하였다.

(3) 법적 안정성

「악법도 무질서보다는 낫다」라는 말도 있듯이, 법의 일차적 기능은 사회질서를 유지하고 분쟁이 발생한 경우에 이를 합리적으로 해결하여 평화를 회복하는 데 있다. 즉 형법은 개인적, 사회적, 국가적 법익을 침해하는 행위를 처벌하여 사회질서의 유지를 목적으로 한다. 민법은 재산권보호와 가족생활유지 등을 위한 기능을 한다. 헌법도 민주적 기본질서를 유지하기 위해 위헌정당 해산제도 등을 규정하고 있을 뿐만 아니라 분쟁의 평화적 해결을 도모하기 위해 법원을 구성하고 여기에 사법권을 부여하고 있다. 이러한 사회질서의 유지를 목적으로 하는 법은 우선 법자체가 안정되어야 하며, 이를 위해 다음과 같은 사항이 지켜져야 한다.

① 법의 내용이 명확해야 한다.

② 법이 쉽게 변경되어서는 안 된다.

③ 법의 내용이 실행가능한 것이어야 하며 너무 이상적인 것만 추구해서는 안 된다.

④ 법은 국민의 법의식과 합치되어야 하며 입법자의 자의에 따라 만들어 져서는 안 된다.

이와 같은 사회질서와 평화의 유지를 통한 법적 안정성은 법이 추구하는 이념이기도 하지만 분쟁을 평화적이고 합리적으로 해결하기 위한 법적 절차의 전제조건이기도 하다.

(4) 법의 이념 상호관계

각 이념은 본질적으로 상호모순이 되어 대립적 긴장관계를 이룬다. 법이념 사이의 모순 · 충돌에 대하여, 헌법은 "국민의 모든 자유와 권리는 국가안전보장 질서유지 또는 공공복리를 위하여 필요한 경우에 한하여 법률로써 제한할 수 있으며 제한하는 경우에도 자유와 권리의 본질적 내용을 침해할 수 없다(헌법 제37조 제2항)"고 규정하고 있다.

헌법 제37조 제2항의 규정은 법의 이념인 자유와 권리, 공공복리, 질서유지, 국가안전보장의 상관관계를 규정한 것으로 중요한 의의가 있다. 우리 헌법은 정의, 합목적성, 법적 안정성이 충돌하는 경우에 이의 조화적인 조정을 원칙으로 하면서 궁극적으로는 인간의 자유와 권리의 본질적 우선을 규정하고 있다고 보아야 할 것이다.

제3장 가정생활과 법

1. 가족법의 특성

가족법은 신분적 공동생활관계를 규율하는 법이다. 가족법은 인간의 자연적 결합체인 공동사회의 생활관계에 관한 법이기 때문에 강한 윤리적 요소가 지배하고 있다. 따라서 가족법은 재산법에 비하여 다음과 같은 특색을 가지고 있다.

(1) 핏줄로 이루어지는 가족 또는 친족생활을 규율하므로 법이므로 공동사회(共同社會, Gemeinschaft)의 원리가 지배한다.

(2) 혼인, 친자관계에서 볼 수 있듯이 애정 또는 본능이 생활관계를 규율하기 때문에 비합리적, 지방적 습속, 윤리적인 특색을 기반으로 하고 있다.

(3) 가족법은 윤리적, 도덕적인 요소가 많으므로 전근대적(前近代的)이고 봉건적(封建的) 색채를 가지고 있다.

(4) 가정의 분쟁사건은 일반민사소송처럼 공개된 법정에서 해결되는 것이 아니라 비공개적으로 신속하게 종결되어야 당사자들에게 정서적·경제적으로 유리하므로 가정법원이라는 특수법원에서 다루어진다.

(5) 가족법은 보수적이고 윤리적인 요소를 대부분 포함하고 있으나 부부나 친자라는 가족관계는 당사자의 이해뿐만 아니라 공공의 질서와도 관계가 있으므로 가족법의 대부분은 강행법규이다.

2. 친족의 종류와 범위

(1) 친족의 종류

친족이란 남녀의 배우자와 거기에서 출생하는 자녀와의 혈연을 토대로 이루어지는 사람들의 관계 또는 단체를 가리킨다. 친족의 종류에는 배우자, 혈족 및 인척 등 3종이다(민법 제767조). 혈족이란 혈연이 연결된 자 일반을 지칭하는 용어로서 부모(父母)와 자(子), 조부모와 손자 등이다. 인척(姻戚)은 혼인에 의하여 형성된 친족으로서 민법은 인척의 계원(係源)을 혈족의 배우자, 배우자의 혈족, 배우자의 혈족의 배우자로 하고 있다(민법 제769조).

(2) 친족의 범위

민법이 정하고 있는 친족의 범위는 8촌 이내의 혈족(血族), 4촌 이내의 인척, 배우자(配偶者)이다(민법 제777조).

구민법에서는 종래 관습법상 사자(死者)에 대하여 애도의 정을 표시하는 남성중심의 친족관계를 기준으로 하였다가 1990년 민법을 개정하여 부모양계(父母兩系) 평등주의의 친족범위를 정하고 있다.

3. 혼인과 법

(1) 약혼

약혼(約婚)이라 함은 1남1녀(一男一女)가 장차 혼인할 것을 목적으로 하는 계약(契約)이다. 약혼은 장차 부부가 될 당사자 사이의 합의이기 때문에 당사자가 아닌 남녀 양가 부모간의 합의인 정혼(定婚)과 다르다.[8)]

8) 정혼(定婚)은 혼인하려는 남녀 당사자가 혼인을 약속하는 것이 아니고 남녀 양가 부모간의 합의로 자녀의 혼인이 성립되는 제도로서 계약원리에 반하는 봉건적 관행이었다. 정혼은 현행법상 무효이다.

약혼은 당사자의 합의에 의하여 성립되며, 남자는 만18세, 여자는 만18세에 이르면 약혼할 수 있다(민법 제801조). 성년에 달한 자는 자유롭게 약혼할 수 있으나(민법 제800조), 미성년자가 약혼을 하려면 부모의 동의를 얻어야 하고, 부모 중 일방이 동의권을 행사할 수 없을 때는 다른 일방의 동의를 얻어야 한다. 부모가 모두 동의권을 행사할 수 없을 때는 후견인의 동의를 얻어야 한다(민법 제801조, 제808조 제1항). 피성년후견인은 부모나 성년후견인의 동의를 받아 약혼할 수 있다(민법 제802조).

근친관계에 있는 자 사이의 약혼은 무효이며, 이중약혼(二重約婚)이나 배우자 있는 자와의 약혼은 원칙적으로 무효이다.

민법상 약혼에는 형식요건을 필요로 하지 않는다. 약혼시에 예물의 교환이나 그 밖의 의식이 이루어지고 있으나 이것은 약혼성립의 입증이 될 뿐이지 약혼의 성립요건은 아니다.

약혼은 혼인성립의 약속이기 때문에 정당한 사유가 없는 한 혼인으로 이행되어야 한다. 그러나 약혼이 성립되었다고 해서 일정기간 후에 반드시 혼인을 해야 하는 것은 아니다. 즉, 약혼당사자간의 일방은 상대방에 대하여 혼인의 강제이행을 청구할 수 없다(민법 제803조).

약혼해제사유가 없음에도 불구하고 파혼한 경우에는 파혼피해자는 과실있는 상대방에 대하여 가정법원을 통하여 약혼해제로 인한 손해배상을 청구할 수 있다(민법 제806조 제1항). 손해배상의 범위는 재산상의 손해와 정신적 고통에 대한 손해 모두 포함한다(민법 제806조 제2항).[9)10)] 정신상 고통에 대한 배상청

9) 약혼은 혼인할 것을 목적으로 하는 혼인의 예약이므로 당사자 일방은 자신의 학력, 경력 및 직업과 같은 혼인의사를 결정하는 데 있어 중대한 영향을 미치는 사항에 관하여 이를 상대방에게 사실대로 고지할 신의성실의 원칙상의 의무가 있다. 종전에 서로 알지 못하던 갑과 을이 중매를 통하여 불과 10일간의 교제를 거쳐 약혼을 하게 되는 경우에는 서로 상대방의 인품이나 능력에 대하여 충분히 알 수 없기 때문에 학력이나 경력, 직업 등이 상대방에 대한 평가의 중요한 자료가 된다고 할 것인데 갑이 학력과 직장에서의 직종·직급 등을 속인 것이 약혼 후에 밝혀진 경우에는 갑의 말을 신뢰하고 이에 기초하여 혼인의 의사를 결정하였던 을의 입장에서 보면 갑의 이러한 신의성실의 원칙에 위반한 행위로 인하여 갑에 대한 믿음이 깨어져 갑과의 사이에 애정과 신뢰에 바탕을 둔 인격적 결합을 기대할 수 없어 갑과의 약혼을 유지하여 혼인을 하는 것이 사회생활관계상 합리적이라고 할 수 없으므로 민법 제804조 제8호 소정의 '기타 중대한 사유가 있는 때' 에 해당하여 갑에 대한 약혼의 해제는 적법하다(대법원 1995.12.8, 94므1676).

10) 일반적으로 결혼식(또는 혼례식)이라 함은 특별한 사정이 없는 한 혼인할 것을 전제로 한 남녀의 결합이 결혼으로서

구권은 양도 또는 승계하지 못한다. 그러나 당사자간에 이미 그 배상에 관한 계약이 성립되거나 소를 제기한 후에는 그러하지 아니하다(민법 제806조 제3항).

예물은 혼인의 성립을 전제로 한 증여(贈與)이기 때문에 혼인이 성립되지 않으면 부당이득(不當利得)[11]이 되어 반환청구권이 인정된다. 예물반환청구권은 무책약혼자만이 행사할 수 있으며, 약혼 당사자가 상호 유책인 경우는 과실상계의 법리(민법 제396조)에 따라 반환의 범위를 정하여야 한다.

민법은 약혼해제사유를 다음과 같이 규정하고 있다(민법 제804조). ① 약혼 후 자격정지 이상의 형을 선고받은 경우, ② 약혼 후 성년후견개시나 한정후견개시의 심판을 받은 경우, ③ 성병, 불치의 정신병, 그 밖의 불치의 병질(病疾)이 있는 경우, ④ 약혼 후 다른 사람과 약혼이나 혼인을 한 경우, ⑤ 약혼 후 다른 사람과 간음(姦淫)한 경우, ⑥ 약혼 후 1년 이상 생사(生死)가 불명한 경우, ⑦ 정당한 이유 없이 혼인을 거절하거나 그 시기를 늦추는 경우, ⑧ 그 밖에 중대한 사유가 있는 경우

약혼의 해제는 상대방에 대한 의사표시만으로 가능하며 의사표시가 불가능한 때에는 해제원인이 있음을 알았을 대 해제된 것으로 본다(민법 제805조 단서).

사회적으로 공인되기 위하여 거치는 관습적인 의식이라고 할 것이므로, 당사자가 결혼식을 올린 후 신혼여행까지 다녀온 경우라면 단순히 장래에 결혼할 것을 약속한 정도인 약혼의 단계는 이미 지났다고 할 수 있으나, 이어 부부공동생활을 하기에까지 이르지 못하였다면 사실혼으로서도 아직 완성되지 않았다고 할 것이나, 이와 같이 사실혼으로 완성되지 못한 경우라고 하더라도 통상의 경우라면 부부공동생활로 이어지는 것이 보통이고, 또 그 단계에서의 남녀 간의 결합의 정도는 약혼 단계와는 확연히 구별되는 것으로서 사실혼에 이른 남녀 간의 결합과 크게 다를 바가 없다고 할 것이므로, 이러한 단계에서 일방 당사자에게 책임 있는 사유로 파탄에 이른 경우라면 다른 당사자는 사실혼의 부당 파기에 있어서와 마찬가지로 책임 있는 일방 당사자에 대하여 그로 인한 정신적인 손해의 배상을 구할 수 있다(대법원 1998.12.8, 98므961).

11) 부당이득은 법률상의 원인없이 타인의 재산 또는 노무로 인하여 이득을 얻고, 이로 인하여 타인에게 손해를 가한 경우에 그 이익을 손실자에게 반환케하는 제도이다(민법 제741조 참조).

사례 1-1

약혼이 해제된 경우 정조권(貞操權)침해를 원인으로 하는 손해배상청구권행사는 가능한가?

해설

- 우리 민법은 약혼자 사이에 아무런 가족법적 지위를 인정하지 않고 있으므로 약혼자 사이에는 법률상의 배우자 사이처럼 정조의 의무는 없다.
- 위자료 가운데 정조상실의 대가를 포함시켜야 하는가에 대하여는 견해가 나누어지고 있다. 정조상실의 대가를 긍정하는 견해에서는 약자인 여자에게 불이익을 줄 우려가 있으므로 위자료에 정조상실의 대가를 포함시키자는 입장이다. 정조상실의 대가를 부정하는 견해는 약혼당사자간의 성행위는 각자의 의사에 의해서 각자의 위험부담 하에 이루어지는 행위이므로 자신의 판단에 의한 행동의 위험결과를 상대방에게 떠넘기는 것은 부당하다는 입장이다. 우리나라 법원은 정조상실에 대한 금전적 보상을 부정하는 입장이다. 약혼자 사이에 가족법적 지위를 인정하는 나라에서는 약혼녀의 정조권 보호를 위해서 약혼자 사이에 정조상실로 인한 손해배상청구권을 인정하는 규정을 두고 있다(독일민법, 스위스민법, 이태리민법).

(2) 혼인

혼인(婚姻)이란, 평생의 공동생활을 목적으로 하는 남녀의 정당한 결합관계이며 사회제도로서 보장된 것이다. 결혼은 개인의 행복추구의 수단도 되지만, 사회성을 지닌다. 국가나 사회가 결혼에 규제는 가하는 것도 사회성을 지니기 때문이다. 인류역사상 혼인은 다양한 형식을 거쳐 형성된 것이다.

1) 혼인의 성립요건

혼인의 성립하기 위해서는 실질적 요건과 형식적 요건을 갖추어야 한다. 실질적 요건으로는 ① 당사자간에 혼인의사의 합치가 있을 것, ② 혼인적령(婚姻適齡)에 달할 것(남자 만18세·여자 만18세, 민법 제807조), ③ 미성년자가 혼인을 하려면 부모의 동의가 있을 것,[12] ④ 근친혼이 아닐 것(민법 제

809조),[13] ⑤ 중혼(重婚)이 아니어야 한다(민법 제810조).

형식적 요건으로는 ① 혼인은 「가족관계의 등록 등에 관한 법률」에 정한 바에 의하여 신고함으로써 그 효력이 생긴다(민법 제812조 제1항). ② 혼인신고는 당사자 쌍방과 성년자인 증인 2인의 연서한 서면으로 하여야 한다(민법 제812조 제2항). 일단 혼인신고서가 수리되고 가족관계부에 기재되지 않아도 혼인은 성립한다.

결혼식을 거행한 후 아무리 장기간 동거생활을 하더라도 혼인신고를 하지 않으면 법률상 혼인으로 인정되지 않으며, 반대로 결혼식을 올리지 않더라도 신고만 하면 법률상의 혼인이 성립한다.

2) 혼인의 효과

혼인의 효과는 일반적(신분적) 효과와 재산적 효과로 나눌 수 있다.

혼인의 일반적 효과로는 ① 친족관계가 발생한다. 혼인하면 부부는 서로 배우자라는 신분을 가지며 친족이 된다. 또한, 부부는 서로 상대방의 혈족과의 사이에 인척관계가 발생한다. ② 처(妻)의 호적이 변동된다. 혼인을 하면 처는 부(夫)의 가에 입적한다(제826조 제3항). ③ 부부 사이에 정조의무(貞操義務)가 있다. 정조의무의 위반인 배우자의 부정행위는 이혼원인이 되고, 손해배상책임도 진다. 배우자 있는 자가 정조의무에 위반하는 간통행위(姦通行爲)를 하면 민사상 책임을 진다. ④ 동거의무·협조의무·부양의무가 발생한다. 부부는 동거하며 서로 부양하고 협조하여야 한다(민법 제826조).[14] 동거장소

---

12) 미성년자가 혼인을 하는 경우에는 부모의 동의를 받아야 하며, 부모 중 한쪽이 동의권을 행사할 수 없을 때에는 다른 한쪽의 동의를 받아야 하고, 부모가 모두 동의권을 행사할 수 없을 때에는 미성년후견인의 동의를 받아야 한다(민법 제808조).

13) 민법 제809조(근친혼 등의 금지) ①8촌 이내의 혈족(친양자의 입양 전의 혈족을 포함한다) 사이에서는 혼인하지 못한다. ②6촌 이내의 혈족의 배우자, 배우자의 6촌 이내의 혈족, 배우자의 4촌 이내의 혈족의 배우자인 인척이거나 이러한 인척이었던 자 사이에서는 혼인하지 못한다. ③6촌 이내의 양부모계(養父母系)의 혈족이었던 자와 4촌 이내의 양부모계의 인척이었던 자 사이에서는 혼인하지 못한다.

14) 민법 제826조(부부간의 의무) ①부부는 동거하며 서로 부양하고 협조하여야 한다. 그러나 정당한 이유로 일시적으로 동거하지 아니하는 경우에는 서로 인용하여야 한다. ②부부의 동거장소는 부부의 협의에 따라 정한다. 그러나 협의

는 부부의 협의에 의하여 정하고, 정당한 이유없이 동거의무를 불이행한 때에는 악의의 유기로 이혼원인이 되고, 손해배상청구권이 생긴다. 협조의무는 부부공동생활을 유지하기 위한 부부의 중요한 의무로서 분업상의 역할을 수행하는 것이다. 부양의무라 함은 부부 상호간에 자기의 재산상태와 사회적 지위에 맞는 동일한 수준의 생활을 유지할 수 있도록 하는 의무이다. 부양의무, 협조의무의 불이행은 악의의 유기로서 이혼원인이 된다. ⑤ 미성년자라도 혼인을 한 때에는 성년자로 본다(민법 제826조의2). 이를 성년의제(成年擬制)제도라고 한다. 미성년자가 혼인을 해서도 미성년자로 남게 되면 친권이나 후견이 따르게 되어 일상생활에서 큰 불편을 겪게 되므로, 일단 미성년자라도 혼인을 하면 성년이 된 것으로 의제하여 행위능력을 취득하고 독립된 법률행위를 할 수 있도록 하기 위하여 인정된 제도이다.[15] 따라서 혼인한 미성년자는 행위능력을 취득하고 친권과 후견은 종료한다.

거래안전과 혼인 중 출생한 자의 친권문제 등에서 야기되는 혼란을 방지하기 위하여 성년의제 후 성년 전의 혼인이 해소되더라도 행위무능력으로 돌아가지 않는다. 성년의제제도[16]는 민법에서만 효력을 갖으며, 공직선거법이나 다른 법률에서는 여전히 미성년자이다.

혼인의 재산적 효과로는 ① 부부는 각각 자기 재산을 보유하고 이에 대하여 각자가 관리·사용·수익한다. 그러나 혼인성립전에 특약을 한 때에는 그 약정에 의한다(민법 제830조 831조 참조). 부부 어느 편에 속하는지 분명하지 않은 재산은 부부의 공유재산으로 추정한다(민법 제830조 제2항).[17] ② 혼인

가 이루어지지 아니하는 경우에는 당사자의 청구에 의하여 가정법원이 이를 정한다.

15) 한봉희, 가족법, 푸른세상(2005), 80면.

16) 성년의제제도는 그 도입배경이 19세기 농경사회에서 혼인을 성년 전에 하는 조혼시대의 산물이며 20세기 후반 성년연령의 인하추세, 남녀의 혼인연령을 같게 하는 추세 그리고 사회 환경과 혼인에 대한 가치관의 변화에 따른 만혼추세 등으로 볼 때 이 제도의 타당성은 사라졌거나 극히 미약하다(한봉희, 앞의 책, 81면).

17) 공유(共有)는 수인이 동일물건의 소유권을 양적으로 분할하여 소유하는 공동소유의 형태이다(민법 제262조 제1항). 공유자는 언제든지 목적물을 분할하여 단독소유로 이행할 수 있다(민법 제268조1항 참조). 분할되지 않는 동안에는 공유자는 자기의 지분의 비율로 공유물의 관리비용 기타 의무를 부담한다(민법 제266조 제1항). 합유(合有)는 수인이 조합체로서 물건을 소유하는 공동소유의 형태이다(민법 제271조 제1항). 합유자는 전원의 동의 없이는 그 지분을 처

비용의 부담은 당사자간에 특별한 약정이 없으면 부부 공동으로 부담한다. ③ 부부는 일상가사에 관하여 서로 대리권이 있고(민법 제827조), 부부 일방이 일상가사에 관하여 제3자와 법률행위를 한 때에는 타방은 이로 인한 채무에 대하여 연대책임을 진다. 그러나 이미 제3자에 대하여 다른 일방의 책임없음을 명시한 때에는 그러하지 아니하다(민법 제832조).[18)]

일상가사란 혼인생활을 하는데 있어서 항상 필요로 하는 가사로서 의식주를 위한 생활필수품의 구입, 전기, 가스, 수도공급계약, 미성년 자녀의 양육·교육비, 가족의 보건·의료·오락비 등이 이에 속한다. 일상가사의 범위는 부부의 생활정도와 사회통념으로 정하며 부부의 사회적 지위·직업·재산·수입능력 등을 고려하여 객관적으로 정한다.

3) 혼인의 무효와 취소

(가) 혼인의 무효

혼인의 무효는 처음부터 당사자간에 부부로서의 효과가 발생하지 않았음을 말한다. 혼인의 무효원인에는 ① 당사자간에 혼인의 합의가 없는 때, ② 혼인이 민법 제809조 제1항[19)]의 규정에 위반한 때, ③ 당사자간에 직계인척관계가 있거나 있었던 때, ④ 당사자간에 양부모계의 직계혈족관계가 있었던 때이다(민법 제815조).

혼인이 무효가 되면 아무런 효과가 생기지 않는다. 무효혼인에 의한 상속 기타 권리변동은 무효로 돌아가며, 여기서 출생한 자는 혼인 외의 출생

분하거나 합유물의 분할을 청구하지 못한다(민법 제273조). 총유(總有)는 법인 아닌 사단의 사원이 집합체로서 물건을 소유하는 공동소유의 형태이다(민법 제275조 제1항). 총유는 그 기초인 법인이 아닌 사단에 있어서 구성원의 총합체가 하나의 단일적 활동체로서 단체의 체제를 갖추는 것에 비해 합유자들은 단체로서의 체제를 갖추지 못한다.

18) "민법 제832조에서 정한 '일상의 가사에 관한 법률행위' 는 부부 공동생활에 통상적으로 필요한 법률행위를 의미하므로, 문제가 된 법률행위가 일상의 가사에 관한 것인지 여부는 그 법률행위의 객관적인 종류나 성질과 함께 법률행위를 한 사람의 의사와 목적, 부부의 현실적 생활상태 등을 종합적으로 고려하여 판단해야 한다(대법원 1999.3.9. 선고 98다46877 판결 등 참조)" (대법원 2016.6.9, 2014다58139).

19) 민법 제809조(근친혼 등의 금지) ①8촌 이내의 혈족(친양자의 입양 전의 혈족을 포함한다) 사이에서는 혼인하지 못한다.

자가 된다(민법 제855조 제1항). 무효인 혼인당사자 일방은 과실 있는 상대방에 대하여 손해배상을 청구할 수 있다.

(나) 혼인의 취소

혼인의 취소는 민법이 정하고 있는 사유가 있는 경우에 한하여 취소권자가 가정법원에 취소를 위한 조정을 신청하여야 하며 조정에 의하여 합의가 되지 않으면 제소신청(提訴申請)을 하여 재판을 받게 된다.

민법이 규정하고 있는 혼인취소원인에는 ① 혼인연령에 미달한 자의 혼인, ② 동성혼·근친혼에 위반한 경우, ③ 중혼, ④ 혼인당시 당사자 일방에 부부생활을 계속할 수 없는 악질 기타 중대사유있음을 알지 못한 때,[20] ⑤ 사기 또는 강박으로 인하여 혼인의 의사표시를 한 때이다[21](민법 제816조 참조).

혼인취소의 효력은 소급하지 않고 장래에 대하여서만 취소된다. 따라서 혼인에 의하여 출생한 자는 혼인의 취소로 인하여 혼인중의 자의 신분을 상실하지 않는다. 과실없는 배우자는 유책배우자에게 손해배상을 청구할 수 있다. 또한, 재산분할청구권(財産分割請求權)이 인정된다. 가정법원이 혼인취소청구를 인용할 때에는 부모에게 미성년자인 자의 친권을 행사할 자에 관하여 미리 협의하도록 권고하여야 한다. 혼인취소 후의 자의 양육에 관하여는 가정법원이 당사자의 청구에 의하여 양육자와 양육사항을 정할 수 있다.

4) 사실혼

사실혼(事實婚)이란 사회적으로 정당한 부부이지만 혼인신고를 하지 않고 있기 때문에 법률상의 혼인으로 인정되지 않는 남녀의 결합관계를 말한다.[22][23] 사실혼은 약혼이나 첩(妾)관계, 혼인의사 없이 단순히 동서

20) 민법 제822조(악질 등 사유에 의한 혼인취소청구권의 소멸) 제816조 제2호의 규정에 해당하는 사유있는 혼인은 상대방이 그 사유있음을 안 날로부터 6월을 경과한 때에는 그 취소를 청구하지 못한다.

21) 민법 제823조(사기, 강박으로 인한 혼인취소청구권의 소멸) 사기 또는 강박으로 인한 혼인은 사기를 안 날 또는 강박을 면한 날로부터 3월을 경과한 때에는 그 취소를 청구하지 못한다.

만 하는 혼외동서(婚外同棲)와도 다르다.

사실혼은 법률상의 혼인관계에 있는 것이 아니기 때문에 사실혼의 처는 부(夫)가 사망한 후 또는 유족부조금 등 구제받을 수 있는 길이 전혀 없으며 또 그 출생 자녀는 혼인외의 자녀로 되는 비극이 발생하게 된다. 이것은 인간의 존엄성과 양성평등을 기조로 하는 헌법 사상에 위배되는 것이므로 1963년에 사실혼은 사실혼관계로서 그대로 존치시킬 것이 아니라 법률상의 정당한 혼인으로서 인정하는 제도를 설정하였다. 그것이 바로 가사소송법과 호적법에 규정된 사실상혼인관계존부확인제도(事實上婚姻關係存否確認制度)이다.[24)]

대법원 판례는 사실혼의 성립요건에 대하여 "주관적으로는 당사자의 혼인의사가 존재하여야 하며, 객관적으로는 사회통념상 부부공동생활로 볼 수 있는 생활의 실체가 존재하여야 한다"고 보고 있다(대판 2001.4.13, 2000다52943).

사실혼 부부사이에는 서로 동거·부양·협조의무가 있고, 정조의 의무가 있다. 사실혼부부관계는 제3자에 대해서도 보호를 받게 된다. 부부공동

---

22) "혼인의 합의란 법률혼주의를 채택하고 있는 우리나라 법제하에서는 법률상 유효한 혼인을 성립하게 하는 합의를 말하는 것이므로 비록 사실혼관계에 있는 당사자 일방이 혼인신고를 한 경우에도 상대방에게 혼인의사가 결여되었다고 인정되는 한 그 혼인은 무효라 할 것이나(대법원 1983.9.27. 선고 83므22 판결 참조), 상대방의 혼인의사가 불분명한 경우에는 혼인의 관행과 신의성실의 원칙에 따라 사실혼관계를 형성시킨 상대방의 행위에 기초하여 그 혼인의사의 존재를 추정할 수 있으므로 이와 반대되는 사정, 즉 혼인의사를 명백히 철회하였다거나 당사자 사이에 사실혼관계를 해소하기로 합의하였다는 등의 사정이 인정되지 아니하는 경우에는 그 혼인을 무효라고 할 수 없다(대법원 1980.4.22. 선고 79므77 판결, 대법원 1994.5.10. 선고 93므935 판결, 대법원 2000.4.11. 선고 99므1329 판결 등 참조)." (대법원 2012.11.29, 2012므2451).

23) " [1] 사실혼이란 당사자 사이에 주관적으로 혼인의 의사가 있고, 객관적으로도 사회관념상 가족질서적인 면에서 부부공동생활을 인정할 만한 혼인생활의 실체가 있는 경우라야 하고, 법률상 혼인을 한 부부가 별거하고 있는 상태에서 그 다른 한쪽이 제3자와 혼인의 의사로 실질적인 부부생활을 하고 있다고 하더라도, 특별한 사정이 없는 한, 이를 사실혼으로 인정하여 법률혼에 준하는 보호를 할 수는 없는 것이다. 이러한 법리는 자동차종합보험의 부부운전자한정운전 특별약관에서 규정하는 '사실혼 관계에 있는 배우자' 의 해석에도 적용되고, 이 경우 특별한 사정이 있다는 사실은 이를 주장하는 보험계약자에게 증명책임이 있다고 할 것이다. [2] 자동차종합보험의 부부운전자한정운전 특별약관은 보험자의 면책과 관련되는 중요한 내용에 해당하는 사항으로서 일반적으로 보험자의 구체적이고 상세한 명시 · 설명의무의 대상이 되는 약관이라고 할 것이나, 법률상 혼인을 한 부부가 별거하고 있는 상태에서 그 다른 한쪽이 제3자와 혼인의 의사로 실질적인 부부생활을 하는 경우를 상정하여 '사실혼 관계에 있는 배우자' 에 해당하는지 여부까지 명시 · 설명의무의 대상이 된다고 볼 수는 없다." (대법원 2010.3.25, 2009다84141).

24) 배경숙·최금숙, 『女性과 法律』, 박영사(2000), 460면.

생활비용은 법률상의 부부와 마찬가지로 사실혼부부에게도 적용되며, 일상가사대리권과 대리권행사로 인한 채무에 대한 연대책임규정은 그대로 유추 적용된다는 것이 판례의 입장이다.

다음을 검토해 봅시다

언니가 암이라는 질병으로 사망한 경우, 사별(死別)한 '형부와 처제' 사이에 결혼은 가능한가?

4. 친자관계(父母와 子)

친자관계는 쉽게 말하면 부모와 자식관계를 의미한다. 친자관계는 혈연관계로 맺어지는 친생자(親生子)와 혈연관계가 없는 친양자(親養子)로 구분된다.

친자관계의 형성은 현대에 와서 의학기술의 발전으로 인공수정(人工受精)[25]과 대리모계약(代理母契約)[26]을 통해서도 이루어지고 있다.

---

25) 인공수정은 어떤 불임원인으로 인하여 자연적인 방법으로는 임신(妊娠)이 불가능한 경우에 인공적으로 수태를 하게 하는 의학상의 방법이며, 이러한 인공수정에 의하여 출산한 子를 人工受精子 또는 人工受精兒라고 한다. 인공수정은 세가지로 분류할 수 있다. ① 남편의 정액을 사용한 인공수정(Artificial Insemination by Husband:AIH), ② 夫는 전적으로 배제되고 제3자의 정액에 의한 체외수정(Artificial Insemination by Donor:AID), ③ 혼합적 인공수정(Confused or Combined Artificial Insemination:AIC or CAI)의 방법이다.

26) 代理母契約(Surrogate Motherhood)이란, 자궁유착, 자궁적출 등 자궁기능의 장애로 인하여 자신의 자궁에 의한 임신이 불가능한 부인이 그 남편과 함께 아기를 갖기 위해서 보통 금전지급의 반대급부에 대신해서 포태, 출산하여 줄 다른 여인을 구해 그 자궁을 10개월간 빌려 임신하게 하고, 이렇게 해서 아이가 태어나면 아이를 갖기 원하는 희망부모가 대리모로부터 그 아이를 입양의 방식으로 인수할 의무를 부담하는 것을 내용으로 하는 희망부모와 대리모 사이의 새로운 유형의 계약을 가리킨다. 대리모계약으로부터 제기된 문제점은 ① 대리모계약의 유효성여부, ② 대리모에게 지불되는 금전은 매매대금인가 노무의 대가인가, ③ 친권의 귀속과 포기를 어떻게 생각할 것인가, ④ 대리모의 승낙과 설명의무, ⑤ 대리모계약에 의한 채무는 강제이행에 친한 것인가 등 다양한 법적 문제를 포함하고 있다. 대리모계약에 대한 자세한 내용은 백승흠, 代理母契約에 관한 연구, 동국대학교 석사학위논문(1992); 김민중, 代理母와 그 법률문제, 판례월보 244호(1991.1); 구연창, 대리모계약의 세계적 동향, 저스티스(1989.8) 등 참조.

(1) 친생자

친생자는 다시 "혼인중의 자"와 "혼인 외의 자"로 나누어진다.

(가) 혼인중의 자

혼인중의 자는 법률혼에 의하여 출생한 자를 의미한다. 혼인중의 출생자에는 출생시부터 혼인중의 출생자의 신분을 취득하는 자와 준정(準正)[27]에 의한 혼인중에 출생자가 있다. 아내가 혼인 중에 임신한 자녀는 남편의 자녀로 추정한다(민법 제844조 제1항). 혼인이 성립한 날부터 200일 후에 출생한 자녀는 혼인 중에 임신한 것으로 추정한다(민법 제844조 제2항).[28] 혼인관계가 종료된 날부터 300일 이내에 출생한 자녀는 혼인 중에 임신한 것으로 추정한다(민법 제844조 제3항).

아내가 혼인중에 임신한 부의 자녀는 출생당시 부모가 이혼으로 인하여 혼인이 해소된 경우에도 적출자녀임에 반하여, 혼인중에 출생한 자녀도 처가 혼인전에 임신한 자녀는 적출자녀가 아니다.

혼인중의 출생자로 추정받은 자가 혼인중의 출생자가 아니라고 주장하려면 부가 친생부인의 소를 제기하지 않으면 부인할 수 없다(민법 제846조).[29] 민법은 "친생부인의 소는 부(夫) 또는 처(妻)가 다른 일방 또는 자(子)

27) 준정(準正)이란 혼인외의 출생자가 부모의 혼인에 의하여 혼인중의 출생자로 되는 것을 말한다.

28) "오늘날 이혼 및 재혼이 크게 증가하였고, 여성의 재혼금지기간이 2005년 민법개정으로 삭제되었으며, 이혼숙려기간 및 조정전치주의가 도입됨에 따라 혼인 파탄으로부터 법률상 이혼까지의 시간간격이 크게 늘어나게 됨에 따라, 여성이 전남편 아닌 생부의 자를 포태하여 혼인 종료일로부터 300일 이내에 그 자를 출산할 가능성이 과거에 비하여 크게 증가하게 되었으며, 유전자검사 기술의 발달로 부자관계를 의학적으로 확인하는 것이 쉽게 되었다. 그런데 심판대상조항에 따르면, 혼인 종료 후 300일 내에 출생한 자녀가 전남편의 친생자가 아님이 명백하고, 전남편이 친생추정을 원하지도 않으며, 생부가 그 자를 인지하려는 경우에도, 그 자녀는 전남편의 친생자로 추정되어 가족관계등록부에 전남편의 친생자로 등록되고, 이는 엄격한 친생부인의 소를 통해서만 번복될 수 있다. 그 결과 심판대상조항은 이혼한 모와 전남편이 새로운 가정을 꾸리는 데 부담이 되고, 자녀와 생부가 진실한 혈연관계를 회복하는 데 장애가 되고 있다. 이와 같이 민법 제정 이후의 사회적·법률적·의학적 사정변경을 전혀 반영하지 아니한 채, 이미 혼인관계가 해소된 이후에 자가 출생하고 생부가 출생한 자를 인지하려는 경우마저도, 아무런 예외 없이 그 자를 전남편의 친생자로 추정함으로써 친생부인의 소를 거치도록 하는 심판대상조항은 입법형성의 한계를 벗어나 모가 가정생활과 신분관계에서 누려야 할 인격권, 혼인과 가족생활에 관한 기본권을 침해한다." (헌법재판소 전원재판부 2015.4.30, 2013헌마623).

29) "민법 제846조에서의 '부부의 일방'은 제844조의 경우에 해당하는 '부부의 일방', 즉 제844조 제1항에서의

를 상대로 하여 그 사유가 있음을 안 날로부터 2년내에 이를 제기하여야 한다(민법 제847조 제1항).[30)31)] 상대방이 될 자가 모두 사망한 때에는 그

'부' 와 '자를 혼인 중에 포태한 처' 를 가리키고, 그렇다면 이 경우의 처는 '자의 생모' 를 의미하며, 제847조 제1항에서의 '처' 도 제846조에 규정된 '부부의 일방으로서의 처' 를 의미한다고 해석되므로, 결국 친생부인의 소를 제기할 수 있는 처는 자의 생모를 의미한다. 우리 민법은 부자(父子)관계를 결정함에 있어 '가정의 평화' 또는 '자의 복리'를 위하여 혼인 중 출생자를 부의 친생자로 강하게 추정하면서도, '혈연진실주의' 를 채택하여 일정한 경우에 친생자임을 부인하는 소를 제기할 수 있도록 하고 있다. 구 민법(2005.3.31. 법률 제7427호로 개정되기 전의 것) 당시에는 부(夫)만 친생부인의 소를 제기할 수 있도록 규정하였으나, 위 민법 개정으로 부 외에 처도 친생부인의 소를 제기할 수 있게 되었는데, 개정 이유는 부만 친생부인의 소를 제기할 수 있도록 하는 것은 혈연진실주의 및 부부평등의 이념에 부합되지 아니한다는 취지에서였다. 즉 부부가 이혼하여 처가 자의 생부와 혼인한 경우, 부부가 화해의 전망 없이 상당한 기간 별거하고 있는 경우, 부가 친생부인은 하지 않은 채 단지 보복적 감정에서 자를 학대하는 경우 등에는 생모도 친생부인을 할 수 있도록 하는 것이 주된 개정 이유였다. 이러한 개정 이유에 비추어 보아도 친생부인의 소를 제기할 수 있는 '처' 는 '자의 생모' 만을 의미한다. 위와 같은 민법 규정의 입법 취지, 개정 연혁과 체계 등에 비추어 보면, 민법 제846조, 제847조 제1항에서 정한 친생부인의 소의 원고적격이 있는 '부(婦), 처(妻)' 는 자의 생모에 한정되고, 여기에 친생부인이 주장되는 대상자의 법률상 부(父)와 '재혼한 처(妻)' 는 포함되지 않는다." (대법원 2014.12.11, 2013므4591).

30) 2005년 개정 전의 민법은 친생부인의 소 제기기간을 엄격하게 1년 이내의 단기로 규정한 취지는 친자관계의 조기 안정을 기함으로서 가정의 평화를 유지하려는데 있었다(가정평화주의). 그런데 1년의 단기 출소기간이 지났다고 하여 친자관계의 진상을 가리지 못하게 하는 이 규정은 혈연진실주의에 반한다는 비판이 있어왔으며 헌법재판소는 1997년에 헌법불합치결정(헌재 1997.3.27, 96헌가14, 96헌가7(병합))을 한 바 있다(한봉희, 앞의 책, 143면).

31) "(1) 이 사건 법률조항으로 개정되기 이전의 구 민법(2005.3.31. 법률 제7427호로 개정되기 전의 것) 제847조 제1항은 친생부인의 소의 제척기간을 그 출생을 안 날로부터 1년 내로 엄격하게 제한하고 있었다. 그 결과 부(夫)가 자(子)의 출생사실을 안 날로부터 1년이 지난 후에야 비로소 그 자(子)가 자신의 친생자가 아님을 알게 되더라도, 이미 제척기간이 도과되어 친생추정을 부인할 방법이 없다는 점에서 문제가 있었다. 이에 헌법재판소는 1997.3.27. 구 민법(2005. 3. 31. 법률 제7427호로 개정되기 전의 것) 제847조 제1항 중 "그 출생을 안 날로부터 1년 내" 부분을 헌법불합치로 결정하였는데, 그 결정의 취지는 '친자관계는 원래 자연적인 혈연관계를 바탕으로 성립되는 것이기 때문에 법률상의 친자관계를 진실한 혈연관계에 부합시키는 것은 헌법이 보장하고 있는 혼인과 가족제도의 원칙이므로, 그럼에도 불구하고 제척기간을 두어 친생부인의 기회를 제한하려면 친생자관계의 존부에 관하여 알고 있거나 의심을 가진 부(夫)에게 상당한 정도의 숙려기간을 주고 이를 부인할 수 있는 실질적인 기회를 부여하는 경우에만 그 정당성의 근거를 찾을 수 있다' 라는 것이다(헌재 1997. 3. 27. 95헌가14등 참조). 그런데 위 헌법불합치결정 이후에 개정된 이 사건 법률조항은 친생부인의 소의 제척기간을 "부(夫)가 그 사유가 있음을 안 날부터 2년 내" 로 규정하고 있는 바, '친생부인의 사유가 있음을 안 날' 을 그 기산점으로 삼음으로써 부(夫)가 자(子)에 대한 혈연관계의 진실을 인식할 때까지 제척기간의 진행을 유보하고 있고, 나아가 '그로부터 2년' 을 그 제척기간으로 삼음으로써 진실한 혈연관계에 대한 인식을 바탕으로 친자관계의 유지 여부를 진지하게 숙려할 상당한 기간을 부여하고 있다. 따라서 이 사건 법률조항은 위 헌법불합치결정의 취지에 따라 부(夫)에게 자(子)와의 진실한 혈연관계에 대한 인식을 바탕으로 친생추정을 부인할 실질적 기회를 부여하고 있음을 알 수 있다. (2) 물론 친자관계는 자연적인 혈연관계를 바탕으로 성립되는 것이 원칙적인 모습이고, 최근 과학적 친자감정기술의 발달로 인하여 유전자 검사를 통한 친자관계에 관한 증명이 거의 100% 확실해지게 되었음을 고려할 때, 불확실한 개연성에 기반을 둔 기존의 친생추정 및 친생부인 제한이 오늘날 어떤 의미가 있을지 의문이 제기될 수 있다. 그러나 과학적 친자감정기술이 발달함에 따라 이 사건 법률조항이 정하는 숙려기간의 의미는 오히려 더 중요하게 되었다. 과학적으로 혈연관계의 증명이 한결 용이해진 오늘날에는 부(夫)가 그 사실을 알고 난 후에 어떠한 태도를 취하는가가 과거에 비하여 훨씬 중요한 의미를 가지게 되었기 때문이다. 과학적 친자감정으로 자(子)와의 혈연관계 진실을 명확히 안 날부터 2년이라

사망을 안 날부터 2년내에 검사를 상대로 하여 친생부인의 소를 제기할 수 있다(민법 제847조 제2항).

(나) 혼인외의 자

혼인하지 않은 남녀사이의 출생자를 혼인 외의 출생자라 한다. 사실혼에서 출생한 자, 첩관계에서 출생한 자, 남녀 불륜(不倫)에 의하여 출생한 자, 무효혼에서 출생한 자, 혼인중에 출생하였다 하더라도 심판에 의하여 그 적출성이 부인된 자도 여기에 해당한다. 그러나 혼인의 취소로 인하여 혼인관계가 해소된 경우에는 그 자는 혼인외의 출생자가 되지 않는다(민법 제824조).

인지(認知)는 혼인외의 출생자에 대하여 그 생부 또는 생모가 자기의 자라고 인정하는 행위이다(민법 제855조 제1항). 혼인외의 출생자는 그 부모가 혼인한 때에는 그때로부터 혼인 중의 출생자로 본다(민법 제855조 제2항).

는 시간이 있었다면 부(夫)에게는 혈연 진실에 반하는 친자관계의 유지 여부를 진지하게 숙려할 상당한 기간이 제공된 것이고, 그럼에도 불구하고 부(夫)가 그 기간 동안 아무런 이의를 제기하지 않았다면 기존에 추정된 친자관계를 법률상 친자관계로 받아들이거나 또는 자신의 친생부인권을 행사하지 않겠다는 묵시적 의사로 볼 수 있다. 특히 법률상 친자관계는 생물학적 혈연관계에 기초하는 것이 원칙이겠지만 오늘날에는 그 혈연 자체뿐만 아니라 부모·자식으로서의 사회생활상 관계에도 중요한 가치가 있으므로, 부(夫)가 혈연진실을 명확히 안 날로부터 2년간 친생부인권을 행사하지 아니하여 사회생활상 친자관계가 상당히 성숙되었다면, 그 사회생활상 친자관계에 대한 신뢰를 당사자 일방이 함부로 복멸할 수 없도록 제한할 필요성도 존재한다. (3) 자(子)에 대한 신분법적 규율은 첫째로 '자(子)의 복리향상' 에 그 목적을 두어야 하고, 둘째로 가능한 '친자관계 당사자의 자율적 결정' 을 존중하는 것이어야 하므로(헌재 2005. 2. 3. 2001헌가9등 참조), 혼인과 가족생활에 관한 부(夫)의 기본권은 자(子)의 복리를 위하여 합리적으로 제한될 수 있다. 친생부인의 소의 제척기간에 관하여 독일의 경우에는 친생부인의 사유를 안 날로부터 2년, 프랑스의 경우에는 자녀의 출생으로부터 5년, 스위스의 경우에는 원칙적으로 친생부인의 사유를 안 날로부터 1년 및 자녀의 출생으로부터 5년 등으로 비교적 짧게 규정되어 있는데, 이렇게 다수의 국가에서 비교적 단기간으로 친생부인의 소를 제한하는 이유는 무엇보다 자(子)를 불안정한 법적 지위에 불필요하게 오래 두는 것은 자(子)의 복리에 반한다는 취지가 크기 때문이다. 이러한 점을 고려할 때, 이 사건 법률조항이 친생부인의 소의 제척기간을 부(夫)가 '그 사유가 있음을 안 날부터 2년 내' 로 제한한 것은, 친자관계의 당사자인 부(夫)의 친생부인권을 실질적으로 보장함과 동시에 그 상대방인 자(子)의 법적 지위에 대한 불안을 최소화하기 위한 것으로서 합리적인 제한이라 할 것이다.(4) 그렇다면 이 사건 법률조항은 '법률적인 친자관계를 진실에 부합시키고자 하는 부(夫)의 이익' 과 '친자관계의 신속한 확정을 통하여 법적 안정을 찾고자 하는 자(子)의 이익' 을 합리적으로 조정함으로써 친생부인의 소의 제척기간에 관한 입법재량의 한계를 벗어났다고 보기 어려워, 부(夫)가 가정생활과 신분관계에서 누려야 할 인격권, 행복추구권 및 개인의 존엄과 양성의 평등에 기초한 혼인과 가족생활에 관한 기본권을 침해하지 아니한다." (헌법재판소 2015.3.26], 12헌바357).

(2) 양자

양자(養子)제도라 함은 사실상 핏줄이 연결되어 있지 않으나, 인위적으로 법률상 친자관계를 의제하는 제도이다.[32)]

양자가 된다는 것은 양부모와 양친자라는 새로운 신분관계를 창설하는 행위이기 때문에 법률이 요구하는 요건을 갖추었을 때 입양의 효과가 발생한다.

입양의 실질적 요건으로는 ① 당사자 사이에 입양의 합의가 있을 것(민법 제883조 제1호), ② 양친(養親)은 성년자이면 되기 때문에(민법 제866조) 기혼·미혼, 자의 유무, 남자와 여자에 관계없이 입양할 수 있다. ③ 미성년자를 입양하려는 사람은 가정법원의 허가를 받아야 하고(민법 제867조 제1항), 가정법원은 양자가 될 미성년자의 복리를 위하여 그 양육 상황, 입양의 동기, 양부모의 양육능력, 그 밖의 사정을 고려하여 입양의 허가를 하지 아니할 수 있다(민법 제867조 제2항). ④ 양자가 될 사람이 13세 이상의 미성년자인 경우에는 법정대리인의 동의를 받아 입양을 승낙한다(민법 제869조 제1항). 양자가 될 사람이 13세 미만인 경우에는 법정대리인이 그를 갈음하여 입양의 승낙을 하는데(민법 제869조 제2항), 이러한 양자를 대낙양자(代諾養子)라고 한다.[33)] ⑤ 양자가 될 미성년자는 부모의 동의를 받아야 한다(민법 제870조 제1항).[34)] ⑥ 양자가 될

---

32) 입양에 관해서는 2012.2.10 민법의 일부개정으로 많은 변화가 있었다. 특히 미성년자의 입양에 관해서는 가정법원의 허가를 받도록 하였고(민법 제867조 제1항), 가정법원은 양자가 될 미성년자의 복리를 위하여 그 양육 상황, 입양의 동기, 양부모(養父母)의 양육능력, 그 밖의 사정을 고려하여 입양의 허가를 하지 아니할 수 있다(민법 제867조 제2항)(한봉희·백승흠, 『가족법』, 삼영사, 2013, 268면).

33) 한봉희·백승흠, 가족법, 269면.

34) 민법 제870조(미성년자 입양에 대한 부모의 동의) ① 양자가 될 미성년자는 부모의 동의를 받아야 한다. 다만, 다음 각 호의 어느 하나에 해당하는 경우에는 그러하지 아니하다.

1. 부모가 제869조제1항에 따른 동의를 하거나 같은 조 제2항에 따른 승낙을 한 경우
2. 부모가 친권상실의 선고를 받은 경우
3. 부모의 소재를 알 수 없는 등의 사유로 동의를 받을 수 없는 경우

② 가정법원은 다음 각 호의 어느 하나에 해당하는 사유가 있는 경우에는 부모가 동의를 거부하더라도 제867조제1항에 따른 입양의 허가를 할 수 있다. 이 경우 가정법원은 부모를 심문하여야 한다.

1. 부모가 3년 이상 자녀에 대한 부양의무를 이행하지 아니한 경우
2. 부모가 자녀를 학대 또는 유기(遺棄)하거나 그 밖에 자녀의 복리를 현저히 해친 경우

사람이 성년인 경우에도 부모의 동의를 받아야 한다(민법 제871조 전단). 다만 부모의 소재를 알 수 없는 등의 사유로 동의를 받을 수 없는 경우에는 동의가 필요 없다(동조 후단). ⑦ 피성년후견인은 성년후견인의 동의를 받아 입양할 수 있고 양자가 될 수 있다(민법 제873조 제1항). 피성년후견인이 입양을 하거나 양자가 되는 경우에는 제867조를 준용한다(민법 제873조 제2항). 가정법원은 성년후견인이 정당한 이유 없이 제1항에 따른 동의를 거부하거나 피성년후견인의 부모가 정당한 이유 없이 제871조제1항에 따른 동의를 거부하는 경우에 그 동의가 없어도 입양을 허가할 수 있다. 이 경우 가정법원은 성년후견인 또는 부모를 심문하여야 한다(민법 제873조 제3항). ⑧ 배우자 있는 자가 양자를 할 때는 배우자와 공동으로 하여야 하고(민법 제874조 제1항), 배우자 있는 자가 양자가 될 때에는 그 배우자의 동의를 얻어야 한다(민법 제874조 제2항). ⑨ 양자는 양부모의 존속(尊屬) 이거나 연장자가 되어서는 안 된다(민법 제877조).

입양의 형식적 요건으로는 입양은 가족관계등록법의 규정에 따라 당사자 쌍방과 성년자인 증인 2인이 연서한 서면으로 신고하여야 한다(민법 제878조 제2항, 가족관계등록법 제61조). 양자가 13세 미만인 경우에는 대낙양자이므로 입양을 대낙한 법정대리인이 신고하여야 한다(민법 제869조, 가족관계법 제62조).

입양으로 양친과 양자 사이에는 친자관계가 생긴다. 다시 말해서, 친족관계발생, 호적의 변동, 친권자의 변경 등 여러 가지 권리의무가 발생한다.

(3) 친권

친권(親權, parental right)이란 부모의 미성년 자녀에 대하여 가지는 신분상·재산상·교양을 내용으로 하는 권리·의무의 총체라고 말할 수 있다. 민법은 친권에 대하여 "친권자는 자를 보호하고 교양할 권리 의무가 있다"(민법 제913조)고 규정하고 있다. 이는 친권이 부모의 미성년자녀에 대한 지배권이 아니며 그 주

---

③제1항에 따른 동의는 제867조제1항에 따른 입양의 허가가 있기 전까지 철회할 수 있다.

된 내용은 보호의무임을 말하고 있는 것이다.

부모가 혼인중인 때에는 부모가 공동으로 친권을 행사하고 부모의 의견이 일치하지 않을 때는 당사자의 청구에 의하여 가정법원이 이를 정한다(민법 제909조 제2항).

친권의 내용을 살펴보면, 친권자는 자를 보호하고 교양할 권리 의무가 있으며, 자는 친권자의 지정한 장소에 거주하여야 한다. 친권자는 필요한 범위 내에서 스스로 자의 보호 또는 교양을 위하여 필요한 징계를 할 수 있다.

친권자는 미성년자인 자의 법정대리인으로 자의 재산에 관한 법률행위에 대하여 그 자를 대리할 권한을 가진다(민법 제920조).

부모가 친권을 남용하거나 현저한 비행, 기타 친권을 행사할 수 없는 중대한 사유가 있을 때는 친권을 상실된다.

5. 이혼

이혼(離婚)은 유효한 혼인을 어떠한 사유로 인하여 혼인관계를 유지할 수 없는 때에 부부생존 중에 부부의 협의나 법원의 판결로써 해소하는 것을 말한다.[35]

협의이혼(協議離婚)은 부부는 협의에 의하여 이혼할 수 있다(민법 제834조). 협의이혼을 하기 위해서는 당사자 사이에 이혼의 합의가 있어야 한다. 피성년

35) 일본 NHK 보도에 의하면 '사후이혼' (死後離婚)이란 말 그대로 죽은 뒤에 이혼한다는 의미이다. 배우자가 사망한 후 그 친족과 인연을 끊고 싶거나, 배우자와 같은 묘에 안치되고 싶지 않다고 생각하는 사람들 사이에서 사용되는 용어다. 일본 법률상 배우자의 사망 후 이혼이 허용되지 않기 때문에 '사후이혼' 은 정식 법률 용어는 아니다. 그러나 배우자의 사망 후 그 시댁 및 처가 등과의 절연을 원하는 사람들은 '친인척 관계 종료신고서' 를 관공서에 제출함으로써, 배우자의 친족과 인연을 끊을 수 있다. 일본 법무성에 따르면, 일본에서 "친인척 관계 종료 신고'의 신청 건수는 2010년에는 1911건이었으나, 5년 후인 2015년도에는 2783건으로 급증했다("죽은 후 이혼한다"…일본서 사후이혼 급증, 뉴시스, 2016.12.15 참조). 부부문제 전문 상담사인 오카노 아쓰코(岡野あつこ)는 "사후이혼(死後離婚)은 시어머니와의 관계에서 비롯되는 경우가 대부분" 이라면서 "남편의 사망이 자신의 탓이라고 질책하는 것에 대한 불만과 향후 간병을 하게 되는 데 따른 부담 등이 주된 이유" 라고 설명했다("죽어서도 갈라서고 싶다" ...일본에서 "사후이혼' 급증, 경향신문, 2016.12.31).

후견인은 부모나 성년후견인의 동의를 얻어 이혼할 수 있다(민법 제835조).

협의이혼의 형식적 요건으로는 가정법원의 확인을 받아 「가족관계의 등록 등에 관한 법률」의 정한 바에 의하여 신고함으로써 그 효력이 생긴다(민법 제836조 제1항). 협의 이혼의 신고는 당사자 쌍방과 성년자인 증인 2인의 연서한 서면으로 하여야 한다.

재판상 이혼(裁判上離婚)은 법정이혼원인에 의하여 부부의 일방이 타방에게 대하여 법원에 이혼을 청구하고 그 판결에 따라 하는 이혼을 말한다(민법 제840조).

재판상 이혼 사유에는 6가지가 있다. ① 배우자에 부정한 행위가 있었을 때,[36] ② 배우자가 악의로 다른 일방을 유기한 때, ③ 배우자 또는 그 직계존속으로부터 심히 부당한 대우를 받았을 때, ④ 자기의 직계존속이 배우자로부터 심히 부당한 대우를 받았을 때, ⑤ 배우자의 생사가 3년 이상 분명하지 아니한 때, ⑥ 기타 혼인을 계속하기 어려운 중대한 사유가 있을 때이다.[37]

---

36) "민법 제840조 제1호 소정의 배우자의 부정한 행위라 함은 간통을 포함하여 보다 넓은 개념으로서 간통에까지는 이르지 아니하나 부부의 정조의무에 충실하지 않는 일체의 부정한 행위가 이에 포함되고(대법원 1988.5.24. 선고 88므7 판결 등 참조), 부정한 행위인지 여부는 각 구체적 사안에 따라 그 정도와 상황을 참작하여 평가하여야 한다(대법원 1992.11.10. 선고 92므68 판결 등 참조)" (대법원 2013.11.28, 2010므4095). 휴대전화를 통한 계속적인 사랑의 표시도 부정행위로 볼 수 있을 것이다(한봉희·백승흠, 가족법, 195면).

37) 민법 제840조 제6호 이혼사유에 관하여 유책배우자의 이혼청구를 허용할 것인지 여부(원칙적 소극) / 예외적으로 유책배우자의 이혼청구를 허용할 수 있는 경우 및 판단 기준 : "[다수의견] (가) 이혼에 관하여 파탄주의를 채택하고 있는 여러 나라의 이혼법제는 우리나라와 달리 재판상 이혼만을 인정하고 있을 뿐 협의상 이혼을 인정하지 아니하고 있다. 우리나라에서는 유책배우자라 하더라도 상대방 배우자와 협의를 통하여 이혼을 할 수 있는 길이 열려 있다. 이는 유책배우자라도 진솔한 마음과 충분한 보상으로 상대방을 설득함으로써 이혼할 수 있는 방도가 있음을 뜻하므로, 유책배우자의 행복추구권을 위하여 재판상 이혼원인에 있어서까지 파탄주의를 도입하여야 할 필연적인 이유가 있는 것은 아니다. 우리나라에는 파탄주의의 한계나 기준, 그리고 이혼 후 상대방에 대한 부양적 책임 등에 관해 아무런 법률 조항을 두고 있지 아니하다. 따라서 유책배우자의 상대방을 보호할 입법적인 조치가 마련되어 있지 아니한 현 단계에서 파탄주의를 취하여 유책배우자의 이혼청구를 널리 인정하는 경우 유책배우자의 행복을 위해 상대방이 일방적으로 희생되는 결과가 될 위험이 크다. 유책배우자의 이혼청구를 허용하지 아니하고 있는 데에는 중혼관계에 처하게 된 법률상 배우자의 축출이혼을 방지하려는 의도도 있는데, 여러 나라에서 간통죄를 폐지하는 대신 중혼에 대한 처벌규정을 두고 있는 것에 비추어 보면 이에 대한 아무런 대책 없이 파탄주의를 도입한다면 법률이 금지하는 중혼을 결과적으로 인정하게 될 위험이 있다. 가족과 혼인생활에 관한 우리 사회의 가치관이 크게 변화하였고 여성의 사회 진출이 대폭 증가하였더라도 우리 사회가 취업, 임금, 자녀양육 등 사회경제의 모든 영역에서 양성평등이 실현되었다고 보기에는 아직 미흡한 것이 현실이다. 그리고 우리나라에서 이혼율이 급증하고 이혼에 대한 국민의 인식이 크게 변화한 것이 사실이더라도 이는 역설적으로 혼인과 가정생활에 대한 보호의 필요성이 그만큼

(1) 이혼의 효과

이혼을 하면 혼인이 해소되고, 이혼에 의하여 부부관계는 소멸한다. 이혼을 하게 되면 원칙적으로 처(妻)는 그 친가에 복적하거나 일가(一家)를 창립한다. 혼인에 의하여 전 배우자의 혈족과의 사이에 생긴 인척관계는 이혼에 의하여 소멸한다(민법 제775조 제1항). 다만 이혼으로 인하여 인척관계가 소멸하였다고 하여도 소멸한 배우자의 6촌 이내의 혈족과 배우자의 4촌 이내의 혈족의 배우자와의 재혼은 여전히 금지된다(민법 제809조 재2항).

(2) 이혼과 자녀양육권

부모가 이혼한 경우 부모의 협의로 친권자를 정하고, 협의할 수 없거나 협의가 되지 않는 경우에는 당사자는 가정법원에 그 지정을 청구하여야 한다(민법 제909조 제4항). 또한, 자녀의 양육자와 양육에 관한 필요한 사항은 우선 부모의 협의에 의하여 정한다. 부모가 양육에 관한 사항의 협의가 되지 아니하거나 협의할 수 없는 때에는 가정법원은 당사자의 청구에 의하여 그 자의 연령, 부모의 재산상황, 기타 사정을 참조하여 양육에 필요한 사항을 정하여 언제든지

커졌다는 방증이고, 유책배우자의 이혼청구로 인하여 극심한 정신적 고통을 받거나 생계유지가 곤란한 경우가 엄연히 존재하는 현실을 외면해서도 아니 될 것이다. (나) 이상의 논의를 종합하여 볼 때, 민법 제840조 제6호 이혼사유에 관하여 유책배우자의 이혼청구를 원칙적으로 허용하지 아니하는 종래의 대법원판례를 변경하는 것이 옳다는 주장은 아직은 받아들이기 어렵다. 유책배우자의 이혼청구를 허용하지 아니하는 것은 혼인제도가 요구하는 도덕성에 배치되고 신의성실의 원칙에 반하는 결과를 방지하려는 데 있으므로, 혼인제도가 추구하는 이상과 신의성실의 원칙에 비추어 보더라도 책임이 반드시 이혼청구를 배척해야 할 정도로 남아 있지 아니한 경우에는 그러한 배우자의 이혼청구는 혼인과 가족제도를 형해화할 우려가 없고 사회의 도덕관 · 윤리관에도 반하지 아니하므로 허용될 수 있다. 그리하여 상대방 배우자도 혼인을 계속할 의사가 없어 일방의 의사에 따른 이혼 내지 축출이혼의 염려가 없는 경우는 물론, 나아가 이혼을 청구하는 배우자의 유책성을 상쇄할 정도로 상대방 배우자 및 자녀에 대한 보호와 배려가 이루어진 경우, 세월의 경과에 따라 혼인파탄 당시 현저하였던 유책배우자의 유책성과 상대방 배우자가 받은 정신적 고통이 점차 약화되어 쌍방의 책임의 경중을 엄밀히 따지는 것이 더 이상 무의미할 정도가 된 경우 등과 같이 혼인생활의 파탄에 대한 유책성이 이혼청구를 배척해야 할 정도로 남아 있지 아니한 특별한 사정이 있는 경우에는 예외적으로 유책배우자의 이혼청구를 허용할 수 있다. 유책배우자의 이혼청구를 예외적으로 허용할 수 있는지 판단할 때에는, 유책배우자 책임의 태양 · 정도, 상대방 배우자의 혼인계속의사 및 유책배우자에 대한 감정, 당사자의 연령, 혼인생활의 기간과 혼인 후의 구체적인 생활관계, 별거기간, 부부간의 별거 후에 형성된 생활관계, 혼인생활의 파탄 후 여러 사정의 변경 여부, 이혼이 인정될 경우의 상대방 배우자의 정신적 · 사회적 · 경제적 상태와 생활보장의 정도, 미성년 자녀의 양육 · 교육 · 복지의 상황, 그 밖의 혼인관계의 여러 사정을 두루 고려하여야 한다." (대법원 2015.9.15, 2013므568, 전원합의체 판결).

그 사항을 변경 또는 다른 적당한 처분을 할 수 있다(민법 제837조 제2항).

면접교섭권(面接交涉權, visitation rights)이란 이혼으로 인하여 미성년자에 대한 양육권자가 아닌 부모의 일방이 그 자(子)와 면회, 문통(文通), 방문, 숙박 등 교류를 할 수 있는 권리를 말한다(민법 제837조의2).

면접교섭권은 유엔 아동권리협약상의 "아동이익 최우선의 원칙"(The principle of the highest interests for children)을 실현하는 것이다.

(3) 이혼과 재산분할청구권

재산분할청구권(財産分割請求權)이란 이혼을 한 당사자의 일방이 다른 일방에 대하여 부부의 공동재산에 대한 청산의 의미로 재산분할을 청구하는 권리이다.

재산분할청구제도는 이혼 후의 전배우자의 경제생활의 확보와 부부의 경제적 협력관계를 청산함으로써 이혼에 있어서 부부의 경제적 지위의 평등을 기하고, 이혼후 배우자의 재출발의 기초를 제공하는 중요한 기능을 하게 되며, 진정한 이혼의 자유(自由)를 기하기 위해서는 없어서는 아니 될 제도라고 평가할 수 있다.[38)]

재산분할청구는 혼인중 부부가 상호협력에 의하여 이룩한 재산의 축적과 증식한 재산에 대한 자기의 몫을 이혼시 돌려받는 것이며, 가사노동(家事勞動)도 평가되어야 한다는 사상을 기초로 하고 있다.[39)]

---

38) 한봉희·백승흠, 가족법, 213-214면.

39) 집안에서 가사와 육아, 간병 등에 전념하고 있는 일본 전업주부들의 무상노동을 금액으로 환산할 경우 연간 3백4만엔(약 3천 2백만원)에 달한다는 평가가 나왔다. 일본 경제기획청이 1998년 5월 22일 발표한 '무상노동의 화폐가치 보고서' 에 따르면 국내총생산(GDP)에 반영되지 않는 무상노동의 평가총액은 남성과 직업을 가진 여성을 포함해 약 1백16조엔으로, GDP의 23.2%에 해당됐다(日 전업주부 연간 무상노동 평균 3백4만엔, 연합뉴스, 1998.5.22); 2001년 한국여성정책연구원 김태홍 · 문유경 연구팀은 전업주부 가사노동 가치를 월평균 85만6천원~102만6천원으로 평가했다. 통계청의 생활시간 조사와 가장 보편적으로 사용되는 기회비용법을 이용해 전업주부의 노동가치를 연간 70조9천억원으로 산정했다.…중략… 한국여성정책연구원은 2008년 '전업주부, 연봉을 찾아라' 는 프로그램을 만든 적이 있다. 전업주부의 가사노동 가치를 현실적으로 평가하기 위한 프로그램이다. 음식 준비, 세탁 등 의류 관리, 청소, 시장 보기, 자녀나 부모 돌보기 등 37개 항목에 사용된 시간을 산정해 월급으로 환산해주는 것이다. 12시간

6. 유언

유언(遺言)은 인간이 자기의 사후에 효력을 발생하게 할 목적으로 재산의 처분 기타 일정한 사항에 대하여 의사를 표시한 경우에 이 의사를 존중하여 이에 대하여 법률상 효과를 발생시키는 제도이다.

유언은 유언자의 단독행위이므로 타인의 동의를 요하지 않으며, 17세에 달한 자는 누구든지 유언을 할 수 있다(민법 제1061조). 민법이 인정하고 있는 유언의 방식으로는 자필증서,[40] 녹음, 공정증서, 비밀증서[41], 구수증서(口授證書)[42]의 5형식에 의한 유언에 한하여 효력을 부여하고 있다(민법 제1065조). 유언의 효력은 유언자가 사망한 때에 발생한다(민법 제1073조 제1항). 유언에 정지조건이 있는 경우에 그 조건이 유언자의 사망후에 성취한 때에는 그 조건성취한 때로부터 유언의 효력이 생긴다(민법 제1073조 제2항).

을 꼬박 살림에 매달리며 초등학교 1학년 딸과 3살 아들을 키우는 37살 전업주부의 월급은 약 371만원으로 추산됐다. 연봉으로 따지면 약 4452만원. 연구원은 당시 노동부가 발표한 '2006년도 전체 직종 임금' 자료에 근거해 전체 직종 평균 시간당 임금 1만172원을 적용했다("집안일에 지불할 준비됐습니까. 세계 최고 수준 긴 노동시간이 가사 분담 막아, 가사노동 가치 인정해도 임금화는 거부감 커 " , 「한겨레21」 제1133호).

40) "민법 제1065조 내지 제1070조가 유언의 방식을 엄격하게 규정한 것은 유언자의 진의를 명확히 하고 그로 인한 법적 분쟁과 혼란을 예방하기 위한 것이므로, 법정된 요건과 방식에 어긋난 유언은 그것이 유언자의 진정한 의사에 합치하더라도 무효이다. 따라서 자필증서에 의한 유언은 민법 제1066조 제1항의 규정에 따라 유언자가 전문과 연월일, 주소, 성명을 모두 자서하고 날인하여야만 효력이 있고, 유언자가 주소를 자서하지 않았다면 이는 법정된 요건과 방식에 어긋난 유언으로서 효력을 부정하지 않을 수 없으며, 유언자의 특정에 지장이 없다고 하여 달리 볼 수 없다. 여기서 자서가 필요한 주소는 반드시 주민등록법에 의하여 등록된 곳일 필요는 없으나, 적어도 민법 제18조에서 정한 생활의 근거되는 곳으로서 다른 장소와 구별되는 정도의 표시를 갖추어야 한다." (대법원 2014.9.26, 2012다71688).

41) 가족 등에 비공개로 만들어 놓은 증서를 말한다.

42) 말을 받아 적은 증서를 말한다.

7. 상속

(1) 상속의 의의

상속(相續)이란 피상속인의 사망으로 방생하는 법정원인으로 인하여 피상속인의 권리·의무가 상속인에게 포괄적으로 승계되는 것을 말한다. 민법은 재산상속을 인정하고 있으며, 호주상속은 1990년 개정으로 호주승계로 고쳤다.

(2) 상속순위

상속의 제1순위는 피상속인의 직계비속과 배우자가 공동상속인이 된다. 직계비속간의 남녀·적서·연령에 차별없이 공동상속인이 된다. 직계비속 중 자녀는 손자녀보다 선순위이다. 태아(胎兒)는 출생한 것으로 본다. 상속인이 될 때 직계존속이 상속개시전에 사망한 경우 직계비속이 있으면 그가 대습상속(代襲相續)한다. 상속인이 될 부가 상속개시전에 사망한 경우에는 처가 그 직계비속이 있으면 그 직계비속과 공동대습상속하고, 그 직계비속이 없으면 단독으로 대습상속(代襲相續)[43)]한다.

상속의 제2순위는 피상속인의 직계존속과 처이다. 처는 직계비속과 동순위 공동상속인이 되지만, 직계비속이 없는 경우 직계존속이 있으면 그 직계존속과 동순위의 공동상속인이 되며, 직계존속이 없으면 단독상속이 된다.

제3순위는 피상속인의 형제자매이다. 형제자매간은 공동상속인이 된다. 형제자매가 상속하기 전에 사망한 때에는 그의 직계비속이 대습상속한다.

제4순위 상속인은 피상속인의 4촌 이내의 방계혈족이다. 방계혈족간에는 근친(近親)이 원친(遠親)보다 선순위이며, 촌수가 같은 경우 공동상속인이 된다. 제4순위 상속인도 없는 경우에는 특별연고자에 대한 분여절차를 거친 후 특별연고자도 없으면 그 유산은 국고에 귀속한다.

---

43) 대습상속이란 상속인이 되어야 할 직계비속 또는 형제자매가 상속개시 전 즉, 피상속인의 사망 전에 사망하거나 결격이 되어 상속인이 되지 못하는 경우에 그 직계비속이 있는 때에는 그 직계비속이 사망하거나 결격된 자의 순위에 갈음하여 상속인이 되는 것을 말한다(민법 제1001조).

(3) 상속분

상속분(相續分)이란 동순위의 상속인 수인이 공동으로 상속하는 경우에 각자의 몫을 상속분이라고 한다. 상속분도 피상속인이 유언으로 지정한 때에는 그에 따르고, 유언이 없는 경우에는 ① 동순위의 상속인이 수인인 때에는 그 상속분은 균분하며, ② 아들과 딸, 장남과 차남, 기혼과 미혼의 상속분은 균등하다. ③ 배우자의 상속분은 직계비속과 공동으로 상속하는 경우에는 직계비속의 상속분의 5할을 가산하고, 직계존속과 공동으로 상속하는 경우에는 직계존속의 상속분의 5할을 가산한다(민법 제1009조).

(4) 상속의 승인과 포기

상속은 상속의 개시에 의하여 피상속인의 재산상의 권리의무가 상속인의 의사에 관계없이 또는 상속인이 알건 모르건 법률상 당연히 상속인이 승계된다(민법 제1005조).

(가) 단순승인

단순승인이란 상속인이 무제한으로 피상속인의 권리·의무를 승계하는 상속형태를 말한다(민법 제1025호). 따라서 단순승인을 한 때에는 상속재산과 상속인의 고유재산은 혼합되고 상속인은 자기기의 고유재산에서도 상속채무를 변제하지 않으면 안된다. 단순승인을 함으로써 상속인은 상속채무에 대하여 무한책임을 부담하는 결과가 된다.

(나) 한정승인

한정승인은 상속인은 상속으로 인하여 취득할 재산의 한도에서 피상속인의 채무와 유증(遺贈)[44]을 변제할 것을 조건으로 상속을 승인할 수 있다(민법 제1028조). 한정승인은 상속인의 이익을 보호하기 위한 제도이다.

---

44) 유증(遺贈)이란 유언에 의하여 무상으로 재산적 이익을 타인에게 주는 행위를 말한다. 다시 말해서 유언에 의한 재산의 무상증여를 의미한다.

상속인이 수인인 때에는 각 상속인은 그 상속분에 응하여 취득할 재산의 한도에서 그 상속분에 의한 피상속인의 채무와 유증을 변제할 것을 조건으로 상속을 승인할 수 있다(민법 제1029조). 상속인이 한정승인을 함에는 상속개시있음을 안 날로부터 3월내에 상속재산의 목록을 첨부하여 법원에 한정승인의 신고를 하여야 한다(민법 제1030조)..

(다) 상속포기

상속은 언제나 상속인에게 이익이 되는 것이 아니기 때문에 상속재산 중 소극재산이 많은 경우에는 상속인은 그의 자유의사에 의하여 3개월의 고려기간 내에 상속재산의 승계를 거부할 수 있는 것을 상속의 포기라고 한다(민법 제1041조).

제4장 자동차와 법률생활

자동차는 우리 실생활에서 편리함을 제공하는 문명의 이기(利器)인 동시에 살인무기로 돌변하기도 한다.

자동차로 인한 사고나 법적 문제는 하루가 멀다하고 우리 주위에서 발생한다. 일면식(一面識)도 없는 사람의 부주의한 자동차 운행으로 부상을 입으며 생명을 잃기도 하고, 음주운전자의 음주운전으로 남의 가정이 파괴되어 하루아침에 가장(家長)을 잃기도 한다. 그래서, 음주운전자를 가정파괴범(家政破壞犯)이라고까지 부르는 실정이다.[45] 또한 한 동네 이웃사촌의 호의동승(好意同乘)으로 법적 문제가 제기되어 얼굴을 붉히기도 한다.

자동차를 이용하는 만큼 자동차로 인해 발생하는 법률문제, 교통사고가 발생했을 때 대처요령, 자동차보험, 도로교통법이나 교통사고특례법의 내용을 알고 있어야 한다.

1. 자동차 소유주의 법률지식

(1) 구입시 주의사항

(가) 자동차를 구입하는 방법에는 신차를 구입하는 방법과 중고자동차를 구입하는 방법이 있다. 신차를 구입하는 사람은 소유자의 주소지를 관할하는 행정관청에 임시운행 허가기간내에 신규등록신청서를 제출하면 된다. 중고자동차를 취득한 경우에는 취득한 날로부터 15일 이내에 취득

45) 만취운전으로 교통사고를 일으키고 3명을 숨지게 한 트럭 운전사에 대해 검찰과 법원은 살인죄(殺人罪)를 적용하여 구속영장을 발부한 적이 있다.

자(양수인)의 주소지를 관할하는 등록행정관청에 이전등록 신청을 하여야 한다.

(나) 자동차를 도난(盜難)당한 경우

자동차를 도난당한 경우에는 관할 경찰관서에 도난신고를 하고, 관할 경찰서장의 도난신고확인서를 첨부하여 자동차 말소등록을 신청할 수 있다. 도난으로 말소등록을 한 후 그 자동차를 회수한 경우에는 회수한 날로부터 3개월 이내에 부활신규등록을 신청하여야 한다.

종합보험에 가입한 차량은 그 도난신고확인서를 첨부, 보험회사에도 그 사실을 통보하여야 보험금을 지급받을 수 있다.

(다) 자동차의 방치금지와 등록번호판의 관리

자동차소유주가 폐차하여야 할 자동차를 무단방치 할 경우에는 형사처벌을 받게 된다. 또한, 자동차번호판이 훼손되거나 분실된 경우에는 관할 경찰서장이 발급하는 분실 또는 도난신고확인서와 행정처분중이 아님을 증명하는 서류를 첨부하여 관할 자동차등록관청에 재교부 신청을 하여 교부받으면 된다.[46)]

(2) 자동차 관리의 소홀과 손해배상책임

자동차 사고는 과실 판단과 증거 보존의 곤란성으로 과실책임에 기초한 손해배상청구가 어려운 경우가 있으므로 피해자의 구제를 확보하기 위하여 민법의 특별법인 '자동차손해배상보장법'에서 자동차 운행자책임을 규정하고 있다.

자동차손해배상보장법은 자동차의 운행으로 사람이 사망하거나 부상한 경우에 손해배상을 보장하는 제도를 확립하여 피해자를 보호하고 자동차운송의 건전한 발전을 촉진함을 목적으로 제정되었다(동법 제1조).

---

46) 뺑소니 및 범죄차량을 미연에 방지하기 위하여 번호판이 훼손된 차량을 발견한 사람은 시·군·구청이나 자동차 등록관청에 고발하는 시민정신이 필요하다.

(가) 자동차 운행자의 의의

자동차 운행자(運行者)는 자동차 운행으로 타인의 사망이나 부상과 같은 인적손해에 대한 무과실의 손해배상책임을 진다. 차량의 손해 손괴 등과 같은 물적 손해는 일반 불법행위나 채무불이행책임의 법리에 따른다.

자동차 운행자 책임의 주체는 "자기를 위하여 자동차를 운행하는 자"이다(동법 제3조).[47] 따라서 운행자란 자동차의 보유자 또는 소유자는 통상 운행자의 지위에 있고, 보유자에게 고용된 운전자 또는 가족·친족·친구 등을 시켜 운전한 경우도 해당된다.

자동차 운전자는 안전운행을 위하여 아래의 사항을 준수해야 한다. 운전자의 일반적인 준수사항으로

① 운행중 고임 물을 튀게 하여 다른 사람에게 피해를 주는 일이 없도록 하여야 한다.

② 어린이가 보호자없이 도로를 횡단하거나 도로에서 앉아 있거나 서있거나 놀이를 하는 등 어린이에 대한 교통사고의 위험이 있는 것을 발견한 때, 앞을 보지 못하는 사람이 흰색지팡이를 가지고 도로를 횡단하고 있는 때 또는 지하도·육교 등 도로횡단시설을 이용할 수 없는 지체장애인이 도로를 횡단하고 있는 때에는 일시정지하여야 한다.

③ 자동차의 창유리의 가시광선 투과율을 지나치게 낮게 하여 10미터 거리에서 차안에 승차한 사람을 명확히 식별할 수 없게 한 차 또는 속도측정기탐지용장치를 한 차 그 밖의 행정자치부령이 정하는 기준에 적합하지 아니한 장치를 한 차를 운전하여서는 아니 된다.

④ 도로에서 자동차등을 세워둔 채로 시비·다툼 등의 행위를 함으로써 다른 차마의 통행을 방해하여서는 아니 된다.

---

47) 판례는 운행자를 '일반적·추상적으로 자동차의 운행을 지배하여 그 이익을 향수하는 책임주체로서의 지위에 있는 자' 라고 하여 〈운행지배〉와 〈운행이익〉의 두 가지 기준에서 운행자성 여부를 판별하고 있다.

⑤ 운전자가 운전석으로부터 떠나는 때에는 원동기의 발동을 끄고 제동장치를 철저하게 하는 등 그 차의 정지상태를 안전하게 유지하고 다른 사람이 함부로 운전하지 못하도록 필요한 조치를 하여야 한다.

⑥ 운전자는 안전을 확인하지 아니하고 차의 문을 열거나 내려서는 아니되며, 승차자가 교통의 위험을 일으키지 아니하도록 필요한 조치를 하여야 한다.

⑦ 운전자는 정당한 사유 없이 다른 사람에게 피해를 주는 소음을 발생시키는 방법으로 자동차등을 급히 출발시키거나 그 속도를 급격히 높이거나 자동차등의 원동기의 동력을 차륜에 전달시키지 아니하고 원동기의 회전수를 증가시키는 행위 또는 반복적이거나 연속적으로 경음기를 올리는 행위를 하여서는 안된다.

⑧ 운전자는 승객이 차내에서 안전운전에 현저히 장애가 될 정도로 춤을 추는 등 소란행위를 하도록 방치하고 차를 운행하여서는 아니된다.

⑨ 운전자는 자동차등의 운전중에는 휴대용 전화를 사용하여서는 아니된다(도로교통법 제48조)[48].

(나) 운행자와 책임 문제

자동차 운행자의 책임문제가 발생하는 경우에는 무단운전, 임대차에 의한 사고, 차량매도과정에서의 사고 책임, 수리·세차 등의 과정에서 사고의 책임 문제가 발생한다.

① 무단운전(無斷運轉)이란 보유자와 고용관계나 친족관계 등의 인적관계가 있는 사람이 보유자의 승낙없이 함부로 자동차를 개인적인 용도에 사용하는 것을 말한다. 무단운전으로 인한 사고의 책임여부는 평소의

48) 그러나, 자동차등이 정지하고 있는 경우, 긴급자동차를 운전하는 경우, 각종 범죄 및 재해 신고 등 긴급을 요하는 경우, 안전운전에 장애를 주지 아니하는 장치로서 손으로 잡지 아니하고도 휴대용전화를 본래의 용도로 사용할 수 있도록 해주는 장치를 이용하는 경우에는 가능하다.

차량관리 상태, 보유자의 의사와 관계없이 운전이 가능하게 된 경위, 보유자와 운전자와의 관계, 운전자의 차량반환의사의 유무 등 여러 가지 사정을 사회통념에 따라 종합적으로 평가하여 판단하여야 한다.[49]

② 절취운전은 보유자와 아무런 인적관계가 없는 사람이 보유자의 승낙없이 차량을 운전한 경우이다. 절취운전은 보유자의 운행지배와 운행이익은 배타적으로 절취운전자에게 이전되어 상실된다. 그러나 보유자의 차량관리상의 과실로 제3자의 절취가 가능하게 된 경우에는 민법상의 불법행위책임을 져야 하는 경우가 있다.[50] 따라서 차량을 주차할 때는 차량의 열쇠를 뽑고, 출입문을 잠그는 보관상의 주의의무를 게을리 하지 않아야 한다.

③ 자동차를 팔았으나 자동차 등록원부의 등록명의가 변경되기 전에 사고가 발생한 경우의 손해배상책임은 나누어 살펴보아야 한다. 첫째, 매도인이 자동차를 팔았으나 계약금만 받고 중도금과 잔금을 받기전에 자동차를 인수해 간 매수인이 사고를 낸 경우에는 매도인도 배상책임을 진다. 둘째, 자동차 매매대금이 잔금까지 완전 결제되고 명의이전서류까지 모두 건네주었으나 단지 매수인이 이전등록을 하지 않은 채 자동차를 운행하다가 사고가 발생한 경우에는 매도인은 배상책임을 지지 않는다.

④ 자동차의 수리를 의뢰하는 것은 자동차의 수리와 관계되는 일체의 작업을 맡기는 것으로 수리나 시운전에 관하여 필요한 범위 내에서의 운전행위도 포함되고, 수리하는 동안의 자동차운행지배권은 수리업자에게 있다고 보아야 하므로 수리를 위하여 맡겨진 자동차를 운전하다가 일으킨 사고에 대하여 수리업자가 운행자책임을 진다. 세

49) 무단운전의 경우 판례는 자동차 열쇠를 책상서랍 속에 방치하여 종업원이 임의로 열쇠를 꺼내어 운행 중 낸 사고에 대하여 자동차 소유자의 운행자 책임을 인정 하였고, 반면에 피해자가 무단운전을 제의하고 동승한 사고에 대해서는 자동차 보유자의 운행자책임을 부정하였다.

50) 차량 소유자가 자동차 열쇠를 허술하게 보관하여 다른 사람이 무단 운전하다가 사고를 일으켰을 경우에 차동차소유주는 이에 대한 손해배상책임을 져야 한다는 판결이 있다.

차(洗車)의 목적으로 세차장에 자동차를 맡겼는데 세차장 종업원이 차주인 모르게 운행하다가 발생한 사고의 경우에도 차주는 배상책임이 없다.

⑤ 보유자가 자동차를 유상으로 대여한 경우(렌트카) 보유자는 그 임차인 운행에 관하여도 운행자책임을 진다.

⑥ 명의대여에 의한 자동차사고시에도 실소유자와 명의대여자는 함께 운행지배와 운행이익을 가지고 있으므로 명의대여자도 사고의 책임을 져야 한다. 또한, 지입회사도 지입차량의 사고에 대하여 운행자책임을 져야 한다.

(3) 호의동승과 손해배상

호의동승(好意同乘)이란, 출근길에 친척관계 또는 우호관계 등에 의해 다른 사람을 무상(無償)으로 자동차에 태우는 것을 말한다. 호의동승은 계약관계(契約關係)가 아니라 단순한 호의관계(好意關係)[51]라고 보는 것이 타당할 것이다.

호의동승으로 운행하다가 운전자의 과실로 동승자가 피해를 입은 경우 운전자의 책임을 인정할 것인가에 대하여 견해가 나누어져 있다.

① 호의동승을 부탁하는 사람은 사고에 대한 위험도 승낙한 것으로 보아 운전자에게 배상책임을 물을 수 없다거나, 운전자와 동승자사이에는 이미 묵시적 면책특약이 성립하였으므로 운전자에게 책임을 물을 수 없다는 견해와 ② 사고발생에 있어서나 또는 피해의 정도에 있어서 피해자에게도 잘못이 있는 경우에 피해자가 피해의 전부를 배상받도록 하는 것은 공평하지 못하므로 피해자의 잘못의 정도만큼 배상액을 감하는 과실상계(過失相計)의 규정을 유추·적용하여 운전자의 배상책임을 제한하려는 견해이다.

판례는 “호의동승(好意同乘)이라는 사실만으로 운전자에게 배상책임이 경감되

51) 호의관계는 급부자에게 법률적 의무가 없음에도 불구하고 무상(無償)으로 급부를 제공하는데 특징이 있고, 그 급부를 이행하지 않는다고 하여 상대방에게 급부청구권이 인정되지 않는다. 호의관계가 인정되는 경우에도 그 급부에 수반하여 손해가 발생한 경우에는 그 손해까지 호의관계로 되는 것은 아니다.

거나 면책되는 것은 아니다"(대판 1996.3.22, 95다24302)라고 하여 배상책임을 인정하고 있다.[52)]

2. 자동차보험

자동차보험에는 책임보험과 임의보험이 있다.

(1) 자동차손해배상책임보험(책임보험)

책임보험을 정확히 말하면 '자동차손해배상책임보험'이며 이는 강제보험이다. 자동차손해배상보장법에 의하여 모든 자동차 소유자가 가입하여야 하는 보험으로 피보험자(보유자와 운전자)가 보험에 든 자동차의 운행으로 다른 사람이 사망하거나 부상하여 배상책임을 지는 경우 보험자가 일정금액을 한도로 보상하는 것이다.

교통사고 피해자는 보험자에 대한 보험금의 직접 청구권을 인정하고(자동차손해배상보장법 제12조), 장례비 등 시급하게 소요되는 비용에 대하여는 보험회사에 가불금지급청구서, 사고증명서, 진단서 등 필요한 서류를 구비하여 신청하면 지체 없이 가불금을 지급하도록 하고 있다(자동차손해배상보장법 제11조).

피해자는 자동차손해배상보장법이 보장하는 범위 안에서 보상받을 수 있을 뿐이므로 실제의 손해금액이 그보다 많은 경우에는 그 초과액을 가해자측에 대하여 손해배상청구를 할 수 있다. 보험자의 보험금지급의무는 피보험자가 자동차의 운행으로 인한 손해배상책임이 확정된 날로부터 2년이 지나면 시효로 소멸한다(자동차손해배상보장법 제20조).

52) "운전자는 호의동승자에 대하여 전 책임을 져야 한다. 다만 운행의 목적, 호의동승자와 운전자와의 인적관계, 피해자가 차량에 동승한 경위, 특히 동승요구의 목적과 적극성 등의 제반 사정에 비추어 가해자에게 일반의 교통사고와 같은 책임을 지우는 것이 신의칙이나 형평의 이념에 비추어 매우 불합리한 것으로 인정되는 경우에는 그 배상액을 경감할 사유가 된다" (대판 1992.6.9, 92다10586).

(2) 자동차종합보험(임의보험)

교통사고로 인한 손해가 위에 설명한 책임보험만으로는 보상될 수 없는 경우가 많이 발생하므로 이러한 경우를 대비하여 임의로 들어두는 보험이 자동차종합보험이며 이는 임의보험이다. 자동차종합보험은 가입의 의무가 없는 임의보험이나 실제로 '교통사고처리특례법'에 의하여 자동차종합보험의 가입자에게 형사상의 특혜가 주어지고 있어 간접적으로 이 보험에의 가입이 유도되고 있다고 볼 수 있다.

자동차종합보험에 가입하면 거의 모든 손해를 보험회사가 배상해 주고 있다. 그러나 종합보험을 든 경우라도 약관(約款)에는 보험회사가 보험금의 지급을 거부할 수 있는 면책조항(免責條項)[53]이 있다.

자동차종합보험은 배상의 폭이 넓고, 종합보험 보통약관에 따라 피해자가 직접 보험회사에 대하여 보험금 지급을 청구할 수 있다.

3. 교통사고와 법적 책임

교통사고(交通事故)의 특징은 언제, 어디서, 누구와 발생할지 모른다는 것이다. 교통사고란 항공기, 선박, 자동차 등 모든 교통수단에 의하여 발생하는 사고를 말한다. 일상생활에서 교통사고라고 하면 주로 도로상에서 발생하는 자동차사고를 의미한다. 운전자 등이 고의·과실에 의하여 다른 차, 사람 또는 물건을 손괴하여 피해 결과가 발생하는 경우를 말한다.

원칙적으로 도로교통법상의 교통사고는 '도로'에서의 사고를 말한다. 따라서 도로이외의 장소에서는 적용되지 않는다.

도로교통법 제2조 제1호에서 '도로'라 함은 도로법에 의한 도로, 유료도로법

53) 자동차종합보험에 든 경우라도 보험회사가 보험금의 지급을 거절할 수 있는 면책사유에는 ① 보험계약자 등의 고의로 인한 손해, ② 천재지변에 의한 손해, ③ 무면허운전사고, ④ 자가용자동차의 영업행위로 인한 사고 등이 이에 해당한다.

에 의한 도로 그 밖의 일반교통에 사용되는 모든 곳을 말한다고 규정하고 있다. '일반교통에 사용되는 곳'이라 함은 현실적으로 불특정·다수의 사람 또는 차량의 통행을 위하여 공개된 장소로써 교통질서유지 등을 목적으로 하는 일반교통경찰권이 미치는 공공성이 있는 곳을 의미하는 것이고, 특정인들 또는 그들과 관련된 특정한 용건이 있는 자들만이 사용할 수 있고 자주적으로 관리되는 장소는 이에 포함되지 않는다(대판 1992.10.9, 92도1662).

(1) 교통사고시 운전자의 의무

(가) 구호의무

교통사고가 나면 사고차량의 운전자나 승무원은 자기에게 과실이 있건 없건 즉시 차량을 세우고 사상자를 구호하는데 필요한 조치를 취하여야 한다. 다시 말해서 환자의 응급구호와 병원후송을 해야 한다.[54)]

교통사고를 일으키고 운전자가 현장에서 도주해 버리면 수사상 과실이 많은 것으로 불리한 취급을 받게 되고, 일단 도주차량의 혐의가 인정되면 일반 교통사고와 달리 징역 1년 이상 사형까지 엄중한 형사처벌을 받게 된다.

(나) 신고의무

사고차량의 운전자는 교통사고의 내용이 인적피해이건 물적피해이건 간에 구호조치가 끝나면 즉시 가까운 경찰관서에 신고를 하여야 한다(도로교통법 제54조). 또한, 보험회사에도 사고 사실을 통보해야 한다. 피해자가 신고하지 않기를 원한다고 하더라도 신고의무를 위반하면 처벌받게 된다.[55)56)]

54) 교통사고발생시의 구호조치의무 및 신고의무는 교통사고를 발생시킨 당해 차량의 운전자에게 그 사고발생에 있어서 고의·과실 또는 유책·위법의 유무에 관계없이 부과된 의무라고 해석함이 상당하므로, 당해 사고에 있어 귀책사유가 없는 경우에도 위 의무가 없다 할 수 없고, 또 위 의무는 신고의무에만 한정되는 것이 아니므로 타인에게 신고를 부탁하고 현장을 이탈하였다고 하여 위 의무를 다한 것이라고 할 수 없다(대판 2002.5.24, 2000도1731).

55) 공장마당에서 사고를 낸 차량운전자는 경찰에 신고할 의무가 없다(대판 1987.7.21, 87도1114).

56) "도로교통법 제54조 제2항 본문은, 차의 운전 등 교통으로 인하여 사람을 사상하거나 물건을 손괴한 경우 그 차의 운전자나 그 밖의 승무원은 경찰공무원이 현장에 있을 때에는 그 경찰공무원에게, 경찰공무원이 현장에 없을 때에는 가장 가까운 국가경찰관서(지구대, 파출소 및 출장소를 포함한다)에 사고가 일어난 곳, 사상자 수 및 부상 정도,

(2) 교통사고와 형사법

교통사고에 대하여는 형법과 도로교통법, 교통사고처리특례법이 적용된다. 교통사고로 사람을 사상(死傷)하는 행위는 형법 제268조의 '업무상 과실치사상죄'에 해당한다. 도로교통법이나 교통사고처리특례법에서도 차의 교통으로 인하여 업무상과실치사상죄의 구성요건을 충족시키는 경우를 교통사고로 정의하고 있다.

'업무상 과실치사상죄'는 업무상 과실로 인하여 사람을 사상에 이르게 함으로써 성립하는 범죄이다. 여기서 업무의 개념은 사람이 사회생활상 지위에 기하여 계속·반복의 의사로 행하는 사무를 말한다. ① 자동차를 계속·반복하여 운행한 자는 일시 오락적으로 또는 전혀 비업무적으로 운전하는 경우에도 업무에 해당하고, 자전거 또는 오토바이를 타고 물건을 배달하는 점원의 행위도 업무에 속한다. ② 단 1회의 행위라도 반복할 의사로 행한 것이면 업무에 해당한다.[57] ③ 공무·사무, 주무·부수적 업무·유상·무상, 적법·부적법, 영리목적·오락목적, 면허·무면허 여부를 불문한다.

따라서 운전자는 사전에 주의력을 집중하여 위험을 예견하고 행위를 중지하거나 안전조치를 해야 할 의무가 있다. 특별법에 주의의무가 규정된 경우로는 도로교통법상의 주의의무(동법 제41조 제1항, 제44조, 제48조, 제57조)가 있다

(가) 「교통사고처리특례법」과 형사처벌

「교통사고처리특례법」은 업무상과실(業務上過失) 또는 중대한 과실로 교통

손괴한 물건 및 손괴 정도, 그 밖의 조치사항 등을 지체 없이 신고하여야 한다고 규정하고 있다. 위와 같은 도로교통법상의 신고의무는, 교통사고가 발생한 때에 이를 지체 없이 경찰공무원 또는 경찰관서에 알려서 피해자의 구호, 교통질서의 회복 등에 관한 적절한 조치를 취하게 함으로써 도로상의 소통장해를 제거하고 피해의 확대를 방지하여 교통질서의 유지 및 안전을 도모하는 데 그 입법취지가 있다. 이와 같은 도로교통법상 신고의무 규정의 입법취지와 헌법상 보장된 진술거부권 및 평등원칙에 비추어 볼 때, 교통사고를 낸 차의 운전자 등의 신고의무는 사고의 규모나 당시의 구체적인 상황에 따라 피해자의 구호 및 교통질서의 회복을 위하여 당사자의 개인적인 조치를 넘어 경찰관의 조직적 조치가 필요하다고 인정되는 경우에만 있는 것이라고 해석하여야 한다(대법원 1991.6.25. 선고 91도1013 판결 참조)." (대법원 2014.2.27, 2013도15499).

57) 승용차를 산 날에 전진과 후진의 운전연습을 하던 자가 대문 앞길에서 부주의하여 보행인을 친 경우 장래 반복할 의사로 행한 때에는 단 1회의 행위라도 업무에 해당하는 경우 업무상 과실치상죄가 성립한다.

사고를 일으킨 운전자에 관한 형사처벌 등의 특례를 정함으로써 교통사고로 인한 피해의 신속한 회복을 촉진하고 국민생활의 편익을 증진함으로 목적으로 제정되었다. 즉 피해자에게 신속하고 적정한 보상책을 강구하면서 과실범(過失犯)인 교통사고사범의 형사처벌을 완화하고자 한 것이다.

교통사고처리특례법은 운전자가 업무상 과실치사상의 죄를 범하였을 경우에 5년 이하의 금고 또는 2천만만원 이하의 벌금에 처하도록 규정하고 있다(동법 제3조 제1항).

자동차종합보험에 가입한 경우에는 교통사고를 일으켰을지라도 피해자가 사망하거나 뺑소니 또는 「교통사고처리특례법」이 정하고 있는 12개 예외사유에 해당하지 않으면 형사처벌을 받지 않는다는 특례를 규정하고 있다(교통사고처리특례법 제4조). 그러나 교통사고처리특례법상의 예외에 해당하는 경우에는 형사처벌을 받는다. 교통사고처리특례법상의 예외사유를 보면 다음 표와 같다.

〈교통사고처리특례법상 예외사유〉

예외	형사처벌
뺑소니	• 구호조치를 취하지 않고 도주한 경우, • 피해자를 사고 장소로부터 옮겨 유기(遺棄)하고 도주한 경우, 음주측정 요구에 따르지 아니한 경우
12개항 위반사유	1. 신호나 통행의 금지 또는 일시정지를 내용으로 하는 안전표지의 지시를 위반하여 운전한 경우 2. 중앙선을 침범하거나 불법횡단·유턴 또는 후진한 경우 3. 제한속도를 매시 20Km이상 초과하여 운전한 경우 4. 앞지르기의 방법·금지시기·금지장소 또는 끼여들기 금지에 위반하여 운전한 경우 5. 건널목 통과방법을 위반하여 운전한 경우 6. 횡단보도에서의 보행자보호의무를 위반하여 운전한 경우 7. 운전면허 또는 건설기계조종사면허의 효력이 정지중에 있거나 운전의 금지중에 있는 때에 운전한 경우

8. 주취 또는 금지약물을 복용한 상태에서 운전한 경우
9. 보도가 설치된 도로의 보도를 침범하거나 보도횡단방법에 위반하여 운전한 경우
10. 승객의 추락방지의무를 위반하여 운전한 경우
11. 어린이 보호구역에서 어린이의 신체를 상해(傷害)에 이르게 한 경우
12. 자동차의 화물이 떨어지지 아니하도록 필요한 조치를 하지 아니하고 운전한 경우

4. 무면허운전과 음주운전

(1) 무면허운전

무면허운전이란 자동차운전면허 없는 자가 자동차의 운전을 개시하는 것을 말한다. 도로교통법은 "누구든지 지방경찰청장으로부터 운전면허를 받지 아니하거나 운전면허의 효력이 정지된 경우에는 자동차등을 운전하여서는 아니 된다."(동법 제43조)라고 규정하여 무면허운전 등을 금지하고 있다.[58)]

도로교통법에서 규정하고 있는 무면허 운전의 종류를 살펴보면, ① 면허를 취득하지 않고 하는 운전, ② 유효기간이 지난 면허증으로 운전하는 경우, ③ 면허취소를 받은 사람이 운전하는 경우, ④ 면허정지 기간 중 운전하는 경우, ⑤ 면허시험 합격 후 면허증 교부전에 운전하는 경우, ⑥ 운전할 수 없는 종별의 면허로 차량을 운전하는 경우, ⑦ 외국인으로 국제운전면허를 받지 않고 운전하는 경우, ⑧ 관할 경찰서장의 허가 없이 운전연습을 하는 경우이다. 아울러 한정면허로 한정면허의 범위를 벗어나 운전하는 것도 무면허운전에 해당한다. 예를 들면, 오토(auto)면허를 가지고서 스틱(stick)자동차를 운전하는 것을 말한다.

무면허운전시 형사처벌은 자동차무면허의 경우 1년 이하의 징역이나 300만원

58) 무면허운전에 의한 도로교통법위반죄는 자동차운전면허 없는 자가 자동차의 운전을 개시함으로써 성립하고 완성되며, 1회의 운전행위인 이상 그 주행거리 및 시간은 위 죄에 아무런 영향을 미치지 아니하나, 범의를 달리하여 새로이 운전행위를 개시하는 때에는 별개의 독립한 죄가 성립되는 것이다(서울고법 1989.10.19, 89노2225).

이하의 벌금에 처하며(도로교통법 제152조), 원동기장치자전거를 무면허로 운전한 경우에는 30만원 이하의 벌금이나 구류의 형에 처한다(도로교통법 제154조).

무면허운전으로 단속되었을 경우에는 운전면허시험 응시자격을 제한하고 있다. 무면허운전으로 단속되면 처분이 있는 날부터 2년이 지나야 다시 운전면허시험에 응시할 수 있다. 원동기장치자전거의 경우는 6개월이 지나야한다. 또한, 교통사고로 사람을 사상한 후 도로교통법이 정하고 있는 사상자의 구호의무나 신고의무를 위반한 무면허운전의 경우에는 위반한 날부터 5년이 경과해야 운전면허시험에 응시할 수 있다.

(2) 음주운전과 처벌기준

음주운전이란 술에 취한 상태에서 자동차 등을 운전하는 것을 말한다. 우리나라 도로교통법(道路交通法)은 음주운전을 금지하고 있으며(도로교통법 제44조), 도로교통법 제44조 제1항을 위반하여 술에 취한 상태에서 자동차등을 운전한 사람은 다음 각 호의 구분에 따라 처벌한다.[59)]

① 혈중알콜농도가 0.2퍼센트 이상인 사람은 1년 이상 3년 이하의 징역이나 500만원 이상 1천만원 이하의 벌금

59) 음주운전을 했다가 적발되면 운전자가 지불해야 하는 경제적 손실이 321만원에 달하는 것으로 조사됐다. 음주자가 대인사고를 낼 경우 손실은 2000만원으로 불어난다. 삼성교통안전문화연구소는 2011~2015년 5년 동안 경찰청의 교통사고·단속 통계와 삼성화재 자동차보험 교통사고 통계를 분석해 내놓은 '음주운전 교통사고 실태 및 경제적 손실' 분석에 따르면, 최근 5년간 발생한 음주운전 교통사고는 13만2585건으로, 이로 인해 3450명이 사망했다. 교통사고 사망자 100명 중 13명은 음주운전 사망자였고, 음주운전 사고의 치사율은 2.6%로 음주운전이 아닌 교통사고 치사율보다 18.2% 높은 것으로 분석됐다. 최근 5년간 음주운전 단속 건수는 약 127만건으로 연평균 26만명에 달했다. 삼성교통안전문화연구소는 이런 통계를 바탕으로 음주운전에 따른 개인의 손실액을 추산했다. 우선 음주운전 단속에 적발된 운전자가 떠안은 경제적 손실액은 벌금(건당 300만원), 보험료 할증(건당 18만원), 특별교육 수강료(건당 3만원) 등 개인당 평균 321만원이었다. 이를 전체 단속 건수에 반영하면 총 8,148억원 이상의 경제적 손실이 발생한 것으로 추정됐다. 만약 혈중 알코올 농도 0.05~0.10% 수준의 음주운전으로 사고를 내는 경우 부담액은 더욱 늘어난다. 가로수나 주차된 차량 등에 물적 피해를 주면 벌금과 보험료 할증 외에도 자동차보험의 대물사고 자기부담금과 자신의 차량 수리비 등을 더해 521만원 이상의 손실을 감당해야 한다. 음주운전 상태에서 보행자에게 피해를 입힌 경우에는 특정범죄가중처벌법상 위험운전치사상죄가 적용돼 벌금이 약 700만원으로 불어나고, 변호사 선임 비용과 형사합의금, 면허 재취득 비용 등을 더하면 1,970만원 이상의 손해를 보게 된다("음주운전 경제적 손실 개인 평균 321만원" , 세계일보, 2016년 12월 20일).

② 혈중알콜농도가 0.1퍼센트 이상 0.2퍼센트 미만인 사람은 6개월 이상 1년 이하의 징역이나 300만원 이상 500만원 이하의 벌금

③ 혈중알콜농도가 0.05퍼센트 이상 0.1퍼센트 미만인 사람은 6개월 이하의 징역이나 300만원 이하의 벌금

최근 5년간(2011~2015년) 음주운전 단속 건수는 약 127만건으로 연평균 26만건에 달했다. 2011~2015년간 5년간 발생한 음주운전 교통사고는 13만 2585건으로, 이로 인해 3450명이 사망했다. 교통사고 사망자 100명 중 13명이 음주운전 사망자였고, 음주운전 사고의 치사율은 2.6%로 음주운전이 아닌 교통사고보다 18.2% 높은 것으로 분석됐다.

도로교통법에서 '운전'이라 함은 도로에서 차를 본래의 사용방법에 따라 사용하는 것을 말한다(동법 제2조 제22호). 여기에서 말하는 운전의 개념은 그 규정의 내용에 비추어 목적적 요소를 포함하는 것이므로 고의의 운전행위만을 의미하고 자동차 안에 있는 사람의 의지나 관여 없이 자동차가 움직인 경우에는 운전에 해당하지 않는다(대판 2004.4.23, 2004도1109).

도로교통법 제2조 제1호에서 '도로'라 함은 도로법에 의한 도로, 유료도로법에 의한 도로 그 밖의 일반교통에 사용되는 모든 곳을 말한다고 규정하고 있다. '일반교통에 사용되는 곳'이라 함은 현실적으로 불특정·다수의 사람 또는 차량의 통행을 위하여 공개된 장소로써 교통질서유지 등을 목적으로 하는 일반교통경찰권이 미치는 공공성이 있는 곳을 의미하는 것이고 특정인들 또는 그들과 관련된 특정한 용건이 있는 자들만이 사용할 수 있고 자주적으로 관리되는 장소는 이에 포함되지 않는다 할 것이며, 외부차량이 경비원의 통제없이 자유롭게 출입할 수 있는 아파트단지 내 통행로는 도로교통법 소정의 도로에 해당한다(대판 1997.9.30, 97누7585).

건물에 부속하는 일반 사유지 내의 주차장 또는 공터에서 음주운전 하는 경우 도로교통법에서 말하는 도로가 아니기 때문에 음주운전으로 단속할 수 없다.

(3) 음주운전과 음주측정

경찰공무원은 교통안전과 위험방지를 위하여 필요하다고 인정하거나 운전자가 술에 취한 상태에서 자동차 등을 운전하였다고 인정할 만한 상당한 이유가 있는 때에는 운전자가 술에 취하였는지의 여부를 측정할 수 있으며, 운전자는 경찰관의 음주측정에 응하여야 한다(도로교통법 제44조 제2항).

음주운전을 하고 있다고 인정할 만한 상당한 이유가 있는 사람으로서 경찰공무원의 음주측정 요구에 불응한 사람은 1년 이상 3년 이하의 징역이나 500만원 이상 1천만원 이하의 벌금에 처한다(도로교통법 제148조의2 제1항).

5. 보복운전자의 처벌

운전 중 사소한 문제로 앞 차량을 앞질러 급정차 또는 차선변경 등으로 위협을 하거나 폭행과 고의로 사고를 내는 보복운전에 대한 처벌이 강화되었다.

운전면허를 받은 사람이 자동차등을 이용하여 「형법」 제258조의2(특수상해)·제261조(특수폭행)·제284조(특수협박) 또는 제369조(특수손괴)를 위반하는 행위를 한 경우 운전면허 취소 또는 1년 이하의 면허정지처분을 받을 수 있다(도로교통법 제93조 제1항 제10호의2).

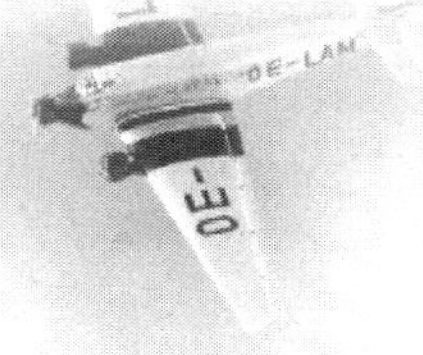

제 5 장 직장생활과 노동관계법

1. 노동법과 노동기본권

(1) 노동법의 개념

노동법은 노동관계를 규율하는 법으로, 근로자의 인간으로서의 존엄성 실현을 목적으로 한다. 노동법은 사용자와 근로자 개인간의 관계를 규율하는 개별적 노동관계의 법규와 사용자와 노동조합간의 관계를 규율하는 집단적 노동관계의 법규를 포함한다.

(2) 노동법의 기본이념

(가) 근로자의 보호

근로자는 사용자에게 지배종속 하에서 노무를 제공하는 자이기 때문에 대등한 당사자로서 노무를 제공하는 자와 달리 특별히 보호될 필요가 있는 것이다. 근로자의 생존보장의 법으로서의 성격뿐만 아니라 인간실현으로서의 법적인 성격을 갖고 있다.

(나) 근로자들의 집단적 자조의 보장

노동법은 근로자들이 단결의 힘을 통하여 자주적으로 근로조건을 개선해 나갈 수 있는 것을 보장하고 있다. 노동법은 단결권·단체교섭권·단체행동권을 구체적으로 보장하여 시민법의 기본원리인 소유권절대의 원칙과 계약자유의 원칙을 수정한다.

(다) 공공사회의 이해존중

근로자들을 보호하고 그들의 지위를 향상시키려는 것이 노동법의 가치이념이지만 한편으로 노동법이 공공의 이익에 반하여서는 아니 된다. 근로자들의 노동기본권 행사도 공공의 이익에 반하여 행사되는 것이 제한되는 것이다.

(라) 노사간의 참여와 협력의 원리

노동법은 노사관계가 대립적 갈등적 관계로 나아가는 것을 방지하고 상호동반자적 협력관계로 나아가는 것을 보장하기 위하여 근로자들의 경영참여를 보장하고 있다. 이는 사유재산권 보장과 시민법 원리의 중대한 수정이다.

(3) 노동기본권

(가) 노동기본권의 의의

노동기본권(근로기본권)은 근로자의 생존권을 확보하기 위하여 헌법에서 근로자에게 보장한 기본적 권리를 말한다. 헌법상의 근로의 권리(제32조 제1항)와 단결권·단체교섭권·단체행동권 등 노동3권(제33조 제1항)을 포괄하는 의미이다.[60)]

(나) 근로의 권리

근로의 권리는 근로의 능력과 의사가 있는 자는 누구든지 국가에 대하여 근로의 기회를 청구할 수 있으며, 근로의 기회를 갖지 못하는 경우에 국가에 대하여 상당한 생활비의 지급을 요구할 수 있는 권리를 말한다. 헌법 제32조 제1항은 "모든 국민은 근로의 권리를 가진다"고 하여 근로의 권리를 기본권으로 보장하고, 동조 제1항 후단 내지 제6항에서는 국가의 고용증진의무, 적정임금 및 최저임금의 보장, 근로조건의 법정화, 여자근로자 보호와 차별대우금지, 연소근로자의 보호, 국가유공자 유가족 등의 근로기회보장 등을 규

60) 수정자본주의를 선언한 1919년의 바이마르공화국 헌법에서 비롯되었다.

정하고 있다.

근로의 권리는 두 가지 측면에서 이해할 수 있는데, 그 하나는 근로를 행함에 있어 국가 또는 타인의 방해를 받지 않고 자유로이 근로할 수 있는 권리로서 자유권적 기본권으로 인식하는 것이며(소극적 개념), 다른 하나는 국가에 대하여 근로의 기회를 청구할 수 있는 적극적 권리로서 생존권적 기본권으로 인식하는 것이다(적극적 개념).

(다) 근로3권

헌법 제33조 제1항은 "근로자는 근로조건의 향상을 위하여 자주적인 단결권·단체교섭권 및 단체행동권을 가진다"고 하여 근로3권을 보장하고 있다.

① 단결권

단결권은 근로자가 노동조합을 조직·운영하거나 이에 가입하는 등 단결할 수 있는 권리를 말한다. 단결권은 단체교섭권과 단체행동권이 실효를 거두기 위한 전제적인 권리라고 할 수 있다. 단결권은 개별적 단결권과 집단적 단결권으로 구분할 수 있다. 개별적 단결권은 근로자 개인이 노동조합을 결성하거나 이에 가입할 수 있는 권리와 노동조합의 조합원으로서 노동조합의 운영 및 활동에 참여할 수 있는 권리를 말하고, 집단적 단결권은 노동조합이 당해 조직을 유지·확대하거나 이를 운영할 수 있는 권리, 즉 노동조합의 존립과 활동에 관하여 헌법상의 보호를 받을 수 있는 권리를 말한다. 또한 단결권은 적극적 단결권과 소극적 단결권으로 분류할 수 있다. 적극적 단결권은 노동조합을 결성하고 이에 가입하여 노동조합의 구성원으로서 활동을 할 수 있는 적극적 권리를 말하고, 소극적 단결권은 원하는 경우 노동조합에 가입하지 아니하거나 언제든지 노동조합으로부터 탈퇴할 수 있는 소극적 권리를 말한다.

② 단체교섭권

단체교섭권은 노동조합이 사용자 또는 사용자단체와 근로조건 기타 사

항에 관하여 교섭할 수 있는 권리를 말한다. 노동3권은 단체교섭권을 중심으로 구성된다. 단결권이 노동조합의 존립에 대한 보장이라면, 단체교섭권은 노동조합의 활동의 보장이라고 할 수 있다. 단체교섭권의 주체는 노동조합에 한한다. 특정 노동조합에만 단체교섭권을 인정하는 노사간의 단체협약조항, 즉 유일단체교섭조항은 헌법에 반하는 것으로 인정되지 않는다.

③ 단체행동권

단체행동권은 단체교섭이 결렬되었을 때 노동조합이 동맹파업·태업 등 조합원의 집단행동을 통해 사용자에게 노무제공을 거부하여 업무의 정상적 운영을 방해하는 행위를 할 수 있는 권리를 말한다. 단체행동권 보장은 다음과 같은 효과가 있다. 우선, 정당한 쟁의행위에 대해서는 민·형사상의 책임이 면제된다. 즉, 민사상 계약위반·채무불이행 등을 이유로 손해배상의 책임을 지지 않으며, 형사상 업무방해죄·협박죄 등이 성립하지 않는다. 또한 정당한 단체행동권 행위를 한 자에 대한 보복적 불이익 취급이 금지된다. 그러나 단체행동권은 법령, 단체협약 및 조합규약 등에 의해 제한될 수 있다.

2. 근로기준법의 내용

(1) 근로기준법의 목적 및 의의

근로기준법은 헌법에 의하여 근로조건의 기준을 정함으로써 근로자의 기본적 생활을 보장·향상시키며 균형 있는 국민경제의 발전을 도모함을 목적으로 한다(제1조). 근로기준법은 근대 시민법의 '계약자유의 원칙'에 대한 수정을 가해서 근로관계의 성립 및 내용에 국가가 개입하여 사용자와 근로자간의 실질적인 평등을 보장하기 위한 법률이다. 근로자의 근로조건과 기타 생활조건을 일정한 수준 이상으로 유지할 목적으로 최저 근로조건을 설정하고 감독관청으로 하여

금 최저수준 이상의 근로조건이 유지·실현되도록 근로감독을 실시하도록 하고 있다.

(2) 근로기준법의 당사자 및 적용범위

(가) 근로기준법의 당사자

근로기준법의 당사자는 근로자와 사용자로, 근로자는 동법의 보호대상이 되는 자이고 사용자는 동법의 준수의무자가 된다.

① 근로자

근로자란 직업의 종류와 관계없이 임금을 목적으로 사업이나 사업장에 근로를 제공하는 자를 말한다(근로기준법 제2조 제1호). 계약이 민법상의 고용계약[61]이든 도급계약[62]이든 계약의 형식에 관계없이 그 실질에 있어 근로자가 사업 또는 사업장에 임금을 목적으로 종속적인 관계에서 사용자에게 근로를 제공하였는지 여부에 따라 판단하여야 한다.[63][64]

61) 당사자 일방이 상대방에 대하여 勞務를 제공할 것을 약정하고, 상대방이 이에 대하여 보수를 지급할 것을 약정함으로써 성립하는 계약을 말한다(민법 제655조).

62) 당사자(受給人)이 어느 일을 완성할 것을 약정하고, 상대방(都給人)이 그 일의 결과에 대하여 보수를 지급할 것을 약정함으로써 성립하는 계약을 말한다(민법 제664조).

63) 종속적 관계 여부에 대한 판단기준과 관련하여, 대판은 "업무의 내용이 사용자에 의하여 정하여지고 취업규칙복무규정인사규정 등의 적용을 받으며, 업무수행 과정에 있어서도 사용자로부터 구체적이고 직접적인 지휘감독을 받는지 여부, 사용자에 의하여 근무시간과 근무장소가 지정되고 이에 구속을 받는지 여부, 근로자 스스로가 제3자를 고용하여 업무를 대행케 하는 등 업무의 대체성 유무, 비품원자재작업도구 등의 소유관계, 보수가 근로 자체의 대상적 성격을 갖고 있는지 여부와 기본급이나 고정급이 정하여져 있는지 여부 및 근로소득세의 원천징수 여부 등 보수에 관한 사항, 근로제공관계의 계속성과 사용자에의 전속성의 유무와 정도, 사회보장제도에 관한 법령 등 다른 법령에 의하여 근로자로서의 지위를 인정받는지 여부, 양 당사자의 경제적사회적 조건 등을 종합적으로 고려하여 판단하여야 한다." 고 한다(대판 1997. 2. 14. 96누1795).

64) "산업재해보상보험법에서 말하는 근로자란 근로기준법상 근로자를 의미한다(제5조 제2호 본문). 근로기준법상 근로자에 해당하는지는 계약의 형식이 고용계약, 도급계약 또는 위임계약인지 여부보다 근로제공 관계의 실질이 근로제공자가 사업 또는 사업장에 임금을 목적으로 종속적인 관계에서 사용자에게 근로를 제공하였는지 여부에 따라 판단하여야 한다. 여기에서 종속적인 관계가 있는지는, ① 업무 내용을 사용자가 정하고 취업규칙 또는 복무규정 등의 적용을 받으며 업무수행과정에서 사용자가 상당한 지휘 · 감독을 하는지, ② 사용자가 근무시간과 근무 장소를 지정하고 근로제공자가 이에 구속을 받는지, ③ 근로제공자가 스스로 비품 · 원자재나 작업도구 등을 소유하거나 제3자를 고용하여 업무를 대행하게 하는 등 독립하여 자신의 계산으로 사업을 영위할 수 있는지, ④ 근로제공을 통한 이윤의 창출과 손실의 초래 등 위험을 스스로 안고 있는지, ⑤ 보수의 성격이 근로 자체의 대상적 성격인지, ⑥ 기본급

② 사용자

사용자는 사업주 또는 사업 경영 담당자, 그 밖에 근로자에 관한 사항에 대하여 사업주를 위하여 행위하는 자를 말한다(근로기준법 제2조 제2호).[65] 근로계약의 당사자인 사업주만을 의미하는 것이 아니라 근로자에 대하여 노무지휘관계에 있는 사업경영담당자 및 근로자에 관한 사항에 대하여 사업주를 위하여 행위하는 자까지 포함하여 사용자로 하고 있다.

(나) 근로기준법의 적용범위

근로기준법은 상시 5인 이상의 근로자를 사용하는 모든 사업 또는 사업장에 적용한다(제11조 제1항 전단).[66] 다만, 동거하는 친족만을 사용하는 사업 또는 사업장과 가사(家事) 사용인에 대하여는 적용하지 아니한다(근로기준법 제11조 제1항 후단).

상시 4명 이하의 근로자를 사용하는 사업 또는 사업장에 대하여는 대통령령으로 정하는 바에 따라 이 법의 일부 규정을 적용할 수 있다(근로기준법 제11조 제2항).

이나 고정급이 정하여졌고 근로소득세를 원천징수하였는지, 그리고 ⑦ 근로제공 관계의 계속성과 사용자에 대한 전속성의 유무와 정도, ⑧ 사회보장제도에 관한 법령에서 근로자로서 지위를 인정받는지 등의 경제적·사회적 여러 조건을 종합하여 판단하여야 한다. 다만 기본급이나 고정급이 정하여졌는지, 근로소득세를 원천징수하였는지, 사회보장제도에 관하여 근로자로 인정받는지 등과 같은 사정은 사용자가 경제적으로 우월한 지위를 이용하여 임의로 정할 여지가 크다는 점에서 그러한 점들이 인정되지 않는다는 것만으로 근로자성을 쉽게 부정하여서는 안 된다." (대법원 2018.4.26, 2016두49372).

65) "근로기준법 제2조는 '사용자' 라 함은 사업주 또는 사업 경영 담당자, 그 밖에 근로자에 관한 사항에 대하여 사업주를 위하여 행위하는 자를 말한다고 규정하고 있다. 여기에서 '사업주' 란 사업경영의 주체를 말하고, '근로자에 관한 사항에 대하여 사업주를 위하여 행위하는 자' 라 함은 근로자의 인사·급여·후생·노무관리 등 근로조건의 결정 또는 업무상의 명령이나 지휘·감독을 하는 등의 사항에 대하여 사업주로부터 일정한 권한과 책임을 부여받은 자를 말한다(대법원 1989. 11. 14. 선고 88누6924 판결, 대법원 2008. 10. 9. 선고 2008도5984 판결 등 참조)." (대법원 2015.6.11, 2014도15915).

66) "구 근로기준법(2007. 4. 11. 법률 제8372호로 전문 개정되기 전의 것)의 적용 범위를 정한 같은 법 제10조 제1항 소정의 '상시 5인 이상의 근로자를 사용하는 사업 또는 사업장' 이라 함은 '상시 근무하는 근로자의 수가 5인 이상인 사업 또는 사업장' 이 아니라 '사용하는 근로자의 수가 상시 5인 이상인 사업 또는 사업장' 을 뜻하는 것이고, 이 경우 상시라 함은 상태(常態)라고 하는 의미로서 근로자의 수가 때때로 5인 미만이 되는 경우가 있어도 사회통념에 의하여 객관적으로 판단하여 상태적으로 5인 이상이 되는 경우에는 이에 해당한다 할 것이고, 여기의 근로자에는 당해 사업장에 계속 근무하는 근로자뿐만 아니라 그때 그때의 필요에 의하여 사용하는 일용근로자를 포함한다고 해석하여야 할 것이다 (대법원 2000.3.14. 선고 99도1243 판결 등 참조)." (대법원 2008.3.27, 2008도364).

(3) 근로기준법의 기본원칙

(가) 근로조건의 저하 금지

근로기준법에서 정하는 근로조건은 최저기준이므로 근로 관계 당사자는 이 기준을 이유로 근로조건을 낮출 수 없다(근로기준법 제3조). 즉, 근로기준법의 각 규정은 근로조건의 최저기준으로서 근로계약 당사자인 사용자와 근로자가 근로계약에서 정할 수 있는 근로조건의 최저기준이며, 이 최저기준을 위반한 근로계약은 그 부분에 한하여 무효로 한다(근로기준법 제15조).

근로기준법은 근로조건의 법정 근로조건의 최저기준을 위반한 사용자에게 형사벌칙을 가하고 있다(제107조 이하).

(나) 근로조건 결정의 원리

근로조건은 근로자와 사용자가 동등한 지위에서 자유의사에 따라 결정하여야 한다(근로기준법 제4조). 따라서 사회·경제적 지위를 떠나 서로의 인격과 의사를 존중하여 강압적인 분위기가 아닌 자유로운 속에서 근로조건을 결정하여야 한다.

(다) 근로조건의 준수

근로자와 사용자는 각자가 단체협약, 취업규칙과 근로계약을 지키고 성실하게 이행할 의무가 있다(근로기준법 제5조). 따라서 일방의 우월적 지위를 이용하여 근로조건을 변경·파기·불이행하여서는 아니 된다.

(라) 균등 처우

사용자는 근로자에 대하여 남녀의 성(性)을 이유로 차별적 대우를 하지 못하고, 국적 · 신앙 또는 사회적 신분을 이유로 근로조건에 대한 차별적 처우를 하지 못한다(근로기준법 제6조).[67] 여기서 근로조건이라 함은 근로자에

67) "근로기준법에서 말하는 차별적 처우란 본질적으로 같은 것을 다르게, 다른 것을 같게 취급하는 것을 말하며, 본질

대한 대우 일체로서 임금·근로시간·상여금·재해보상·안전위생·복리후생 등에 관한 조건뿐만 아니라 해고에 관한 조건도 포함된다. 또한 차별적 대우란 당해 사업, 사업장의 다른 근로자에 비해서 근로조건 등에 있어 불이익 또는 유리한 대우를 하는 것을 의미한다.

(마) 강제근로의 금지

사용자는 폭행, 협박, 감금, 그 밖에 정신상 또는 신체상의 자유를 부당하게 구속하는 수단으로써 근로자의 자유의사에 어긋나는 근로를 강요하지 못한다(근로기준법 제7조).

(바) 폭행의 금지

사용자는 사고의 발생이나 그 밖의 어떠한 이유로도 근로자에게 폭행을 하지 못한다(근로기준법 제8조). 형법의 폭행죄에 대한 특별규정으로, 반의사불벌죄에 해당하지 않으므로 근로자의 처벌의사가 없더라도 사용자는 처벌된다.

(사) 중간착취의 배제

누구든지 법률에 따르지 아니하고는 영리로 다른 사람의 취업에 개입하거나 중간인으로서 이익을 취득하지 못한다(근로기준법 제9조).[68] 제3자가 영리목적으로 근로관계당사자의 근로관계의 개시·존속 등에 관여하는 것을 금지함을 의미한다. 다만, 유료직업소개사업(직업안정법 제19조), 근로자공급사

적으로 같지 않은 것을 다르게 취급하는 경우에는 차별 자체가 존재한다고 할 수 없다. 따라서 근로기준법에서 금지하는 차별적 처우에 해당하기 위해서는 우선 그 전제로서 차별을 받았다고 주장하는 사람과 그가 비교대상자로 지목하는 사람이 본질적으로 동일한 비교집단에 속해 있어야 한다." (대법원 2015.10.29, 2013다1051).

68) "구 근로기준법(2007.4.11. 법률 제8372호로 전문 개정되기 전의 것) 제8조의 입법 취지와 직업안정법 등의 관련 법률 조항들을 종합적으로 고려해 볼 때, 위 조항의 '영리로 타인의 취업에 개입' 하는 행위, 즉 제3자가 영리로 타인의 취업을 소개 또는 알선하는 등 근로관계의 성립 또는 갱신에 영향을 주는 행위에는 취업을 원하는 사람에게 취업을 알선해 주기로 하면서 그 대가로 금품을 수령하는 정도의 행위도 포함되고, 반드시 근로관계 성립 또는 갱신에 직접적인 영향을 미칠 정도로 구체적인 소개 또는 알선행위에까지 나아가야만 하는 것은 아니다." (대법원 2008.9.25, 2006도7660).

업(직업안정법 제33조), 근로자파견사업(파견근로자 보호 등에 관한 법률) 등처럼 법률에 의한 것은 무방하다.

(아) 공민권 행사의 보장

사용자는 근로자가 근로시간 중에 선거권, 그 밖의 공민권(公民權) 행사 또는 공(公)의 직무를 집행하기 위하여 필요한 시간을 청구하면 거부하지 못한다. 다만, 그 권리 행사나 공(公)의 직무를 수행하는 데에 지장이 없으면 청구한 시간을 변경할 수 있다(근로기준법 제10조). 공민권 행사를 위한 시간 청구를 위반하는 경우 2년 이하의 징역 또는 2천만원 이하의 벌금에 처한다(근로기준법 제110조 제1호).

(4) 근로기준법의 주요 내용

(가) 근로계약

① 근로계약의 체결

근로계약이란 근로자가 사용자에게 근로를 제공하고 사용자는 이에 대하여 임금을 지급하는 것을 목적으로 체결된 계약을 말한다(근로기준법 제2조 제4호). 근로계약[69]은 근로자와 사용자의 합의에 의하여 성립한다.

친권자나 후견인은 미성년자의 근로계약을 대리할 수 없다(근로기준법 제67조 제1항). 친권자, 후견인 또는 고용노동부장관은 근로계약이 미성년자에게 불리하다고 인정하는 경우에는 이를 해지할 수 있다(근로기준법 제67조 제2항). 사용자는 18세 미만인 자와 근로계약을 체결하는 경우에는 제17조에 따른 근로조건을 서면으로 명시하여 교부하여야 한다(근로기준법 제67조 제3항).[70]

69) 근로계약(勤勞契約)은 근로자가 사용자의 지휘·명령하에 노무를 제공할 것을 약정하고 이에 대하여 사용자가 임금 기타의 금전적인 대가를 지급할 것을 약속하는 계약이다.

70) 미성년자는 독자적으로 임금을 청구할 수 있다(근로기준법 제68조).

근로기준에 미달하는 근로조건을 정한 근로계약은 무효로 하며 무효로 된 부분은 근로기준법의 해당 내용이 적용된다(근로기준법 제15조). 사용자는 근로계약 체결시에 근로자에 대하여 임금, 근로시간 기타의 근로조건을 명시하여야 하며(근로기준법 제17조), 근로조건이 사실과 다를 경우에는 근로자는 근로조건 위반을 이유로 손해배상을 청구할 수 있으며 또는 즉시 근로계약을 해제할 수 있다(근로기준법 제19조 제1항).[71)]

② 해고

해고는 근로자의 의사와 무관하게 사용자가 일방적으로 장래에 대해 근로계약 내지 근로관계를 종료하게 하는 법률행위이다. 사용자는 근로자에게 정당한 이유 없이 해고, 휴직, 정직, 전직, 감봉, 그 밖의 징벌(懲罰)을 하지 못한다(근로기준법 제23조). 다만, 정리해고제도를 두어 경영상 이유에 의하여 근로자를 해고하고자 할 수 있도록 하고 있으나, 이 경우에도 긴박한 경영상의 필요가 있고 해고를 피하기 위한 노력을 다하여야 하며 합리적이고 공정한 해고의 기준을 설정하여 그 대상자를 선정하여 정리해고 계획을 근로자대표에게 50일 전까지 통보하여야 한다(근로기준법 제24조).[72)]

③ 근로계약의 종료

근로계약이 종료하면 근로관계는 소멸하지만 그 근로계약에서 파생된 개별적 권리와 의무는 그대로 존속한다. 근로계약이 종료하면 금품청산의무가 발생하는데, 사용자는 근로자가 사망 또는 퇴직한 경우에는 그 지급

71) 근로계약과 관련하여, 근로계약불이행에 대한 위약금·손해배상액 豫定(근로기준법 제20조), 전차금(前借金)·전대채권(前貸債權)과 임금의 상쇄(相殺)(근로기준법 제21조), 강제저금(근로기준법 제22조) 등이 금지된다.

72) 사용자는 근로자가 업무상 부상 또는 질병의 요양을 위하여 휴업한 기간과 그 후 30일 동안 또는 산전(産前) · 산후(産後)의 여성이 이 법에 따라 휴업한 기간과 그 후 30일 동안은 해고하지 못한다. 다만, 사용자가 제84조에 따라 일시보상을 하였을 경우 또는 사업을 계속할 수 없게 된 경우에는 그러하지 아니하다(근로기준법 제23조 제2항).

사유가 발생한 때로부터 14일이내에 임금·보상금 기타 일체의 금품을 지급하여야 한다(근로기준법 제36조). 임금·재해보상금 기타 근로관계로 인한 채권은 사용자의 총재산에 대하여 질권 또는 저당권에 의하여 담보된 채권을 제외하고는 조세·공과금 및 다른 채권에 우선하여 변제되어야 한다(근로기준법 제37조 제1항). 퇴직금에 대하여는「근로자퇴직급여 보장법」이 정하고 있다(근로기준법 제34조).

(나) 임금

① 임금지급원칙

임금은 사용자가 근로의 대가로 근로자에게 지급하는 일체의 금품을 말하고, 의례적·호의적으로 지급되는 것은 포함하지 않는다.[73] 임금에는 평균임금[74]과 통상임금[75][76]이 있다. 임금은 통화로 직접 근로자에게 그 전액을 지급하되(근로기준법 제42조 제1항 본문), 매월 1회이상 일정한 기일(期日)을 정하여 지급하여야 한다(근로기준법 제42조 제2항). 다만, 법령

73) 사용자가 실제 근무를 한 근로자들에 한하여 현물로 제공한 식사는 근로의 대가인 임금이라고 보기 어렵다(2002.07.23, 대법 2000다29370), 경영성과를 기초로 지급하는 이익분배금은 임금에 해당되지 않는다(2002.02.28, 임금 68207-134), 이사 등 임원에게 보수와 퇴직금을 지급하는 경우 근로기준법 소정의 임금과 퇴직금이 아니라 재직 중의 직무집행에 대한 대가로 지급되는 보수의 일종이다(2001.02.23, 대법 2000다 61312), 영업직원들이 제공한 근로의 대가로써 단체협약에 의하여 지급의무가 지워져 있는 성과급은 근로기준법 소정의 임금에 해당한다(2000.12.28, 서울지법 2000가합70373), 공무원의 직무를 수행하면서 지급받고 있는 가족수당, 장기근속수당, 효도휴가비, 복리후생비, 자녀학비보조금, 시간외수당, 특수업무수당, 체력단련비 등은 모두 계속적, 정기적으로 지급되어 왔고, 그 지급의무가 법령 기타 관계규정에 의하여 확정되어 있는 것으로서 모두 실질적으로 노동의 대가로 지급되는 임금에 해당된다 할 것이고, 근로와 무관하게 지급되는 임의적, 은혜적 성질의 급여라거나 실비변상조로 지급되는 금원이라고 볼 수 없다(1996.02.27, 대법 95다 37414).

74) "평균임금" 이란 이를 산정하여야 할 사유가 발생한 날 이전 3개월 동안에 그 근로자에게 지급된 임금의 총액을 그 기간의 총일수로 나눈 금액을 말한다. 근로자가 취업한 후 3개월 미만인 경우도 이에 준한다(근로기준법 제2조 제6호).

75) 통상임금이란 근로자에게 정기적·일률적으로 소정근로 또는 총근로에 대하여 지급하기로 정하여진 시간급금액·일급금액·주급금액·월급금액 또는 도급금액을 말한다.

76) "근로기준법이 연장 · 야간 · 휴일 근로에 대한 가산임금, 해고예고수당, 연차휴가수당 등의 산정 기준 및 평균임금의 최저한으로 규정하고 있는 통상임금은 근로자가 소정근로시간에 통상적으로 제공하는 근로인 소정근로(도급근로자의 경우에는 총 근로)의 대가로 지급하기로 약정한 금품으로서 정기적 · 일률적 · 고정적으로 지급되는 임금을 말한다." (대법원 2014.5.29, 2012다115786).

또는 단체협약에 특별한 규정이 있는 경우에는 임금의 일부를 공제하거나 또는 통화 이외의 것으로 지급할 수 있다(근로기준법 제42조 제1항 단서).

② 휴업수당

사용자의 귀책사유로 휴업하는 경우에 사용자는 휴업기간 동안 그 근로자에게 평균임금의 100분의 70 이상의 수당을 지급하여야 한다. 다만, 평균임금의 100분의 70에 해당하는 금액이 통상임금을 초과하는 경우에는 통상임금을 휴업수당으로 지급할 수 있다(근로기준법 제46조 제1항). 부득이한 사유로 사업을 계속하는 것이 불가능하여 노동위원회의 승인을 받은 경우에는 평균임금의 100분의 70의 기준에 못 미치는 휴업수당을 지급할 수 있다(근로기준법 제46조 제2항).

③ 임금의 시효

임금채권은 3년간 행사하지 아니하는 때에는 시효로 인하여 소멸한다(근로기준법 제49조).

(다) 근로시간

원칙적으로 1주간의 근로시간은 휴게시간을 제하고 40시간을 초과할 수 없으며, 1일의 근로시간은 휴게시간을 제하고 8시간을 초과할 수 없다(근로기준법 제50조).[77] 이외에도 근로기준법은 여자와 연소자의 근로시간 제한(제근로

77) 한국에서는 1953년 5월 근로기준법을 제정하면서 일 8시간, 주 48시간 근로시간 기준과, 당사자 합의에 따른 주 60시간 근로를 허용했다. 80년 국가보위입법회에서는 사용자의 요구를 수용하여 '4주 평균 주 48시간'의 변형근로시간제를 도입했다. 이후 근로자의 요구에 따라 1987년 개정안에서 변형근로시간제는 폐지되었고 일 8시간, 주 48시간의 기준을 '초과할 수 없다'고 규정해 장시간 중노동을 방지하게 되었다. 89년 3월 개정안에서는 일 8시간, 주 44시간 기준과, 당사자 합의에 따른 주 56시간의 근로시간 기준을 통해 근로기준법 제정 이후 35년만에 법정 근로시간이 단축되었다. 2003년 8월 개정안에서는 주 40시간으로 단축해 2004년 7월부터 주 5일 40시간 근무제가 시행되기 시작했다. 한국 근로자의 평균 연간 근로시간은 1989년 2908시간이었는데, 근로시간의 단축을 시행한 결과 2016년에는 2068시간으로 줄었다. 한국의 근로시간은 지속적인 근로기준법 개정으로 점차 감축되고 있지만 OECD 회원국 중에서는 여전히 높은 편에 속한다. 장시간의 근로시간은 근로자에게 충분한 휴식을 제공하지 못하기 때문에 삶의 질 저하 및 건강 악화가 뒤따른다. 이런 문제점을 해결하기 위해 2013년부터 주당 최대 근로시간을 기존의 68시간에서 52시간으로 축소하는 개정안이 논의되기 시작, 2018년 2월 주당 최대 52시간으로 단축하

기준법 제69조),[78] 탄력적 근로시간제(근로기준법 제51조),[79] 선택적 근로시간제(근로기준법 제52조),[80] 합의 연장근로의 제한(제52조)[81] 등을 규정하고 있다.

는 개정안이 통과되었다. 개정안에는 주당 최대 근로시간의 단축과 휴일 근로시간의 연장 근로수당 지급 여부, 특례업종의 축소, 공휴일 유급휴일의 확대와 관련된 내용이 포함되어 있는데 7월 1일 시행 직전 정부가 이를 어기는 사업장에 대한 처벌을 최대 6개월 유예하기로 했다([키워드로 보는 사설] 근로시간 변천사, 중앙일보, 2018년 7월 2일, 28면).

78) 15세 이상 18세 미만인 자의 근로시간은 1일에 7시간, 1주에 35시간을 초과하지 못한다. 다만, 당사자 사이의 합의에 따라 1일에 1시간, 1주에 5시간을 한도로 연장할 수 있다.

79) 근로기준법 제51조(탄력적 근로시간제) ① 사용자는 취업규칙(취업규칙에 준하는 것을 포함한다)에서 정하는 바에 따라 2주 이내의 일정한 단위기간을 평균하여 1주 간의 근로시간이 제50조 제1항의 근로시간을 초과하지 아니하는 범위에서 특정한 주에 제50조 제1항의 근로시간을, 특정한 날에 제50조 제2항의 근로시간을 초과하여 근로하게 할 수 있다. 다만, 특정한 주의 근로시간은 48시간을 초과할 수 없다. ② 사용자는 근로자대표와의 서면 합의에 따라 다음 각 호의 사항을 정하면 3개월 이내의 단위기간을 평균하여 1주 간의 근로시간이 제50조 제1항의 근로시간을 초과하지 아니하는 범위에서 특정한 주에 제50조 제1항의 근로시간을, 특정한 날에 제50조 제2항의 근로시간을 초과하여 근로하게 할 수 있다. 다만, 특정한 주의 근로시간은 52시간을, 특정한 날의 근로시간은 12시간을 초과할 수 없다.

1. 대상 근로자의 범위
2. 단위기간(3개월 이내의 일정한 기간으로 정하여야 한다)
3. 단위기간의 근로일과 그 근로일별 근로시간
4. 그 밖에 대통령령으로 정하는 사항

③ 제1항과 제2항은 15세 이상 18세 미만의 근로자와 임신 중인 여성 근로자에 대하여는 적용하지 아니한다. ④ 사용자는 제1항 및 제2항에 따라 근로자를 근로시킬 경우에는 기존의 임금 수준이 낮아지지 아니하도록 임금보전방안(賃金補塡方案)을 강구하여야 한다.

80) 근로기준법 제52조(선택적 근로시간제) 사용자는 취업규칙(취업규칙에 준하는 것을 포함한다)에 따라 업무의 시작 및 종료 시각을 근로자의 결정에 맡기기로 한 근로자에 대하여 근로자대표와의 서면 합의에 따라 다음 각 호의 사항을 정하면 1개월 이내의 정산기간을 평균하여 1주간의 근로시간이 제50조제1항의 근로시간을 초과하지 아니하는 범위에서 1주 간에 제50조제1항의 근로시간을, 1일에 제50조제2항의 근로시간을 초과하여 근로하게 할 수 있다.

1. 대상 근로자의 범위(15세 이상 18세 미만의 근로자는 제외한다)
2. 정산기간(1개월 이내의 일정한 기간으로 정하여야 한다)
3. 정산기간의 총 근로시간
4. 반드시 근로하여야 할 시간대를 정하는 경우에는 그 시작 및 종료 시각
5. 근로자가 그의 결정에 따라 근로할 수 있는 시간대를 정하는 경우에는 그 시작 및 종료 시각
6. 그 밖에 대통령령으로 정하는 사항

81) 당사자간의 합의가 있는 경우에는 1주간에 12시간을 한도로 기본근로시간(1주간 40시간, 1일 8시간)의 근로시간을 연장할 수 있다(근로기준법 제53조 제1항).

(라) 휴게 · 휴일 · 휴가

① 휴게(근로기준법 제54조)

사용자는 근로시간이 4시간인 경우에는 30분이상, 8시간인 경우에는 1시간이상의 휴게시간을 근로시간 도중에 주어야 한다. 휴게시간은 근로자가 자유롭게 이용할 수 있다.

② 휴일(근로기준법 제55조)

사용자는 근로자에게 1주에 평균 1회 이상의 유급휴일을 보장하여야 한다(근로기준법 제55조 제1항). 사용자는 근로자에게 대통령령으로 정하는 휴일을 유급으로 보장하여야 한다. 다만, 근로자대표와 서면으로 합의한 경우 특정한 근로일로 대체할 수 있다(근로기준법 제55조 제2항).

③ 연월차유급휴가(근로기준법 제60조)

사용자는 1년간 80퍼센트 이상 출근한 근로자에게 15일의 유급휴가를 주어야 한다(근로기준법 제60조 제1항). 사용자는 계속하여 근로한 기간이 1년 미만인 근로자 또는 1년간 80퍼센트 미만 출근한 근로자에게 1개월 개근 시 1일의 유급휴가를 주어야 한다(근로기준법 제60조 제2항). 사용자는 3년 이상 계속하여 근로한 근로자에게는 제1항에 따른 휴가에 최초 1년을 초과하는 계속 근로 연수 매 2년에 대하여 1일을 가산한 유급휴가를 주어야 한다. 이 경우 가산휴가를 포함한 총 휴가 일수는 25일을 한도로 한다(근로기준법 제60조 제4항). 휴가는 1년간 행사하지 아니하면 소멸된다. 다만, 사용자의 귀책사유로 사용하지 못한 경우에는 그러하지 아니하다(근로기준법 제60조 제7항).

사용자는 휴가를 근로자가 청구한 시기에 주어야 하고, 그 기간에 대하여는 취업규칙 등에서 정하는 통상임금 또는 평균임금을 지급하여야 한다. 다만, 근로자가 청구한 시기에 휴가를 주는 것이 사업 운영에 막대한 지장이 있는 경우에는 그 시기를 변경할 수 있다(근로기준법 제60조 제5항).

근로자가 업무상의 부상 또는 질병으로 휴업한 기간, 임신 중의 여성이 휴가로 휴업한 기간, 「남녀고용평등과 일 · 가정 양립 지원에 관한 법률」 (제19조 제1항)에 따른 육아휴직으로 휴업한 기간은 출근한 것으로 본다(근로기준법 제60조 제6항).

(마) 여자와 연소근로자의 특별보호

15세 미만인 자(「초·중등교육법」 에 따른 중학교에 재학 중인 18세 미만인 자를 포함한다)는 근로자로 사용하지 못한다. 다만, 대통령령으로 정하는 기준에 따라 고용노동부장관이 발급한 취직인허증(就職認許證)을 지닌 자는 근로자로 사용할 수 있다(근로기준법 제64조 제1항). 취직인허증은 본인의 신청에 따라 의무교육에 지장이 없는 경우에는 직종(職種)을 지정하여서만 발행할 수 있다(근로기준법 제64조 제2항). 고용노동부장관은 거짓이나 그 밖의 부정한 방법으로 취직인허증을 발급받은 자에게는 그 인허를 취소하여야 한다(근로기준법 제64조 제3항).

15세 이상 18세 미만인 자의 근로시간은 1일에 7시간, 1주에 35시간을 초과하지 못한다. 다만, 당사자 사이의 합의에 따라 1일에 1시간, 1주에 5시간을 한도로 연장할 수 있다(근로기준법 제69조). 사용자는 18세 이상의 여성을 오후 10시부터 오전 6시까지의 시간 및 휴일에 근로시키려면 그 근로자의 동의를 받아야 한다(근로기준법 제70조 제1항).

사용자는 임산부와 18세 미만자를 오후 10시부터 오전 6시까지의 시간 및 휴일에 근로시키지 못한다. 다만, 18세 미만자의 동의가 있는 경우, 산후 1년이 지나지 아니한 여성의 동의가 있는 경우, 임신 중의 여성이 명시적으로 청구하는 경우의 어느 하나에 해당하는 경우로서 고용노동부장관의 인가를 받으면 그러하지 아니하다(근로기준법 제70조 제2항). 사용자는 고용노동부장관의 인가를 받기 전에 근로자의 건강 및 모성 보호를 위하여 그 시행 여부와 방법 등에 관하여 그 사업 또는 사업장의 근로자대표와 성실하게 협의하여야 한다(근로기준법 제70조 제3항).

사용자는 산후 1년이 지나지 아니한 여성에 대하여는 단체협약이 있는 경우라도 1일에 2시간, 1주에 6시간, 1년에 150시간을 초과하는 시간외근로를 시키지 못한다(근로기준법 제71조).

사용자는 여성 근로자가 청구하면 월 1일의 생리휴가를 주어야 한다(근로기준법 제73조). 사용자는 임신한 여성근로자가 「모자보건법」(제10조)에 따른 임산부 정기건강진단을 받는데 필요한 시간을 청구하는 경우 이를 허용하여 주어야 한다. 또한 건강진단 시간을 이유로 그 근로자의 임금을 삭감하여서는 아니 된다(근로기준법 제74조의2).

생후 1년 미만의 유아(乳兒)를 가진 여성 근로자가 청구하면 1일 2회 각각 30분 이상의 유급 수유 시간을 주어야 한다(근로기준법 제75조).

(바) 기타

이 외에도 근로기준법은 기능습득자의 보호(근로기준법 제77조), 재해보상(근로기준법 제78조-제92조), 취업규칙(근로기준법 제93조-제97조), 기숙사(근로기준법 제98조-제100조), 근로감독관(근로기준법 제101조-제106조) 등에 대하여 규정하고 있으며, 근로기준법 위반에 대한 벌칙(근로기준법 제107조 이하)을 규정하고 있다.

3. 최저임금제도

(1) 최저임금제도의 의의

근로자의 최소한의 생계보호를 위하여 기업주에게 이 하한선 이상의 임금을 지급하도록 법으로 강제하는 제도를 최저임금제도(最低賃金制度)라고 한다.

최저임금제가 시행되면 기업주가 근로자와 합의하여 최저임금액 보다 낮은 임금을 지급한다고 정하더라도 그것은 단연히 무효가 되며 이 경우에는 법이 정하고 있는 최저임금액을 지급해야 한다.

(2) 최저임금제도의 적용 범위

1인 이상 근로자를 사용하는 모든 사업 또는 사업장에 적용된다. 상용근로자뿐만 아니라 임시근로자나, 일용근로자, 시간제근로자 등 모든 근로자에게 적용된다.

(3) 최저임금의 결정기준과 정도

최저임금은 고용노동부장관이 최저임금심의위원회에 심의를 요청하고, 근로자대표·사용자대표·공익대표로 구성된 최저임금심의위원회에서 근로자의 생계비, 유사근로자의 임금수준, 노동생산성 등을 고려하여 최저임금안을 의결하여 매년 정부에 제출하면 이를 고용노동부장관이 최종 확정하여 결정·고시하게 된다(최저임금법 제4조 참조).

최저임금액(최저임금으로 정한 금액을 말한다.)은 시간 · 일(日) · 주(週) 또는 월(月)을 단위로 하여 정한다. 이 경우 일 · 주 또는 월을 단위로 하여 최저임금액을 정할 때에는 시간급(時間給)으로도 표시하여야 한다(최저임금법 제5조 제1항).

1년 이상의 기간을 정하여 근로계약을 체결하고 수습 중에 있는 근로자로서 수습을 시작한 날부터 3개월 이내인 자에 대하여는 대통령령으로 정하는 바에 따라 최저임금액과 다른 금액으로 최저임금액을 정할 수 있다.[82] 다만, 단순노무업무로 고용노동부장관이 정하여 고시한 직종에 종사하는 근로자는 제외한다(최저임금법 제5조 제2항). 임금이 통상적으로 도급제나 그 밖에 이와 비슷한 형태로 정하여져 있는 경우로서 최저임금액을 정하는 것이 적당하지 아니하다고 인정되면 대통령령으로 정하는 바에 따라 최저임금액을 따로 정할 수 있다(최저임금법 제5조 제3항).[83]

82) 1년 이상의 기간을 정하여 근로계약을 체결하고 수습 중에 있는 근로자로서 수습을 시작한 날부터 3개월 이내인 사람에 대해서는 같은 조 제1항 후단에 따른 시간급 최저임금액(최저임금으로 정한 금액을 말한다. 이하 같다)에서 100분의 10을 뺀 금액을 그 근로자의 시간급 최저임금액으로 한다(최저임금법 시행령 제3조).

83) 임금이 도급제나 그 밖에 이와 비슷한 형태로 정해진 경우에 근로시간을 파악하기 어렵거나 그 밖에 같은 조 제1항에 따라 최저임금액을 정하는 것이 적합하지 않다고 인정되면 해당 근로자의 생산고(生産高) 또는 업적의 일정단위에 의하여 최저임금액을 정한다(최저임금법 시행령 제4조).

(4) 사용자의 의무

최저임금의 적용을 받는 사용자는 대통령령으로 정하는 바에 따라 해당 최저임금을 그 사업의 근로자가 쉽게 볼 수 있는 장소에 게시하거나 그 외의 적당한 방법으로 근로자에게 널리 알려야 한다(최저임금법 제11조).

사용자가 근로자에게 주지시켜야 할 최저임금의 내용은 ▲ 적용을 받는 근로자의 최저임금액, ▲ 최저임금에 산입하지 아니하는 임금, ▲ 해당 사업에서 최저임금의 적용을 제외할 근로자의 범위, ▲ 최저임금의 효력발생 연월일 등이다(근로기준법 시행령 제11조 제1항). 사용자는 최저임금의 내용을 최저임금의 효력발생일 전날까지 근로자에게 주지시켜야 한다(최저임금법 시행령 제11조).

또한, 사용자는 근로자들에게 최저임금액 이상의 임금을 지급하여야 하며, 최저임금액을 이유로 종전의 임금수준을 저하시켜서는 안된다. 최저임금액에 미달하는 임금을 정한 근로계약은 그 부분에 한하여 무효가 되고, 최저임금액과 동일한 임금을 지급하기로 한 것으로 간주한다.

사용자가 최저임금액보다 적은 임금을 지급하거나 최저임금을 이유로 종전의 임금을 낮춘 자는 3년 이하의 징역 또는 2천만원 이하의 벌금에 처한다. 이 경우 징역과 벌금은 병과(倂科)할 수 있다(최저임금법 제28조 제1항).

(5) 최저임금위반에 대한 권리구제

근로자가 지급받는 임금이 매년 고용노동부장관이 정하는 최저임금액 이하로 결정되어 지급받고 있는 경우에는 사업장관할 지방노동관서 근로감독과에 신고하여 권리구제를 요청하면 된다.

4. 체불임금과 퇴직금 청구

(1) 체불임금

체불임금이란 사용자는 약정된 임금을 매월 1회 이상 날짜를 정하여 근로자에게 통화(通貨)로 그 전액을 직접 지급하여야 하는데 정하여진 시기에 임금을 지급하지 못하는 경우를 임금이 체불되었다고 한다.

임금이 체불되었을 경우, 우선 해당 사업장을 관할하는 지방노동관서 근로감독과에 신고하면 된다.

임금 체불에 대하여 지방노동관서에 신고하면 근로감독관이 그 사실을 확인한 후 사용자에게 기한을 정하여 임금을 지급하도록 한다. 그럼에도 사용자가 계속하여 체불임금을 지급하지 않을 경우에는 근로기준법에 따라 사용자가 형사처벌을 받게 된다. 임금체불 사업주는 3년 이하의 징역 또는 3천만원 이하의 벌금에 처한다(근로기준법 제109). 이와는 별도로 일정한 경우 고용노동부장관은 체불사업주의 명단을 공개할 수도 있다.[84)]

지급명령[85)]신청으로 밀린 임금을 받을 수도 있다. 지급명령의 신청이 이유있다고 인정되면 법원은 당사자를 법원에 출석시키지 않고 채권자의 주장만으로 채무자에게 변제를 명하므로 민사소송보다 저렴하고 신속하게 분쟁을 해결할 수 있다. 법원이 지급명령을 한 후 사용자가 2주이내에 이의를 제기하지

---

84) 근로기준법 제43조의2(체불사업주 명단 공개) ① 고용노동부장관은 제36조, 제43조, 제56조에 따른 임금, 보상금, 수당, 그 밖에 일체의 금품(이하 "임금등" 이라 한다)을 지급하지 아니한 사업주가 명단 공개 기준일 이전 3년 이내 임금등을 체불하여 2회 이상 유죄가 확정된 자로서 명단 공개 기준일 이전 1년 이내 임금등의 체불총액이 3천만원 이상인 경우에는 그 인적사항 등을 공개할 수 있다. 다만, 체불사업주의 사망 · 폐업으로 명단 공개의 실효성이 없는 경우 등 대통령령으로 정하는 사유가 있는 경우에는 그러하지 아니하다. ② 고용노동부장관은 제1항에 따라 명단 공개를 할 경우에 체불사업주에게 3개월 이상의 기간을 정하여 소명 기회를 주어야 한다. ③ 제1항에 따른 체불사업주의 인적사항 등에 대한 공개 여부를 심의하기 위하여 고용노동부에 임금체불정보심의위원회(이하 이 조에서 "위원회"라 한다)를 둔다. 이 경우 위원회의 구성 · 운영 등 필요한 사항은 고용노동부령으로 정한다. ④ 제1항에 따른 명단 공개의 구체적인 내용, 기간 및 방법 등 명단 공개에 필요한 사항은 대통령령으로 정한다.

85) 지급명령이란 금전 기타의 대체물 또는 유가증권의 일정 수량의 지급을 목적으로 하는 청구에 관하여 채권자 일방의 신청이 있으면 변론이나 판결 없이 채무자에게 그 지급을 명하는 재판을 말한다. 지급명령은 채권자가 법정(法庭)에 나오지 않고 적은 소송비용으로 신속하게 민사분쟁을 해결할 수 있다는 장점이 있지만, 상대방이 지급명령에 대하여 이의신청을 하면 통상의 소송절차로 옮겨지는 잠정적 분쟁해결절차의 구조이다.

않으면 근로자는 강제집행을 신청할 수 있다. 그러나 사용자가 이의제기하면 민사소송잘차에 회부될 수 있다.

사업주가 형사처벌에도 불구하고 임금을 지급하지 않으면 근로자는 민사소송을 제기할 수 있다.[86)]

체당금(替當金)은 기업이 도산하여 임금 및 퇴직금을 지급받지 못하고 퇴직한 근로자에게 사업주를 대신해 지급하는 임금 및 퇴직금이다.「임금채권보장법」[87)]에 따라 국가가 사업주에 대신하여 지급하는 임금 등이다. 국가가 사용자를 대신하여 임금을 대신 지급하는 체당금제도가 있다. 고용노동부장관은 상법주가 회생절차개시 결정을 받거나 파산선고 결정을 받으면 퇴직한 근로자가 미지급 임금 등을 사업주를 대신하여 지급한다. 그 범위는 원칙적으로 최종 3개월분의 임금, 최종 3년간의 퇴직급여 등, 최종 3개월분의 휴업수당이다(임금채권보장법 제7조).

(2) 퇴직금

(가) 퇴직금의 의의

퇴직금은 상시 고용근로자가 일정한 수 이상인 사업 또는 사업장에서 1년 이상 계속하여 근로한 근로자가 퇴직하는 경우에 정해진 퇴직금 제도에 따라 계속 근로한 매 1년에 대하여 평균임금[88)]의 30일분 이상을 지급받게 되어 있는

86) 지방노동관서에서는 “체불임금 확인서” 을 발급해 준다.

87) 임금채권보장법은 경기 변동과 산업구조 변화 등으로 사업을 계속하는 것이 불가능하거나 기업의 경영이 불안정하여, 임금등을 지급받지 못하고 퇴직한 근로자 등에게 그 지급을 보장하는 조치를 마련함으로써 근로자의 생활안정에 이바지하는 것을 목적으로 한다(임금채권보장법 제1조).

88) 평균임금(平均賃金)이란, 근로자가 정상적인 근로를 하지 않거나 퇴직을 하는 경우 근로자의 정상적인 생활을 보장하기 위하여 지급되는 통상적인 생활임금의 기준액을 말한다. 통상적인 근로를 할 수 없을 때에도 가능한 한 실제 받았던 통상적인 생활임금에 따른 근로자의 생활을 보장하려는데 제도적 취지가 있다. 산정사유 발생일 이전 3월간에 그 근로자에 대하여 지급된 임금의 총액을 그 기간의 총일수로 나눈 금액을 말하며, 취업후 3월 미만도 이에 준한다. 산출된 평균임금이 그 근로자의 통상임금보다 저액일 경우에는 그 통상임금액을 평균임금으로 한다(제19조). ‘평균임금 산정사유 발생일 이전 3월간’ 은 사유가 발생한 날의 전일부터 소급하는 역법상의 3월을 말하며, 사유가 발생한 당일은 포함되지 않는다. 평균임금의 산정에 있어서 ‘지급된 임금의 총액’ 이라 함은 실제로 지급된 임금뿐만 아니라, 지급이 되지 않았다 하더라도 사유발생일에 이미 채권으로 확정된 임금이 있으면 이를 포함하여야 한다

후불적 성질을 가진 임금의 일종이다. 퇴직금제도 규정이 적용되는 사업장의 범위에 대해서는 근로기준법과 근로기준법 시행령이 정하고 있다.

(나) 퇴직금의 요건

① 근로기준법상의 근로자이어야 한다.

근로자가 기간제근로자, 파견근로자 이든 불문한다. 다만, 단시간근로자인 경우에는 4주간을 평균하여 1주간의 근로시간이 15시간 미만인 경우에는 퇴직금제도가 적용되지 않는다(제25조3항). 퇴직금제도는 상시 5인이상 사용하는 사업 또는 사업장에 적용되는 것이기 때문에 4인이하 사용하는 사업 또는 사업장의 근로자에게는 단체협약이나 취업규칙에서 별도 규정하지 않는 한 적용되지 않는다.

② 1년이상 계속 근로한 자라야 한다.

계속근로연수는 원칙적으로 근로자가 입사한 날(또는 최초의 출근의무가 있는 날)부터 퇴직일까지의 기간을 말한다. 근로자가 그 적을 보유하고 근로관계를 유지하고 있다면 휴직기간도 휴직사유에 관계없이 근속연수에 포함된다. 군복무로 휴직한 기간에 대해서는 병역법의 개정에 따라 포함되지 않는 것이 원칙이다. 일용임시근로자의 경우에도 근로하지 않은 날이 상당기간 계속되지 않는 한 사실상 계속하여 근로한 경우 계속근로로 인정된다.

③ 퇴직 또는 근로자의 퇴직금중간정산요구가 있어야 한다.

퇴직의 사유는 제한이 없기 때문에 근로자의 일방적 의사표시에 의한 근로계약의 해지만이 아니고 근로자의 사망 또는 기업의 소멸, 일의 완료, 정년의 도래 및 해고 등 근로계약이 종료되는 모든 경우를 말한다.

고 해석된다. 그러나 평균임금 산정을 위한 임금 총액에는 임시로 지불된 임금 및 수당과 통화외의 것으로 지불된 임금은 이를 산입하지 아니한다. 다만, 노동부장관이 정하는 것에 대하여는 그러하지 아니하다. '임시로 지불된 임금' 이라 함은 임시 또는 돌발적인 사유에 의하여 지급되거나 또는 지급조건은 사전에 규정되어 있어도 지급사유의 발생이 불확실하거나 매우 드물게 발생하는 경우에 지급되는 것을 말한다. '통화외의 것으로 지불된 임금' 이란 소위 현물급여를 의미하는 것이다. 이와 같은 임금을 평균임금산정에서 제외시키는 이유는 평균임금산정에 현저한 차이가 발생하지 않도록 하기 위함이다.

퇴직사유도 제한을 받지 않기 때문에 징계해고이든 직권면직된 자이든 모두 퇴직금이 지급되어야 한다.

(다) 퇴직금 산정

퇴직금은 계속근로년수 1년에 대하여 30일분 이상의 평균임금을 지급하여야 한다. 다만, 하나의 사업내에 차등제도를 두어서는 아니된다(제34조1항2항). 근속기간과 평균임금으로 개인별 퇴직금을 산정하도록 하고 있다. 퇴직금산정 관련 규정은 강행규정이므로 당사자의 합의나 노사협의회에서의 합의 또는 단체협약의 규정이 있더라도 그 기준이하의 퇴직금계산은 효력이 없다.

① 계속근로연수란 계속하여 근로를 제공한 기간, 근로계약을 체결하여 해지될 때까지의 기간을 말한다. 기산일은 입사일, 근로계약체결일 등 출근의무가 있는 날이며, 마감일은 근로관계의 자동소멸, 임의퇴직, 합의퇴직, 정년퇴직, 정리해고, 징계해고 등 근로계약이 끝나는 날이다.

② 근로계약기간을 갱신하거나 동일한 조건의 근로계약을 반복하여 체결한 경우에는 갱신 또는 반복기간을 모두 합산하여 계속근로년수로 계산하여야 한다.

③ 휴직기간은 보수유무, 휴직사유 여하 등에 구애됨이 없이 휴직기간도 계속근로년수에 산입하여야 한다. 군복무기간은 병역법 개정으로 계속근로년수에 산입하지 않아도 무방하다.

④ 근속기간 중에 근로형태의 변경이 이루어져도 변경 전후의 기간을 합산한다. 임시고용원으로 채용되어 정규사원으로 공백기간 없이 근무한 경우에는 통산한 기간을 계속근로년수로 보아야 한다.

⑤ 1년 이상으로 1년이 안되는 단수가 있는 경우에는 월별로 나누어 이에 따른 퇴직금을 계산하여야 한다.

퇴직금산정의 기초가 되는 평균임금은 법 제19조에서 정한 평균임금을 말한다. 단체협약이나 취업규칙상의 평균임금산정이 일부 흠이 있더라도 퇴직금산정이 제34조의 법정퇴직금을 상회하는 경우에는 그 산정은 유효하다(대판1982.11.23, 80다1340).

하나의 사업에 포함되는 본사·지사·공장사이에 퇴직금 지급조건을 달리하는 제도를 둘 수 없다. 하나의 사업 내에서 직위·직종별로 차등을 두거나 누진율을 달리하는 것도 금지된다.

(라) 퇴직금을 받지 못한 경우 구제절차

퇴직금을 지급받지 못한 경우에도 임금체불과 같은 방법으로 하면 된다.

5. 산재보험

(1) 산재보험의 의의

산재보험이란 산업재해를 당한 근로자에게 신속한 보상을 하고, 사업주에게는 재해에 따른 일시적인 경제적 부담을 덜어 주기 위해 국가에서 관장하는 사회보험이다. 국가(근로복지공단)는 근로자를 사용하는 모든 사업주로부터 보험료를 징수하며 산업재해로 부상 또는 사망한 근로자와 그 가족에게 보험급여를 지급하며, 이때 지급하는 보험급여는 요양급여, 휴업급여, 장해급여, 장의비, 유족급여, 간병급여 등이다.

(2) 산재보험의 적용 대상과 특례

(가) 산재보험의 적용 대상

산업재해보상보험법은 근로자를 사용하는 모든 사업 또는 사업장(이하 "사업"이라 한다)에 적용한다. 다만, 위험률 · 규모 및 장소 등을 고려하여 대통

령령으로 정하는 사업에 대하여는 이 법을 적용하지 아니한다(산업재해보상보험법 제6조).

동법에서 "대통령령으로 정하는 사업"이란 다음 각 호의 어느 하나에 해당하는 사업 또는 사업장을 말한다(산업재해보상보험법 시행령 제2조).

1. 「공무원연금법」 또는 「군인연금법」에 따라 재해보상이 되는 사업
2. 「선원법」, 「어선원 및 어선 재해보상보험법」 또는 「사립학교교직원 연금법」에 따라 재해보상이 되는 사업
4. 가구내 고용활동
6. 농업, 임업(벌목업은 제외한다), 어업 및 수렵업 중 법인이 아닌 자의 사업으로서 상시근로자 수가 5명 미만인 사업

(나) 산재보험의 적용특례

근로자가 아닌 사람도 산재보험법에서 특별히 정한 사람은 산재보험의 혜택을 받을 수 있으며 현재 산재보험법에 특별히 정하고 있는 사람은 현장실습생, 산업연수생, 해외에 근무를 하는 근로자, 중소기업의 사업주이다.

① 현장실습생

산재보험이 적용되는 사업에서 현장실습을 하고 있는 학생 및 직업훈련생 중 직업교육훈련 촉진법에 의하여 현장실습을 이수하고 있는자이다(산업재해보상보험법 제123조).

② 해외파견자(임의가입)

산재보험이 적용되는 사업의 보험가입자가 그 소속 근로자를 대한민국 이외의 지역에서 행사는 사업에 근로시키기 위해서 파견하는 자(근로복지공단에 보험가입신청을 하여 승인을 얻은 경우)이다(산업재해보상보험법 제122조).

③ 중소기업사업주(임의가입)

산재보험의 수혜자는 원칙적으로 근로자에 한정되지만, 영세사업장의 사업

주로서 근로자와 함께 직접 생산 업무에 종사하고 있어 근로자와 동일한 재해위험에 노출되어 있는 50인 미만 근로자를 사용하는 중소기업의 사업주도 근로복지공단의 승인을 얻은 경우 자기 또는 유족을 보험급여 수급자로 하여 산재보험에 가입할 수 있다(산업재해보상보험법 제124조).

(3) 산재보험의 가입

산재보험 적용대상 사업의 사업주는 보험가입자가 되며 보험료의 납부의무를 부담한다. 산재보험의 가입절차는 산재보험가입 대상이 된 날부터 14일이내 근로복지공단 관할 지역본부(지사)에 사업주가 보험관계 성립 신고서를 제출하여야 한다.

(4) 산재보험금을 청구하는 방법

산업재해를 당한 경우 보험급여의 청구방법은 ① 먼저, 재해를 당한 근로자나 사망 근로자 유족의 청구에 의하여 지급한다. 청구는 피해자의 소속 사업장을 관할하는 근로복지공단 지역본부나 지사에 비치되어 있는 요양신청서, 유족급여, 장의비청구서 등을 작성하여 제출하면 된다. 관련서류를 제출할 때에 소속회사, 재해경위, 지급받은 임금액 등에 대해 사업주의 확인을 받아서 제출해야 한다. 만약, 사업주가 이러한 확인절차를 거부하더라도 걱정할 필요는 없다. 신청서가 접수되면 근로복지공단에서 직권으로 조사하기 때문이다.

② 청구서가 근로복지공단에 접수되면 공단은 보험급여의 지급여부, 지급내용 등을 청구인에게 알려주고 지급결정일로부터 14일 이내에 보험금을 지급한다.

③ 또한, 소속사업장이 산재보험법의 적용대상이 아니더라도 재해근로자는 근로기준법에 따라 사용자로부터 재해보상을 받을 수 있고, 사용자가 이를 보상치 않으면 지방노동관서의 근로감독과에 그 사실을 신고함으로써 보상을 받을 수 있다.

한편, 피해근로자 또는 그 유족은 업무상 부상·질병 또는 사망의 인정을 비롯하여 요양의 방법이나 보상액의 결정 등에 대하여 다툼이 있거나, 이의가 있

는 경우에 노동부장관에 대하여 중재나 심사를 청구할 수 있다. 업무에 의한 질병이라고 판단되면 우선적으로 노동부 산하 근로복지공단이나 각 지역에 있는 근로복지공단 지사와 상담을 한다.

6. 부당해고와 구제절차

해고 등 불이익처분을 받은 근로자는 다시 말해서, 사용자가 정당한 이유 없이 해고를 한 때에는 근로기준법에 따라 노동위원회에 부당노동행위구제 신청을 하면 된다.[89]

① 정당한 이유 없이 해고당한 근로자는 사용자를 상대로 부당한 해고가 있는 날로부터 3개월 이내에 사용자의 소재지를 관할하는 지방노동위원회에 서면으로 구제신청을 하면 된다.

② 구제신청을 받은 지방노동위원회에서 심사절차를 거친다. 심사결과 해고가 부당하다고 판정되면 사용자에게 복직과 아울러 해고기간중의 임금상당액의 지급을 명하는 구제명령을 내리고, 부당노동행위가 성립하지 않는다고 판단되면 기각결정을 한다(근로기준법 제30조).

③ 지방노동위원회의 구제결정이나 기각결정에 불복이 있는 사람은 그 명령서나 결정을 받을 날로부터 10일 이내에 중앙노동위원회에 재심을 신청하면 된다(근로기준법 제31조 제1항).

④ 중앙노동위원회의 재심판정에 불복이 있는 때에는 중앙노동위원회 위원

---

89) 근로기준법 제26조(해고의 예고) 사용자는 근로자를 해고(경영상 이유에 의한 해고를 포함한다)하려면 적어도 30일 전에 예고를 하여야 하고, 30일 전에 예고를 하지 아니하였을 때에는 30일분 이상의 통상임금을 지급하여야 한다. 다만, 천재·사변, 그 밖의 부득이한 사유로 사업을 계속하는 것이 불가능한 경우 또는 근로자가 고의로 사업에 막대한 지장을 초래하거나 재산상 손해를 끼친 경우로서 고용노동부령으로 정하는 사유에 해당하는 경우에는 그러하지 아니하다.
근로기준법 제27조(해고사유 등의 서면통지) ① 사용자는 근로자를 해고하려면 해고사유와 해고시기를 서면으로 통지하여야 한다. ② 근로자에 대한 해고는 제1항에 따라 서면으로 통지하여야 효력이 있다. ③ 사용자가 제26조에 따른 해고의 예고를 해고사유와 해고시기를 명시하여 서면으로 한 경우에는 제1항에 따른 통지를 한 것으로 본다.

장을 피고로 하여 재심판정서의 송달을 받은 날로부터 15일 이내에 「행정소송법」의 규정에 따라 행정소송을 제기할 수 있다(근로기준법 제31조 제2항).

제6장 주거생활과 법률

1. 부동산 거래와 등기제도

(1) 부동산의 개념

토지와 그 정착물을 부동산(不動産)이라고 한다(민법 제99조 제1항). 토지라 함은 일정범위의 지면에 정당한 이익 있는 범위 내에서의 상하를 포함하는 것이다(민법 제212조).

토지의 정착물이란 토지에 고정적으로 부착되어 용이하게 이동될 수 없는 물건으로서 이러한 정착물에는 건물[90]·수목·돌담·교량 등이 해당한다.

(2) 부동산매매계약

(가) 부동산 매입시 주의사항

주택이든 토지든 부동산을 구입할 때에는 본인이 직접 현장조사를 하여 모든 사항을 확인하여야 한다. 주택의 경우는 전세나 월세가 있는지 여부를 확인해야 한다. 전·월세 등은 등기부상에 나타나지 않는 경우가 많다.[91]

(나) 등기부 및 공적 서류열람

부동산권리관계를 확인하기 위해서는 관할등기소에서 부동산등기부를 신청

90) 우리나라에서는 건물은 토지로부터 완전히 독립된 별개의 부동산이다. 판례 "독립된 부동산으로서의 건물이라고 하기 위하여는 최소한의 기둥과 지붕 그리고 주벽이 이루어지면 된다." (대법원 2003.5.30, 2002다21592,21608).

91) 주택임대차보호법에 의한 전세권 임대차는 등기를 하지 않고도 이사를 하여 살고 있으면 주민등록만으로도 등기의 효과를 취득하므로 관할동사무소에서 확인하여야 한다.

하여 열람한다. 중개인 및 소개인이 등기부등본을 제시하더라도 본인이 직접 등기부 등본을 열람하거나 발급 받아 확인하여야 한다.[92] 등기부상의 소유자와 매도인이 일치하는지 여부, 면적, 저당권 ·전세권·가등기 등의 설정여부를 확인하여야 한다. 여러 가지 담보물권[93]이나 예고등기(豫告登記), 가등기(假登記)가 설정되어 있는 것은 사지 않는 것이 현명하다. 또 매수직전에 비로소 보존등기가 되거나 기타 상속등기나 회복등기가 된 것은 일단 의심을 해야 한다.

특히 관공서가 쉬는 토요일 오후·일요일이나 공휴일에는 계약을 하지 않는 것이 좋다.[94]

등기부등본 뿐만 아니라 토지대장, 가옥대장·임야대장·토지이용확인원·용도지역 확인원 등을 확인하여 도시계획 여부, 토지이용에 제한이 없는지도 살펴보아야 한다. 아울러 해당지역이 고시지역으로서 건설교통부장관이 허가 또는 신고구역으로 지정한 토지거래허가 또는 신고 대상지역인지 여부를 사전에 확인할 필요가 있다.

(다) 매매계약의 체결과 당사자의 의무

매도인(賣渡人)과 매수인(買受人)의 의사 합치하여 매매계약이 성립하려면 매매계약서(賣買契約書)[95]를 작성한다. 매매계약서에는 매도인과 매수인의 인적 사항을 적고, 목적 부동산의 주소·평수·지목 등을 적는다. 그리고 위 당

92) 상대방이 보여주는 등기부등본만을 믿어서는 안된다. 최근에는 복사기술이 발달되어 정당한 등본이라도 이를 고쳐서 다시 복사하는 사례가 많아 원본과 다른 복사본이 많이 나돌고 있기 때문에 등본이 있으면 반드시 관계공무원의 인증이 있는가 여부를 확인하여야 할 것이며, 가장 좋은 방법은 본인이 직접 등기부를 열람하여 확인하거나 이를 떼어 보아야 한다.

93) 담보물권(擔保物權)이란 자기의 채권을 확보하기 위하여 타인소유물의 교환가치를 지배하는 권리를 말한다. 교환가치를 지배한다는 것은 채무의 변제가 없는 경우에 그 목적물의 매각대금으로부터 우선변제를 받는다는 의미이다.

94) 사기꾼들은 거래 상대방이 관공서등에서 확인할 수 없는 그러한 시간대를 활용하는 경우가 많다.

95) 계약서(契約書)는 구체적으로 명백히 쓰고 애매한 문구로 인하여 손해를 보는 일이 없도록 하고, 특히 부동산중개업소에 인쇄되어 있는 계약서 용지를 사용하려면 이를 면밀히 읽어보고 검토할 것이며 특약(特約)이 있으면 그 특약도 명백히 기재하여야 한다.

사자 사이에 부동산에 관한 매매계약을 체결한다는 문언을 기입하여야 한다. 등기의 이전방법과 매매대금, 매매대금의 지급방법과 시기, 목적물의 명도시기 등 합의된 내용을 기재한다. 또한 매도인과 매수인 사이의 특약(特約)사항[96]이 있으면 기재한다. 매매계약 날짜, 당사자와 입회인의 성명·주소를 적고 날인한다.

부동산 매매계약은 사후분쟁예방을 위하여 계약서 작성은 허가를 받은 부동산중개인 또는 법률전문가의 입회하에 하는 것이 좋다.[97]

부동산 매매계약이 체결되면 일반적으로 매매대금의 10%를 계약금으로 지불한다. 계약금의 성질은 당사자 사이에 다른 약정이 없는 한 해약권(解約權)을 보류하기 위하여 수수한 것으로 해약금으로 추정하고 있다(민법 제565조).

매매계약이 성립하면 매도인은 매매의 목적인 재산권을 매수인에게 이전할 의무를 부담하며, 매수인은 매매대금을 매도인에게 지급할 의무를 부담한다.

부동산매매의 경우 계약시에 계약금, 중도금, 부동산명도일에 잔금을 지급하는 것이 거래의 관행이다.[98] 계약금이나 중도금, 잔금을 지급할 시에는 반드시 영수증(領收證)을 주고받는 등 대금지급 내용을 명확히 하여야 한다. 등기부는 중도금 지급, 잔금 지급시마다 그 직전에 확인하여야 한다. 중도금을 받고도 이중으로 매도하는 경우가 있기 때문이다.[99]

매수인이 계약서에 중도금 지급을 약속하였다면 매도인에게 중도금을 지

96) 세금문제, 비용계산, 정원수처리문제 등을 들 수 있다.

97) 계약시에는 매도인측 대리인(代理人)과 계약하지 말고 거래당사자간에 직접 계약하는 것이 좋고, 부동산중개업소의 소개로 계약하는 경우에도 매도인과 직접 계약하는 것이 좋으며 반드시 입회인을 두는 것이 좋다.

98) 매수인의 신용상태에 관하여 의심을 가진다든지 혹은 지급상 분할을 하는 것이 편리하다든지 하는 등의 이유가 있을 때에는 중도금을 지급하도록 하는 것이 통례이다.

99) 甲이 乙에게 자기의 부동산을 매도하였으나 아직 乙에게 이전등기를 해주지 않은 상태에서 다시 이를 丙에게소유권 이전등기를 경료해 준 경우를 부동산 이중매매(不動產 二重賣買)라고 한다. 이 경우 甲을 매도인, 乙을 선매수인, 丙을 후매수인이라고 부른다. 이 경우에는 이전등기를 받은 丙이 소유권을 취득하며 乙은 소유권을 취득하지 못하고 재산상의 손해만 입었으므로 甲은 乙에 대하여 배임죄(背任罪)의 책임을 부담한다. 그러나 甲이 乙에게 이전등기를 경료해 준 후에 다시 丙에게 매도한 경우에는 이중매매의 문제가 아니라 丙에 대한 사기죄(詐欺罪)가 성립한다.

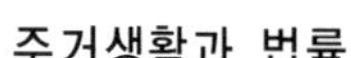

급하여야 한다. 중도금이 지급되었다면 계약내용의 일부를 이행한 것으로 보아 매도인은 계약을 해제할 수 없는 구속을 받게 된다.

계약시에 약정한 날짜에 매도인은 등기서류와 부동산을 인도(引渡)하고, 동시에 매수인은 잔금을 지급하여야 한다. 매수인이 받아야 할 서류는 등기필증·매도인의 부동산 매도용 인감증명· 매도증서·위임장 등이다. 매수인이 잔금일자에 잔금을 지불하지 않으면 매도인은 부동산의 인도를 거절할 수 있고 나아가 매매계약 자체를 해제할 수 있다.

매수인은 잔금지급후 매도인으로부터 건네 받은 등기서류를 가지고서 등기소에 가서 등기하여야 한다. 소유권이전등기 신청시 필요한 서류는 등기필증·인감증명서(매도인)·매도증서·등록세납부 영수증 1통과 신청서부본 2통·매도인 및 매수인의 각 주민등록등본이 필요하다. 등기를 한 후 1개월 이내에 매수인은 취득세를 납부해야 한다.

(4) 등기제도

(가) 등기제도의 의의

등기란 등기공무원이 법정절차에 따라서 등기부라고 하는 공적 장부에 부동산에 관한 일정한 권리관계를 기재하는 것 또는 그러한 기재 그 자체를 가리킨다. 등기부에는 토지등기부와 건물등기부가 있다.

등기제도의 목적은 부동산에 관한 권리관계를 공시하는 데 있으므로 등기에 관한 장부를 공개해서 일반인이 이용할 수 있도록 하고 있다.

우리나라에서는 권리의 객체인 부동산을 단위로 등기를 편성하는 '물적 편성주의'를 채택하고 있다.[100]

(나) 등기해야 할 권리

부동산등기법에서 등기능력을 인정하고 있는 권리는 소유권(所有權)[101] ·

100) 우리 나라의 등기부는 물적 편성주의에 따라 1개의 부동산에 1용지를 두는 것이 원칙이나, '집합건물의소유및관리에관한법률' 에 의하여 건물의 구분소유가 인정됨에 따라서 특례를 인정하고 있다.

지상권(地上權)[102]·지역권(地役權)[103]·전세권(傳貰權)[104]·저당권(抵當權)[105]의 5가지이다. 또한 부동산 물권은 아니지만 법률에 의하여 등기능력이 인정되는 것으로는 부동산임차권[106]·권리질권·부동산환매권[107]이 있다.

(다) 등기효력

등기효력에는 본등기의 효력과 가등기의 효력이 있다. 본등기(本登記)를 하면 ① 권리변동적 효력을 가진다. ② 대항적 효력을 가진다. 지상권· 전세권 등은 등기할 수 있는데 등기를 함으로써 제3자에게 대항할 수 있다. ③ 순위확정효력을 가진다. ④ 추정적 효력을 가진다. 등기에는 등기부상에 기재된 바와 같은 실체적 권리관계가 존재한다고 추정을 받는다. ⑤ 등기는 점유적 효력을 가진다.

가등기(假登記)는 ① 순위보존의 효력을 가진다. ② 본등기전의 효력을 가진다.

101) 소유권(所有權)은 어떤 물건을 사용·수익·처분 기타 어떠한 방법으로든지 지배할 수 있는 권리이다. 소유권은 물권 중에서 가장 강력한 권리이고 항구적 권리이다.

102) 지상권(地上權)은 타인의 토지 위에 건물 기타의 공작물이나 또는 수목을 소유하기 위하여 그 토지를 사용하는 권리이다. 예를 들면 타인의 토지 위에 건축 또는 식목을 하기 위하여 비교적 장기간 그 토지를 사용하는 권리이다.

103) 지역권(地役權)은 자기 토지의 편익을 위하여 타인의 토지를 이용하는 권리이다.

104) 전세금을 지급하여 타인의 부동산을 점유하여 전면적으로 사용·수익한 후 그 부동산을 반환할 때에 전세금을 반환받는 권리를 말한다.

105) 저당권(抵當權)이란 특정한 부동산을 담보로서 지정해 둘 뿐 그 점유를 채권자에게 옮기지 않고, 후에 채무를 이행하지 않을 때에는 그 담보를 경매에 붙여 그 대금으로부터 다른 채권자에 우선하여 변제를 받을 수 있는 권리를 말한다.

106) 부동산 임차권이란 차임을 지불하고 타인의 부동산을 사용·수익할 수 있는 청구권을 말한다.

107) 부동산환매권이란 매도인이 매매에 의하여 받은 대금과 매수인이 부담할 비용을 매수인에게 반환하고 그 목적물을 매수인으로부터 되찾아 올 수 있는 권리이다.

(3) 등기절차

(가) 등기신청(공동신청주의)

등기는 당사자의 신청에 의하여 행해지는 것이 원칙이지만, 예외적으로 관공서의 촉탁이나 등기공무원의 직권 또는 법원의 명령에 의하여 행해지는 경우도 있다.

등기는 원칙적으로 등기권리자와 등기의무자가 반드시 서면으로 부동산 소재지를 관할하는 법원의 등기과나 등기소에 공동신청하여야 한다.[108] 그러나 판결에 의한 등기나 상속등기 등은 단독으로 신청할 수 있다.

(나) 등기신청에 필요한 서류

등기를 신청하려면 신청서, 등기원인을 증명하는 서면, 등기의무자의 권리에 관한 등기필증[109], 인감증명서, 주민등록등본 등이 갖추어져야 한다.

2. 주택임대차보호제도

(1) 「주택임대차보호법」의 제정

민법상의 전세권이나 임대차에 관한 규정은 개인주의적(個人主義的) 법률사항을 기초로 하여 당사자 사이의 자유의사(自由意思)에 의한 계약을 중시하고 당사자 사이의 법률관계를 형식적으로 평등하게 규율하고 있다. 그러나 현실은 경제적 강자인 집주인의 횡포와 자의(恣意)에 의하여 경제적 약자인 임차인(賃借人)이 부당한 요구를 강제당하고 피해를 입는 경우가 빈번하게 발생하여 심각한 사회적 문제를 야기시키게 되었다.[110] 그래서 계약자유(契約自由)의 원

108) 통상 법무사가 양쪽의 위임을 받아서 처리하는 것이 관례이다.

109) 등기필증(登記畢證)이란 등기공무원이 어떤 등기를 완료한 때는 당사자가 등기신청시에 제출한 일정한 사항을 등기필증에 그 취지를 기재하고 등기소인을 압날하여 이를 등기권리자에게 교부하는 서류를 말한다.

110) 국민에게 인간다운 생활을 보장하여 주고자 하는 사회복지 차원에서 주택문제를 조명하고 국가가 임대차 관계에

칙111)이 지배하는 시민사회의 법원리를 넘어서서 사회법적 차원에서 임차인 보호를 위한 법원리가 마련되게 되었다.

임차인의 주거생활과 경제적 지위를 보장하여야 한다는 사회법적 차원에서 전환할 필요성이 절실하게 되었고, 무주택임차인의 권리와 지위를 보호하는 내용의 「주택임대차보호법」이 1981년 3월 5일 제정되었다.

「주택임대차보호법」 제1조는 "이 법은 주거용 건물의 임대차(賃貸借)에 관하여 민법에 대한 특례를 규정함으로써 국민의 주거생활의 안정을 보장함을 목적으로 한다."고 규정하여 그 제정목적을 밝히고 있다.[112)]

(2) 주택임대차보호법의 적용범위

주택임대차보호법의 적용범위를 살펴보면, ① 주거용 건물 즉 주택의 임대차에 한하여 적용된다.[113)] 주택은 사회통념상 건물로 인정되기에 충분한 요건을 구비하고 주거용으로 사용되고 있으면 된다. 따라서 공부상 공장용 건물이나 창고용 건물이라도 건물의 내부구조를 주거용으로 사실상 변경한 경우에는 주택이라고 보아야 할 것이다.[114)] 또한 무허가주택도 「주택임대차보호법」의 적용을 받는다. 관할관청으로부터 허가를 받지 아니하고 건축한 무허가 가건물이나 건축허가를 받았으나

적극적으로 개입할 것이 요구된다. 국민의 주거문제·주택문제를 국민의 '주택인권(人權)' 이라고 하는 관점에서 정리한 책으로는 早川和男 편역, 문영기 옮김, 『주택과 인권』, 법론사(1995)이 있다.

111) 계약자유의 원칙(契約自由의 原則)이란 개인이 자기의 의사에 따라 상대방과 평등한 위치에 서서 자유로이 계약을 체결할 수 있고, 국가는 이를 제한하거나 개입해서는 안 되며, 오직 당사자로부터 요구가 있을 때에만 당사자가 자유롭게 의도하고 계약한 바를 그대로 존중하여 이에 따르는 법적 보호만을 하여야 한다는 원칙을 말한다. 이 원칙의 내용에는 계약체결여부의 자유, 계약체결상대방 선택의 자유, 계약내용의 자유, 계약방식의 자유 등이 있다.

112) 이 법은 자연인인 서민들의 주거생활의 안정을 보호하려는 것이어서 법인은 대상에 포함되지 않는다(대판 1997.7.11, 96다7236).

113) "주택임대차보호법 제2조 소정의 주거용 건물에 해당하는지 여부는 임대차목적물의 공부상의 표시만을 기준으로 할 것이 아니라 그 실지용도에 따라서 정하여야 하고 건물의 일부가 임대차의 목적이 되어 주거용과 비주거용으로 겸용되는 경우에는 구체적인 경우에 따라 그 임대차의 목적, 전체 건물과 임대차목적물의 구조와 형태 및 임차인의 임대차목적물의 이용관계 그리고 임차인이 그곳에서 일상생활을 영위하는지 여부 등을 아울러 고려하여 합목적적으로 결정하여야 한다." (대법원 1996.3.12, 95다51953).

114) 주거용 건물에 해당하는지 여부는 임대차목적물의 공부상의 표시만을 기준으로 할 것이 아니라 그 임대차의 목적, 전체건물과 임대차목적물의 구조와 형태 및 임차인의 임대차목적물의 이용관계 그리고 임차인이 그곳에서 일상생활을 영위하는지 여부 등을 아울러 고려하여 합목적적으로 결정하여야 한다(대판 1996.3.12, 95다51953).

준공검사를 필(畢)하지 못한 건물도 역시 「주택임대차보호법」의 적용을 받는 것이므로 보호를 받게 된다.

② 임차주택의 일부가 주거외의 목적으로 사용되는 경우에도 이 법이 적용된다. 임차목적물이 주거용 건물과 함께 사용되는 것인 이상 임차주택의 일부가 비주거용인 경우까지 이 법의 보호대상이 되는 바, 주택에 딸린 가게에서 소규모영업 및 공장을 하는 자도 이 법의 보호대상이 된다.

③ 미등기전세에도 적용된다(주택임대차보호법 제12조). 미등기전세는 우리나라에서 상당히 오래전부터 부동산임대차 특히 건물임대차의 한 형태로 관습상 발전하여 온 제도이다. 따라서 미등기전세계약시 지급한 '전세금'을 '임대차의 보증금'으로 본다.[115)]

예컨대 하숙방에 하숙하는 경우처럼 '일시사용을 위한 임대차'에 대하여는 적용하지 아니한다(주택임대차보호법 제11조). 또한 일반상가, 사무실의 임대차는 주택임대차보호법의 적용을 받지 못하고 민법의 임대차규정의 적용을 받는다.

(3) 주택임대차보호법의 보호내용

(가) 주택임차권의 대항력

제3자에 대하여 임대차관계를 주장할 수 있는 임차인의 권리를 '임차권의 대항력'이라 한다. 제3자에 대하여 효력이 생긴다 함은 임대인 이외의 자에 대하여도 세든 사람이 그 주택의 임대차관계를 주장할 수 있다는 의미이며 이것은 결국 임대차기간중 임대주택의 소유자가 변경되는 경우에도 임대인의 지위가 새로운 소유자에게 포괄적으로 승계됨으로써 임차인은 계약기간동안 그 집에서 쫓겨나지 않고 생활할 수 있다는 의미이다.[116)]

115) 등기된 전세권에 대하여 주택임대차보호법은 적용되지 않는다. 왜냐하면 전세권 자는 이미 전세권 설정등기를 함으로써 물권(物權)이라는 배타적 권리를 보유하게 되며 보호할 실익이 없기 때문이다.

116) 그러나 임차인이 입주와 전입신고를 하기 전에 그 집에 이미 저당권 등기나 가압류, 압류등기, 가등기 등이행하여졌고 그 결과로 경매나 가등기에 의한 본등기에 의하여 소유권자가 변경된 경우에는 임차권은 소멸되어 임차인은

주택임대차는 그 등기가 없는 경우에도 주택의 인도(입주)와 주민등록을 마친 때에는 그 다음 날부터 제3자에 대하여 효력이 생긴다(주택임대차보호법 제3조 제1항).

주택의 인도란 주택에 대한 사실상의 점유인 점유의 이전을 의미한다.[117] 즉 주택에의 입주(入住)를 말하며 현실의 인도뿐만 아니라 간이인도[118], 또는 반환청구권에 양도에 의한 인도[119], 점유개정[120]에 의한 경우도 가능하다.

주민등록이란 주민의 거주관계를 파악하기 위한 행정적인 목적으로 마련된 제도로서 주택임대차에서는 이를 공시요건의 하나로 이용하고 있다. 주택임대차보호법은 전입신고를 한 때에 주민등록을 한 것으로 보고 있다(주택임대차보호법 제3조 제1항). 주민등록은 임차인 본인뿐만 아니라 실제 공동생활을 하고 있는 가족 즉 임차인의 배우자, 직계존비속, 형제들의 주민등록이 되어 있는 경우도 포함한다. 따라서 임차인 본인만 잠시 다른 곳으로 주민등록을 이전했다고 하더라도 공동생활을 하는 가족의 주민등록이 되어 있고, 임차인이 함께 생활하면 임대차보호법상의 대항요건을 구비하고 있는 것으로 인정된다.[121]

새로운 소유권자에 대하여 대항할 수 없다. 따라서 타인의 주택을 임대차하고자 할 때에는 최소한 등기부를 열람하여 저당권설정이나 가등기 여부 등을 확인할 필요가 있다.

117) "주택에 관하여 임대차계약을 체결한 임차인이 주택의 인도와 주민등록을 마친 때에는 그 다음 날부터 제3자에 대하여 대항력이 생긴다. 이 경우 전입신고를 한 때에 주민등록이 된 것으로 본다(주택임대차보호법 제3조 제1항). 또한 위와 같은 대항요건과 임대차계약증서상의 확정일자를 갖춘 임차인은 민사집행법에 따른 경매를 할 때 임차주택(대지를 포함한다)의 환가대금에서 후순위권리자나 그 밖의 채권자보다 우선하여 보증금을 변제받을 권리가 있다(같은 법 제3조의2 제2항). 여기에서 '주택의 인도'는 임차목적물인 주택에 대한 점유의 이전을 말한다. 이때 점유는 사회통념상 어떤 사람의 사실적 지배에 있다고 할 수 있는 객관적 관계를 가리키는 것으로서, 사실상의 지배가 있다고 하기 위해서는 반드시 물건을 물리적·현실적으로 지배할 필요는 없고, 물건과 사람의 시간적·공간적 관계, 본권관계, 타인의 간섭가능성 등을 고려해서 사회통념에 따라 합목적적으로 판단하여야 한다. 임대주택을 인도하는 경우에는 임대인이 임차인에게 현관이나 대문의 열쇠를 넘겨주었는지, 자동문 비밀번호를 알려주었는지, 이사를 할 수 있는지 등도 고려하여야 한다." (대법원 2017.8.29, 2017다212194).

118) 간이인도란 소유자가 사용하던 주택을 타인에게 매도하면서 그 매수인으로부터 임차하는 경우에 당사자의 의사표시만으로 이루어지는 인도를 말한다.

119) 전차주택(轉借住宅)의 임차권을 양수한 경우에 이루어지는 인도를 말한다.

120) 점유개정이란 소유자가 사용하던 주택을 타인에게 매도하면서 그 매수인으로부터 임차하는 경우에 이루어지는 인도를 말한다.

확정일자란 그 날짜 현재에 해당 문서가 존재하고 있었다는 것을 입증하기 위하여, 공증인 또는 법원서기 또는 동사무소에서 임대차계약서(검인계약서)상에 확정일자부의 번호를 써넣고 일자인을 찍는 것을 말한다.[122)]

(나) 임차주택양수인의 임대인지위 승계

주택임대차보호법은 '임차양수인'은 임대인의 지위를 승계한 것으로 본다(주택임대차보호법 제3조 제2항)고 규정하여 종전 임대인과 임차인간에 존재한 임대차계약관계가 그대로 임차주택의 양수인과 임차인간에 이행되고 종전 임대인은 그 임대차계약에서 완전히 이탈하게 된다.

'임차주택 양수인'이라 함은 매매, 교환 등 법률행위에 의하여 임차주택의 소유권을 취득한 자는 물론 상속, 공용징수, 판결, 경매 등 법률의 규정에 의하여 임차주택의 소유권을 취득한 자를 말한다.

임차주택의 양수인이 임대인의 지위를 승계한다는 것은 종전 임대차계약서에서 정하여진 권리와 의무를 모두 이어받는 것으로 임차주택의 소유권 변동후에 발생할 차임청구권이 양수인에게 이전하는 것은 당연하지만 그전에 이미 발생하였으나 아직 지급되지 아니한 차임청구권은 종전 임대인에게 이미 구체적으로 발생하였던 채권이므로 양수인에게 당연히 계승되는 것은 아니라고 보아야 할 것이다. 또한 보증금 또는 전세금반환채무는 임차주택의 반환채무와 동시이행관계에 있으므로 당연히 새로운 양수인이 부담하여야 한다.

(다) 주택임대차계약기간의 존속보장

주택임대차의 기간은 당사자간에 자유로이 정할 수 있으나 기간의 정함이

121) 주택 임차인이 그 가족과 함께 그 주택에 대한 점유를 계속하고 있으면서 그 가족의 주민등록을 그대로 둔 채 임차인만 주민등록을 일시 다른 곳으로 옮긴 경우라면, 전체적으로나 종국적으로 주민등록의 이탈이라고 볼 수 없을 만큼, 임대차의 제3자에 대한 대항력을 상실하지 아니한다(대판 1996.1.26, 95다30338).

122) 1997년 9월 이전에는 관할 등기소나 공증인 사무소에서 확정일자를 받도록 되어 있었으나, 1997년 9월부터는 읍·면·동사무소에서 전입신고를 할 때 손쉽게 받도록 시행하고 있다.

없거나 기간을 2년 미만으로 정한 임대차는 그 기간을 2년으로 본다(주택임대차보호법 제4조 제1항). 최단기간보장은 임차인 보호를 위한 것이므로 임차인이 임대인과 합의하여 임대기간을 2년미만으로 정하는 것은 가능하다.[123]

임대인이 임대차기간 만료전 6월부터 1월까지에 임차인에 대하여 갱신거절의 통지 또는 조건을 변경하지 아니하면 갱신하지 아니한다는 뜻의 통지를 하지 아니한 경우에는 그 기간이 만료된 때에 전 임대차와 동일한 조건으로 다시 임대차 한 것으로 본다(주택임대차보호법 제6조 제1항). 다만, 임대차기간을 2년으로 정하여 임차인을 보호하려는 것은 임차인 자신의 의무를 다하지 않았을 때에도 무조건 보해준다는 취지는 아니므로 임차인이 두 번의 차임을 연체하거나 기타 의무를 현저히 위반한 때에는 보호받지 못한다.

임대차기간이 정함이 없다면 임차인측에서 언제든지 해지통지가 가능하고 그 효력은 그 통고가 임대인에게 도달한 날로부터 3개월이 경과하면 발생된다(주택임대차보호법 제6조의2 제2항).

(라) 보증금반환청구권의 보장

주택임대차에 있어서 임차인 보호의 가장 핵심은 보증금반환청구권을 확실하게 보장하는 것이다.[124]여기에는 임차인의 순위에 의한 우선변제권(주택임대차보호법 제3조의2)과 보증금 중 일정액의 최우선변제권(주택임대차보호법 제8조)을 인정하고 있다.

① 일정한 요건을 갖춘 임차인에게 순위에 의한 우선변제권을 인정하고 있다. 주택의 임차인은 주택의 인도와 주민등록을 마치고 임대차계약증서상의 확정일자를 갖추었을 때, 경매 또는 공매시 임차주택의 환가대금에서 후

123) 이 경우 임대인으로서는 계약서에 특별약정을 명기하고, 사후 분쟁을 예방하려면 그 계약서를 공증해 두는 것이 바람직하다.

124) 임차인에게 보증금(전세금)은 임차인의 전 재산인 경우가 많고 보증금 회수가 확보될 때에만 주거생활의 안정이 보장될 수 있다.

순위권리자 기타 채권자보다 우선하여 보증금을 변제받을 권리가 있다.

후순위권리자 기타 채권자보다 우선하여 보증금을 변제받을 권리가 있을 뿐이므로 임차인이 인도, 주민등록 및 계약서상의 확정일자를 갖추기 전에 설정된 담보물권[125]보다는 우선하지 못한다.

임대차계약증서상의 확정일자란 공증인 또는 법원서기 등이 그 날짜 현재에 임대차계약서가 존재하고 있다는 것을 증명하기 위하여 확정일자부의 번호를 써넣거나 일자인을 찍는 것을 말하며, 확정일자인을 받기 위하여는 임대인의 동의가 필요없다.

순위에 의한 우선변제권이 인정되는 보증금은 그 금액의 범위에 제한이 없으므로 다액의 보증금의 경우에도 그 적용이 있다. 다만, 임차인이 당해 주택의 양수인에게 대항할 수 있는 경우에는 임대차가 종료된 후가 아니면 보증금의 우선변제를 청구하지 못하며 우선변제가 인정되더라도 임차인은 임차주택을 양수인에게 인도하지 아니하면 보증금을 수령할 수 없다.

② 일정한 범위의 임차인은 일정한 범위의 보증금에 관하여는 다른 담보물권자보다도 우선하여 변제받을 수 있다. 다른 담보물권자보다 우선변제를 받을 수 있다는 것은 당해 임차주택소유자에 대한 일반채권자는 물론 그 주택위에 선순위저당권 등 담보물권을 가지고 있는 자보다도 우선하여 당해주택가액의 2분의 1 범위내에서 보증금의 반환을 받을 수 있다는 것이다(주택임대차보호법 제8조). 우선변제권이 인정되더라도 보증금 전액에 대한 우선변제권이 인정되는 것이 아니므로 보증금전액의 우선변제권을 보장받기 위하여는 임대차계약서에 확정일자를 받아두어야 한다.

(마) 임대인의 차임증액청구권의 제한

주택임대차보호법은 약정한 차임 또는 보증금이 임차주택에 관한 조세·공

125) 담보물권이란, 자기의 채권을 확보하기 위하여 타인소유물의 교환가치를 지배하는 권리를 말한다. 담보물권의 종류에는 유치권, 질권, 저당권이 있다.

과금 기타 부담의 증감이나 경제사정의 변경으로 인하여 상당하지 아니하게 된 때에는 당사자는 장래에 대하여 그 증감을 청구할 수 있다(주택임대차보호법 제7조). 그러나 주택임대차보호법은 차임증감청구권을 인정하되 임대인의 증액청구권만을 일방적으로 제한하여 임차인을 보호하고 있다. 즉 차임의 증액청구는 임대차계약 또는 약정한 차임의 증액이 있은 후 1년 이내에는 하지 못하도록 하였고 설사 1년 후에 올리는 경우에도 증액청구는 약정한 차임등의 20분의 1의 금액을 초과하지 못하도록 하고 있다(주택임대차보호법 제7조 및 동법 시행령 제2조).

(바) 주택임차권의 승계

임차인이 상속인 없이 사망하면 그 주택에서 가정공동생활을 하던 사실상의 혼인관계에 있는 자가 임차인의 권리와 의무를 승계한다. 또한 상속권자가 있는 경우에도 그 상속권자가 임차인과 함께 살고 있지 않을 때에는 임차권은 사실상의 혼인관계에 있는 자와 비동거자인 상속권자중 2촌 이내의 친족이 공동으로 승계한다(주택임대차보호법 제9조).[126)]

임차인이 사망한 후 1개월 이내에 승계권자가 임대인에게 승계하지 않겠다는 의사표시를 하면 승계되지 않는다(주택임대차보호법 제9조 제3항).

(사) 주택임대차의 종료와 보증금의 반환절차

임대차가 끝난 후 보증금이 반환되지 아니한 경우 임차인은 임차주택의 소재지를 관할하는 지방법원·지방법원지원 또는 시·군 법원에 임차권등기명령을 신청할 수 있다(주택임대차보호법 제3조의3 제1항).

임차권등기명령 제도란, 임대차가 종료된 후 이사를 해야 하는 임차인이

126) 이는 임차인과 사실상의 혼인관계에 있는 자는 민법상 재산상속권이 없으므로 임차인이 상속권자 없이 사망한 경우에는 민법 제1058조의 규정에 따라 당해 주택임차권 및 보증금 등 반환청구권은 국가에 귀속되고 상속권자 있는 경우에는 그 상속권자가 주택임차권 및 보증금 반환청구권을 상속하게 된다. 따라서 사실상의 혼인관계에 있는 자는 임차인의 사망으로 인하여 그 임차주택에서 쫓겨나는 신세가 되는 불합리를 제거하고 임차인과 사실상의 혼인관계에 있는 자의 주거생활의 안정을 보장하기 위한 규정이다.

간편한 방법으로 주택의 임대차 등기를 할 수 있게 함으로써 대항력과 우선변제권을 유지하면서 이사할 수 있도록 한 제도이다. 임차권등기명령 제도를 이용하면 임대차가 종료된 후 보증금을 반환받지 못한 상태에서 이사를 하더라도, 대항력과 우선변제권을 유지할 수 있다. 임대차가 끝난 후 보증금이 반환되지 않은 경우 임차인은 신청서에 일정 사항을 적어 임차주택의 소재지를 관할하는 법원에 임차권등기명령을 신청할 수 있다.

제 7 장 성과 법률

1. 직장 내 성희롱

(1) 직장 내 성희롱(Sexual Harassment)이란

직장 내에서 상대방의 의사에 반하여 성과 관련된 언동을 하여 그 상대방이 몹시 불쾌하고 굴욕적인 느낌을 갖게 하는 행위라고 정의할 수 있다. 우리 법제에서는「남녀고용평등과 일 · 가정 양립 지원에 관한 법률」과「양성평등기본법」에서 성희롱을 규정하고 있다.[127]

「남녀고용평등과 일 · 가정 양립 지원에 관한 법률」에서 정의하고 있는 "직장 내 성희롱"이란 사업주 · 상급자 또는 근로자가 직장 내의 지위를 이용하거나 업무와 관련하여 다른 근로자에게 성적 언동 등으로 성적 굴욕감 또는 혐오감을 느끼게 하거나 성적 언동 또는 그 밖의 요구 등에 따르지 아니하였다는 이유로 근로조건 및 고용에서 불이익을 주는 것을 말한다(동법 제2조 제2호).

또한,「양성평등기본법」에서 성희롱을 다음과 같이 규정하고 있다(동법 제3조 제2호).

"성희롱"이란 업무, 고용, 그 밖의 관계에서 국가기관·지방자치단체 또는 대통령령으로 정하는 공공단체(이하 "국가기관등"이라 한다)의 종사자, 사용자 또는 근로자가 다음 각 목의 어느 하나에 해당하는 행위를 하는 경우를

127) 국가인권위원회법 에서는 성희롱을 다음과 같이 정의하고 있다. "라. 성희롱[업무, 고용, 그 밖의 관계에서 공공기관(국가기관, 지방자치단체,「초 · 중등교육법」제2조,「고등교육법」제2조와 그 밖의 다른 법률에 따라 설치된 각급 학교,「공직자윤리법」제3조의2 제1항에 따른 공직유관단체를 말한다)의 종사자, 사용자 또는 근로자가 그 직위를 이용하여 또는 업무 등과 관련하여 성적 언동 등으로 성적 굴욕감 또는 혐오감을 느끼게 하거나 성적 언동 또는 그 밖의 요구 등에 따르지 아니한다는 이유로 고용상의 불이익을 주는 것을 말한다] 행위" (동법 제2조 제3호 라목)

말한다.

가. 지위를 이용하거나 업무 등과 관련하여 성적 언동 또는 성적 요구 등으로 상대방에게 성적 굴욕감이나 혐오감을 느끼게 하는 행위

나. 상대방이 성적 언동 또는 요구에 대한 불응을 이유로 불이익을 주거나 그에 따르는 것을 조건으로 이익 공여의 의사표시를 하는 행위128)

직장 내 성희롱은 형법상 성범죄와 다르다. 국내에서 '성희롱'이 법적으로 처음 가시화된 것은 '서울대 申교수사건(일명 우조교사건)'을 통해서이다. 대법원은 이 사건에 대해 대학교수의 조교에 대한 성적인 언동이 불법행위를 구성한다고 판시하였다(대법원 1998. 2. 10. 선고 95다39533판결).

직장 내 성희롱 행위자는 사업주, 상급자, 동료, 하급자이며, 거래처 관계자나 고객 등 제3자에 의한 성희롱 방지 노력에 따라 제3자도 일정 범주 내에서 포함된다.

(2) 성희롱의 구체적인 사례를 열거하면 다음과 같다.

- 외설적인 사진이나 낙서, 그림, 음란출판물 등을 보여주는 행위
- 음란한 농담이나 음담패설

128) "[1] 성희롱이란 업무, 고용, 그 밖의 관계에서 국가기관 · 지방자치단체, 각급 학교, 공직유관단체 등 공공단체의 종사자, 직장의 사업주 · 상급자 또는 근로자가 ① 지위를 이용하거나 업무 등과 관련하여 성적 언동 또는 성적 요구 등으로 상대방에게 성적 굴욕감이나 혐오감을 느끼게 하는 행위, ② 상대방이 성적 언동 또는 요구 등에 따르지 아니한다는 이유로 불이익을 주거나 그에 따르는 것을 조건으로 이익 공여의 의사표시를 하는 행위를 하는 것을 말한다[양성평등기본법 제3조 제2호, 남녀고용평등과 일 · 가정 양립 지원에 관한 법률 제2조 제2호, 국가인권위원회법 제2조 제3호 (라)목 등 참조]. 여기에서 '성적 언동' 이란 남녀 간의 육체적 관계나 남성 또는 여성의 신체적 특징과 관련된 육체적, 언어적, 시각적 행위로서 사회공동체의 건전한 상식과 관행에 비추어 볼 때, 객관적으로 상대방과 같은 처지에 있는 일반적이고도 평균적인 사람으로 하여금 성적 굴욕감이나 혐오감을 느끼게 할 수 있는 행위를 의미한다.[2] 성희롱이 성립하기 위해서는 행위자에게 반드시 성적 동기나 의도가 있어야 하는 것은 아니지만, 당사자의 관계, 행위가 행해진 장소 및 상황, 행위에 대한 상대방의 명시적 또는 추정적인 반응의 내용, 행위의 내용 및 정도, 행위가 일회적 또는 단기간의 것인지 아니면 계속적인 것인지 등의 구체적 사정을 참작하여 볼 때, 객관적으로 상대방과 같은 처지에 있는 일반적이고도 평균적인 사람으로 하여금 성적 굴욕감이나 혐오감을 느낄 수 있게 하는 행위가 있고, 그로 인하여 행위의 상대방이 성적 굴욕감이나 혐오감을 느꼈음이 인정되어야 한다." (대법원 2018.4.12, 2017두74702).

- 생리휴가 사용을 조롱하는 언어의 사용,
- 옷차림 신체 외모에 대한 성적인 비유나 평가
- 성적관계를 강요하거나 회유하는 행위
- 입맞춤이나 포옹, 등뒤에서 껴안기 등의 신체적 접촉
- 회식자리에서 옆에 앉히고서 술을 따르도록 강요하는 행위
- 원하지 않는 사적인 만남을 강요하는 행위
- 가슴이나 엉덩이 등 특정 신체부위를 만지는 행위
- 안마 등을 강요하는 행위
- 음란한 내용의 전화통화
- 상대방의 특정 신체부위를 유심히 쳐다보거나 어보는 행위 등을 들 수 있다.

(3) 직장 내 성희롱의 금지와 대처

(가) 직장 내 성희롱의 금지 : 사업주의 의무

① 직장 내 성희롱 고충 처리

사업주는 성희롱과 관련한 고충처리기관이나 절차를 마련해야 한다. 또한 사업주는 고객 등 업무와 밀접한 관련이 있는 자가 업무수행 과정에서 성적인 언동 등을 통하여 근로자에게 성적 굴욕감 또는 혐오감 등을 느끼게 하여 해당 근로자가 그로 인한 고충 해소를 요청할 경우 근무 장소 변경, 배치전환 등 가능한 조치를 취하도록 노력하여야 한다.

② 성희롱 행위자에 대한 징계조치

사업주는 직장 내 성희롱 행위자에 대해 성희롱의 정도, 지속성 등을 감안하여 경고, 견책, 휴직, 전직, 대기 발령, 해고 등의 적절한 징계조치를 내려야 한다. 이를 위반하는 경우 사업주는 5백만원 이하의 과태료에 처한다(남녀고용평등과 일 · 가정 양립 지원에 관한 법률 제39조 제2항).

③ 성희롱 피해자에 대한 불이익 조치 금지

사업주는 성희롱 발생 사실을 신고한 근로자 및 피해근로자등에게 불리한 처우를 하여서는 아니 된다(남녀고용평등과 일 · 가정 양립 지원에 관한 법률 제14조 제6항). 사업주가 성희롱 피해자 등에게 불이익한 처분을 한 경우에는 3년 이하의 징역 또는 3천만원 이하의 벌금에 처한다(남녀고용평등과 일 · 가정 양립 지원에 관한 법률 제37조 제2항).

④ 성희롱 예방 교육

사업주는 직장 내 성희롱을 예방하고 근로자가 안전한 근로환경에서 일할 수 있는 여건을 조성하기 위하여 직장 내 성희롱의 예방을 위한 교육을 매년 실시하여야 한다. 아울러 사업주 및 근로자는 성희롱 예방 교육을 받아야 한다(남녀고용평등과 일 · 가정 양립 지원에 관한 법률 제13조 제1항, 제2항).

(나) 직장 내 성희롱에 대한 대처

① 거부의 의사표시와 중지 요구

피해자는 성희롱 행위에 대한 거부 의사를 분명히 밝히고, 적극적으로 행위의 중지를 요청하여야 한다.

② 회사 내 고충처리기관에 신고

거부의사와 중지 요청에도 성희롱이 계속되면 회사 내 노사협의회, 명예고용평등감독관[129] 등 고충처리기관에 신고하여 적절한 조치가 이루어지도록 하여

129) 남녀고용평등과 일 · 가정 양립 지원에 관한 법률 제24조(명예고용평등감독관) ① 고용노동부장관은 사업장의 남녀고용평등 이행을 촉진하기 위하여 그 사업장 소속 근로자 중 노사가 추천하는 자를 명예고용평등감독관으로 위촉할 수 있다.
② 명예감독관은 다음 각 호의 업무를 수행한다.
1. 해당 사업장의 차별 및 직장 내 성희롱 발생 시 피해 근로자에 대한 상담 · 조언
2. 해당 사업장의 고용평등 이행상태 자율점검 및 지도 시 참여
3. 법령위반 사실이 있는 사항에 대하여 사업주에 대한 개선 건의 및 감독기관에 대한 신고
4. 남녀고용평등 제도에 대한 홍보 · 계몽

야 한다.

③ 고용노동부에 진정

사업주가 직장 내 성희롱 예방교육, 성희롱 행위자에 대한 조치, 피해 근로자에 대한 고용상의 불이익 금지 등을 지키지 않았을 경우에는 사업장 소재 지방고용노동관서에 진정이나 고소·고발을 할 수 있다.

④ 국가인권위원회에 진정

고용노동부와 국가인권위원회에 진정할 수 있다.

⑤ 민사소송 제기

성희롱 피해자가 사업주와 성희롱 행위자를 상대로 민사상 손해배상을 청구할 수 있다.

2. 간통과 책임

(1) 간통죄의 의의

우리나라의 역사속으로 사라진 간통죄(姦通罪)는 배우자 있는 자가 간통함으로써 성립하는 범죄였다. 간통죄의 처벌은 2년 이하의 징역에 처하며 그와 상간(相姦)한 자도 같이 처벌하였다(형법 제241조 제1항). 간통죄는 배우자의 고소가 있어야 하며, 배우자가 사전에 간통을 종용(慫慂) 또는 유서(宥恕)하였을 때는 고소할 수 없었다.[130] 간통죄의 보호법익은 가정의 기초인 혼인제도를 보호하고자 궁극적으로는 사회의 성도덕 내지 성질서를 보호하고자 함에 있었다.

간통죄는 2016년 1월 6일 법률 제13719호에 의하여 2015.2.26. 헌법재판소에서 위헌 결정되어 형법상 제241조를 삭제하였다.

형법상 간통죄는 폐지되었지만, 간통을 하는 경우 민사적인 책임까지 폐지

5. 그 밖에 남녀고용평등의 실현을 위하여 고용노동부장관이 정하는 업무

130) 종용(慫慂)이란 간통에 대한 사전승낙이며, 유서(宥恕)란 사후승낙을 말한다.

된 것은 아니라는 점이다. 따라서 부부간 정조의 의무를 위반하는 경우 민사 책임 및 간통장소에 따라 형법상 주거침입죄(住居侵入罪)가 성립되어 처벌받게 된다.131)

친고죄(親告罪)란, 고소권자(피해자나 법정대리인)의 고소가 없는 한 가해자를 소추·처벌할 수 없는 범죄를 말한다. 일반적으로 고소는 수사개시의 단서에 불과하나, 친고죄에 있어서는 고소가 없으면 검사는 공소를 제기할 수 없고 법원도 구체적인 형벌권을 행사할 수 없다. 친고죄를 인정하는 이유는 피해자의 의사에 반하여 그 범죄를 기소하여 공표하게 되는 것이 오히려 피해자의 명예를 훼손하는 불이익이 될 수 있기 때문이다. 형법상 친고죄에는 강간죄, 강제추행, 준간강·준강간추행, 미성년자 등에 대한 간음, 업무상 위력 등에 의한 간음, 사자의 명예훼손죄, 모욕죄 등이 이에 해당한다.

(2) 간통죄의 내용

간통(姦通)이란 배우자 있는 자가 자기의 배우자 이외의 남자 또는 여자와 합의의 성교를 하는 것을 말한다. 간통이라고 하기 위해서는 성기의 결합을 필요로 하며, 성교 이외의 부정한 행위는 여기에 해당하지 않는다.

여기서 배우자(配偶者)는 법률상의 배우자를 의미하며, 동거 유무는 불문한다. 또한 생존한 배우자이어야 한다. 상간자는 배우자가 있을 필요는 없다. 상간자에게도 배우자가 있는 경우에는 이중간통(二重姦通)이 된다.

간통죄의 죄수(罪數)는 성교행위의 수를 기준으로 결정하며, 개개의 성교행위마다 1개의 간통죄가 성립한다.

131) 성관계를 위해 유부남의 집을 찾은 20대 여성에게 간통 대신 주거침입죄 처벌이 내려졌다. 전주지법 형사4단독(판사 송호철)은 23일 내연남의 집에 들어간 혐의(주거침입)로 기소된 A(25 · 여)씨에게 벌금 100만원을 선고했다. A씨는 지난 5월 25일 오전 3시 40분쯤 전북 전주시 덕진구 내연남의 아파트에 성관계를 위해 들어가 4시간가량 머문 혐의로 기소됐다. A씨는 올해 2월 말 헌법재판소의 위헌 결정으로 간통죄가 폐지됨에 따라 간통 혐의가 아닌 주거침입죄로 재판에 넘겨졌다. A씨는 당초 벌금 100만원에 약식 기소됐으나 정식재판을 청구했다. 재판부는 "초범인 피고인이 범행을 인정하고 잘못을 깊이 뉘우치는 점 등을 고려해 형을 정했다" 고 밝혔다(간통죄 없으니...내연남 집서 간통 여성 '주거침입죄' , 「한국일보」 2015.11.24 참조).

(3) 간통죄 위헌성과 존폐론

(가) 간통죄 위헌성

우리나라에서는 1990년 9월 간통죄의 위헌여부에 대한 논란이 있었고, 간통죄가 헌법에 위반된다는 논거는 ① 간통죄는 성적 자기결정권을 국가가 부당하게 간섭하는 것으로서 헌법이 보장하고 있는 인간의 존엄과 가치 및 행복추구권을 침해하는 것이며, ② 사생활의 비밀과 자유를 침해한다는 것이다.

이에 대해 헌법재판소는 형법 제241조(간통죄)의 위헌여부에 대한 헌법소원에서 "간통죄를 규정한 형법 제241조는 '선량한 성도덕'과 '일부일처주의 혼인제도의 유지' 및 '가족생활의 보장'을 위하여서나 '부부간의 성적 성실의무의 수호'를 위하여, 그리고 간통으로 인하여 야기되는 '사회적 해악의 사전예방'을 위하여 배우자 있는 자의 간통행위를 규제하는 것으로서 '성적 자기결정권'에 대한 필요 최소한의 제한이므로 자유와 권리의 '본질적 내용'을 침해하는 것이 아니다. 따라서 간통죄의 규정은 개인의 인간으로서의 존엄과 가치 및 행복추구권을 부당하게 침해하는 법률이라고 할 수 없다. 그리고 신체의 자유 제한은 '자유형'을 과하는 형사처벌에 당연히 수반되는 것이므로 그것이 적법절차에 의한 것인 이상 다른 형벌규정과 마찬가지로 신체의 자유에 대한 부당한 제한이 될 수 없다. '남녀평등차별주의'를 취하고, 배우자 모두에게 '고소권'이 인정되어 있는 이상 간통죄의 규정이 평등권의 '본질적 내용'을 침해하는 법률이라 할 수 없다. 오히려 간통죄의 규정은 헌법 제36조 제1항에 부합하는 법률이다. 따라서 형법 제241조의 규정은 헌법에 위반되지 아니한다."[132]고 하여 합헌결정을 하였다.

(나) 간통죄 존폐론

간통죄의 존치론자의 논거는 ① 간통을 범죄로 규정하고 처벌함으로써 성

---

132) 헌재 1990.9.10, 89헌마82.

도덕의 문란을 막고 '건전한 성도덕의 유지'에 기여하기 때문이며, ② 간통으로 인하여 가정이 깨질 수 있으므로 간통죄를 통하여 '가정을 보호'[133]할 수 있다. ③ 간통으로 인한 피해자는 대부분 여성이므로 간통죄는 '여성을 보호'[134]하는 제도이다. ④ '국민의 일반적 법감정'은 간통죄의 존치에 찬성한다.

반면에 간통죄의 폐지론의 논거는 ① 성행위와 관련하여 개인이 자유롭게 결정할 수 있는 '성적 자기결정권을 침해 한다'. ② 간통죄의 실제 운용에 있어서는 '여성에게 불리'한 제도이다. ③ 간통죄는 '악용될 소지'가 있다.[135] ④ 간통죄는 친고죄이면서 고소가 혼인해소나 이혼소송과 반드시 결합됨으로써 가정을 보호하기는커녕 '가정의 파괴'하는 제도라는 것을 들어 폐지를 주장한다.

부부의 문제는 성적 문제는 개인의 사적인 영역이므로 부부사이의 정조의무(貞操義務) 위반은 민법상의 이혼에 의하여 해결할 문제라고 본다.

배우자의 간통을 보고도 계속 살 것인지 여부는 본인의 판단에 맡겨져야 한다. 계속 살지 않기로 결정했다면 그 다음은 재산권의 분할과 양육권의 분배라는 사법적 문제만 남게 된다. 국가가 개입해서 개인들이 계속해서 함께 살 것인지에 대해서 결정할 수는 없는 것이다.[136]

부부간의 애정이란 본질적으로 형벌에 의하여 강제될 성질의 것이 아니

133) 가정의 결성과 해체는 오로지 당사자의 자유로운 결정에 맡겨져야 한다. 가정보호라는 미명하에 국가가 개인의 문제에 개입하는 것은 일상적·미시적 차원의 전체주의에 다름 아니다(이준일, "헌법적 정의와 간통죄", 「人權과 正義」, 제353호, 2006년 1월호, 144면).

134) 간통으로 상처받은 배우자가 과도한 위자료를 받아 내거나 비열한 복수심의 만족을 위하여 일종의 공갈수단으로서 간통죄규정을 이용하는 것이 현실 뒤에 있는 또 하나의 현실이다(김기춘, 『형법개정시론』, 삼영사, 1984, 530면 이하 참조).

135) 간통죄의 악용가능성은 성적 문제가 비교적 보수적인 한국 사회에서 정치인이나 연예인과 같은 공인(公人)들을 사회적으로 매장하는 수단이 되기도 한다(한상범, "간통", 사법행정, 1984년 10월호, 88면 이하 참조),

136) 이준일, 앞의 논문, 144면.

다. 간통죄규정은 간통을 억제하는 일반예방적 효과를 발휘하지 못하고 있으며, 처벌하는 경우에도 오늘날의 성문화 현실에 비추어 보아 실제 벌어지는 간통의 백만분의 일 정도나 포착될 뿐이고, 처벌의 득(得)보다는 실(失)이 더 큰 것으로 평가되고 있다. 여러 가지 장해로 이혼이 지체되어 오랜 기간 별거하고 있을 수밖에 없는 부부가 간통죄처벌규정 때문에 이혼이 성사될 때까지, 또는 다른 배우자가 사망할 때까지 금욕(禁慾)을 하여야 한다는 것도 극히 비현실적이라고 할 수 있다. 형법은 가급적 가정 내에 개입하지 않는다는 정신에 입각하여 우리나라에서도 여성의 법적 지위향상과 더불어 서서히 간통죄의 비범죄화(非犯罪化)를 추진해야 할 것으로 판단된다.[137)]

(4) 헌법재판소의 간통죄 위헌 결정

사회 구조 및 결혼과 성에 관한 국민의 의식이 변화되고, 성적 자기결정권을 보다 중요시하는 인식이 확산됨에 따라 간통행위를 국가가 형벌로 다스리는 것이 적정한지에 대해서는 이제 더 이상 국민의 인식이 일치한다고 보기 어렵고, 비록 비도덕적인 행위라 할지라도 본질적으로 개인의 사생활에 속하고 사회에 끼치는 해악이 그다지 크지 않거나 구체적 법익에 대한 명백한 침해가 없는 경우에는 국가권력이 개입해서는 안 된다는 것이 현대 형법의 추세여서 전세계적으로 간통죄는 폐지되고 있다. 또한 간통죄의 보호법익인 혼인과 가정의 유지는 당사자의 자유로운 의지와 애정에 맡겨야지, 형벌을 통하여 타율적으로 강제될 수 없는 것이며, 현재 간통으로 처벌되는 비율이 매우 낮고, 간통행위에 대한 사회적 비난 역시 상당한 수준으로 낮아져 간통죄는 행위규제규범으로서 기능을 잃어가고, 형사정책상 일반예방 및 특별예방의 효과를 거두기도 어렵게 되었다. 부부 간 정조의무 및 여성 배우자의 보호는 간통한 배우자를 상대로 한 재판상 이혼 청구, 손해배상청구 등 민사상의 제도에 의해 보다 효과적으로 달성될 수 있고, 오히

---

137) 임 웅, 『非犯罪化의 理論』, 법문사(1999), 79-80면.

려 간통죄가 유책의 정도가 훨씬 큰 배우자의 이혼수단으로 이용되거나 일시 탈선한 가정주부 등을 공갈하는 수단으로 악용되고 있기도 하다. 결국 심판대상조항은 과잉금지원칙에 위배하여 국민의 성적 자기결정권 및 사생활의 비밀과 자유를 침해하는 것으로서 헌법에 위반된다.[138][139]

138) 헌재 2015.2.26. 2009헌바17 등, 판례집 27-1상, 20 [위헌]

139) 재판관 김이수의 위헌의견 : 간통죄의 본질은 자유로운 의사에 기하여 혼인이라는 사회제도를 선택한 자가 의도적으로 배우자에 대한 성적 성실의무를 위배하는 성적 배임행위를 저지른 데 있다. 혼인생활을 영위하고 있는 간통행위자 및 배우자 있는 상간자에 대한 형사처벌은 부부 간의 성적 성실의무에 기초한 혼인제도에 내포되어 있는 사회윤리적 기본질서를 최소한도로 보호하려는 정당한 목적 하에 이루어지는 것으로서 개인의 성적 자기결정권에 대한 과도한 제한이라고 하기 어렵다. 그러나 사실상 혼인관계의 회복이 불가능한 파탄상태로 인해 배우자에 대한 성적 성실의무를 더 이상 부담하지 아니하는 간통행위자나 미혼인 상간자의 상간행위 같이 비난가능성 내지 반사회성이 없는 경우도 있다. 그럼에도 불구하고, 심판대상조항이 일률적으로 모든 간통행위자 및 상간자를 형사처벌하도록 규정한 것은 개인의 성적 자기결정권을 과도하게 제한하는 국가형벌권의 과잉행사로서 헌법에 위반된다. 재판관 강일원의 위헌의견 :간통 및 상간행위가 내밀한 사생활의 영역에 속하는 것이라고 해도 이에 대한 법적 규제를 할 필요성은 인정되고, 그에 대한 규제의 정도는 원칙적으로 입법자가 결정할 사항이므로, 입법자가 간통행위를 예방하기 위하여 형벌이라는 제재수단을 도입한 것이 그 자체로 헌법에 위반된다고 볼 수는 없다. 그러나 형법은 간통죄를 친고죄로 규정하면서, 배우자의 종용이나 유서가 있는 경우 간통죄로 고소할 수 없도록 규정하고 있는데, 소극적 소추조건인 종용이나 유서의 개념이 명확하지 않아 수범자인 국민이 국가 공권력 행사의 범위와 한계를 확실하게 예측할 수 없으므로 심판대상조항은 명확성원칙에 위배되며, 간통 및 상간행위에는 행위의 태양에 따라 죄질이 현저하게 다른 수많은 경우가 존재함에도 반드시 징역형으로만 응징하도록 한 것은 구체적 사안의 개별성과 특수성을 고려할 수 있는 가능성을 배제 또는 제한하여 책임과 형벌간 비례의 원칙에 위배되어 헌법에 위반된다. 재판관 이정미, 재판관 안창호의 반대의견 : 간통은 일부일처제에 기초한 혼인이라는 사회적 제도를 훼손하고 가족공동체의 유지·보호에 파괴적인 영향을 미치는 행위라는 점에서 개인의 성적 자기결정권의 보호영역에 포함되어 있다고 보기 어렵다. 배우자 있는 자의 간통 및 그에 동조한 상간자의 행위는 단순한 윤리적·도덕적 차원의 문제를 넘어서 사회질서를 해치고 타인의 권리를 침해하는 것이라고 보는 우리 사회의 법의식은 여전히 유효하다. 특히 간통죄의 폐지는 우리 사회 전반에서 성도덕 의식의 하향화를 가져오고 성도덕의 문란을 초래할 수 있으며, 그 결과 혼인과 가족 공동체의 해체를 촉진시킬 수 있다는 점에서, 간통죄를 형사처벌하도록 한 입법자의 판단이 자의적인 것이라고 보기는 어렵다. 부부공동생활이 파탄되어 회복될 수 없을 정도의 상태에 이르러 더 이상 배우자에 대한 성적 성실의무를 부담한다고 볼 수 없는 경우에는 간통행위가 사회윤리 내지 사회상규에 위배되지 아니하는 행위로서 위법성이 조각될 여지가 있으므로 과잉처벌의 문제는 발생하지 않을 수 있다. 심판대상조항은 징역형만을 규정하고 있으나 법정형의 상한 자체가 높지 않아 지나치게 과중한 형벌을 규정하고 있다고 볼 수 없고, 벌금형에 의할 경우 간통행위자에 대하여 위하력을 가지기 어려우므로 형벌체계상 균형에 반하는 것이라고 할 수도 없다. 또한 현행 민법상의 제도나 재판실무에 비추어보면, 간통죄를 폐지할 경우 수많은 가족공동체가 파괴되고 가정 내 약자와 어린 자녀들의 인권과 복리가 침해되는 사태가 발생하게 될 것을 우려하지 않을 수 없다. 따라서 심판대상조항은 과잉금지원칙에 위반된다고 할 수도 없다. 재판관 이진성의 다수의견에 대한 보충의견 : 간통행위는 행위 유형이 다양하여 법정형으로 징역형만 규정한 것이 책임과 형벌 사이에 균형을 잃을 가능성은 있지만, 재산형인 벌금형이나 명예형인 자격형이 배우자에 대한 정조의무를 저버리고 혼인제도의 문란을 가져오는 비윤리적 범죄인 간통죄에 유효하고 적절한 수단이라고 보기 어렵다. 부부 일방의 부정행위로 인한 민사, 가사 문제들의 해결수단을 간통죄를 유지시켜 형사사건에서 찾을 것도 아니다. 간통행위로 인한 가족의 해체 사태에서 손해배상, 재산분할청구, 자녀양육 등에 관한 재판실무관행을 개선하고 배우자와 자녀를 위해 필요한 제도를 새로 강구해야 한다.

3. 성범죄

(1) 혼인빙자 등에 의한 간음죄

혼인빙자 등에 의한 간음죄는 혼인을 빙자(憑藉)하거나 기타 위계로서 음행의 상습이 없는 부녀를 기망(欺罔)하여 간음함으로써 성립한다(형법 제304조).

혼인의 빙자란 진실로 혼인할 의사가 없음에도 불구하고 이를 가장하는 것이다. 여기에서 혼인은 법률혼(法律婚)을 말한다. 위계(僞計)란 상대방을 기망하여 진정한 결혼을 전제한 성관계인 것처럼 착오에 빠지게 하는 것이다.

혼인빙자 등에 의한 간음죄의 주체는 모든 남자이다. 따라서 미혼의 여자가 미혼의 남자를 혼인을 빙자하여 간음한 경우에 여자에게는 범죄가 성립하지 않는다.

2002년 10월 31일 헌법재판소는 "혼인빙자 등에 관한 간음죄를 규정한 형법 제304조는 자유의사에 따른 성행위를 제재하는 것으로 헌법상 행복추구권을 침해한다"며 낸 헌법소원 사건에서 "엄숙한 결혼서약을 악용해 미혼여성을 유린하는 행위는 '성관계의 자유'를 넘어 상대 여성의 권리를 침해한 것이며, 혼인의 순결과 미혼 여성의 정절관념이 전통적 가치로 자리잡고 있는 상황에서 혼인빙자간음을 처벌하는 것은 국가가 정당한 재량권을 행사하는 것"[140]이라며 합헌 결정을 내렸다.

그러나 헌법재판소는 2009년 11월 26일 형법 제304조 중 "혼인을 빙자하여 음행의 상습없는 부녀를 기망하여 간음한 자" 부분이 헌법 제37조 제2항의 과잉금지원칙을 위반하여 남성의 성적자기결정권 및 사생활의 비밀과 자유를 침해하는지 여부에 대하여, "이 사건 법률조항의 경우 입법목적에 정당성이 인정되지 않는다. 첫째, 남성이 위력이나 폭력 등 해악적 방법을 수반하지 않고서 여성을 애정행위의 상대방으로 선택하는 문제는 그 행위의 성질상 국가의 개입이 자제되어야 할 사적인 내밀한 영역인데다 또 그 속성상 과장이 수반되게 마

140) 헌재 2002. 10. 31, 99헌바44, 2002헌바50병합.

련이어서 우리 형법이 혼전 성관계를 처벌대상으로 하지 않고 있으므로 혼전 성관계의 과정에서 이루어지는 통상적 유도행위 또한 처벌해야 할 이유가 없다. 다음 여성이 혼전 성관계를 요구하는 상대방 남자와 성관계를 가질 것인가의 여부를 스스로 결정한 후 자신의 결정이 착오에 의한 것이라고 주장하면서 상대방 남성의 처벌을 요구하는 것은 여성 스스로가 자신의 성적자기결정권을 부인하는 행위이다. 또한 혼인빙자간음죄가 다수의 남성과 성관계를 맺는 여성 일체를 '음행의 상습 있는 부녀'로 낙인찍어 보호의 대상에서 제외시키고 보호대상을 '음행의 상습없는 부녀'로 한정함으로써 여성에 대한 남성우월적 정조관념에 기초한 가부장적·도덕주의적 성 이데올로기를 강요하는 셈이 된다. 결국 이 사건 법률조항은 남녀 평등의 사회를 지향하고 실현해야 할 국가의 헌법적 의무(헌법 제36조 제1항)에 반하는 것이자, 여성을 유아시(幼兒視)함으로써 여성을 보호한다는 미명 아래 사실상 국가 스스로가 여성의 성적자기결정권을 부인하는 것이 되므로, 이 사건 법률조항이 보호하고자 하는 여성의 성적자기결정권은 여성의 존엄과 가치에 역행하는 것이다. 결혼과 성에 관한 국민의 법의식에 많은 변화가 생겨나 여성의 착오에 의한 혼전 성관계를 형사법률이 적극적으로 보호해야 할 필요성은 이미 미미해졌고, 성인이 어떤 종류의 성행위와 사랑을 하건, 그것은 원칙적으로 개인의 자유 영역에 속하고, 다만 그것이 외부에 표출되어 명백히 사회에 해악을 끼칠 때에만 법률이 이를 규제하면 충분하며, 사생활에 대한 비범죄화 경향이 현대 형법의 추세이고, 세계적으로도 혼인빙자간음죄를 폐지해 가는 추세이며 일본, 독일, 프랑스 등에도 혼인빙자간음죄에 대한 처벌규정이 없는 점, 기타 국가 형벌로서의 처단기능의 약화, 형사처벌로 인한 부작용 대두의 점 등을 고려하면, 그 목적을 달성하기 위하여 혼인빙자간음행위를 형사처벌하는 것은 수단의 적절성과 피해의 최소성을 갖추지 못하였다. 이 사건 법률조항은 개인의 내밀한 성생활의 영역을 형사처벌의 대상으로 삼음으로써 남성의 성적자기결정권과 사생활의 비밀과 자유라는 기본권을 지나치게 제한하는 것인 반면, 이로 인하여 추구되는 공익은 오늘날 보호의

실효성이 현격히 저하된 음행의 상습없는 부녀들만의 '성행위 동기의 착오의 보호'로서 그것이 침해되는 기본권보다 중대하다고는 볼 수 없으므로, 법익의 균형성도 상실하였다. 결국 이 사건 법률조항은 목적의 정당성, 수단의 적절성 및 피해최소성을 갖추지 못하였고 법익의 균형성도 이루지 못하였으므로, 헌법 제37조 제2항의 과잉금지원칙을 위반하여 남성의 성적자기결정권 및 사생활의 비밀과 자유를 과잉제한하는 것으로 헌법에 위반된다."[141]라며 위헌 결정을 하였는바, 헌법재판소의 위헌결정으로 혼인빙자 간음죄는 역사 저편으로 사라졌다.

(2) 강간죄

강간죄(强姦罪)란 폭행 또는 협박으로 사람을 강간함으로써 성립하는 범죄이다. 형법은 "폭행 또는 협박으로 사람을 강간한 자는 3년 이상의 유기징역에 처한다."고 규정하고 있다(형법 제297조).

강간이란 폭행·협박에 의하여 상대방의 반항을 곤란하게 하고 사람을 간음하는 것이다.[142] 간음이란 남자의 성기를 여자의 성기에 삽입하는 것이다.[143] 폭행·협박의 정도는 상대방의 반항을 불가능하게 하거나 현저히 곤란하게 하는 정도로도 충분하다(최면술을 거는 거나 마취제나 수면제의 사용도 포함된다). 예를 들면 수면제를 섞은 술을 마시게 하여 몸을 가누지 못하게 되자 인근 여관으로 데리고 가서 간음하였다면 강간죄가 성립한다.

141) 헌재 2009. 11. 26. 2008헌바58 등, 판례집 21-2하, 520 [위헌]

142) 강간죄가 성립하기 위한 가해자의 폭행 · 협박이 있었는지 여부는 그 폭행 · 협박의 내용과 정도는 물론 유형력을 행사하게 된 경위, 피해자와의 관계, 성교 당시와 그 후의 정황 등 모든 사정을 종합하여 피해자가 성교 당시 처하였던 구체적인 상황을 기준으로 판단하여야 하며, 사후적으로 보아 피해자가 성교 전에 범행 현장을 벗어날 수 있었다거나 피해자가 사력을 다하여 반항하지 않았다는 사정만으로 가해자의 폭행 · 협박이 피해자의 항거를 현저히 곤란하게 할 정도에 이르지 않았다고 섣불리 단정하여서는 안 된다(대법원 2005.7.28, 2005도3071 판결 참조).

143) 강간죄의 착수시기는 부녀를 간음하기 위하여 폭행·협박을 개시한 때이며, 기수시기는 남자의 성기가 여자의 성기 속에 들어가는 순간이다(삽입설). 강간죄의 본질은 성욕의 만족이나 임신의 위험을 금지하는데 있는 것이 아니라 부녀의 성적 자유를 침해하는 것이다. 따라서 강간죄의 보호법익은 개인의 성적 자기결정의 자유이다.

강간죄의 주체에는 제한이 없다. 따라서 남자는 물론 여자도 강간죄의 주체가 될 수 있다. 여자는 강간죄의 단독정범은 불가능하나, 남자를 이용한 간접정범 또는 남자와 공동정범은 가능하다.

강간죄의 객체는 부녀로서 남자는 객체가 될 수 없다. 남자가 여자로 성전환수술(性轉換手術)을 했다 하더라도 부녀가 되지 않는다.[144] 강간죄의 객체는 자연신분이어야 하므로 성전환 수술을 한 남자는 강간죄의 객체가 아니고 단지 강제추행죄(强制醜行罪)의 객체일 뿐이다.

여기서 부녀는 기혼·미혼, 성년·미성년을 불문하며 13세 미만의 부녀도 포함한다. 음행의 상습자·매춘부·행위자와 종래부터 성관계를 가진 자도 포함한다.

부녀의 반항의사는 강간시에 존재해야 하나 현실적으로 반항하였을 것은 요하지 않으며, 반항의사가 부정되어 부녀의 의사에 반하지 않으면 화간(和姦)으로서 구성요건해당성이 조각된다.[145][146] 강간죄는 친고죄이며 피해자의 고소가

144) 성전환수술을 한 남자가 강간죄의 객체인 여자에 해당하는지 여부에 대하여 "피해자가 어릴 때부터 정신적으로 여성에의 성귀속감을 느껴왔고 성전환수술로 인하여 남성으로서의 내·외부성기의 특징을 더 이상 보이지 않게 되었으며, 남성으로서의 성격도 대부분 상실하여 외견상 여성으로서의 체형을 갖추고 성격도 여성화되어 개인적으로 여성으로서의 생활을 영위해가고 있다 할지라도, 기본적 요소인 성염색체구성이나 본래의 내·외부성기의 구조, 정상적인 남자로서 생활기간, 성전환수술경위·시기 및 수술 후에도 여성으로서의 생식능력은 없는 점, 그리고 이에 대한 사회일반인의 평가와 태도 등 여러 요소를 종합적으로 고려하여 보면 사회통념상 여자로 볼 수는 없다" 고 판시하였다(대판 1996.6.11, 96도791).

145) 부녀의 저항정도는 법원이나 경찰에서 가장 중요시하는 기준이다. 그런데 문제는 '흔들리는 바늘에 어떻게 실을 꿰는가' 라는 성폭행에 대한 우리의 뿌리깊은 잘못된 인식이다. 대다수의 성폭행피해자들이 "두려움에 몸이 굳어져서 소리를 지를 수 없었다" 고 하는 것을 보면, 이것이 얼마나 잘못된 인식인가를 반영하고 있다. 외국의 경우 성폭행에 대한 입증책임이 가해자에게 있어서 "행위자 스스로 성폭행을 행하지 않았다는 것을 입증" 하도록 하고 있다. 성폭행 피해자들이 경찰서나 법원에서 2차, 3차로 저항정도를 입증하여야 함으로써 겪는 피해여성들의 정신적 고통을 덜어 주고, '성적 자기결정권' 을 실질적으로 보호한다는 측면에서 입증책임의 전환이 필요하다(박영철 『생활과 법률』, 담론사, 1997, 260면).

146) 혼인관계는 지속적으로 성관계를 가지는 것을 전제로 하므로 법률상 부부 사이에서 성적 자기결정권 행사 및 침해 여부는 제3자에 대한 경우와 동일하게 볼 수 없고, 배우자의 명시적 · 묵시적 의사에 반하는 성관계가 있었다고 하더라도 강간죄 성립 여부에 대하여는 혼인관계의 특수성을 고려하여 신중하게 판단하여야 할 필요가 있다. 그러나 형법 제297조에서 강간죄의 객체를 '부녀' 로 규정하고 있을 뿐 다른 제한을 두고 있지 않은 이상 법률상 처가 모든 경우에 당연히 강간죄의 객체에서 제외된다고 할 수는 없고, 부부 사이에서 성관계를 요구할 권리가 있다고 하더라도 폭행 · 협박 등으로 반항을 억압하여 강제로 성관계를 할 권리까지 있다고 할 수는 없으므로, 그와 같은 경우에는 처의 승낙이 추인된다고 할 수 없고 강간죄가 성립한다고 보아야 한다([서울고법 2011.9.22, 2011노2052, 판결 : 확정]).

있어야 공소를 제기할 수 있다(형법 제306조).

(3) 강제추행죄

강제추행죄(强制醜行罪)는 폭행·협박으로 사람에 대하여 추행함으로써 성립하는 범죄이다(형법 제298조).

강제추행죄의 주체에는 아무런 제한이 없다. 남자뿐만 아니라 여자도 주체가 된다. 강제추행죄의 객체는 사람이다. 따라서 남자·여자, 기혼·미혼, 연령 고하를 불문한다.

추행(醜行)이란 그 목적을 불문하고 객관적으로 일반인에게 성적 수치·혐오의 감정을 느끼게 하는 일체의 행위를 말한다. 추행은 객관적으로 성적인 수치감·도덕감정을 현저히 해할 수 있을 정도의 중요한 행위에 제한된다. 따라서 상대방을 나체가 되게 하거나 여자의 음부를 만지거나 손가락을 넣는 행위는 추행에 해당하지만, 여자에게 키스나 포옹, 여자의 손이나 무릎·엉덩이를 만지거나 또는 옷 위로 여자의 가슴을 만지는 행위 및 성기를 쓰다듬는 행위는 추행에 해당되지 않는다.

강제추행죄의 처벌은 10년 이하의 징역 또는 1,500만원 이하의 벌금에 처한다(형법 제298조). 그런데 추행의 장소가 대중교통수단, 공연·집회장소 기타 공중이 밀집하는 장소에서 사람을 추행하는 경우에는 1년 이하의 징역 또는 300만원 이하의 벌금에 처한다(성폭력범죄의처벌및피해자보호등에관한법률 제13조). 강제추행죄의 미수범은 처벌되며, 고소가 있어야 처벌할 수 있다.

제 8 장 세금과 법률

1. 조세의 의의와 종류

(1) 조세의 의의

우리가 일상생활에서 세금(稅金)이라고 부르는 조세(租稅)는 국가나 지방자치단체가 그 경비에 충당할 수입을 취득하기 위하여 법령에 의하여 일방적 의무로써 과세요건에 해당하는 모든 자에게 과하는 무상(無償)의 금전급부를 말한다. 다시 말해서, 조세의 부과·징수의 주체는 국가 또는 지방자치단체에 한한다. 그리고 조세는 일반적으로 수입에 충당하기 위한 재력(財力)의 취득을 목적으로 하며, 특정한 급부에 대한 반대급부(反對給付) 또는 보상적(報償的) 성질을 갖지 않는다.[147] 조세는 원칙적으로 금전(金錢)으로 납부하나, 예외적으로 물납(物納)이 허용되는 때도 있다(토지초과이득세법 제22조, 상속세법 제29조 등 참조). 조세는 법률이 정하는 과세요건에 따라 일방적으로 발생하기 때문에 사적자치(私的自治)의 원칙이 부인되며, 모든 사람에게 담세력(擔稅力)의하여 균등하게 부과·징수한다.

조세의 특징은 ① 조세를 징수하는 과세권자가 우월적인 입장에서 납세자에게 아무런 반대급부 없이 일방적으로 징수할 수 있고, ② 강제로 징수하여 이에 불응할 때는 처벌할 수도 있다. ③ 조세부과처분에 불복하려면 일반 소원절차가 아닌 국세기본법(國稅基本法)에 정해진 이의신청, 심사청구, 심판청구 등의 절차를 거쳐야 한다는 점이다.

147) "헌법이나 국세기본법에 조세의 개념정의는 없으나 조세는 국가 또는 지방자치단체가 재정수요를 충족시키거나 경제적·사회적 특수정책의 실현을 위하여 국민 또는 주민에 대하여 아무런 특별한 반대급부없이 강제적으로 부과징수하는 과징금을 의미하는 것이다" (헌재 1990.9.3, 91헌가6, 89헌가95).

(2) 조세의 종류

(가) 과세권의 주체에 의한 분류

① 국세

국세(國稅)란, 국가가 부과·징수하는 조세를 말한다(국세기본법 제2조 1호). 국세에는 소득세, 법인세, 토지초과이득세, 상속세, 증여세, 부가가치세, 인지세, 주세, 전화세, 특별소비세, 교육세, 교통세, 농어촌특별세가 있다. 특히, 교육세·교통세·농어촌특별세를 목적세(目的稅)라고도 한다.

② 지방세

지방세(地方稅)란, 지방자치단체가 부과·징수하는 조세를 말한다. 지방세에는 특별시·광역시·도세, 시·군·구세가 있다(지방세법 제1조 제1항 4호).

(나) 국경의 관계성유무에 의한 분류

① 내국세

내국세(內國稅)는 국내에 있는 과세물건에 대하여 과하는 조세를 말한다.

② 관세

관세(關稅)는 외국으로부터 수입되는 물건에 과해지는 조세를 말한다. 관세에 관한 일반법으로는 관세법(關稅法)이 있다.

(다) 조세의 전가성에 의한 분류

① 직접세

직접세와 간접세의 구별은 납세의무자와 조세부담자의 일치여부에 의하여 구분하는 것으로써, 직접세(直接稅)라 함은 법률상의 납세의무자와 실제상의 조세부담자가 일치하는 경우의 조세를 말한다. 소득세·법인세·상속

세 등이 여기에 해당한다.

② 간접세

간접세(間接稅)란, 조세부담의 전가(轉嫁)가 행하여지는 경우로서 납세의 무자와 실제상의 조세납부자가 일치하지 않는 조세를 말한다. 예를 들면 부가가치세·주세·특별소비세 등이 간접세에 해당한다.

(라) 기타의 분류

조세의 분류에는 이외에도 조세의 징수시기에 따라 정기세(定期稅)와 임시세(臨時稅)로 나누어지며, 조세수입의 용도에 따라서 보통세(普通稅)와 목적세(目的稅)로 분류된다. 보통세(普通稅)란, 국가 또는 자방자치단체의 일반경비를 충당하기 위하여 과하는 조세를 말한다. 목적세(目的稅)란, 특정경비를 충당하기 위하여 과하는 조세를 의미한다.

또한, 과세물건(課稅物件)의 성질에 따라서, 수익세(收益稅)·재산세(財産稅)·거래세(去來稅)·소비세(消費稅)등으로 구분된다. 끝으로, 과세물건의 차이에 따라서, 인세(人稅)·물세·행위세(行爲稅)로 구분된다. 인세란, 납세자의 거주지·소득 등에 부과되는 조세이며. 물세는 물건의 소유·취득·제조·판매 등의 경우에 그 물건에 대해 부과되는 조세를 말한다. 행위세(行爲稅)란, 물건이나 특정인에 대한 것이 아니라 사람의 행위에 부과되는 조세를 말한다. 인세는 주거지(住居地)에서, 물세는 주소지(住所地), 행위세는 행위지(行爲地)에서 부과하는 것이 원칙적이다.

2. 조세부과의 기본원칙

(1) 조세법률주의

조세법률주의(租稅法律主義)란, 조세의 부과·징수는 조세의 종목과 세율을 규정

하고 있는 법률이 정하는 바에 따라야 하며, 납세의무자는 법률이 정하는 경우에만 납세의무를 진다는 원칙을 말한다. 조세법률주의는 「대표(代表)없으면 과세(課稅)없다(No taxation, without representation)」 라는 법언에 사상적 기초를 두고 있다.

(2) 영구세주의

조세에는 매년 국민의 대표기관인 의회의 의결을 거쳐서 부과·징수하는 일년세주의와, 한 번 법률의 형식으로 국회의 의결로 정하면 매년 계속해서 과세할 수 있게 하는 것이 영구세주의이다. 우리나라는 영구세주의(永久稅主義)를 채택하고 있다.

(3) 공평부담의 원칙

공평부담의 원칙이란, 조세부담이 모든 국민에게 각자의 담세능력에 따라서 공평하게 부과되어야 한다는 것을 말한다.[148] 조세법질서는 정의질서(正義秩序)이어야 하듯이, 조세정의(租稅正義)는 조세평등(租稅平等)없이는 달성될 수 없다. 우리 헌법은 조세평등의 원칙을 직접 명문으로 규정하고 있지는 않으나, 헌법 제11조상의 평등원칙조항에 그 취지가 담겨져 있다고 볼 수 있으며, 국세기본법 제18조 제1항·제19조 등에서 조세평등의 원칙을 명시하고 있다.

조세평등원칙의 구현은 법집행상의 평등뿐만 아니라 입법상의 평등까지 의미하므로, 입법상의 평등원칙과 실질과세의 원칙, 근거과세의 원칙이라는 파생원칙이 있다.

(4) 수입확보의 원칙

조세제도의 가장 중요한 목적은 국가·지방자치단체의 존립과 활동에 필요한

148) 조세가 국민의 담세력을 무시하고 불공평하거나 무리하게 부과될 때는 국민들의 저항감을 갖게 되는데 이를 '조세저항' (租稅抵抗)이라고 한다.

재원(財源)을 확보하는 데 있다. 그러나 세금내기를 좋아하는 국민은 어느 나라에도 없다고 한다. 그러므로 조세수입을 확보하기 위하여 조세법(租稅法)은 국가·지방자치단체에 조세부과권·강제징수권·통고처분권·조세범처벌권 등의 강력한 권한을 부여하고 있다.

(5) 능률주의

조세수입의 확보는 최소의 경비로 능률적으로 행하여질 것을 요구한다. 예를 들면, 자진신고납부제도[149]·원천징수제도[150] 등은 이러한 능률의 원칙에 부응한 방법이다.

(6) 실질과세의 원칙

실질과세의 원칙이란, 과세물건의 명목상의 귀속여하에 관계없이 실제적으로 과세물건이 귀속된 자를 납세의무자로 하여 조세를 부과하는 제도를 말한다(국세기본법 제14조). 즉 남의 이름을 사용해서 소득을 올린 사람이 있다면 명의자가 아니라 실제로 소득을 올린 사람에게 세금이 부과되어야 한다는 원칙이다.

국세기본법은 실질과세의 원칙을 따르고 있으며, 사실상의 담보력에 따른 공평부담의 실현을 도모하고 있다.

(7) 근거과세의 원칙

근거과세의 원칙이란, 과세표준의 조사·결정은 원칙적으로 납세의무자가 관계법령에 의하여 작성·비치한 장부 기타 증빙자료에 의하여야 하는 원칙을 말한다(국세기본법 제16조 제1항).[151]

149) 납세자가 스스로 자기가 낼 세금을 신고하여 납부하는 제도로서 가장 민주적이고 능률적인 제도이지만 국민의 올바른 납세정신이 뒷받침되어야만 실효성이 있다.

150) 봉급생활을 하는 근로소득자의 경우 봉급에 대한 세금은 기업에서 계산하여 봉급에서 떼어 납부하게 되는 제도이다.

(8) 소급과세금지의 원칙

조세는 국민의 재산권에 중대한 침해적 의미를 가지는 것이므로, 조세법규는 소급하여 적용될 수 없다(헌법 제13조 제2항). 국세기본법은 "국세를 납부할 의무가 성립한 소득·수입·재산·행위 등에 대하여는 그 성립 후의 새로운 세법에 의하여 소급하여 과세하지 아니한다."고 규정하여 소급과세금지의 원칙을 명문화하고 있다.

3. 부당한 조세부과에 대한 권리구제절차

위법(違法)하고 부당(不當)한 조세의 부과나 징수처분으로 인하여 개인의 권리나 이익이 침해당한 경우 이를 구제하는 수단이 조세행정구제제도이다. 이러한 조세행정의 구제수단으로는 행정쟁송(行政爭訟)과 과오납금반환청구제도(過誤納金返還請求制度)가 있다.

그러나 조세법률관계에 관한 분쟁은 특수성을 가지고 있다. ① 조세법은 전문적·기술적이며, 복잡하여 그것을 올바르게 이해하기 위하여서는 전문적·기술적인 지식이 필요하며, ② 대량적·반복적으로 발생하며, 그에 관한 분쟁도 동시에 대량적으로 반복하여 발생한다. 이러한 분쟁에 대하여 처음부터 법원(法院)에 제소(提訴)하게 하는 것은 법원의 업무를 폭주하게 할 뿐이며, 국민의 권리구제의 목적도 달성할 수 없는 결과가 된다. 그리하여 많은 나라에서 행정불복신청제도를 마련하고 있으며, 위와 같은 조세법률관계의 특수성에 비추어 일반행정불복신청제도와는 다른 특별한 제도와 절차를 인정하고 있다.[152]

151) 증빙자료가 없거나 납세자가 제출하는 증빙자료가 도저히 믿기 어려울 때는 업황, 동업자 상황 등을 고려하여 과세를 하게 되는데 이를 '추계과세' 라고 한다.

152) 박윤흔, 최신행정법강의(하), 770·771면.

(1) 조세행정쟁송

(가) 조세행정심판

조세의 부과 징수에 대한 행정심판은 그 부과 또는 징수에 관한 처분의 위법 또는 부당을 이유로 그 취소·변경을 구하는 쟁송절차이다.

조세에 관한 행정심판은 조세사건의 특수성을 고려하여 국세기본법은 행정심판법의 적용을 배제하고(국세기본법 제56조 제1항), 일반국세의 부과·징수 및 관세의 부과·징수에 관한 행정심판은 각각 국세기본법 및 관세법이 정하는 바에 의하도록 하였다(국세기본법 제55조, 관세법 제38조). 다시 말해서, 조세행정심판은 특별법에 의한 행정심판에 해당하는 것이므로, 우선적으로 국세기본법 등의 규정이 적용되며, 국세기본법 등에 규정이 없는 경우에 한하여 행정심판법의 규정이 적용된다. 일반국세에 관한 행정심판은 국세청장에 대한 심사청구(審査請求)와 국세심판소(國稅審判所)에 대한 심판청구(審判請求)의 이심제(二審制)가 원칙이다. 다만, 납세자가 원하는 경우에는 심사청구에 앞서 세무서장(稅務署長)에게 이의신청(異議申請)을 할 수 있다(국세기본법 제55조).

① 이의신청(異議申請)

국세의 부과와 징수에 관한 처분에 대하여 이의(異議)가 있는 사람은 국세청장이 조사·결정 또는 처리한 처분인 경우를 제외하고는 세무서장에게 이의신청을 할 수 있다(국세기본법 제55조, 제66조). 이의신청은 심사청구나 심판청구와는 달리 임의적(任意的) 절차이다.

② 심사청구(審査請求)

국세기본법 또는 각 세법에 의한 처분으로서 위법·부당한 처분을 받거나 필요한 처분을 받지 못함으로써 권리 또는 이익을 침해당한 사람은 처분이 있은 것을 안 날(처분의 통지를 받을 때에는 그 받은 날)로부터 60일(외국에 주소를 둔 경우에는 90일)내에 당해 처분을 하였거나 하였

어야 할 세무서장을 거쳐 국세청장에게 심사청구를 할 수 있다(국세기본법 제61조). 이러한 심사청구는 행정소송을 제기하기 위해서는 원칙적으로 거쳐야 하는 필요적 절차이다.

국세청장은 심사청구서를 접수한 때에는 그 접수일로부터 60일 이내에 국세심사위원회의 심의를 거쳐 결정하여야 한다.

③ 심판청구(審判請求)

심사청구결정에 불복하거나 소정의 기간(60일)내에 심사청구결정의 통지가 없을 때에는, 불복의 사유를 갖추어 처분세무서장과 국세청장을 거쳐 국세심판소장에게 심판청구를 할 수 있다(국세기본법 제69조). 심판청구에 대한 결정기관으로는 재정경제부장관 소속하에 둔 국세심판소(國稅審判所)가 설치되어 있으며, 국세심판소는 소장과 국세심판관으로 구성되는 합의제행정관청이다(국세기본법 제67조).

(나) 행정소송

조세행정소송이란, 조세에 관한 분쟁에 대하여 법원이 정식의 소송절차에 의하여 행하는 재판을 말하며, 특별한 규정이 없으면 일반 행정소송의 경우와 같이 일반법인 행정소송법(行政訴訟法)이 적용된다. 따라서, 조세행정소송의 경우에는 조세행정불복신청의 경우와는 달라서 필요한 처분을 받지 못함으로써 권리 또는 이익을 침해당한 경우, 즉 부작위의 경우에 필요한 처분을 구하는 소송은 제기할 수 없고 부작위위법확인소송(不作爲違法確認訴訟)만을 제기할 수 있다.

(2) 과오납금반환청구

과오납금(過誤納金)이란 법률상 조세로서 납부해야 할 원인이 없는데도 불구하고 납부되어 있는 금전으로서 이것은 일종의 부당이득(不當利得)이므로 그의 납부자는 당연히 반환청구권을 가지며, 국가 또는 지방자치단체는 이것을 반환하여야 할 의무를 진다.[153]

과오납금의 발생사유는 ① 납세자의 착오 등으로 부과처분에 의하여 정하여진 조세액을 초과하여 납부한 경우나 이중납부한 경우, ② 무효인 부과처분에 따라 납세한 경우, ③ 위법한 부과처분에 따라 납세하였으나, 그 부과처분이 직권 또는 행정쟁송절차에 의하여 취소·변경된 경우 등이다.

과오납금반환청구권의 소멸시효기간은 일반국세의 경우 5년이고(국세기본법 제54조), 관세의 경우는 2년이다(관세법 제25조 제3항).

4. 헌법상 납세의무와 납세의무위반에 대한 처벌

헌법상 국민의 기본의무로서 납세의무(納稅義務)가 있다(헌법 제38조).[154] 납세의무는 국가존립의 기초가 되는 국민의 가장 고전적인 의무이다. 납세의무는 국가의 재정적 기초를 마련하기 위하여 설정된 의무이다.[155]

이러한 납세의무를 위반하면 어떠한 처벌을 받는가?

납세의무자가 정당한 사유 없이 1회계연도에 3회 이상 체납하는 경우에는 1년 이하의 징역 또는 체납액에 상당하는 벌금에 처한다(조세범처벌법 제10조). 또한, 사기 기타 부정한 행위로써 조세를 포탈한 사람도 「조세범처벌법」에 의해

153) 과오납부반환청구권에 대하여 공법상의 원인행위에 의해 발생한 결과를 조정하기 위한 제도라는 것을 근거로 하는 공권설(公權說)과 경제적 견지에서 인정되는 이해조절적 제도라는 것을 근거로 주장되는 사권설(私權說)이 대립하고 있다. 판례(判例)는 사권설(私權說)의 입장에서 과오납부반환청구 사건을 민사소송으로 다루고 있다(대판 1991. 2. 6, 90프2).

154) 헌법 제38조는 "모든 국민은 법률이 정하는 바에 의하여 납세의 의무를 진다" 고 규정하고 있다.

155) 조세가 국가재정수입의 주원천으로서 특히 중요한 의미를 갖기 시작한 것은 정치적으로는 중세의 전제군주국가가 몰락하고 근대시민사회의 형성에 따라 민주주의, 법치주의체제의 통치기구가 수립되고, 경제적으로는 사유재산제도와 자유경쟁 및 시장경제의 원리가 지배하는 자본주의경제체제가 대두되면서부터이다. 그런데 현대의 이른바 문화국가 시대에 이르러 국가의 활동영역이나 기능이 방대하여짐에 따라 그에 소요되는 재정수요도 막대하게 팽창되었으며, 그 재정자금의 대종인 조세의 문제야말로 국민과 가장 밀접하게 이해관계가 상충되는 문제로서, 조세정책의 향방에 따라 국민의 재산권에 미치는 영향은 지대하게 되었으니, 그러한 의미에서 현대국가는 조세국가(租稅國家)라고 할 수 있고 우리나라도 그 예외는 아니라고 할 것이다(헌재 1990.9.3, 91헌가6, 89헌가95).

처벌된다. 특별소비세·주세 또는 교통세를 포탈한 경우에는 3년 이하의 징역 또는 포탈세액의 5배에 상당하는 벌금에 처하도록 하고 있다(조세범처벌법 제9조 제1항 1호). 국세를 포탈한 경우에는 3년 이하의 징역 또는 포탈세액의 3배 이하에 상당하는 벌금에 처할 수 있다(조세범처벌법 제9조 제1항 3호).[156]

5. 상속세와 증여세

(1) 상속세

상속세(相續稅)란 사망한 사람의 재산을 무상으로 상속받은 사람에게 부과하는 세금을 말한다. 상속세의 납세의무자는 상속재산을 받은 자이며, 상속인은 각자 상속받은 재산의 범위내에서 상호 연대하여 상속세를 납부할 의무가 있다.

상속세는 사망자의 사망당시의 주소를 관할하는 세무서에 납부한다. 상속세는 사망일로부터 6개월 이내에 신고하면 10%의 세액공제혜택을 받으며, 신고하지 않으면 20%의 가산세와 무납부세액에 대하여 10%의 가산세를 추가로 부담하게된다.

납부해야할 세금이 1,000만원을 넘을 때에는 담보를 제공하고 3년동안 분할하여 납부할 수 있다.[157] 자기 몫의 상속지분을 포기할 때에는 3개월 이내에 법원에 신고하면 된다.

국가나 공공단체에 기증한 재산, 공익사업에 출연한 재산, 유족이 지급받은 산업재해보상보험금 등의 재산에는 상속세가 과세되지 않는다.

---

156) 공직자나 국회의원이 기업인들로부터 받은 '떡값' 에 대해서도 조세포탈죄(租稅逋脫罪)를 적용하여 처벌한 판례가 있다.

157) 세금이 1,000만원 이상이고 상속재산중 부동산과 유가증권이 1/2을 넘을 때에는 그 부동산이나 유가증권으로 납부할 수 있다.

(2) 증여세

증여세(贈與稅)는 타인으로부터 증여에 의하여 재산을 무상으로 증여받은 자가 납부하게 되는 세금이다.

증여받은 자의 주소지를 관할하는 세무서가 소관세무서이며, 증여받은 자가 증여받은 날로부터 3개월 이내에 자진신고를 하여야 한다.

제9장 범죄와 법률생활

1. 명예훼손죄

(1) 명예의 개념

사람은 세상을 살아가면서 명예(名譽)를 먹고 사는지도 모른다. 법의 세계에서 말하는 '명예'란 무엇인가? 여기에는 ① 사람이 가지고 있는 인격의 내부적 가치 그 자체를 명예라고 보는「내적 명예설」과 ② 사람의 가치에 대해 사회적으로 주어지는 평가를 명예라고 보는「외적 명예설」, ③ 자기의 인격적 가치에 대한 자신의 주관적 평가를 명예라고 보는「명예감정설」이 주장되고 있다.

내적 명예는 절대적 가치로서 타인에 의해서 침해될 성질의 것도 아니고 형법이 보호할 필요도 없는 것이며, 명예감정을 가질 수 없는 유아는 물론 국가나 법인(法人)에 대해서도 모욕을 인정하는 것에 비추어 볼 때에 명예훼손의 보호법익은 외적 명예로 보는 것이 타당하다. 따라서 명예는 긍정적·적극적 가치이어야 하며 악명(惡名)과 같은 부정적인 가치는 제외된다.

명예의 주체는 자연인, 법인, 법인격 없는 단체이다. 자연인이면 유아·정신병자·범죄인·사자(死者)도 주체가 된다. 그러나 태아(胎兒)는 명예의 주체가 될 수 없다.

(2) 명예훼손죄

공연히 사실 또는 허위의 사실을 적시하여 사람의 명예를 훼손함으로써 성립하는 범죄가 명예훼손죄이다(형법 제307조).

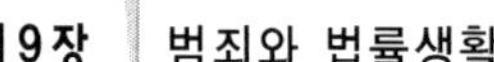

공연성이란 불특정 또는 다수인이 인식할 수 있는 상태를 말한다.[158] 불특정이면 다수인·소수인을 불문하며, 다수인이면 특정·불특정을 불문한다.

인식할 수 있는 상태란 무엇을 의미하는가에 관하여 전파성이론과 직접인식상태설이 있다. ① 전파성이론이란 개별적으로 특정한 1인에게 사실을 적시했어도 불특정 또는 다수인에게 전파될 가능성이 있으면 공연성이 인정된다. ② 직접인식상태설은 전파성이론을 부정하고 불특정 또는 다수인이 직접 인식해야 공연성을 인정한다.

사실은 사람의 인격에 대한 사회적 가치나 평가를 저하시키는 일체의 사실로서 현실적으로 발생하고 증명할 수 있는 과거와 현재의 상태를 말하며, 장래의 사항이나 가치판단은 제외된다. 사실은 피해자에게 직접적으로 관련된 사항이어야 하므로 처의 간통사실을 공개하더라도 남편에 대한 명예훼손으로 되는 것은 아니다.

적시란 사실을 구체적으로 지적하는 것으로서 특정인의 명예를 훼손할 만한 사실을 드러내는 일체의 행위를 말한다. 적시사실의 중요부분이 진실과 합치되면 충분하다. 사실의 적시는 특정인의 가치가 침해될 수 있을 정도로 '구체적'이어야 하고, 주위사정을 종합적으로 판단하여 '피해자가 특정'될 수 있어야 한다. 그러나 반드시 피해자의 성명을 명시할 필요는 없으며, 적시의 방법에는 제한이 없다. 적시의 방법은 언어·문서·잡지·신문·라디오 기타 출판물을 불문한다. 다만, 출판물 등에 의한 경우는 비방의 목적이 있으면 제309조의 출판물 등에 의한 명예훼손죄로 가중처벌된다.

국회의원의 청문회 발언과 변호인의 정당한 변론(辯論), 검사의 공소제기 및 기소요지 낭독, 증인의 증언, 피고인의 방어권 행사 내용이 명예를 훼손하여도 법령에 의한 행위로서 위법성이 조각된다. 또한 보도기관의 보도, 예술작품에 대한 논평, 학술세미나에서 발표자를 비판하는 경우에도 업무로 인한 행위로서

158) 갑(甲)이 자기의 일기장에 '을(乙)은 곰 같은 놈' 이라고 기입하여 소지하고 있었던 경우 공연성이 없어 명예훼손죄가 성립하지 아니한다.

위법성이 조각된다.

형법 제307조 제1항의 행위(단순명예훼손죄)가 진실한 사실로서 오로지 공공의 이익에 관한 것인 때에는 처벌하지 않는다. 다시 말해서, 적시된 사실이 다소 과장된 표현이 있어도 전체적으로 보아 중요부분이 진실에 부합하면 진실성이 인정된다. 사실의 적시가 오로지 공공의 이익에 관한 것이어야 한다.

2. 모욕죄

모욕죄란 공연히 사람을 모욕함으로써 성립하는 범죄이다. 형법은 모욕죄에 대하여 1년 이하의 징역이나 금고 또는 200만원 이하의 벌금에 처하도록 규정하고 있다(형법 제311조). 외부적 명예라는 점에서는 명예훼손죄와 동일하나 사실의 적시가 없다는 점에서 명예훼손죄와 구별된다.

모욕(侮辱)이란 구체적 사실을 적시하지 않고 사람의 인격을 경멸하는 추상적인 경멸의 의사표시를 하는 것이다. 예를 들면 구체적인 사실의 적시는 없이 죽일 놈, 저 망할 년 등이 모욕의 표현이라고 할 수 있다.[159)]

모욕은 언어·서면·작위·부작위를 불문하며 거동에 의해서도 가능하다. 만약 여러 사람이 보고 있는 자리에서 침을 뱉거나 뺨을 때리는 등의 방법으로 경멸의 의사표시를 한 경우에는 모욕죄와 폭행죄의 상상적 경합[160)]이 된다.

외국원수 또는 외교사절에 대한 모욕죄의 경우는 공연성이 요구되지 않는다. 명예훼손죄와 모욕죄가 경합하는 경우에는 모욕죄는 명예훼손죄에 흡수되어 명예훼손죄만 성립한다. 모욕죄는 친고죄이다.

---

159) 갑(甲)은 여러 사람이 있는 다방에서 을(乙)에게 "야 개 같은 년아, 시집을 열두 번도 더 간 년아. 자식도 못낳는 창녀 같은 년" 이라고 소리쳤다. 갑(甲)의 행위는 추상적인 경멸의 의사표시에 불과하므로 명예훼손죄가 아닌 모욕죄에 불과하다.

160) '상상적 경합' 이란 1개의 행위가 수개의 죄에 해당하는 경우 가장 중한 죄에 정한 형으로 처벌하는 것을 말한다(형법 제40조). 한편 '실체적 경합' 이란 한 사람이 수개의 행위로 범한 수개의 범죄로서, 판결이 확정되지 않는 수개의 죄 또는 판결이 확정된 죄와 그 판결이 확정되기 전에 범한 죄를 말한다(형법 제37조).

3. 무고죄

무고죄(誣告罪)는 타인으로 하여금 형사처분·징계처분을 받게 할 목적으로 공무소·공무원에 대하여 허위사실을 신고하는 것을 내용으로 하는 범죄이다(형법 제156조). 무고죄는 국가의 심판기능의 적정한 행사뿐만 아니라 부차적으로는 피무고자의 법적 안정성도 침해하는 이중적 성격을 가진 범죄이다. 예를 들면 범죄성립을 조각하는 사유를 알고 있었음에도 불구하고 이를 숨기고 신고한 경우에 무고죄가 성립한다.

모든 공무원 또는 공무소가 아니라 형사처분 또는 징계처분에 대하여 직권행사를 할 수 있는 해당 관서 또는 그 소속 공무원을 말한다.[161]

허위사실을 신고하는 것이라는 의미는 핵심 또는 중요부분이 객관적 진실에 반하는 사실을 말한다(통설·판례). 따라서 신고자가 신고내용을 허위라고 오신(誤信)한 경우에도 그것이 객관적 진실에 부합할 경우에는 무고가 아니다.[162] 신고사실의 허위 여부는 그 범죄의 구성요건과 관련하여 신고사실의 핵심 또는 중요내용이 행위인가에 따라 판단하여야 한다.

신고는 자발성을 요하므로 수사기관의 신문에 의하여 허위진술을 하는 것은 신고가 아니다. 무고죄는 허위사실의 신고가 당해 공무소 또는 공무원에게 도달한 때가 기수가 된다. 도달한 이상 그 후 무고문서를 되돌려 받았다 하더라도 무고죄가 성립한다.

---

161) 수사기관인 검사, 사법경찰관 및 그 보조자, 수시기관을 통괄하는 대통령, 관내 경찰서장을 지휘·감독하는 도지사, 감사원장도 포함된다.

162) 무고한 내용이 허위라고 오신하여 신고하였으나 실제로는 객관적 사실과 일치하는 경우 무고죄는 성립하지 않는다(대판 1982.11.22, 81도2380).

4. 상해죄

상해죄(傷害罪)라 함은 사람의 신체를 침해함으로써 성립하는 범죄이다(형법 제257조). 사람의 신체를 침해한 자는 7년 이하의 징역, 10년 이하의 자격정지 또는 1천만원 이하의 벌금에 처한다.

상해죄에서 상해(傷害)란 생리적 기능의 장해 내지 건강상태의 불량한 훼손, 즉 육체적·정신적인 병적 상태의 야기·증가를 의미한다(다수설, 판례).[163] 상해의 수단·방법에는 제한이 없으며 유형·무형, 직접·간접·부작위를 불문한다.[164]

상해의 고의 없이 폭행의 고의로 상해가 발생한 때에는 폭행치상죄가 성립하며, 상해의 고의로 상해를 가했는데 폭행의 결과가 발생한 때에는 상해미수죄가 성립한다.

상해에 대한 피해자의 승낙은 사회상규에 반하지 않는 경우에만 위법성이 조각된다. 그러나 채무를 변제받기 위하여 채권자가 채무자의 신체를 상해하는 것과 병역기피를 위한 자상(自傷) 등은 사회상규에 반하는 행위로서 위법하다. 의사의 치료행위는 업무로 인한 정당행위로서 위법성이 조각된다. 징계행위는 주관적으로 교육의 목적, 객관적으로 징계 목적 달성에 필요한 정도에 한하여 위법성이 조각된다.[165]

독립행위가 경합하여 상해의 결과를 발생하게 한 경우에 있어서 원인된 행위가 판명되지 아니한 때에는 공동정범(共同正犯)[166]의 예에 의한다(형법 제263

163) 오랜 시간 동안의 협박과 폭행을 이기지 못하고 실신하여 범인들이 불러온 구급차 안에서야 정신을 차리게 되었다면, 외부적으로 어떤 상처도 발생하지 않았다 하더라도 생리적 기능에 훼손을 입어 신체에 대한 상해가 있었다고 봄이 상당하므로 이는 상해에 해당하며 협박이나 폭행은 상해죄에 흡수된다(대판 1996.12.10, 96도2529).

164) 상해에 해당하는 것으로는 성병감염, 수면장애, 식욕감퇴, 실신상태, 보행불가능, 처녀막 파열 등을 들 수 있다. AIDS에 감염시키는 것은 중상해(重傷害)에 해당하며, 모발절단은 폭행죄이나 모근(毛根)까지 뽑는 경우에는 상해죄도 성립할 수 있다.

165) 징계권의 행사로 사람의 신체를 상해하는 것은 징계권의 범위를 넘었기 때문에 원칙적으로 위법성을 조각한다고 보기 어렵다.

166) 공동정범은 2인 이상의 자가 공동의 범행계획에 따라 분업적인 역할 분담에 따른 행위를 함으로써 성립하는 정범의 형태를 말한다. 공동정범은 각자를 그 죄의 정범으로 처벌한다. 즉 공동의사의 범위 내에서 공동실행으로 인하여 발생한 전체 결과를 책임진다.

조). 동시범의 고의(故意)는 상해이거나 폭행이어야 하므로 상해죄와 폭행치상죄, 상해치사·폭행치사죄에 적용된다.

상해죄에는 단순상해죄를 비롯하여 존속상해죄[167], 중상해죄,[168] 존속중상해죄[169], 상해치사죄[170], 존속상해치사죄[171], 상습상해죄가 있다.

5. 폭행죄

폭행죄(暴行罪)란, 사람의 신체에 대하여 폭행을 가함으로써 성립하는 범죄이다(형법 제260조).[172] 폭행죄에서 폭행(暴行)의 의미는 사람의 신체에 대한 유형력의 행사를 의미한다. 빰을 때리고, 침을 뱉고, 심한 소음·음향을 내고, 야간에 계속 전화를 걸고, 심한 욕설·고함을 지르고, 모발이나 수염을 자르고, 옷을 잡아당기거나 밀고, 담배연기를 얼굴에 내뿜고, 때릴 기세를 보이며 폭언을 수차 반복하고, 화학적·생리적 작용 등이 폭행에 해당한다.

폭행죄는 반의사불벌죄(反意思不罰罪)이나 '폭력행위등처벌에관한법률'에 의하여 야간 또는 2인 이상 공동폭행이나 폭행으로 2회 이상 징역형을 받은 자가 다시 폭행한 경우에는 반의사불벌규정이 제외된다. 폭행할 것을 고지한 후 동

167) 자기 또는 배우자의 직계존속에 대하여 상해의 죄를 범한 때에는 10년 이하의 징역 또는 1,500만원 이하의 벌금에 처한다(형법 제257조).

168) 사람의 신체를 상해하여 생명에 대한 위험을 발생하게 한 자는 1년 이상 10년 이하의 징역에 처한다. 신체의 상해로 인하여 불구 또는 불치나 난치의 질병에 이르게 한 자도 전항과 같다(형법 제 258조 제1항, 제2항).

169) 자기 또는 배우자의 직계존속에 대하여 전 2항의 죄를 범한 때에는 2년 이상의 유기징역에 처한다(형법 제258조 제3항).

170) 사람의 신체를 상해하여 사망에 이르게 한 자는 3년 이상의 유기징역에 처한다(형법 제259조 제1항).

171) 자기 또는 배우자의 직계존속에 대하여 신체를 상해하여 사망에 이르게 한 죄를 범한 때에는 무기 또는 5년 이상의 징역에 처한다(형법 제259조 제2항).

172) 형법 제260조(폭행, 존속폭행) ①사람의 신체에 대하여 폭행을 가한 자는 2년 이하의 징역, 500만원 이하의 벌금, 구류 또는 과료에 처한다. ②자기 또는 배우자의 직계존속에 대하여 제1항의 죄를 범한 때에는 5년 이하의 징역 또는 700만원 이하의 벌금에 처한다. ③제1항 및 제2항의 죄는 피해자의 명시한 의사에 반하여 공소를 제기할 수 없다.

일 기회에 고지한 대로 폭행한 경우에는 협박죄는 폭행죄에 흡수되며, 폭행이 다른 범죄의 수단으로 사용된 경우에는 폭행은 불가벌적 수반행위로서 공무집행방해죄나 살인죄, 상해죄에 흡수된다.

폭행죄에는 단순폭행죄를 비롯하여 존속폭행죄[173], 특수폭행죄[174], 폭행치사상죄, 상습폭행죄가 있다.

6. 낙태죄

낙태죄(落胎罪)란 태아를 자연적인 분만기에 앞서서 인위적으로 모체 밖으로 배출하거나 태아를 모체 내에서 살해하는 것을 내용으로 하는 범죄를 말한다.

자기낙태죄(自己落胎罪)는 부녀가 낙태함으로써 성립한다(형법 제269조). 태아와 사람의 한계는 진통설(陣痛說)에 의해 구분하며, 태아의 시기는 수정란이 자궁에 착상한 때이다. 낙태의 의미는 모체 내에서 살해하거나 자연분만기에 앞서서 모체 밖으로 배출하는 행위를 말한다. 모체 밖으로 배출한 경우에는 태아가 죽어서 배출되었다는가 살아있는가 하는 것은 낙태죄 성립에 영향이 없다. 자기낙태죄는 태아가 살해된 때 또는 모체 밖으로 배출된 때에 기수가 된다. 모자보건법 제14조에 의하여 허용된 임신중절행위는 '법령에 의한 행위'로서 위법성을 조각한다.[175]

동의낙태죄(同意落胎罪)는 부녀의 촉탁 또는 승낙을 받아 낙태하는 범죄이다

173) 자기 또는 배우자의 직계존속에 대하여 제1항의 죄를 범한 때에는 5년 이하의 징역 또는 700만원 이하의 벌금에 처한다. 제1항과 제2항의 죄는 피해자의 명시한 의사에 반하여 공소를 제기 할 수 없다(형법 제260조 제2항·제3항).

174) 단체 또는 다중의 위력을 보이거나 위험한 물건을 휴대하여 제260조 제1항 또는 제2항의 죄를 범한 때에는 5년 이하의 징역 또는 1천만원 이하의 벌금에 처한다(형법 제261조).

175) 모자보건법상 업무상 동의낙태죄의 위법성이 조각되는 경우로는 의사가 본인과 배우자의 동의를 받아 임신한 날부터 28주 이내에 하여야 한다. 임신의 지속이 모체의 건강을 해하거나 해할 우려가 있는 의학적 적응과 우생학적 적응, 윤리적 적응을 이유로 한 경우에는 위법성이 조각된다. 그러나 사회·경제적 적응은 위법성이 조각되지 않는다.

(형법 제269조). 임부에게 낙태를 교사·방조한 경우에는 동의낙태죄의 교사·방조범이 아니라 자기낙태죄의 교사·방조범이 성립한다.

업무상낙태죄는 의사, 한의사, 조산원, 약제사 또는 약종상이 부녀의 촉탁 또는 승낙을 받아 낙태하게 하는 범죄이다(형법 제270조 제1항). 면허를 가진 자에 제한하므로 무면허의사는 제외된다.

부녀의 촉탁 또는 승낙없이 낙태하는 범죄는 부동의낙태죄이다(형법 제270조 제2항). 임신한 부녀를 살해하면 부동의낙태죄와 살인죄의 상상적 경합으로 된다. 임부에게 낙태를 강요하여 낙태하게 한 경우에는 부동의낙태죄와 강요죄의 상상적 경합이 성립한다.[176]

176) 가톨릭 국가에서 낙태는 중죄(重罪)에 속한다. 낙태를 죄악시하는 폴란드 정부는 지난해 10월 성폭행을 당해 임신한 경우라도 낙태할 수 없고, 이를 어기면 최대 징역 5년형에 처할 수 있는 '낙태금지법' 시행을 추진했다. 그러자 여성들이 들고일어났다. 검은 옷을 입고 광장에 모여 "나의 몸에 자유를 달라" "나의 자궁은 나의 선택"이라는 구호를 외치며 시위를 벌인 것이다. 폴란드 정부는 낙태금지법 시행을 포기해야만 했다. 낙태를 금지하는 국가의 여성들은 임신중절이 가능한 지역을 찾아간다. 12주 이내의 낙태만 허용하고, 의사 처방전을 받아야 '미프진' (자연유산 유도제)을 구입할 수 있는 미국에선 임신여성들이 평균 27㎞의 낙태여행을 한다는 통계가 있다. 북아일랜드에서는 연간 700여명의 임신여성들이 잉글랜드, 웨일스, 스코틀랜드 등으로 낙태여행을 떠난다고 한다. 경제협력개발기구(OECD) 회원국 중 한국과 이스라엘, 일본, 칠레, 핀란드 등 9개국을 제외한 25개국에선 임신부의 요청에 따라 낙태가 가능하다. 세계보건기구(WHO)도 합법적인 낙태를 여성의 기본권리로 인정하고 있다. 한국에선 낙태죄가 형법 제269조에 명시돼 있다. 임신여성이 낙태시술을 받으면 1년 이하 징역 또는 200만원 이하의 벌금에 처해진다. 모자보건법상 낙태시술은 정신장애, 전염성 질환, 성폭행·근친상간에 의한 임신 등 특수한 경우에만 허용된다. 그럼에도 낙태는 음성적으로 횡행한다. 정부 연구조사를 보면 연간 17만~20만명의 태아가 세상의 빛을 보지 못하고 사라지고 있다(여적(餘滴) [낙태죄 폐지], 경향신문, 2017년 11월 1일, 30면).

제10장 폭력과 법

1. 가정폭력과 법

(1) 가정폭력의 개념과 실태

1) 가정폭력의 개념

가정폭력에 대한 일반적인 정의는 가족구성원간의 갈등양상을 띠어 국가개입이 불가피한 경우를 말한다. 「가정폭력범죄의 처벌 등에 관한 특례법」은 "'가정폭력'이란 가정구성원 사이의 신체적, 정신적 또는 재산상 피해를 수반하는 행위를 말한다."규정하고 있다(동법 제2조).

2) 「가정폭력범죄의 처벌 등에 관한 특례법」의 내용

(가) 가정폭력의 가정구성원

「가정폭력범죄의 처벌 등에 관한 특례법」에서 '가정구성원'이란, ① 배우자(사실상 혼인관계에 있는 사람을 포함한다) 또는 배우자였던 사람, ② 자기 또는 배우자와 직계존비속관계(사실상의 양친자관계를 포함한다)에 있거나 있었던 사람, ③ 계부모와 자녀의 관계 또는 적모(嫡母)와 서자(庶子)의 관계에 있거나 있었던 사람, ④ 동거하는 친족을 말한다(동법 제2조 제2호).

(나) 가정폭력의 유형

가정폭력의 유형에는 폭행, 협박, 상해, 아동학대, 감금, 손괴, 모욕, 성폭력 등이 있다(동법 제2조 제3호).

(다) 가정폭력의 신고의무

가정폭력범죄를 알게 된 사람은 누구나 수사기관에 신고할 수 있다(동법 제4조 제1항). 만약 아동복지시설과 같은 아동의 교육과 보호를 담당하는 기관에 종사하는 사람이거나 아동 · 60세 이상 노인 · 기타 정상적 판단능력이 결여된 자를 치료하는 의료인의 경우, 또는 노인복지시설이나 장애인복지시설에 종사하는 사람 등이 직무를 수행하면서 가정폭력범죄를 알게 된 경우에는 정당한 사유가 없으면 즉시 수사기관에 신고하여야 한다.

(라) 경찰의 응급조치

가정폭력 발생 사실이 경찰에 신고된 경우, 경찰은 가정폭력행위자와 피해자를 분리하고, 피해자가 동의한 경우 피해자를 가정폭력 관련 상담소 또는 보호시설로 인도하며, 치료가 필요한 경우 피해자를 의료기관으로 인도하는 등의 조치를 취할 수 있다(동법 제5조).

검사는 가정폭력이 재발될 우려가 있다면 직권으로 또는 경찰관의 신청에 의하여 법원에 다음의 임시조치를 청구할 수 있다. 피해자 또는 그 법정대리인도 검사 또는 경찰관에게 임시조치를 청구할 수 있고 그에 관하여 의견을 진술할 수 있다.

경찰은 위와 같은 응급조치에도 불구하고 가정폭력범죄가 재발될 우려가 있고, 긴급을 요하여 법원의 임시조치 결정을 받을 수 없을 때에는 직권 또는 피해자나 그 법정대리인의 신청에 의하여 '긴급임시조치'도 행할 수 있다.

(마) 피해자 등의 긴급임시조치 신청

피해자 또는 그 법정대리인은 경찰에게 주거지 등에서의 가해자 퇴거, 주거지와 직장 등에서 100미터 이내의 접근 금지, 전화, 이메일 등을 통한 접근 금지 등의 긴급임시조치를 신청할 수 있다(동법 제8조). 다만, 경찰이 긴급임시조치를 함에는 가정폭력범죄의 재발 우려, 긴급성, 법원의 임시조치결정을 받을 수 없는 상황이라는 일정한 요건이 필요하다(동법 제8조의2).

피해자 또는 그 법정대리인은 법원에 피해자보호명령, 신변안전조치 등을 청구할 수도 있다(동법 제55조의2).

(바) 검사의 가정보호사건의 처리

검사는 가정폭력범죄로서 사건의 성질 · 동기 및 결과, 가정폭력행위자의 성행 등을 고려하여 가정보호사건으로 처리하는 것이 적정하다고 판단하면 그 사건을 관할 가정법원이나 지방법원으로 송치한다. 검사는 가정폭력사건을 수사한 결과 가정폭력행위자의 성행 교정을 위하여 필요하다고 인정하는 경우에는 '상담조건부 기소유예'를 할 수 있다.

(사) 법원의 심리와 보호처분

법원은 가정보호사건을 조사·심리할 때 의학, 심리학, 사회복지학 등 전문적인 지식을 활용하여 가정폭력범죄의 행위자와 피해자, 가정 상황, 가정폭력범죄의 동기 및 실태 등을 밝혀서 적정한 처분이 이루어지도록 노력하여야 한다. 이를 위해 법원에 가정보호사건조사관을 두고 있으며, 전문가의 의견을 조회하여 참조하기도 한다. 또한 판사는 당연히 가정폭력행위자에게 임시조치결정을 할 수 있다.

판사는 심리 후 보호처분이 필요하다고 인정하는 경우에는 다음의 결정을 할 수 있다.

① 가정폭력행위자가 피해자 또는 가정구성원에게 접근하는 것을 제한
② 가정폭력행위자가 피해자 또는 가정구성원에게 전기통신을 이용하여 접근하는 행위의 제한
③ 가정폭력행위자가 친권자인 경우 피해자에 대한 친권 행사의 제한, 이 경우 피해자를 다른 친권자나 친족 또는 적당한 시설로 인도할 수 있다.
④ 「보호관찰 등에 관한 법률」에 따른 사회봉사·수강명령
⑤ 「보호관찰 등에 관한 법률」에 따른 보호관찰

⑥ 「가정폭력방지 및 피해자보호 등에 관한 법률」에서 정하는 보호시설에의 감호위탁
⑦ 의료기관에의 치료위탁
⑧ 상담소등에의 상담위탁

(2) 가정폭력의 실태

1) 노인 학대

고령화가 진행되면서 가정에서 발생하는 노인학대(老人虐待) 비중도 점점 높아지고 있다. 경제난과 생활고 등 가정 내 어려움에다 노인부부 가구가 늘어나면서 배우자에 의한 학대가 증가한 것도 원인이다.

보건복지부가 발표한 '2017 노인학대 현황'에 따르면, 2016년 노인학대로 최종 판정된 사례는 4,622건으로, 2013년(3,520건)보다 약 31% 증가했다. 신고 건수는 같은 기간 1만162건에서 1만3,309건으로 늘었다. 학대행위자는 남성 3585명, 여성 1516명이었다. 피해 노인과의 관계를 보면 아들 37.5%(1913명), 배우자 24.8%(1263명, 기관 13.8%(의료인·노인복지시설 종사자·기타 기관 관련 종사자 등 704명), 딸 8.3%(424명), 피해자 본인 5.7%(290명) 등 순이었다. 2016년 노인학대 4622건 중 4129건(89.3%)이 가정에서 발생했고 생활시설 327건(7.1%), 공공장소 58건(1.3%) 등이 뒤를 이었다. 가정 내 학대의 비중은 4년 전(83.1%)에 비해 뚜렷한 증가세를 보였다.

노인학대 발생 가구 유형은 자녀와 노인이 함께 거주하는 가구가 33.2%로 가장 많았다. 증가율 면에서는 노인부부 가구가 2013년 18.0%에서 지난해 26.3%로 증가했다. 노인 단독가구(독거노인)에서 발생하는 학대는 같은 기간 32.4%에서 21.8%로 감소했다. 60세 이상 고령자가 노인을 학대하거나 고령 부부간 학대, 고령 자녀에 의한 학대, 고령자 자신에 대한 학대 등을 통칭하는 '노노(老老)학대'는 2188건으로, 전체 사례의 42.9%를 차지했다. 노노학대

가 늘어난 것은 급속한 고령화에 경제난 및 생활고 등이 겹치면서 배우자 부양 부담이 커진 결과로 보인다.

학대피해 노인이 치매인 경우는 전체의 24.3%(1122건)에 달했다. 치매노인 학대 행위자는 아들과 딸 등 친족 48.2%(710건), 시설종사자 등 기관 40.7%(600건), 본인 8.5%(125건) 등이었다. 치매노인의 학대 유형은 신체 학대[177]가 28.1%(443건)로 가장 많았고, 다음으로는 정서 학대[178] 26.8%(422건), 방임[179] 23.5%(370건) 등이었다.

〈노인학대 발생시 주위에 도움 요청하지 않은 이유〉

구분	전체	여성	남성
가족이라서	61.1	78.6	44.4
무서워서	–	–	–
대응하면 폭력이 심해지므로	–	–	–
내가 잘못한 것이므로	–	–	–
창피하고 자존심 상해서	23.3	11.2	34.9
그 순간만 넘기면 되어서	15.6	10.2	20.7
계	100.0	100.0	100.0

주: 백분율은 학대를 받았다고 한 42명(응답자수)을 기준으로 가중치를 부여하여 추정함

177) 신체적 학대는 '화풀이 또는 거친 의사표시를 하는 행위(물건 던지기, 부수기 등의 기물파손)', '할퀴거나 꼬집거나 물어뜯는 행위', '머리(채)나 목 또는 몸을 강하게 잡거나 흔드는 행위', '밀치거나 넘어뜨리는 행위', '발로 차거나 주먹으로 때리는 행위', '도구나 흉기를 사용하여 위협하거나 상해 또는 화상을 입히는 행위', '방이나 제한된 공간에 강제로 가두거나 묶어두는 행위' 에 해당한다.

178) 정서적 학대는 '모욕적인 말을 하여 감정을 상하게 하거나 수치심을 느끼도록 하는 행위', '집을 나가라는 폭언을 하는 행위', '가족으로부터 따돌리거나 가족모임 또는 의사결정 과정에서 자주 소외시키는 행위', '대화를 기피하거나 노인의 의견을 무시 또는 화를 내는 행위(못 들은 척, 무관심, 침묵, 냉담, 짜증, 불평)', '신체적 기능 저하로 인한 노인의 실수(실변, 실금)를 비난하거나 꾸짖는 행위', '부양부담으로 인한 스트레스를 노골적으로 표현하는 행위' 에 해당한다.

179) 방임은 '길이나 낯선 장소 등에 버려 사고를 당할 수 있는 위험한 상황에 처하게 하는 행위', '스스로 식사하기 힘든 노인을 방치하는 행위', '경제적 능력이 있음에도 불구하고 필요한 보장구를 제공하지 않는 행위(틀니, 보청기, 돋보기, 지팡이, 휠체어 등)', '병원에서 치료를 받아야 할 상황인데도 노인을 병원에 모시지 않는 행위', '필요한 기본생계비용을 제공하지 않거나 중단하는 행위, 연락 또는 왕래를 하지 않고 방치하는 행위', '동의 없이 시설에 입소시키거나 병원에 입원시키고 연락을 끊는 행위' 에 해당한다.

2) 아동학대

(가) 아동학대와 아동학대 범죄

아동학대(兒童虐待)란 보호자를 포함한 성인이 18세 미만의 사람인 아동의 건강 또는 복지를 해치거나 정상적 발달을 저해할 수 있는 신체적·정신적·성적 폭력이나 가혹행위를 하는 것과 아동의 보호자가 아동을 유기하거나 방임하는 것을 말한다(아동복지법 제3조 제7호).

아동학대범죄란 보호자에 의한 아동학대로서「아동학대범죄의 처벌 등에 관한 특례법」제2조 제4호[180]에 열거된 범죄를 의미한다.

---

180) 아동학대범죄의 처벌 등에 관한 특례법 제2조 4. "아동학대범죄"란 보호자에 의한 아동학대로서 다음 각 목의 어느 하나에 해당하는 죄를 말한다.

가.「형법」제2편 제25장 상해와 폭행의 죄 중 제257조(상해)제1항 · 제3항, 제258조의2(특수상해)제1항(제257조제1항의 죄에만 해당한다) · 제3항(제1항 중 제257조제1항의 죄에만 해당한다), 제260조(폭행)제1항, 제261조(특수폭행) 및 제262조(폭행치사상)(상해에 이르게 한 때에만 해당한다)의 죄

나.「형법」제2편 제28장 유기와 학대의 죄 중 제271조(유기)제1항, 제272조(영아유기), 제273조(학대)제1항, 제274조(아동혹사) 및 제275조(유기등 치사상)(상해에 이르게 한 때에만 해당한다)의 죄

다.「형법」제2편 제29장 체포와 감금의 죄 중 제276조(체포, 감금)제1항, 제277조(중체포, 중감금)제1항, 제278조(특수체포, 특수감금), 제280조(미수범) 및 제281조(체포 · 감금등의 치사상)(상해에 이르게 한 때에만 해당한다)의 죄

라.「형법」제2편 제30장 협박의 죄 중 제283조(협박)제1항, 제284조(특수협박) 및 제286조(미수범)의 죄

마.「형법」제2편 제31장 약취, 유인 및 인신매매의 죄 중 제287조(미성년자 약취, 유인), 제288조(추행 등 목적 약취, 유인 등), 제289조(인신매매) 및 제290조(약취, 유인, 매매, 이송 등 상해 · 치상)의 죄

바.「형법」제2편 제32장 강간과 추행의 죄 중 제297조(강간), 제297조의2(유사강간), 제298조(강제추행), 제299조(준강간, 준강제추행), 제300조(미수범), 제301조(강간등 상해 · 치상), 제301조의2(강간등 살인 · 치사), 제302조(미성년자등에 대한 간음), 제303조(업무상위력 등에 의한 간음) 및 제305조(미성년자에 대한 간음, 추행)의 죄

사.「형법」제2편 제33장 명예에 관한 죄 중 제307조(명예훼손), 제309조(출판물등에 의한 명예훼손) 및 제311조(모욕)의 죄

아.「형법」제2편 제36장 주거침입의 죄 중 제321조(주거 · 신체 수색)의 죄

자.「형법」제2편 제37장 권리행사를 방해하는 죄 중 제324조(강요) 및 제324조의5(미수범)(제324조의 죄에만 해당한다)의 죄

차.「형법」제2편 제39장 사기와 공갈의 죄 중 제350조(공갈), 제350조의2(특수공갈) 및 제352조(미수범)(제350조, 제350조의2의 죄에만 해당한다)의 죄

카.「형법」제2편 제42장 손괴의 죄 중 제366조(재물손괴등)의 죄

타.「아동복지법」제71조 제1항 각 호의 죄(제3호의 죄는 제외한다)

(나) 아동학대의 신고

아동학대의 발생 사실을 알게 된 사람은 누구나 아동보호전문기관 또는 수사기관에 신고할 수 있다(아동학대범죄의 처벌 등에 관한 특례법 제10조 제1항). 의료인, 유치원 교사, 학원의 강사 등과 같이 법률에서 신고의무자로 지정한 사람은 아동학대범죄를 알았거나 그 의심이 있는 경우 즉시 신고를 해야 하고(아동학대범죄의 처벌 등에 관한 특례법 제10조 제2항), 신고를 하지 않은 경우에는 500만원 이하의 과태료를 부과 받게 된다(아동학대범죄의 처벌 등에 관한 특례법 제63조).[181)]

(다) 현장출동과 응급조치

아동학대범죄신고를 접수한 아동보호전문기관 직원이나 사법경찰관리는 지체 없이 아동학대범죄현장에 출동하여 아동 또는 아동학대행위자 등 관계인에 대해 조사를 하거나 질문을 할 수 있다(아동학대범죄의 처벌 등에 관한 특례법 제11조). 현장에 출동하거나 아동학대범죄 현장을 발견한 사법경찰관리 또는 아동보호전문기관의 직원은 피해아동 보호를 위하여 ① 아동학대범

파. 가목부터 타목까지의 죄로서 다른 법률에 따라 가중처벌되는 죄

하. 제4조(아동학대치사), 제5조(아동학대중상해) 및 제6조(상습범)의 죄

181) 아동학대범죄의 처벌 등에 관한 특례법(2014.1.28. 법률 제12341호로 제정되어 2014.9.29. 시행되었으며, 이하 '아동학대처벌법' 이라 한다)은 아동학대범죄의 처벌에 관한 특례 등을 규정함으로써 아동을 보호하여 아동이 건강한 사회 구성원으로 성장하도록 함을 목적으로 제정되었다. 아동학대처벌법 제2조 제4호 (타)목은 아동복지법 제71조 제1항 제2호, 제17조 제3호에서 정한 '아동의 신체에 손상을 주거나 신체의 건강 및 발달을 해치는 신체적 학대행위' [구 아동복지법(2011.8.4. 법률 제11002호로 전부 개정되기 전의 것) 제29조 제1호 '아동의 신체에 손상을 주는 학대행위' 에 상응하는 규정이다]를 아동학대범죄의 하나로 규정하고, 나아가 제34조는 '공소시효의 정지와 효력' 이라는 표제 밑에 제1항에서 "아동학대범죄의 공소시효는 형사소송법 제252조에도 불구하고 해당 아동학대범죄의 피해아동이 성년에 달한 날부터 진행한다." 라고 규정하며, 부칙은 "이 법은 공포 후 8개월이 경과한 날부터 시행한다." 라고 규정하고 있다. 이처럼 아동학대처벌법은 신체적 학대행위를 비롯한 아동학대범죄로부터 피해아동을 보호하기 위한 것으로서, 같은 법 제34조 역시 아동학대범죄가 피해아동의 성년에 이르기 전에 공소시효가 완성되어 처벌대상에서 벗어나지 못하도록 진행을 정지시킴으로써 보호자로부터 피해를 입은 18세 미만 아동을 실질적으로 보호하려는 취지이다. 이러한 아동학대처벌법의 입법 목적 및 같은 법 제34조의 취지를 공소시효를 정지하는 특례조항의 신설 · 소급에 관한 법리에 비추어 보면, 비록 아동학대처벌법이 제34조 제1항의 소급적용 등에 관하여 명시적인 경과규정을 두고 있지는 아니하나, 위 규정은 완성되지 아니한 공소시효의 진행을 일정한 요건 아래에서 장래를 향하여 정지시키는 것으로서, 시행일인 2014.9.29. 당시 범죄행위가 종료되었으나 아직 공소시효가 완성되지 아니한 아동학대범죄에 대하여도 적용된다(대법원 2016.9.28, 2016도7273).

죄 행위의 제지, ② 아동학대행위자를 피해 아동으로부터 격리, ③ 피해아동을 아동학대 관련 보호시설로 인도, ④ 긴급치료가 필요한 피해아동을 의료기관으로 인도하여야 한다(아동학대범죄의 처벌 등에 관한 특례법 제12조).

시·도지사 또는 시장·군수·구청장은 그 관할 구역에서 보호대상아동을 발견하거나 보호자의 의뢰를 받은 경우 아동의 최상의 이익을 위해 아동 또는 보호자에 대한 상담 및 지도, 아동을 보호·양육할 수 있도록 필요한 조치를 취하고 만약 이러한 조치가 적합하지 않다면 아동을 다른 가정에 위탁, 아동복지시설의 입소, 전문치료기관 입소 등의 조치를 취할 수 있다(아동학대범죄의 처벌 등에 관한 특례법 제23조).

(라) 아동학대행위자에 대한 임시조치

피해아동의 보호뿐만 아니라 아동학대행위자를 긴급하게 조치를 취하여야 하는 경우가 있다(아동학대범죄의 처벌 등에 관한 특례법 제19조). 판사는 아동학대범죄의 원활한 조사·심리 또는 피해아동 보호를 위하여 필요하다고 인정하는 경우에는 검사의 청구에 의하여 결정으로 아동학대행위자에게 임시조치를 할 수 있다.

친권자에 의해 아동학대가 발생한 경우 시·도지사, 시장·군수·구청장 또는 검사는 아동의 친권자가 그 친권을 남용하거나 현저한 비행이나 아동학대, 그 밖에 친권을 행사할 수 없는 중대한 사유를 발견한 경우 아동의 의견을 존중하여 아동의 복지를 위해 법원에 친권행사의 제한 또는 친권상실의 선고를 청구할 수 있다(아동학대범죄의 처벌 등에 관한 특례법 제36조).[182]

182) 2015년 통계에 의하면 아동학대 행위 11,715건 중 부모에 의한 아동학대행위가 9,348건으로 대부분의 아동학대 사건은 부모에 의해 이루어지고 있음을 알 수 있다.

2. 데이트폭력과 법

(1) 데이트폭력의 개념과 실태

데이트 폭력은 최근 성폭력 범죄 내지 보복범죄, 상해·살인사건의 유형과 같이 잔인하고 흉포한 범죄로 변모하는 현상을 보이고 있다. 과거 스토킹 등으로 괴롭힘에 그친 양상보다 상습적이고 지속적인 폭력, 잔혹한 특성을 보이면서 강력범죄로의 악화되는 특징을 보이는 범죄유형이라 할 수 있다.

데이트 폭력이란, 남녀간 교제 과정에서 일어나는 육체적·언어적·정신적 폭력을 말한다. 물리족인 행위뿐만 아니라 정신적인 압박 및 권력 관계에서 우위를 차지하는 것 등 비물리적 행위도 포함된다.

데이트폭력 범죄는 경찰청 자료에 의하면, 2014년 6,675건, 2015년 7,692건, 2016년 8,367건, 2017년 10,303건으로 지속적으로 증가하고 있다.[183)]

〈데이트폭력 발생 현황〉

연도	2014	2015	2016	2017
명	6,675	7,692	8,367	10,303

2017년의 경우 데이트 폭력에 따른 폭행 · 상해는 7,552건으로 가장 많았고, 감금 · 협박이 1,189건, 주거침입 481건으로 그 뒤를 이었다. 특히 살인 · 살인미수도 67건이나 발생했다. 지난 5년(2012~2016년) 동안 데이트폭력으로 숨진 사람은 467명으로 집계됐다. 한 달 평균 여성 8명이 데이트폭력으로 목숨을 잃은

183) 2018년 1월 서울특별시가 지방자치단체 최초로 서울거주 여성 2,000명을 대상으로 데이트폭력 피해 실태조사를 실시한 결과 10명중 9명(88.5% · 1770명)이 데이트폭력을 경험한 것으로 나타났다. 데이트폭력 피해자 1,770명 중 22%가 '위협과 공포심'을, 24.5%가 '정신적 고통'을 느꼈다고 답했다. 10.7%는 신체적 피해를 입은 것으로 나타났다. 신체적 피해를 입은 190명 중 37.4%는 병원치료까지 받았다. 피해자 대부분은 사귄 후 1년 이내에 폭력이 시작됐다고 응답했다. 대응에 있어선 '별다른 조치를 취하지 않았다'가 과반을 차지했다. 서울시가 2018년 1월 발표한 데이트폭력 피해 실태조사에 따르면, 대다수 여성은 데이트폭력 원인으로 '가해자에 대한 미약한 처벌'(58.7%)을 꼽았다. 특히 데이트폭력 예방을 위한 정책으로 '가해자에 대한 법적 조치 강화'(73%)가, 피해 여성을 위한 정책으로는 '가해자 접근금지 등 신변보호 조치'(70.9%)가 가장 필요하다고 응답했다.

것으로 나타났다.

데이트폭력은 현재 별도의 법이 없어 통상적인 폭력범죄로 처벌이 이뤄지고 있다.[184] 데이트폭력은 살인 등 강력범죄가 아니면 대부분 단순폭행·협박 등의 혐의를 적용받아 벌금·구류에 그치거나 집행유예가 고작이다.

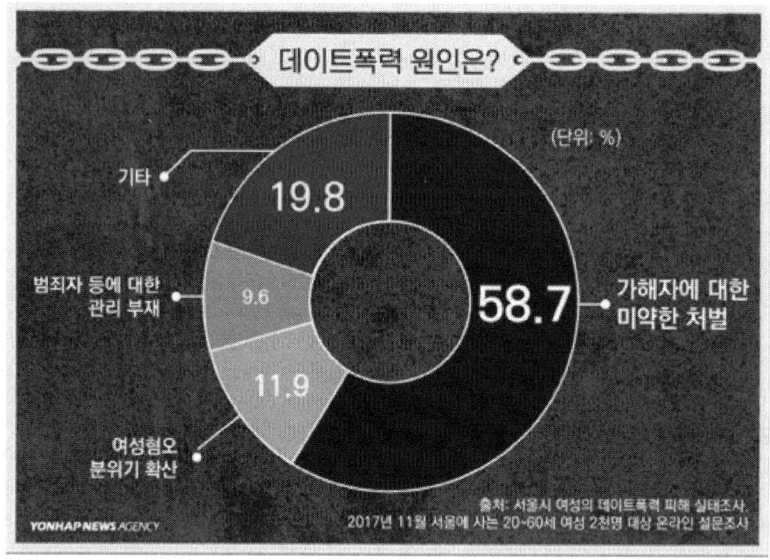

출처 : 연합뉴스, 2018.2.17

(2) 데이트 폭력의 유형과 특징

1) 데이트 폭력의 일반적 유형

데이트 폭력은 행위의 유형에 따라, 신체적 폭력, 정서적 폭력, 성적 폭력, 경제적 폭력, 행동통제에 대한 폭력으로 구분할 수 있다. 즉 데이트 폭력은 미혼 남녀가 상호간 합의 없이 일방적으로 한 사람이 상대방에게 신체적, 정서적, 경제적, 성적으로 해를 끼칠 의도로 행하는 것을 말한다.[185]

---

184) 영국은 남자친구의 전과를 조회할 수 있는 가정폭력전과공개제도, 일명 '클레어법' 을 시행하고 있다.

185) 박현정, "데이트 폭력의 유형과 대응방안에 관한 고찰", 「경찰법률논총」 제8호(2017), 169-193면 참조.

〈표 1〉 데이트 폭력의 유형

유형	폭력의 행태
신체적 폭력	•상대방을 위협 내지 협박, 힘이나 도구를 이용하여 고의로 상대에게 폭력을 가해 신체적 손상을 입히는 경우 예) 물건 집어 던지기, 흉기로 때리는 행위 등
정서적 폭력	•심리적 폭력이라고 하며, 상대방을 무시하고 비난하는 언어적인 폭력을 포함한 경우, 즉 자아개념을 손상시키는 행위 예) 폭언, 무시, 통제, 감시, 협박, 자해 등
경제적 폭력	•상대방에게 금품을 요구하거나 갈취하는 경우 예) 금전거래를 가장한 행위 등
성적 폭력	•원치 않는 상대에게 강압적으로 성 행위 강요 내지 성관계 영상 촬영 및 유포 예) 헤어진 연인 사이에 발생되는 '리벤지 포르노[186]' 문제
행동제약성폭력	•주변인들로부터 고립시키는 행위, 예) 휴대폰, 이메일, 개인블로그를 감시하는 행위, 모임의 제한 등 • 외모나 옷차림의 간섭이 심하며 항시 무엇을 하는지 알릴 것을 강요
디지털폭력	SNS 친구 관계 등에 간섭, 위협적인 문자나 사진을 반복적으로 전송하거나 ID와 비밀번호 공유를 강요, 연락에 강한 집착을 하며 자신의 연락에 즉각적으로 답변이 없는 경우 화를 냄

2) 데이트 폭력의 특성

데이트 폭력은 다른 범죄에 비해서 피해자 보호가 이루어지지 않는다는 점에서 폭력의 행태가 반복ㆍ지속된다는 특징을 갖는다. 피해자와 가해자는 연인관계라는 특수성 때문에 밀접한 관계를 유지하고 있고 이런 측면에서 가정폭력범죄에 매우 유사한 특징을 보인다고 할 수 있다. 또한 대부분의 데이트 관계에 있는 당사자 간에 공유하는 정보(사는 곳, 직장, 다니는 학교, 생활의 패턴, 상대방의 지인, 등)가 많기 때문에 다른 범죄에 비해 제2차 범죄 피해로 이

186) 리벤지 포르노는 스마트폰 등의 보급으로 헤어진 연인이나 배우자의 성적 사진 등을 인터넷에 유포하는 행위로 심각한 문제로 대두된다(김혁, "일본의 데이트폭력 대응법제에 관한 고찰", 「경찰학연구」 제16집 2호, 2016, p.106).

어질 수 있는 가능성, 즉 보복범죄의 가능성이 가장 높은 범죄라고 본다.

(3) 데이트 폭력의 위험신호와 대처방법

1) 데이트 폭력의 위험신호

데이트 상대가 다음과 같은 행동 중 하나라도 한다면 데이트폭력의 위험신호일 수 있다.[187] 다음 나열하는 사항을 보고 일회성이 아닌 반복적으로 이뤄진다면 데이트 폭력에 해당한다. ① 큰소리로 호통을 친다. ② 하루 종일 많은 양의 전화와 문자를 한다. ③ 통화내역이나 문자 등 휴대전화를 체크한다. ④ 옷차림이나 헤어스타일 등을 자신이 좋아하는 것으로 하게 한다. ⑤ 다른 사람들을 만나는 것을 싫어한다. ⑥ 날마다 만나자고 하거나 기다리지 말라는 데도 기다린다. ⑦ 만날 때마다 스킨십이나 성관계를 요구한다. ⑧ 과거를 끈질기게 캐묻는다. ⑨ 헤어지자고 하면 죽어버리겠다고(자살하겠다고) 한다. ⑩ 둘이 있을 때는 폭력적이지만 다른 사람과 함께 있으면 태도가 달라진다. ⑪ 싸우다가 외진 길에 나를 버려두고 간 적이 있다. ⑫ 문을 발로 차거나 물건을 던진다.

2) 데이트 폭력의 대처방법

데이트폭력에 대한 대처방법으로는 첫째, 주위에 도움을 요청해야 한다는 것이다. 데이트폭력은 가정폭력 · 성폭력과 달리 연인(戀人)이라는 관계의 특성상 다른 사람들에게 남녀 간의 사랑싸움으로 치부되어 외면당하기 쉽고, 지속적이고 반복적으로 범죄가 발생하며 재범률 또한 높은 편(76%)으로 가족 또는 친구에게 상황을 알려 도움을 요청하고 함께 대응해야 한다.

둘째, 데이트 폭력 '증거 수집'을 하는 것이다. 전화 내용은 녹음하고, 문자메시지나 카카오톡 등 SNS상의 대화내용은 지우지 말고 보존하며, 물리적

187) 서울시와 한국여성의전화가 공동으로 제작한 〈데이트 폭력 대응을 위한 안내서〉 참조.

폭행이 발생했으면 진단서를 발급받고, 폭행 부위를 촬영해 두는 것이다.

3. 몰래카메라 범죄와 법

(1) 카메라 등을 이용한 촬영과 처벌

대검찰청의 범죄분석 통계에 따르면, '카메라 등 이용촬영 범죄'는 2007년 564건에서 2015년 7730건으로 폭증하여 전체 성폭력 범죄의 24.9%에 이를 정도로 증가하였다. 반면 대검찰청 검찰연감을 보면, '카메라 등 이용촬영 범죄'의 기소율은 2010년 72.6%(666건 중 484건 기소)에서 2016년에는 31.5%(5852건 중 1846건 기소)로 비율이 절반 이하로 뚝 떨어졌다. 몰래카메라촬영물은 SNS나 인터넷을 통해 삽시간에 무차별적으로 유포되고 피해자가 나중에 이를 알더라도 이미 유포된 촬영물을 다 찾아 삭제하는 것은 사실상 불가능하기 때문에 피해자의 고통은 상상을 초월한다.[188)]

카메라나 그 밖에 이와 유사한 기능을 갖춘 기계장치를 이용하여 성적 욕망 또는 수치심을 유발할 수 있는 다른 사람의 신체를 그 의사에 반하여 촬영하거나 그 촬영물을 반포·판매·임대·제공 또는 공공연하게 전시·상영한 자는 5년 이하의 징역 또는 1천만원 이하의 벌금에 처한다(성폭력범죄의 처벌 등에 관한 특례법 제14조 제1항).[189)] 촬영이 촬영 당시에는 촬영대상자의 의사에 반

188) 이근우, "불법촬영물 삭제비용, 가해자 부담 법제화", 「법률신문」 2018년 6월 25일.

189) 성폭력범죄의 처벌 등에 관한 특례법(이하 '성폭력처벌법' 이라고 한다) 제14조 제1항, 제2항, 제3항에 의하면, 성폭력처벌법 제14조 제1항의 촬영의 대상은 '성적 욕망 또는 수치심을 유발할 수 있는 다른 사람의 신체' 라고 보아야 함이 문언상 명백하므로 위 규정의 처벌 대상은 '다른 사람의 신체 그 자체' 를 카메라 등 기계장치를 이용해서 '직접' 촬영하는 경우에 한정된다고 보는 것이 타당하므로, 다른 사람의 신체 이미지가 담긴 영상도 위 조항의 '다른 사람의 신체' 에 포함된다고 해석하는 것은 법률문언의 통상적인 의미를 벗어나는 것이어서 죄형법정주의 원칙상 허용될 수 없고, 성폭력처벌법 제14조 제2항 및 제3항의 촬영물은 '다른 사람' 을 촬영대상자로 하여 그 신체를 촬영한 촬영물을 뜻하는 것임이 문언상 명백하므로, 자의에 의해 스스로 자신의 신체를 촬영한 촬영물까지 위 조항에서 정한 촬영물에 포함시키는 것은 문언의 통상적인 의미를 벗어난 해석이다(대법원 2018.3.15, 2017도21656).

하지 아니하는 경우에도 사후에 그 의사에 반하여 촬영물을 반포·판매·임대·제공 또는 공공연하게 전시·상영한 자는 3년 이하의 징역 또는 500만원 이하의 벌금에 처한다(성폭력범죄의 처벌 등에 관한 특례법 제14조 제2항). 영리를 목적으로 제1항의 촬영물을 「정보통신망 이용촉진 및 정보보호 등에 관한 법률」 제2조 제1항 제1호의 정보통신망을 이용하여 유포한 자는 7년 이하의 징역 또는 3천만원 이하의 벌금에 처한다(성폭력범죄의 처벌 등에 관한 특례법 제14조 제3항).

(2) 불법촬영물로 인한 피해자에 대한 지원

국가는 「성폭력범죄의 처벌 등에 관한 특례법」 제14조에 따른 촬영물이 「정보통신망 이용촉진 및 정보보호 등에 관한 법률」 제2조 제1항 제1호의 정보통신망에 유포되어 피해를 입은 사람에 대하여 촬영물의 삭제를 위한 지원을 할 수 있다(성폭력방지 및 피해자보호 등에 관한 법률 제7조의3 제1항).

촬영물 삭제 지원에 소요되는 비용은 「성폭력범죄의 처벌 등에 관한 특례법」 제14조에 해당하는 죄를 범한 성폭력행위자가 부담한다(성폭력방지 및 피해자보호 등에 관한 법률 제7조의3 제2항). 국가가 촬영물 삭제 지원에 소요되는 비용을 지출한 경우, 성폭력행위자에 대하여 구상권(求償權)을 행사할 수 있다(성폭력방지 및 피해자보호 등에 관한 법률 제7조의3 제3항).

제 11 장 형사사건의 절차와 법률생활

1. 수사절차

수사절차는 수사개시의 단서 → 입건 → 체포 → 구속 또는 불구속→ 송치 → 기소 또는 불기소 → 수사종결의 순서로 진행된다.

① 수사개시의 단서에는 불심검문, 현행범인, 변사자의 검시, 고소[190]·고발[191], 자수, 풍문(風聞)이나 신문기사 등을 인지(認知)하여 수사를 하게 된다.

② 수사기관이 수사를 개시할 때에는 각 수사기관에 비치하고 있는 [사건부(事件簿)]라는 장부에 번호를 부여하여 기재를 하게 되는데 이것을 입건(立件)한다고 한다. 입건이 되어 사건부에 이름이 오르면 그 사람은 형사소송법상 '피의자'가 되는 것이다. 그러나 어떤 범죄에 대하여 범인이라고 상당한 의심이 가는 사람이 있으나 범인이라는 뚜렷한 혐의가 아직 발견되지 않은 경우 그 사람을 흔히 '용의자'라고 한다.

③ 입건된 피의자가 죄를 범하였다고 의심할 만한 상당한 이유가 있고 정당한 이유 없이 출석요구에 응하지 아니하거나 응하지 않을 우려가 있을 때에는 피의자를 체포할 수 있다. 체포를 하기 위해서는 원칙적으로 판사가 발부한 '체포영장'이 있어야 한다. 체포영장은 검사의 청구에 의하여 판사가 발부한다. 그러나 수사기관은 범죄가 무겁고 긴급한 사정이

190) 고소(告訴)는 범죄의 피해자 등 고소권을 가진 사람이 수사기관에 대하여 범죄사실을 신고하여 범인을 처벌해 달라고 요구하는 것을 말한다.

191) 고발(告發)은 범죄의 피해자나 고소권자가 아닌 제3자가 수사기관에 대하여 범죄사실을 신고하여 범인을 처벌해 달라는 의사표시를 말한다.

있어서 판사의 체포영장을 발급 받을 시간적 여유가 없을 때에는 영장 없이 피의자를 '긴급체포'할 수 있다. 체포 또는 긴급체포한 피의자를 구속하고자 할 때에는 체포한 때부터 48시간 이내에 판사에게 구속영장을 청구하여야 한다. 만약, 그 기간이내에 구속영장을 청구하지 아니하거나 구속영장을 발부 받지 못한 때에는 피의자를 즉시 석방하여야 한다.

④ 수사는 불구속 상태에서 하는 것이 원칙이다. 구속은 예외적인 경우로서, 수사기관이 수사를 한 결과 범죄가 무겁고 일정한 주거가 없거나 도망 또는 증거인멸의 염려가 있는 경우에는 피의자를 구속할 수 있다. 구속하기 위하여는 증거가 있어야 하고 반드시 판사가 발부한 구속영장이 있어야 한다. 구속기간은 경찰에서 10일이고, 경찰은 10일 이내에 검사에게 송치하거나 석방하여야한다. 검사의 구속기간도 10일 이내이나 1차에 한하여 구속기간을 연장할 수 있다. 따라서 수사기관에서의 최장 구속기간은 30일로 제한되어 있다. 그러나 국가보안법 위반사건(국가보안법 제3조~10조)의 경우에는 사법경찰관에게 1회, 검사에게 2회의 연장이 허용되기 때문에 최장 50일까지 구속일수가 연장된다.

⑤ 사법경찰관은 수사한 모든 형사사건에 대하여 기록과 증거물 및 구속한 피의자를 검찰청에 보내야 하는데 이것을 '송치'(送致)라고 한다.

⑥ 검사는 경찰로부터 송치받은 사건이나 직접 인지(認知)하여 수사한 사건에 대하여 피의자가 재판을 받을 만한 충분한 증거와 객관적 혐의를 있다고 인정될 때에는 법원에 공소를 제기한다. 이 공소의 제기를 줄여서 기소(起訴)라고 한다. 검사에 의하여 기소된 사람은 피고인(被告人)이라고 한다. 수사종결과 공소의 제기는 검사만이 할 수 있다. 검사가 사건을 수사한 결과 재판에 회부하지 않는 것이 옳다고 판단되는 경우에는 기소를 하지 않고 사건을 종결하는데 이것을 '불기소 처분'이라고 한다. 불기소처분에는 기소유예와 무혐의 처분 등이 있다.

⑦ 검사에 의하여 기소 또는 불기소가 있으면 그것으로 수사는 종결된다.

2. 고소방법과 고소기간

(1) 고소권자

고소는 수사기관에 해야 한다. 대통령이나 국무총리, 법무부장관 등 수사기관이 아닌 고위공직자에게 고소장을 제출하는 것은 해당 수사기관으로 고소장이 전달되기는 하나 전달되기까지는 상당한 기간이 소요되므로 그만큼 수사가 지연되어 고소인에게 손해가 되고 국가의 행정력이 낭비되게 되므로 고소는 반드시 수사기관에 해야 한다.

고소는 모든 범죄의 피해자와 피해자가 무능력자(無能力者)인 경우에는 법정대리인, 그리고 피해자가 사망한 경우의 배우자, 직계친족, 형제자매가 할 수 있다. 다만 자기의 배우자의 직계존속 즉 부모나 시부모, 장인·장모 등은 원칙적으로 고소할 수 없다. 예외적으로 직계존속으로부터 성폭력을 당했을 경우에는 직계존속이라도 고소할 수 있다(성폭력범죄의처벌및피해자보호등에관한법률 제18조).

친고죄(親告罪)[192]에서 고소권자가 없는 경우는 이해관계인의 신청에 의하여 검사(檢事)가 10일 이내에 고소권자를 지정한다.

(2) 고소의 방식

고소를 하는 방식에는 제한이 없다. 직접 수사기관에 출석하여 구두로 고소할 수도 있고, 고소장(告訴狀)을 작성하여 제출할 수도 있다. 고소장은 일정한 양식이 없고 고소인과 피고소인의 인적사항, 피해를 입은 내용, 처벌을 원한다는 뜻만 들어 있으면 된다.[193] 반드시 무슨 죄에 해당하는지를 기재할 필요는 없다. 그러나 피해사실 등의 내용이 무엇인지 알 수 있을 정도로 명확하고 특정되어야 한다. 가명이나 다른 사람의 명의를 도용하여 고소해서는 안된다.

---

192) 피해자의 명예와 입장을 고려하여 피해자의 고소가 없으면 처벌할 수 없는 죄를 친고죄라 한다.

193) 단순한 피해내용·도난신고 등은 고소가 아니다.

(3) 고소기간

고소는 원칙상 기간의 제한이 없다. 그러나 예외적으로 친고죄에서는 범인을 알게 된 날로부터 6개월 이내에 고소하여야 한다. 단, 고소할 수 없는 불가항력의 사유가 있는 때에는 그 사유가 없어진 날로부터 기산한다(형사소송법 제230조).[194] 또한, 결혼을 위한 약취·유인죄는 결혼이 무효 또는 취소된 날로부터 6개월 이내에 고소하여야 한다.

3. 고소의 취소와 포기

(1) 고소의 취소

고소의 취소라 함은 일단 제기한 고소를 철회하는 행위를 말한다. 고소의 취소권자는 고소인 및 피해자이다. 고소취소의 시기는 친고죄의 경우 1심 판결선고 전까지 취소할 수 있다. 비친고죄의 고소도 취소는 할 수 있으며 취소기간에는 제한이 없다.

고소취소의 방식은 구두 또는 서면으로 할 수 있다. 고소의 취소는 대리에 의해서도 할 수 있다.

고소를 취소한 자는 다시 고소하지 못한다. 고소취소에는 고소불가분(告訴不可分)의 원칙[195]이 적용된다.

194) "「형사소송법」 제230조 제1항 본문은 "친고죄에 대하여는 범인을 알게 된 날로부터 6월을 경과하면 고소하지 못한다" 고 규정하고 있는바, 여기서 범인을 알게 된다 함은 통상인의 입장에서 보아 고소권자가 고소를 할 수 있을 정도로 범죄사실과 범인을 아는 것을 의미하고, 범죄사실을 안다는 것은 고소권자가 친고죄에 해당하는 범죄의 피해가 있었다는 사실관계에 관하여 확정적인 인식이 있음을 말한다(대법원 2001.10.9. 선고 2001도3106 판결 등 참조)" (대법원 2010.7.15, 2010도4680).

195) 고소불가분의 원칙이란, 친고죄의 공범 중 1인 또는 수인에 대한 고소 또는 고소의 취소는 다른 공범자에 대하여도 효력이 발생한다는 원칙을 말한다. 이 원칙은 친고죄의 고소에만 적용된다. 이 원칙에는 객관적 고소불가분의 원칙과 주관적 고소불가분의 원칙이 있다. ① 객관적 고소불가분의 원칙은 친고죄의 공범 중 1개의 범죄사실의 일부에 대한 고소 또는 그 취소는 그 범죄 사실의 전부에 효력이 발생한다는 원칙을 말한다. ② 주관적 고소불가분의 원칙은 친고죄의 공범자 중 1인 또는 수인에 대한 고소 또는 그 취소는 다른 공범자 전원에 대하여도 그 효력이 발생한다는 원칙을 말한다.

(2) 고소의 포기

고소의 포기란 고소권자가 수사기관에 대하여 친고죄의 고소기간 내에 고소권을 행사하지 아니한다는 의사표시를 말한다. 또한 반의사불벌죄(反意思不罰罪)[196)]의 경우 처음부터 처벌을 원하지 아니한다는 의사표시도 동일한 효력을 갖는다.

고소권의 포기를 인정할지 여부에 대해서는 학설이 대립하고 있다. 고소권의 포기를 긍정하는 견해는 소송경제라는 관점, 피해자의 의사를 존중한다고 하는 점 등을 들어 긍정하는 입장이다. 판례는 형사소송법에 고소의 취소에 대한 명문규정이 있으나 고소 포기에 대해서는 명문규정이 없으므로 고소 전에 고소권을 포기할 수 없다는 입장이다.

4. 불기소처분에 대한 구제제도

수사의 종결이란 공소제기 여부를 결정할 수 있을 정도로 피의사건이 해명되었을 때 검사가 수사절차를 종료하는 처분을 말한다. 수사의 결과 검사가 내릴 수 있는 수사종결처분에는 공소제기[197)], 불기소처분, 기타 처분(타관송치[198)], 군검찰관송치[199)], 소년부송치[200)])이 있다.

불기소처분(不起訴處分)이란 검사가 사건을 수사한 결과 재판에 회부하지 않

196) 반의사불벌죄란 피해자의 고소가 없어도 수사기관이 수사해서 처벌할 수 있는 죄이지만, 피해자가 처벌을 원치 않는다는 의사표시를 나타내면 처벌하지 못하는 죄를 말한다. 반의사불벌죄의 대표적인 것으로 폭행죄를 들 수 있다.

197) 공소제기(公訴提起)는 검사가 수사의 결과 범죄의 객관적 혐의가 충분하고 소송조건을 구비하여 유죄판결을 받을 수 있다고 인정할 때 하는 수사 종료 절차의 하나이다(형사소송법 제246조 참조).

198) 타관송치(他官送致)란 사건이 소속 검찰청에 대응한 법원의 관할에 속하지 아니란 때에는 사건을 서류와 증거물을 함께 관할법원에 대응한 검찰청 검사에게 송치하는 것을 말한다(형사소송법 제256조 참조).

199) 군검찰관송치란 사건이 군사법원의 재판권에 속하는 때에 사건을 서유와 증거물을 재판권을 가진 관할군사법원 검찰부 검찰관에게 송치하는 것을 말한다.

200) 20세 미만의 소년에 대한 피의사건의 수사결과 벌금 이하의 형에 해당하는 범죄이거나 보호처분에 해당하는 사유가 있다고 인정한 때에는 관할 가정법원 또는 지방법원 소년부에 송치하는 것을 말한다(소년법 제49조).

는 것이 상당하다고 판단되는 경우에 공소의 제기(공소의 제기를 줄여서 '기소'라 한다)를 하지 않고 사건을 종결하는 것을 말한다. 불기소처분의 종류에는 혐의 없음[201], 죄가 안됨[202], 공소권 없음[203], 기소유예(起訴猶豫)[204], 기소중지(起訴中止)[205] 등이 있다.

검사는 고소·고발을 수리한 날로부터 3월 이내에 수사를 완료하여 공소제기의 여부를 결정하여야 한다(형사소송법 제257조). 검사는 공소를 제기하거나 제기하지 아니하는 처분 또는 타관송치를 한 때에는 그 처분을 한 날로부터 7일 이내에 서면으로 고소인 또는 고발인에게 그 취지를 통지해야 한다(형사소송법 제258조 제1항). 고소인·고발인에 대한 통지는 검사의 기소독점주의(起訴獨占主義)[206]에 대한 규제로서 고소인·고발인의 권리를 보호하기 위한 것이다.

검사의 불기소처분에 대한 권리구제 방법으로는 재정신청(裁定申請), 검찰항고, 헌법소원이 있다. 재정신청은 공무원의 직권남용죄(형법 제123~125조)에 대한 검사의 불기소처분만이 대상이 된다. 따라서 이 이외의 범죄는 항고나 헌법소원이 가능할 뿐이다.

(1) 재정신청

재정신청(裁定申請)이란 고소권자로서 고소를 한 자가(「형법」 제123조부터 제126조까지의 죄에 대하여는 고발을 한 자를 포함한다.) 검사로부터 공소를

201) 피의사실이 인정되지 아니하거나 피의사실을 인정할 만한 충분한 증거가 없는 경우 또는 피의사실이 범죄를 구성하지 아니한 경우이다.

202) 피의사실이 범죄구성요건에 해당하나 법률상 범죄의 성립을 조각하는 사유가 있어 범죄를 구성하지 아니하는 경우이다. 예를 들면, 형사미성년자의 경우 죄안됨결정을 한다.

203) 피의사건에 관하여 소송조건이 결여되었거나 형이 면제되는 경우이다.

204) 기소유예란 피의사건에 관하여 범죄의 혐의가 인정되고 소송조건이 구비되었으나, 형법 제51조의 사항인 범인의 연령, 성행, 지능과 환경, 범행의 동기, 수단과 결과, 범행 후의 정황 등을 참작하여 공소를 제기하지 아니하는 경우를 말한다(형사소송법 제247조 제1항).

205) 피의자의 소재불명 또는 참고인 중지의 사유 외의 사유로 수사를 종결할 수 없는 경우에 그 사유가 해소될 때까지 하는 처분을 말한다.

206) 기소독점주의란 범죄를 기소하여 소추(訴追)하는 권리를 국가기관인 검사만이 가지고 있는 것을 말한다(형사소송법 제246조).

제기하지 않는다는 통지를 받은 때에는 그 검사소속의 고등검찰청에 대응하는 고등법원에 그 당부에 관한 재정을 신청하는 것을 말한다(형사소송법 제260조).[207] 재정신청의 대상은 모든 범죄에 대한 검사의 불기소처분이다. 불기소처분의 이유에도 제한이 없다. 따라서 협의의 불기소처분뿐만 아니라 기소유예처분에 대하여도 재정신청을 할 수 있다.

재정신청권자는 검사로부터 불기소처분의 통지를 받은 고소인 또는 고발인이다. 재정신청은 대리인에 의해서도 가능하나, 고소·고발을 취소한 자는 할 수 없다.

재정신청은 불기소처분통지를 받은 날로부터 10일 이내에 서면으로 불기소처분을 한 검사소속의 지방검찰청 검사장 또는 지청장을 경유하여 그 검사 소속의 고등검찰청에 대응하는 고등법원에 신청하여야 한다(형사소송법 제260조). 고소인 또는 고발인이 수인인 경우 공동신청권자 중 1인의 신청은 그 전원을 위해 효력을 발생한다(형사소송법 제264조 제1항). 재정신청이 있을 때에는 재정결정이 있을 때까지 공소시효(公訴時效)[208][209]진행이 정지된다.[210] 재정신청

---

207) 재정신청이란 고소인 또는 고발인이 검사로부터 공소를 제기하지 아니한다는 통지를 받으면 그에 대한 항고나 재항고의 불복절차를 거치지 아니하고 곧바로 제기할 수 있는 것이므로, 형사소송법(刑事訴訟法) 제260조 제1항이 재정신청의 대상을 형법(刑法) 제123조 내지 제125조의 죄에 한정한 관계로 그 밖의 다른 범죄의 고소인 또는 고발인이 법원에 재정신청을 할 수 없게 됨으로써 받게 되는 권리침해는 그 범죄에 대한 불기소처분일에 발생하는 것이다. 따라서 이에 대한 헌법소원의 청구기간의 기산일인 헌법재판소법(憲法裁判所法) 제69조 제1항 소정의 "사유가 발생한 날" 은 불기소처분일이고, "사유가 발생하였음을 안 날" 은 불기소처분통지를 받은 날이다(헌재 전원재판부 1996. 8. 29, 93헌마216).

208) 공소시효란 범행 후 공소제기 없이 일정한 기간이 경과하면 공소권이 소멸되는 것을 말한다. 공소시효의 존재이유는 시간의 경과에 따른 가벌성의 감소라는 사실관계를 존중하고 증거의 확보가 어려운 점, 장기간의 도피생활로 인하여 처벌받은 것과 같은 상태가 된다는 점이다. 공소시효는 범죄행위의 종료한 때로부터 진행한다. 공범에는 최종행위의 종료한 때로부터 전공범에 대한 시효기간을 기산한다(형사소송법 제252조).

209) 형사소송법 제249조(공소시효의 기간) ①공소시효는 다음 기간의 경과로 완성한다.

1. 사형에 해당하는 범죄에는 25년
2. 무기징역 또는 무기금고에 해당하는 범죄에는 15년
3. 장기 10년 이상의 징역 또는 금고에 해당하는 범죄에는 10년
4. 장기 10년 미만의 징역 또는 금고에 해당하는 범죄에는 7년
5. 장기 5년 미만의 징역 또는 금고, 장기10년 이상의 자격정지 또는 벌금에 해당하는 범죄에는 5년

은 고등법원의 재정결정이 있을 때까지 취소할 수 있고, 재정신청을 취소한 자는 다시 재정신청을 할 수 없다(형사소송법 제264조 제2항). 재정신청의 취소는 다른 공동신청권자에게 그 효력이 미치지 않는다(형사소송법 제264조 제3항).

(2) 검찰항고

검사의 불기소처분에 불복이 있는 고소인 또는 고발인은 그 검사가 속하는 지방검찰청 또는 지청을 거쳐 서면으로 관할 고등검찰청의 장에게 항고할 수 있다(검찰청법 제10조 제1항). 항고를 기각하는 처분에 대하여는 검찰총장에게 재항고할 수 있다(검찰청법 제10조 제3항).

항고 또는 재항고는 불기소처분의 통지 또는 항고기각 결정통지를 받은 날로부터 30일 내에 하여야 한다(검찰청법 제10조 제4항). 재정신청을 한 때에는 항고하지 못한다. 항고한 자가 재정신청을 한 때에는 그 항고는 취소한 것으로 본다.

(3) 헌법소원

헌법소원(憲法訴願)이란 공권력의 행사 또는 불행사로 인하여 헌법상 보장된 기본권을 침해받은 자가 헌법재판소에 그 권리의 구제를 청구하는 것을 말한다(헌법재판소법 제68조).

---

6. 장기 5년 이상의 자격정지에 해당하는 범죄에는 3년
7. 장기 5년 미만의 자격정지, 구류, 과료 또는 몰수에 해당하는 범죄에는 1년

② 공소가 제기된 범죄는 판결의 확정이 없이 공소를 제기한 때로부터 25년을 경과하면 공소시효가 완성한 것으로 간주한다.

210) 공소시효가 정지되는 사유에는 공소의 제기, 범인의 국외도피, 재정신청, 소년보호사건의 심리개시결정 네 가지가 있다. ① 공소시효는 공소의 제기로 진행이 정지되고 공소기각 또는 관할위반의 재판이 확정된 때로부터 다시 진행한다(형사소송법 제253조 제1항). ② 범인이 형사처분을 면할 목적으로 국외에 있는 경우 그 기간 동안 공소시효는 정지된다(형사소송법 제253조 제3항). ③ 재정신청이 있으면 재정결정이 확정될 때까지 공소시효의 진행이 정지된다(형사소송법 제262조의4 제1항). ④ 소년보호사건에 대하여 소년부판사가 심리개시의 결정을 한 때에는 그 사건에 대한 보호처분의 결정이 확정될 때까지 공소시효의 진행이 정지된다(소년법 제54조).

불기소처분에 대한 헌법소원의 요건은 ① 헌법상 보장된 자기의 기본권이 공권력의 행사 또는 불행사로 인하여 직접적·현실적으로 침해당하였을 것, ② 다른 법률에 구제절차가 있는 경우에는 그 절차를 모두 거친 경우가 아니면 헌법소원을 제기할 수 없다.[211]

헌법소원이 대상이 되는 검사의 불기소처분에는 협의의 불기소처분(혐의 없음, 죄가 안됨, 공소권 없음), 기소유예, 기소중지 등이 그 대상이 된다.[212] 헌법소원의 청구권자는 고소인이나 피의자이며 고발인에게는 청구권이 인정되지 않는다. 헌법소원의 청구기간은 검찰항고나 재정신청에 대한 최종결정을 받은 후 30일 이내에 청구하여야 한다.

헌법소원을 인용한 경우에 헌법재판소는 기본권침해의 원인이 된 공권력의 행사를 취소하거나 그 불행사가 위헌임을 확인할 수 있다(헌법재판소법 제75조 제3항). 헌법재판소가 공권력의 불행사에 대한 헌법소원을 인용하는 결정을 한 때에는 피청구인은 결정취지에 따라 새로운 처분을 하여야 한다(헌법재판소법 제75조 제4항).

5. 공판절차

공판절차란 넓은 의미로는 공소제기 후에 범죄의 유무와 형벌에 관해 법원이 심판하게 되는 소송절차 종료까지의 모든 절차를 말하며, 좁은 의미로는 공판절차 가운데 특히 공판기일의 절차를 말한다.

공판절차는 현행 형사소송법이 공소장일본주의[213]를 채택하여 법원의 심리를

211) 헌법소원은 검찰항고 또는 재정신청 등 다른 절차를 모두 거친 후에야 청구가 가능하다. 검찰항고나 재정신청 절차를 거치지 아니 하고 곧바로 헌법소원을 신청한 경우 각하결정이 내려진다.

212) 수사 중인 사건은 공권력의 행사불행사가 없었다는 이유로 헌법소원의 대상에서 제외된다.

213) 공소장일본주의(公訴狀一本主義)라 함은 공소를 제기함에는 공소장을 관할법원에 제출하여야 하며(형사소송법 제

공판절차에 집중함으로써 공판중심주의[214]를 확립하고 있기 때문에 그 중요성은 매우 크다.

(1) 공판절차의 기본원칙

피고인의 권리보호와 재판의 공정을 기하기 위해 공개주의, 구두변론주의, 직접주의, 집중심리주의가 공판절차의 기본원칙으로 지배하고 있다.

(가) 공개주의

공개주의(公開主義)란 일반국민에게 법원의 재판과정에 대한 방청을 허용하는 것을 말한다.[215] 헌법 제27조 제2항의 재판을 받을 권리, 공개재판의 원칙(헌법 제109조) 등이 법적 근거이다. 공개주의는 재판과정을 공개해야 하는 것일 뿐이므로 수사절차에는 적용되지 않는다.[216]

공개주의는 누구나 특별한 어려움 없이 공판기일과 장소를 알 수 있고, 공판정에 출입할 가능성이 부여된다는 점을 그 내용으로 한다.

공개주의도 절대적으로 보장될 것을 요하는 원칙은 아니다. 헌법 제109조 단서와 법원조직법 제57조 제1항 단서는 "심리는 국가의 안전보장, 안녕질서 또는 선량한 풍속을 해칠 우려가 있는 경우에는 결정으로 공개하지 아니할 수 있다"고 규정하고 있다. 공개주의의 적용이 배제되는 경우로는 방청인의 제한,[217] 특수사건의 비공개,[218] 퇴정명령[219]을 들 수 있다.[220]

254조 제1항), 공소장에는 사건에 관하여 법원에 예단이 생기게 할 수 있는 서류 기타 물건을 첨부하거나 그 내용을 인용하여서는 아니된다(형사소송법규칙 제118조 제2항). 이와 같이 공소제기시에 법원에 제출하는 것은 공소장 하나이며 공소사실에 대한 증거는 물론 법원에 예단을 생기게 할 수 있는 것은 증거가 아니더라도 제출할 수 없다는 원칙을 말한다(이재상·조균석, 형사소송법, 박영사, 2016, 399면).

214) 공판중심주의는 공판기일 외에서 수집된 증거를 공판기일의 심리에 집중시키고 피고사건의 실체에 대한 심증형성도 공판심리에 의할 것을 요구한다.

215) 공개주의에 대립하는 개념으로 밀행주의(密行主義), 당사자 공개주의가 있다. 밀행주의란 일체의 방청을 허용하지 않고 비밀리에 재판을 진행하는 주의를 말하며, 당사자 공개주의란 재판과 일정한 관계가 있는 사람에게만 방청을 허용하는 주의이다.

216) 소년보호사건의 심리에는 원칙적으로 공개주의가 적용되지 않는다(소년법 제24조 제2항).

217) 법정의 크기에 따라 방청인 수를 제한하거나, 법정의 질서유지를 위하여 특정한 사람의 방청을 허용하지 않는 것

(나) 구두변론주의

구두변론주의(口頭辯論主義)란, 당사자의 구두에 의한 변론을 근거로 심리·재판하여야 한다는 원칙을 말한다. 구두변론주의는 일반적으로 구두주의와 변론주의로 나눌 수 있다. 구두주의란 구두에 의해 제공된 소송자료를 근거로 재판해야 한다는 주의로 서면주의와 대립하는 개념이다. 변론주의는 당사자의 변론 즉, 당사자 상호간의 주장과 입증에 의하여 재판하는 주의를 말한다.

(다) 직접주의

직접주의란 법원이 공판기일에 공판정에서 직접 조사한 증거만을 재판의 기초로 삼을 수 있다는 원칙이다. 직접주의는 법관에게는 피고사건에 대한 정확한 심증형성을 형성하게 할 수 있고, 피고인에게는 직접적인 의견진술의 기회를 주기 위해 요구되는 원칙이다.

(라) 집중심리주의

집중심리주의(集中審理主義)란 심리에 2일 이상을 요하는 사건은 연일 계속적으로 심리해야 한다는 원칙을 말한다. 이 원칙은 신속한 재판의 이념을 실현할 뿐만 아니라 공정한 재판과 심증형성의 합리성을 보장할 수 있다.

은 공개주의에 위배되지 않는다.

218) 사건의 내용이 국가의 안전보장·안녕질서 또는 선량한 풍속을 해칠 우려가 있는 경우에는 심리를 공개하지 않을 수 있다. 다만 공개하지 않을 수 있는 것은 심리에 한하므로 판결선고의 비공개는 허용될 수 없다.

219) 특정인에 대한 퇴정명령에 의하여 방청을 허용하지 않는 것도 공개주의에 반하는 것은 아니다. 재판장은 ① 재판장의 허가없이 녹음, 녹화, 촬영, 중계방송 등을 하는 자, ② 음식을 먹거나 흡연을 하는 자, ③ 법정에서 떠들거나 소란을 피우는 등 재판에 지장을 주는 자에 해당하는 자에 대하여 이를 제지하거나 또는 퇴정을 명할 수 있다(법정 방청 및 촬영 등에 관한 규칙 제3조).

220) 이재상·조균석, 형사소송법, 429면.

(2) 공판절차

공판절차는 공판준비절차와 공판기일의 절차로 나누어지는데 공판기일절차는 공판정에서 행하여지는 구두변론과 증거조사 등이다.

(가) 공판정

공판정(公判廷)은 판사와 서기관 또는 서기가 열석하고 검사가 출석하여 개정한다(형사소송법 제275조 제3항).[221] 피고인은 소송당사자로서 공판기일에 출석하여 공소사실에 대하여 진술할 권리가 있으므로 피고인이 출석하지 아니한 때에는 특별한 규정이 없으면 개정(開廷)하지 못한다. 변호인의 출석은 반드시 공판개정의 요건은 아니다.[222]

(나) 공판기일의 절차

공판기일의 절차는 크게 ① 모두 절차 → ② 사실심리절차 → ③ 판결선고절차순으로 이루어진다. 모두절차는 인정신문 → 검사의 모두진술 → 진술거부권 등의 고지 → 피고인의 모두진술, 사실심리절차는 피고인신문 → 증거조사 → 소송관계인의 의견진술(변론) 순으로 이루어진다.

① 인정신문

인정신문(人定訊問)이란 실질심리 이전에 피고인으로 출석한 자가 공소장(公訴狀)에 기재된 피고인과 동일한 자인지를 확인하는 절차를 말한다. 형사소송법은 "재판장은 피고인의 성명·연령·본적·주거와 직업을 물어서 피고인임에 틀림없음을 확인해야 한다"고 규정하고 있다(형사소송법 제284조).

---

221) 검사의 출석은 공판개정의 요건이다(형사소송법 제275조 제2항). 그러나 공판기일의 통지를 2회 이상 받고도 출석하지 아니한 때에는 검사의 출석없이 개정할 수 있다. 판결만을 선고하는 때에 검사의 출석없이 개정할 수 있다(형사소송법 제278조 후단).

222) 사형·무기 또는 단기 3년 이상의 징역이나 금고에 해당하는 필요적 변론사건에 관하여는 변호인 없이 개정하지 못한다.

② 검사의 모두진술

검사의 모두진술(冒頭陳述)은 사실심리에 들어가기 전에 검사가 사건의 개요와 입증방침을 밝히는 것을 말한다. 모두진술은 법원의 소송지휘의 기초를 제공하고, 피고인에게는 적절한 방어준비를 가능하게 하는 역할을 한다.

③ 진술거부권(陳述拒否權) 등의 고지

재판장은 검사의 기소요지의 진술이 끝난 후 피고인에 대하여 각개의 신문에 대하여 진술을 거부할 수 있고, 이익되는 사실을 진술할 수 있다는 취지를 고지하여야 한다.

④ 피고인의 모두진술

재판장은 피고인에게 이익이 되는 사실을 진술할 기회를 주어야 한다.

⑤ 피고인신문

피고인신문(被告人訊問)이란 피고인에 대하여 공소사실과 그 정상에 관한 필요한 사항을 신문하는 절차를 말하며, 사실심리절차는 이 피고인신문에 의하여 시작된다.

⑥ 증거조사

증거조사(證據調査)란 법원이 피고인의 범죄사실과 양형에 관한 심증을 얻기 위해서 인증·서증·물증 등 각종 증거방법을 조사하여 그 내용을 알아내는 소송행위를 말한다. 증거조사는 피고인에 대한 신문이 종료한 뒤에 하여야 한다. 증거조사는 공판기일에 공판정에서 법원이 직접 행하는 것이 원칙이나, 공판정 외에서의 증거조사도 예외적으로 허용된다. 증거조사는 공개된 법정에서 구술에 의해 이루어진다. 또한 증거능력이 있는 증거에 의하여야 한다.

⑦ 최종변론

최종변론(最終辯論)이란 증거조사가 끝나면 당사자의 의견진술을 말한다. 검사의 의견진술과 피고인과 변호인의 최후진술의 순서로 진행된다. 검사는 사실과 법률적용에 관한 의견진술을 한다. 이를 검사의 논고(論告)라고 하며 특히 양형에 관한 검사의 의견을 구형(求刑)이라 한다. 재판장은 검사의 의견을 들은 후 피고인과 변호인 모두에게 최종진술의 기회를 주어야 한다.

⑧ 판결의 선고

공판절차는 판결(判決)을 선고함으로써 종료하는데 판결선고는 변론종결일부터 14일 이내에 하여야 한다. 특별한 사정이 있는 경우라도 21일을 초과하지 못한다.

판결의 선고는 재판장이 하며 주문을 낭독하고 이유요지를 설명해야 한다. 형을 선고하는 경우 재판장은 피고인에게 상소할 기간과 상소할 법원을 알려주어야 한다. 판결선고로써 공판절차는 그 심급에서 종료되며, 그 때부터 상소기간이 진행된다.

(다) 상소

상소(上訴)란 확정되지 않은 재판에 대하여 상급법원에 구제를 구하는 불복신청제도를 말한다. 상소제도는 원판결의 잘못을 시정하여 이에 의하여 불이익을 받은 당사자를 구제하는 기능을 한다.

상소의 종류에는 항소(抗訴), 상고(上告) 및 항고(抗告) 세 종류가 있다. 항소 및 상고는 판결에 대한 상소방법이고, 항고는 결정(決定)에 대한 상소방법이다.

항소는 항상 제1심판결에 대한 상소방법인 것이므로 3심제도로 된다. 다만 상고는 예외적으로 제1심판결에 대하여 항소를 하지 않고 직접 할 수 있다. 이를 비약적 상고(형사소송법 제372조)[223]라고 한다.

---

223) 형사소송법 제372조(비약적 상고) 다음 경우에는 제1심판결에 대하여 항소를 제기하지 아니하고 상고를 할 수 있다.

1. 원심판결이 인정한 사실에 대하여 법령을 적용하지 아니하였거나 법령의 적용에 착오가 있는 때

① **항소**

제1심 법원의 판결에 대하여 불복이 있으면 지방법원 또는 지원단독판사가 선고한 것은 지방법원 본원합의부에 항소할 수 있으며, 지방법원 합의부 또는 지원 합의부가 선고한 것은 고등법원에 항소할 수 있다(형사소송법 제357조). 항소의 제기기간 7일 이내에 항소장을 원심법원에 제출하여야 한다(형사소송법 제359조).

② **상고**

제2심판결에 대하여 불복이 있으면 대법원에 상고할 수 있다(형사소송법 제371조). 상고심은 당사자의 구제를 목적으로 하는 것이나, 특히 하급법원의 법령의 해석적용의 오류를 시정함으로써 법령의 해석을 통일시키는 기능을 한다. 상고를 함에는 상고기간 내에 상소장을 원심법원에 제출하고, 상고이유서를 상고법원에 제출하여야 한다.

상고이유는 원칙적으로 헌법위반, 기타 법령위반의 법률심만 하고, 예외적으로 중한 사건에 있어서 중대한 사실의 오인 또는 심한 양형부당의 사실심을 상고이유로 하고 있다(형사소송법 제383조).[224)]

③ **항고**

항고는 결정에 대한 상소방법이다. 항고는 법률이 특별히 필요하다고 인정한 경우에만 허용되고 그 절차도 간단하다.

즉시항고는 제기기간이 3일로 제한되어 있고, 제기기간 내에 항고의 제

2. 원심판결이 있은 후 형의 폐지나 변경 또는 사면이 있는 때

224) 형사소송법 제383조(상고이유) 다음 사유가 있을 경우에는 원심판결에 대한 상고이유로 할 수 있다.

1. 판결에 영향을 미친 헌법·법률·명령 또는 규칙의 위반이 있을 때
2. 판결후 형의 폐지나 변경 또는 사면이 있는 때
3. 재심청구의 사유가 있는 때
4. 사형, 무기 또는 10년 이상의 징역이나 금고가 선고된 사건에 있어서 중대한 사실의 오인이 있어 판결에 영향을 미친 때 또는 형의 양정이 심히 부당하다고 인정할 현저한 사유가 있는 때

기가 있으면 재판의 집행이 정지되는 효력을 가진 항고를 말한다. 즉시항고는 명문규정이 있을 때에만 허용된다. 보통항고는 즉시항고 이외의 항고를 말한다. 특별항고는 항고법원이나 고등법원의 결정에 대한 항고로서 원칙적으로는 제기할 수 없으나, 예외적으로 대법원에 즉시항고가 가능하다.

(라) 비상구제절차

확정판결에 대한 비상구제절차에는 재심(再審)과 비상상고(非常上告)가 있다.

① 재심

재심(再審)은 확정판결에 중대한 사실오인의 부당을 시정하기 위하여 인정된 비상구제절차이다. 재심청구는 유죄판결이 확정된 뒤에 검사 또는 본인이나 법정대리인이 판결법원에 대하여 제기 하는 것이며, 법원이 이 청구를 받고 재심개시결정을 하게 되면 재심을 받게 되고 재심의 결과 무죄가 되면 명예를 회복시켜 주기 위하여 관보나 신문에 무죄판결을 공시하게 된다.

재심은 예외적인 비상구제절차이므로 형사소송법은 그러한 예외가 인정되는 이유에 관해 개별적으로 열거하고 있다(형사소송법 제420조).

㉮ 유죄의 확정판결에 대한 재심사유로는 원판결의 증거된 서류 또는 증거물이 확정판결에 의하여 위조 또는 변조된 것이 증명된 때, 원판결의 증거된 증언·감정·통역 또는 번역이 확정판결에 의하여 허위인 것이 증명된 때, 무고로 인하여 유죄의 선고를 받은 경우에 그 무고의 죄가 확정판결에 의하여 증명된 때, 원판결의 증거된 재판이 확정판결에 의하여 변경된 때, 저작권·특허권·실용신안권·의장권 또는 상표권을 침해한 죄로 유죄의 선고를 받은 사건에 관하여 그 권리에 대한 무효의 심결 또는 무효의 판결이 확정된 때, 원판결·전심판결 또는 그 판결의 기초된 조사에 관하여 법관, 공소의 제기 또는 그 공소의 기초된 수사에 관하여 검사나 사법경찰관이 그 직무에 관한 죄를 범한

것이 확정판결에 의하여 증명된 때이다.

㈏ 상소기각의 확정판결에 대한 재심사유로는 항소 또는 상고의 기각판결에 대하여는 제420조 제1호, 제2호, 제7호의 사유가 있는 경우에 한하여 그 선고를 받은 자의 이익을 위하여 재심을 청구할 수 있다(형사소송법 제421조 제1항). 그러나 제1심 판결에 대한 재심청구사건의 판결이 있은 후에는 항소기각판결에 대하여 다시 재심을 청구하지 못하며(형사소송법 제421조 제2항), 제1심 또는 제2심의 확정 판결에 대한 재심청구사건의 판결이 있은 후에는 상고기각의 판결에 대하여 다시 재심청구를 하지 못한다(형사소송법 제421조 제3항).

재심개시결정이 확정된 사건에 대해 법원은 그 심급에 따라 다시 심판하여야 한다(형사소송법 제438조 제1항). 재심에서는 원판결의 형보다 중한형을 선고하지 못한다(형사소송법 제439조).[225]

② 비상상고

비상상고(非常上告)란 확정판결에 대하여 그 심판의 법령위반을 이유로 허용되는 비상구제절차를 말한다.

비상상고의 대상은 모든 확정판결이다(형사소송법 제441조). 유죄·무죄의 실체판결 뿐만 아니라 공소기각·관할위반·면소의 형식재판도 비상상고의 대상이 된다. 판결형식은 아니더라도 확정판결의 효력이 부여되는 약식명령·즉결심판도 그 대상이 된다. 또한, 항소기각의 결정, 상고기각의 결정 등은 결정의 형식을 취하지만 종국판결이라는 점에서 비상상고의 대상이 된다.

비상상고의 신청은 검찰총장이 판결이 확정된 후 그 사건의 심판이 법령에 위반한 것을 발견한 때에는 대법원에 비상상고를 할 수 있다. 비상상고를 할 때에는 그 이유를 기재한 신청서를 대법원에 제출하여야 하며 비상상고의 신청기간에는 제한이 없다. 형의 시효완성, 형의 실효, 집행

225) 이를 불이익변경 금지의 원칙(不利益變更 禁止의 原則)이라고 한다.

유예기간의 경과, 확정판결을 받은 자의 사망 등의 사유가 발생하더라도 제기할 수 있다.

6. 즉결심판절차

(1) 즉결심판의 의의

우리들이 일상생활에서 흔히 '즉심'이라고 하는 용어를 정확히 말하면 즉결심판이다. 즉결심판이란, 범증이 명백하고 죄질이 경미한 범죄사건을 신속·적정한 절차로 심판하는 것을 의미한다(즉결심판에관한절차법 제1조 참조). 다시 말하면 경미한 범죄사건에 대하여는 정식수사와 재판을 거치지 않고 신속한 절차로 처벌을 마침으로써 당해 사건의 당사자에게 편의를 주려는 제도이다.

(2) 즉결심판의 대상

즉결심판의 대상이 되는 범죄는 허위신고, 무임승차 등 50개 항목의 「경범죄처벌법」 위반사범이나, 형법상의 폭행죄, 단순도박죄 등, 향토예비군설치법상의 예비군훈련불참자 등 20만원 이하의 벌금, 구류 또는 과료에 처할 수 있는 경미한 범죄이다(즉심법 제2조 참조).

(3) 즉결심판의 절차

즉결심판 처리절차를 살펴보면, ① 즉결심판은 경찰서장이 법원에 청구한다. 주거와 신원이 확실하지 않고, 석방하면 형집행에 지장이 있다고 판단되는 경우에는 즉결심판회부시까지 경찰서에 보호한다. 그러나, 위와 같은 보호조치가 필요 없는 경우에는 출석지시서를 발부하여 바로 석방하고 나중에 법정에 가서 재판을 받도록 한다. 관할경찰서장이 즉결심판을 청구함에는 즉결심판청구서를 제출하여야 하며, 즉결심판청구서에는 피고인의 성명 기타 피고인을 특정할 수 있는 사항, 죄명, 범죄사실과 적용법조를 기재하여야 한다(즉심법 제3조 제2항).

즉결심판은 판사의 주재하에 심리와 재판의 선고는 공개된 법정에서 행한다. 그 법정은 경찰서가 아닌 장소에 설치되어야 한다. 피고인이 출석하는 것이 원칙이지만 벌금 또는 과료를 선고하는 경우나 피고인·즉결심판출석통지서를 받은 자가 법원에 불출석심판을 청구하여 법원이 이를 허가한 경우에는 불출석재판을 받을 수 있다(즉심법 제8조의 2). 판사는 피고인에게 피고사건의 내용과 형사소송법 제289조에 규정된 「진술거부권」이 있음을 알리고 변명할 기회를 주어야 한다(즉심법 제9조 1항). 판사는 즉결심판을 할 수 없거나 즉결심판절차에 의하여 심판함이 적당하지 않다고 인정될 때에는 즉결심판의 청구를 기각하도록 하고 있다(즉심법 제5조 1항). 청구기각된 사건은 경찰서장이 지체없이 검찰에 송치하여 일반의 형사절차에 의하여 처리된다(즉심법 제5조조 2항). 판사는 즉결심판에 대하여 보통 구류, 과료 또는 벌금형을 선고한다. 즉결심판으로 유죄를 선고할 때에는 형, 범죄사실과 적용법조를 명시하고 피고인은 7일 이내에 정식재판을 청구할 수 있다는 것을 고지하여야 한다(동법 제11조). 다시 말해서 즉결심판에 불복에 있는 피고인은 선고일로부터 7일 이내에 정식재판청구서를 경찰서장에게 제출하면 정식재판을 받을 수 있다.

(4) 즉결심판의 효력

즉결심판이 확정되면 확정판결과 같은 동일한 효력이 생기며, 형의 집행은 경찰서장이 행하고 그 집행결과를 지체 없이 검사에게 보고하여야 한다(동법 제16조 및 18조 참조). 벌금은 20만원 이하이고, 과료는 2,000원 이상 50,000원 미만으로 경찰서장에게 납입하며 구류는 1일 이상 30일 미만으로서 보통 경찰서 유치장에서 집행하나 구치소 또는 교도소에서 집행할 수도 있다.

7. 약식절차

(1) 약식절차의 의의

약식절차(略式節次)란 지방법원의 관할사건에 대해 검사의 청구가 있을 때 공판절차에 의하지 않고 검사가 제출한 자료만을 조사하여 약식명령으로 피고인에게 벌금·과료 또는 몰수의 형을 과하는 간편한 재판절차를 말한다. 약식절차에 의하여 형을 선고하는 재판을 약식명령(略式命令)이라고 한다.[226] 약식절차는 경미한 사건을 신속히 처리하고 공개재판에 따른 피고인의 사회적·심리적 부담을 덜어주기 위한 제도이다.

(2) 약식절차의 청구와 방식

약식명령의 청구권자는 검사이며, 청구의 대상은 지방법원관할에 속하는 사건으로서 벌금·과료 또는 몰수에 처할 수 있는 사건에 한정된다(형사소송법 제448조 제1항). 벌금·과료 또는 몰수는 법정형으로서 선택적으로 규정되어 있으면 충분하다.[227]

약식명령의 청구는 검사가 공소제기와 동시에 서면으로 하여야 한다(형사소송법 제449조).약식명령을 청구함에는 이에 필요한 증거서류 및 증거물도 함께 법원에 제출하여야 한다.[228]

---

226) 약식절차는 서면심리를 원칙으로 하는 절차이므로 '간이공판절차'(簡易公判節次)와 구분되며, 약식절차가 검사의 청구에 의해 진행된다는 점에서 경찰서장의 청구에 의해 진행되는 즉결심판절차(卽決審判節次)와 구분된다.

227) 지방법원 합의부의 사물관할에 속하는 사건일지라도 벌금·과료 또는 몰수의 형을 단독 또는 선택적으로 선고할 수 있는 사건이면 약식명령의 청구대상이 된다.

228) 약식절차에는 공소장일본주의(公訴狀一本主義)가 적용되지 않는다. 공소장일본주의라 함은 "검사가 공소제기시에 법원에 제출하는 것은 공소장 하나이며 공소사실에 대한 증거는 물론 법원에 예단을 생기게 할 수 있는 서류 기타 물건을 첨부·인용해서는 안된다는 원칙을 말한다.", 공소장일본주의는 예단배제의 법칙, 공판중심주의, 당사자주의 소송구조, 위법증거의 배제에 근거를 두고 있다.

(3) 약식절차의 심판

법원은 검사가 제출한 서류와 증거물을 기초로 약식명령의 청구에 대한 서면심리를 한다. 약식절차의 특징은 간이·신속·비공개재판이라는 점에 있으므로 사실조사를 하더라도 약식절차의 특징을 해치지 않는 범위 안에서 사실조사를 인정하여야 한다.

약식절차는 서면심리가 원칙이므로 공판기일의 심판절차에 관한 규정이나 이를 전제로 하는 규정 등은 적용되지 않는다.[229)]

법원은 약식명령청구가 있는 경우에 그 사건이 약식명령으로 할 수 없거나[230)] 약식명령으로 하는 것이 적당하지 않다고 인정되는 경우[231)]에는 공판절차에 의하여 심판하여야 한다(형사소송법 제450조).

약식명령을 청구할 때에는 공소장 부분이 피고인에게 송달되지 않으므로, 법원이 약식명령 청구사건을 공판절차에 의하여 심판하기로 결정한 경우에는 즉시 그 취지를 검사에게 통지하여야 한다. 통지를 받은 검사는 5일 이내에 피고인의 수에 상응하는 공소장부본을 법원에 제출하여야 한다.

(4) 약식명령

법원은 검사의 약식명령청구를 심리한 결과 약식명령으로 하는 것이 적당하다고 인정하는 경우에는 그 청구가 있는 날로부터 14일 이내에 약식명령을 하여야 한다(형사소송법 제450조). 약식명령을 할 때에는 범죄사실·적용법령·주형·

229) 약식절차에서는 피고인에게 자신에게 유리한 각종 자료를 제출하고 주장할 기회가 전혀 주어지지 않는 반면, 정식재판절차는 약식절차와 동일심급의 소송절차로서 당사자인 피고인에게 제1심절차에서 인정되는 모든 공격 · 방어기회가 주어지며 자신에게 유리한 양형자료를 제출할 충분한 기회가 보장된다. 따라서 이 사건 법률조항은 오히려 피고인의 공정한 재판을 받을 권리를 실질적으로 보장하는 기능을 하며 그 입법목적이나 효과의 면에서 피고인의 권리를 제한하는 것으로 볼 수 없다. 또한 이 사건 법률조항에 의한 불이익변경금지원칙은 정식재판청구권의 실질적 보장을 위한 정책적 고려에 의하여 명문화한 것이므로 상소심에서 불이익변경금지원칙이 인정되는 논리적 · 이론적 근거와 크게 다르지 않으므로 불이익변경금지원칙을 약식절차에 확대하는 것이 불합리한 것으로 볼 수 없다(헌재 2005.3.31, 2004헌가27).

230) 약식명령을 할 수 없는 경우는 법정형으로 벌금·과료 이외의 형벌이 규정되어 있는 죄에 대한 약식명령의 청구, 무죄·형면제의 판결 또는 면소·공판기각 또는 관할위반의 재판을 선고해야 할 사건 등이다.

231) 사건이 복잡하기 때문에 공판절차에 의해 신중히 심판하는 것이 합리적이라고 인정되는 경우이다.

부수처분과 약식명령의 고지를 받은 날로부터 7일 이내에 정식재판을 청구할 수 있음을 명시하여야 한다(형사소송법 제451조).

약식명령은 정식재판의 청구기간이 경과하거나 그 청구의 취하 또는 청구기각의 결정이 확정된 경우 확정판결과 동일한 효력을 갖게 된다(형사소송법 제457조).

(5) 정식재판의 청구

약식절차에 의하여 법원이 약식명령을 하는 경우 그 재판에 불복이 있는 자가 정식의 재판절차에 의한 심판을 구하는 소송행위를 말한다.

정식재판의 청구권자는 약식명령에 대해 불복이 있는 검사와 피고인이다. 피고인의 법정대리인은 피고인의 의사와 관계없이 정식재판을 청구할 수 있고, 피고인의 배우자·직계친족·형제자매·호주·원심의 대리인 또는 변호인은 피고인의 명시적 의사에 반하지 않는 범위에 한하여 독립하여 정식재판을 청구할 수 있다.

피고인은 정식재판청구권을 포기할 수 없지만(형사소송법 제453조 제1항), 검사의 포기는 허용된다(형사소송법 제458조 제1항).[232] 정식재판의 청구권자는 제1심 판결의 선고 전까지는 정식재판청구를 취하할 수 있다. 정식재판청구를 취하한 자는 다시 정식재판을 청구하지 못한다. 정식재판청구가 있는 때에 법원은 지체 없이 검사 또는 피고인에게 그 사유를 통지하여야 한다(형사소송법 제453조 제3항).

정식재판청구가 법령상의 방식에 위반하거나 정식재판청구권의 소멸 후인 것이 명백한 경우에는 결정으로 기각하여야 한다(형사소송법 제455조 제1항). 기각결정에 대해서는 즉시항고를 할 수 있다(형사소송법 제455조 제2항).

적법한 정식재판청구에 대해서는 공판절차에서 심판하여야 한다. 통상의 공

232) 검사의 정식재판청구권의 포기는 서면으로 하여야 하나 공판정에서는 구술로도 가능하고, 구술로 한 경우에는 그 사유를 조서에 기재하여야 한다.

판절차와 동일한 절차이므로 공소장 변경과 공소취소가 허용되며, 상소심과 마찬가지로 정식재판을 할 경우에 법원은 약식명령의 형보다 중한형을 선고하지 못한다(형사소송법 제457조의2). 정식재판청구에 의한 판결이 있는 때에는 약식명령은 당연히 효력을 상실한다(형사소송법 제456조).

8. 형사보상제도

(1) 형사보상의 의의

형사보상(刑事補償, indemnity)이라 함은, 형사재판절차에서 형사피의자 또는 형사피고인으로서 구금되었던 자가 법률이 정하는 불기소처분을 받거나 무죄판결을 받은 때에는 법률이 정하는 바에 의하여 국가에 상당한 보상을 청구할 수 있는 제도를 말한다(헌법 제28조). 우리 헌법은 형사보상청구권을 기본권으로 보장하고 있으며, 이를 구체화하고 있는 법률이 「형사보상 및 명예회복에 관한 법률」이다.

(2) 형사보상의 요건

형사보상은 피의자보상과 피고인보상으로 구분하여 살펴보아야 한다.

(가) 피의자보상의 요건

불기소처분을 받은 자가 구금되었을 때에 한하여 그 구금에 대한 보상청구가 허용된다. 그러나 ① 본인이 수사 또는 재판을 그르칠 목적으로 허위자백을 하거나 다른 유죄의 증거를 만듦으로써 구금된 것으로 인정되는 경우, ② 구금기간 중에 다른 사실에 대하여 수사가 행하여지고 그 사실에 관하여 범죄가 성립한 경우, ③ 보상을 하는 것이 선량한 풍속 기타 사회질서에 반한다고 인정할 특별한 사정이 있는 경우에는 피의자보상의 전부 또는 일부를 하지 아니할 수 있다(형사보상 및 명예회복에 관한 법률 제26조 제2항).

(나) 피고인보상의 요건

형사소송법에 의한 일반절차 또는 재심·비상상고절차, 상소권 회복에 의한 상소절차에서 무죄의 재판(확정판결)을 받아야 한다.

면소·공소기각의 재판을 받은 자는 면소·공소기각의 재판을 할만한 사유가 없었더라면 무죄의 재판을 받을 만한 현저한 사유가 있어야 한다(형사소송법 제25조). 그러나 ① 형법 제9조(형사미성년자) 및 제10조 제1항(심신장애자)의 사유에 의하여 무죄판결을 받은 경우, ② 본인이 수사·심판을 그르칠 목적으로 허위자백을 하거나 또는 다른 유죄의 증거를 만듦으로써 기소·미결구금 또는 유죄판결을 받게 된 것으로 인정된 경우, ③ 1개의 재판으로써 경합범의 일부에 대하여 무죄판결을 받고 다른 부분에 대하여 유죄판결을 받았을 경우에는 법원의 재량에 의하여 보상청구의 전부 또는 일부를 기각할 수 있다.

(3) 형사보상의 내용

① 구금에 대한 보상을 할 때에는 그 구금일수(拘禁日數)에 따라 1일당 보상청구의 원인이 발생한 연도의 「최저임금법」에 따른 일급(日給) 최저임금액 이상 대통령령으로 정하는 금액 이하의 비율에 의한 보상금을 지급한다(형사보상 및 명예회복에 관한 법률 제5조 제1항). 여기의 구금에는 미결구금과 형의 집행에 의한 구금이 포함되며, 노역장유치의 집행을 한 경우도 이에 준한다.

② 사형 집행에 대한 보상을 할 때에는 집행 전 구금에 대한 보상금 외에 3천만원 이내에서 모든 사정을 고려하여 법원이 타당하다고 인정하는 금액을 더하여 보상한다. 이 경우 본인의 사망으로 인하여 발생한 재산상의 손실액이 증명되었을 때에는 그 손실액도 보상한다(형사보상 및 명예회복

에 관한 법률 제5조 제3항).

③ 벌금 또는 과료(科料)의 집행에 대한 보상을 할 때에는 이미 징수한 벌금 또는 과료의 금액에 징수일의 다음 날부터 보상 결정일까지의 일수에 대하여 「민법」 제379조의 법정이율을 적용하여 계산한 금액을 더한 금액을 보상한다(형사보상 및 명예회복에 관한 법률 제5조 제4항).

④ 몰수(沒收) 집행에 대한 보상을 할 때에는 그 몰수물을 반환하고, 그것이 이미 처분되었을 때에는 보상결정 시의 시가(時價)를 보상한다.

⑤ 추징금(追徵金)에 대한 보상을 할 때에는 그 액수에 징수일의 다음 날부터 보상 결정일까지의 일수에 대하여 「민법」 제379조의 법정이율을 적용하여 계산한 금액을 더한 금액을 보상한다(형사보상 및 명예회복에 관한 법률 제5조 제6항 및 제7항).

(4) 형사보상의 절차

형사보상의 청구권자는 무죄·면소 또는 공소기각의 재판을 받은 본인과 기소유예처분 이외의 불기소처분을 받은 피의자이다. 형사보상청구권은 양도 또는 압류할 수 없다(형사보상 및 명예회복에 관한 법률 제22조). 그러나 상속될 수는 있다.

형사보상의 청구는 「피고인보상」의 경우는 무죄, 면소 또는 공소기각의 재판이 확정된 날로부터 1년 이내에(형사보상법 제25조), 「피의자보상」의 경우는 검사로부터 공소를 제기하지 아니하는 처분의 고지 또는 통지를 받은 날로부터 1년 이내에 하여야 한다(형사보상 및 명예회복에 관한 법률 제27조 제3항).

피고인보상의 청구는 무죄재판을 한 법원에 하여야 하며(형사보상법 제6조), 피의자보상의 청구는 공소를 제기하지 아니하는 처분을 한 검사가 소속된 지방검찰청의 심의회에 보상을 청구하여야 한다(형사보상 및 명예회복에 관한 법률 제27조 제1항).

피고인보상을 청구할 때에는 보상청구서, 재판서의 등본과 그 재판의 확인증

명서를 법원에 제출하여야 한다(형사보상 및 명예회복에 관한 법률 제8조 제1항). 보상청구는 대리인에 의하여서도 가능하다(형사보상 및 명예회복에 관한 법률 제10조). 피의자보상을 청구할 때에는 보상청구서에 공소를 제기하지 아니하는 처분을 받은 사실을 증명하는 서류를 첨부하여 제출하여야 한다(형사보상 및 명예회복에 관한 법률 제27조).

형사보상청구는 법원에 보상청구에 대한 재판이 있을 때까지 취소할 수 있다. 다만, 동순위의 상속인이 수신인 경우에는 보상을 청구한 자는 다른 전원의 동의없이 청구를 취소할 수 없다. 보상청구를 취소한 자는 다시 보상을 청구할 수 없다(형사보상 및 명예회복에 관한 법률 제12조).

보상금지급을 청구하고자 하는 자는 보상을 결정한 법원에 대응한 검찰청에 보상지급청구서를 제출하여야 한다. 보상결정이 송달된 후 1년 이내에 보상금지급청구를 하지 아니할 때에는 권리를 상실한다. 보상금지급을 받을 수 있는 자가 수인인 경우 그 중 수인에 대한 보상금지급을 역시 그 전원에 대해 효력이 발생한다.

9. 배상명령

(1) 배상명령의 의의

배상명령(賠償命令)이라 함은 공소가 제기된 범죄로 인해 피해자에게 손해가 발생한 경우 법원의 직권 또는 피해자의 신청에 의해 가해자인 피고인에게 손해배상을 명하는 제도를 말한다(소송촉진 등에 관한 특례법 제25조).

이 배상명령제도는 형사절차에서 손해배상까지 판단케 함으로서 피해자가 민사소송에 의한 복잡과 위험을 부담하지 않고 신속히 피해를 변상 받게 함이 피해자에게 이익이 될 뿐만 아니라 소송경제를 도모하고 판결의 모순을 피할 수 있기 때문이다.

(2) 배상명령의 대상과 범위

배상명령의 대상이 될 수 있는 피고사건은 상해죄·중상해죄·상해치사와 폭행치상 및 과실사상의 죄, 절도와 강도의 죄, 사기와 공갈의 죄, 횡령과 배임의 죄, 손괴의 죄로 제한되어 있다(소송촉진 등에 관한 특례법 제25조 제1항).[233)][234)] 배상명령은 피고사건에 유죄판결을 선고한 경우에만 가능하다. 따라서 피고사건에 대하여 무죄, 면소 또는 공소기각의 재판을 할 때에는 배상명령을 할 수 없다.[235)]

배상명령의 범위는 피고사건으로 인해 직접 발생한 물적 피해와 치료비손해

---

233) 이러한 범죄 이외의 피고사건에 대해서도 피고인과 피해자가 손해배상액에 합의한 경우에는 배상명령을 할 수 있다(소송촉진 등에 관한 특례법 제25조 제2항).

234) 소송촉진 등에 관한 특례법 제25조(배상명령) ① 제1심 또는 제2심의 형사공판 절차에서 다음 각 호의 죄 중 어느 하나에 관하여 유죄판결을 선고할 경우, 법원은 직권에 의하여 또는 피해자나 그 상속인(이하 "피해자"라 한다)의 신청에 의하여 피고사건의 범죄행위로 인하여 발생한 직접적인 물적(物的) 피해, 치료비 손해 및 위자료의 배상을 명할 수 있다.

1. 「형법」 제257조 제1항, 제258조 제1항 및 제2항, 제258조의2 제1항(제257조제1항의 죄로 한정한다) · 제2항(제258조제1항 · 제2항의 죄로 한정한다), 제259조 제1항, 제262조(존속폭행치사상의 죄는 제외한다), 같은 법 제26장, 제32장(제304조의 죄는 제외한다), 제38장부터 제40장까지 및 제42장에 규정된 죄
2. 「성폭력범죄의 처벌 등에 관한 특례법」 제10조부터 제14조까지, 제15조(제3조부터 제9조까지의 미수범은 제외한다), 「아동 · 청소년의 성보호에 관한 법률」 제12조 및 제14조에 규정된 죄
3. 제1호의 죄를 가중처벌하는 죄 및 그 죄의 미수범을 처벌하는 경우 미수의 죄

② 법원은 제1항에 규정된 죄 및 그 외의 죄에 대한 피고사건에서 피고인과 피해자 사이에 합의된 손해배상액에 관하여도 제1항에 따라 배상을 명할 수 있다.

③ 법원은 다음 각 호의 어느 하나에 해당하는 경우에는 배상명령을 하여서는 아니 된다.

1. 피해자의 성명 · 주소가 분명하지 아니한 경우
2. 피해 금액이 특정되지 아니한 경우
3. 피고인의 배상책임의 유무 또는 그 범위가 명백하지 아니한 경우
4. 배상명령으로 인하여 공판절차가 현저히 지연될 우려가 있거나 형사소송 절차에서 배상명령을 하는 것이 타당하지 아니하다고 인정되는 경우

235) "「소송촉진 등에 관한 특례법」 제25조 제1항에 의한 배상명령은 피고인의 범죄행위로 피해자가 입은 직접적인 재산상 손해에 대하여는 그 피해금액이 특정되고, 피고인의 배상책임의 범위가 명백한 경우에 한하여 피고인에게 그 배상을 명함으로써 간편하고 신속하게 피해자의 피해회복을 도모하고자 하는 제도이다. 위 법 제25조 제3항 제3호에 의하면, 피고인의 배상책임 유무 또는 그 범위가 명백하지 아니한 때에는 배상명령을 하여서는 아니 되고, 그와 같은 경우에는 같은 법 제32조 제1항에 따라 배상명령신청을 각하하여야 한다(대법원 2012.8.30. 선고 2012도7144 판결 등 참조)." (대법원 2017.5.11, 2017도4088).

의 배상으로 제한된다. 따라서 정신적 손해 및 간접적 손해는 포함되지 않는다. 그러나 이들에 대해서도 피해자와 피고인간에 합의가 있는 경우에는 배상명령이 가능하다.[236)]

(3) 배상명령의 절차

법원은 직권으로 배상명령을 할 수 있다(소송촉진 등에 관한 특례법 제25조). 법원이 직권으로 배상명령을 할 수 있는 경우로는 피해자가 배상신청을 하지 않았거나 공판심리 중 피고인의 재산이 발견되어 배상명령을 하는 것이 타당하다고 인정되는 경우, 피해자가 악의로 배상금의 수령을 거부하는 경우 등이다.

(가) 배상명령의 신청

배상명령의 신청은 피해자나 그 상속인이 할 수 있다. 피해자는 법원의 허가가 있는 경우에는 그 배우자·직계혈족·형제자매 또는 호주에게 배상신청에 관하여 소송행위를 대리하게 할 수 있다(소송촉진 등에 관한 특례법 제27조 제1항). 피해자는 제1심 또는 제2심 공판의 변론종결시까지 사건이 계속된 법원에 배상명령을 신청할 수 있다(소송촉진 등에 관한 특례법 제26조 제1항).

피해자가 배상신청을 할 때에는 신청서와 상대방 피고인의 수에 상응한 신청서 부분을 제출하여야 한다(소송촉진 등에 관한 특례법 제26조 제2항). 신청인

236) "소송촉진 등에 관한 특례법 제25조 제1항의 규정에 의한 배상명령은 피고인의 범죄행위로 피해자가 입은 직접적인 재산상 손해에 대하여 그 피해금액이 특정되고 피고인의 배상책임의 범위가 명백한 경우에 한하여 피고인에게 그 배상을 명함으로써 간편하고 신속하게 피해자의 피해회복을 도모하고자 하는 제도로서, 위 특례법 제25조 제3항 제3호의 규정에 의하면 피고인의 배상책임의 유무 또는 그 범위가 명백하지 아니한 경우에는 배상명령을 하여서는 아니되고, 그와 같은 경우에는 위 특례법 제32조 제1항에 따라 배상명령신청을 각하하여야 한다 (대법원 1996. 6. 11. 선고 96도945 판결, 대법원 2006. 6. 30. 선고 2006도2407 판결, 대법원 2011. 6. 10. 선고 2011도4194 판결 등 참조). 그리고 불법행위의 가해자에 대한 수사 과정이나 형사재판 과정에서 피해자가 가해자로부터 합의금 명목의 금원을 지급받고 가해자에 대한 처벌을 원하지 않는다는 내용의 합의를 한 경우에, 그 합의 당시 지급받은 금원을 특히 위자료 명목으로 지급받는 것임을 명시하였다는 등의 사정이 없는 한 그 금원은 손해배상금(재산상 손해금)의 일부로 지급되었다고 봄이 상당하다(대법원 2001. 2. 23. 선고 2000다46894 판결 등 참조)." (대법원 2012. 8. 30, 2012도7144).

은 배상명령이 확정될 때까지 언제든지 배상신청을 취하할 수 있다. 피해자의 배상신청에는 민사소송의 소제기와 동일한 효력이 인정된다.

배상명령은 유죄판결의 선고와 동시에 하여야 한다. 배상명령은 일정액의 금액의 지급을 명하는 방식으로 하고, 배상의 대상과 금액을 유죄판결의 주문에 표시하여야 한다. 배상명령은 가집행을 할 수 있음을 선고할 수 있다. 배상명령의 절차비용은 원칙적으로 국고부담(國庫負擔)이지만 특히 부담할 자를 정한 경우는 그 자의 부담으로 한다.

신청을 각하하거나 그 일부를 인용한 재판에 대해 신청인은 불복할 수 없지만, 민사소송에 의한 손해배상은 청구할 수 있다. 피고인이 배상명령에 대해 불복하고자 하는 경우에는 피고사건에 대한 상소와 배상명령 자체에 대한 즉시항고에 의한 불복이 가능하다.

(나) 배상명령의 효력

확정된 배상명령 또는 가집행선고가 있는 배상명령이 기재된 유죄판결서의 정본은 민사소송법에 의한 강제집행에 관하여 집행력이 있는 민사판결정본과 동일한 효력이 있다(소송촉진 등에 관한 특례법 제34조 제1항).

10. 범죄피해자구제제도

(1) 범죄피해자구조제도의 의의

범죄피해자구조제도(犯罪被害者救助制度)라 함은 사람의 생명 또는 신체를 해하는 범죄행위로 인하여 사망하거나 중상해를 받은 피해자가 가해자를 알 수 없거나 가해자에게 아무런 능력이 없는 관계로 피해의 전부 또는 일부를 배상받지 못하고 그 생계유지가 곤란한 사정이 있는 때 국가가 피해자 또는 유족에게 일정한 한도의 구조금을 지급하는 제도이다(범죄피해자구조법 제1조).[237)238)]

헌법 제30조는 범죄피해자구조청구권을 기본권으로 규정하고 있으며 이를 구체화하기 위해 제정된 법률이 '범죄피해자 보호법'이다.

(2) 범죄피해자구조의 요건

범죄피해자구조의 대상이 되는 경우로는 ① 생명·신체를 해하는 범죄행위[239]로 인하여 사망하거나 중상해를 당한 피해자 또는 유족이 가해자의 불명·무자력으로 인하여 피해의 전부 또는 일부를 배상받지 못하고 그 생계유지가 곤란한 사정이 있는 경우(범죄피해자 보호법 제1조, 제3조), ② 범죄피해자가 자기 또는 타인의 형사사건의 수사 또는 재판에서 고소·고발 등 수사단서의 제공, 진술·증언 또는 자료제공과 관련하여 피해자로 되었다는 사정이 인정되는 경우에 범죄피해자구조금을 신청할 수 있다.

범죄피해자구조를 신청할 수 있는 경우일지라도 ① 피해자와 가해자간에 친족관계가 있는 경우, ② 피해자가 범죄행위를 유발하였거나 피해발생에 관하여 피해자에게 귀책사유가 있는 경우, ③ 기타 사회통념상 구조금을 지급하지 않는 것이 상당하다고 인정되는 경우에는 구조금의 전부 또는 일부를 지급하지 아니할 수 있다(범죄피해자 보호법 제6조).

---

237) 범죄로 인해 국민이 피해를 받은 경우 이를 구제하기 위해 배상명령제도를 두고 있으나 피고인이 무자력인 경우나 가해자가 불명인 경우에는 실효성이 없다. 이러한 문제를 해결하기 위해 범죄피해자구조제도가 규정하고 있다.

238) 범죄피해자 구조청구권을 인정하는 이유는 크게 국가의 범죄방지책임 또는 범죄로부터 국민을 보호할 국가의 보호의무를 다하지 못하였다는 것과 그 범죄피해자들에 대한 최소한의 구제가 필요하다는데 있다. 그런데 국가의 주권이 미치지 못하고 국가의 경찰력 등을 행사할 수 없거나 행사하기 어려운 해외에서 발생한 범죄에 대하여는 국가에 그 방지책임이 있다고 보기 어렵고, 상호보증이 있는 외국에서 발생한 범죄피해에 대하여는 국민이 그 외국에서 피해구조를 받을 수 있으며, 국가의 재정에 기반을 두고 있는 구조금에 대한 청구권 행사대상을 우선적으로 대한민국의 영역 안의 범죄피해에 한정하고, 향후 해외에서 발생한 범죄피해의 경우에도 구조를 하는 방향으로 운영하는 것은 입법형성의 재량의 범위 내라고 할 것이다. 따라서 범죄피해자구조청구권의 대상이 되는 범죄피해에 해외에서 발생한 범죄피해의 경우를 포함하고 있지 아니한 것이 현저하게 불합리한 자의적인 차별이라고 볼 수 없어 평등원칙에 위배되지 아니한다(헌재 2011.12.29, 2009헌마354).

239) 범죄피해자구조의 대상이 되는 범죄를 생명·신체를 해하는 범죄로 제한한 것은 재산범죄나 기타 범죄로 확대할 경우 남용과 사기 등의 위험성이 있기 때문이다.

(3) 범죄피해자구조금의 종류

구조금은 유족구조금과 장해구조금으로 구분된다(범죄피해자 보호법 제4조 제1항). 유족보조금은 피해자가 사망한 경우에 그의 사망 당시 피해자의 수입에 의하여 생계를 유지하고 있던 자에게 지급되는 구조금이다. 장해구조금은 피해자에게 지급되는 구조금이다. 유족보조금·장해구조금은 모두 일시금으로 지급한다.

(4) 범죄피해자구조금의 지급

범죄피해자구조금의 지급신청은 구조금을 지급 받고자 하는 사람이 그 주소지 또는 범죄발생지를 관할하는 지방검찰청에 설치된 범죄피해구조심의회에 신청하면 된다. 그러나 구조금을 받으려는 사람은 법무부령으로 정하는 바에 따라 그 주소지, 거주지 또는 범죄 발생지를 관할하는 지구심의회에 신청하여야 한다(범죄피해자 보호법 제25조 제1항).

신청은 해당 구조대상 범죄피해의 발생을 안 날부터 3년이 지나거나 해당 구조대상 범죄피해가 발생한 날부터 10년이 지나면 할 수 없다(범죄피해자 보호법 제25조 제2항).[240)]

구조금의 지급에 관한 사무를 심의·결정하기 위하여 지방검찰청에 범죄피해구조심의회를 둔다(범죄피해자 보호법 제24조 제1항). 이 심의회는 법무부장관의 지휘·감독을 받는다.

구조신청이 있는 경우 심의회는 신속하게 구조금을 지급하거나 또는 지급하지 않는다는 결정을 하여야 하며, 지급한다는 결정을 하는 경우에는 그 금액을 정하는 것을 포함한다(범죄피해자 보호법 제26조).

---

240) 구 범죄피해자구조법(2005. 12. 29. 법률 제7766호로 개정되고, 2010. 5. 14. 법률 제10283호로 폐지된 것) 제12조 제2항에서 범죄피해가 발생한 날부터 5년이 경과한 경우에는 구조금의 지급신청을 할 수 없다고 규정한 것이 평등원칙에 위배되는지 여부(소극); 오늘날 현대사회에서 인터넷의 보급 등 교통·통신수단이 상대적으로 매우 발달하여 여러 정보에 대한 접근이 용이해진 점과 일반 국민의 권리의식이 신장된 점 등에 비추어 보면, 범죄피해가 발생한 날부터 5년이라는 청구기간이 지나치게 단기라든지 불합리하여 범죄피해자의 구조청구권 행사를 현저히 곤란하게 하거나 사실상 불가능하게 하는 것으로는 볼 수 없고, 합리적인 이유가 있다고 할 것이어서 평등원칙에 위반되지 아니한다(헌재 2011.12.29, 2009헌마354).

11. 형(刑)의 집행

법원의 판결에 의하여 선고된 형은 검사의 지휘에 의하여 집행한다. 형의 집행에는 사형의 집행, 자유형의 집행, 자격형의 집행, 재산형의 집행이 있다.

2개 이상의 형집행은 자격상실·자격정지·벌금·과료와 몰수 외에는 중한 형을 먼저 집행한다(형사소송법 제462조). 형의 경중은 형법 제41조와 제50조[241]에 의하여 결정한다.

(1) 사형의 집행

사형(死刑)은 법무부장관의 명령이 있는 경우에만 집행할 수 있다(형사소송법 제463조). 법무부장관은 판결이 확정된 날로부터 6월 이내에 사형집행명령을 하여야 한다(형사소송법 제465조 제1항). 법무부장관이 사형집행을 명한 때에는 5일 이내에 집행하여야 한다.

사형은 교도소 또는 구치소 내에서 교수(絞首)하여 집행한다(형법 제66조). 사형의 집행에는 검사·검찰서기관 또는 검찰사무관과 교도소장 또는 구치소장이나 그 대리자가 참여하여야 한다.

사형선고를 받은 자가 심신장애로 의사능력이 없는 상태에 있거나 잉태 중에 있는 여자인 경우에는 법무부장관은 명령으로 사형집행을 정지한다. 이 때는 심신장애가 회복되거나 출산한 후에 사형집행을 명한다.

(2) 자유형의 집행

자유형은 검사가 형집행지휘서에 의해 지휘한다. 자유형은 교도소에 구치하여 집행하며, 검사는 자유형의 집행을 위해 형집행장을 발부할 수 있다.

형기는 판결이 확정되는 날부터 기산한다. 그러나 불구속 중인 자는 형집행

241) 형법 제50조(형의 경중) ① 형의 경중은 제41조 기재의 순서에 의한다. 단, 무기금고와 유기징역은 금고를 중한 것으로 하고 유기금고의 장기가 유기징역의 장기를 초과하는 때에는 금고를 중한 것으로 한다. ②동종의 형은 장기의 긴 것과 다액의 많은 것을 중한 것으로 하고 장기 또는 다액이 동일한 때에는 그 단기의 긴 것과 소액의 많은 것을 중한 것으로 한다. ③전 2항의 규정에 의한 외에는 죄질과 범정에 의하여 경중을 정한다.

지휘서에 의해 수감된 날을 기준으로 계산하여야 한다.

(3) 자격형의 집행

자격상실 또는 자격정지의 선고를 받은 자에 대하여는 이를 수형자 원부에 기재하고 지체없이 그 등본을 형의 선고를 받은 자의 본적지와 주소지의 시·읍·면장에게 송부하여야 한다(형사소송법 제476조).

(4) 재산형의 집행

벌금·과료·몰수·추징·과태료·소송비용·비용배상 또는 가납재판은 검사의 명령에 의해 집행한다. 이 명령은 집행력 있는 채무명의와 동일한 효력이 있다.

몰수 또는 조세, 전매 기타 공과에 관한 법령에 의하여 재판한 벌금 또는 추징금은 그 재판을 받은 자가 재판확정 후에 사망한 경우에는 그 상속재산에 대하여 집행할 수 있다(형사소송법 제478조).

법인에 대하여 벌금, 과료, 몰수, 소송비용 또는 비용배상을 명한 경우에 법인이 그 재판확정 후에 합병에 의해 소멸한 때에는 합병 후 존속할 법인 또는 합병에 의해 설립된 법인에 대하여 집행할 수 있다.

(5) 몰수형의 집행

몰수형의 집행은 검사가 몰수물을 처분하는 방법에 의한다. 처분방법에는 국고납입처분, 인계처분, 폐기처분 등이 있다.

12. 형의 선고유예 · 집행유예 · 가석방

(1) 형의 선고유예

형을 선고하여야 할 경우에 그 범정이 경미한 범인에 대하여 그 선고를 유

예하였다가 일정한 기간이 지나면 면소된 것으로 하는 제도이다.

선고유예의 요건으로는 ① 1년 이하의 징역이나 금고, 자격정지 또는 벌금의 형을 선고할 경우일 것, ② 개전의 정상(情狀)이 현저할 것. 개전의 정상이 현저한가 여부의 판단은 법원의 재량에 속한다. 재범에의 위험성 유무는 매우 중요한 판단기준이 된다. ③ 자격정지 이상의 형을 받은 전과가 없어야 한다.

자격정지 이상의 형을 받음이 없이 형의 선고를 받은 날로부터 2년을 경과한 때에는 면소된 것으로 간주한다(형법 제60조). 형의 선고유예를 받은 자가 유예기간 중 자격정지 이상의 형에 처한 판결이 확정되거나 자격정지 이상의 형에 처한 전과가 발견된 때에는 유예한 형을 선고한다(형법 제61조).

(2) 집행유예

형을 선고하되 그 집행을 일정한 기간 동안 유예하고, 그 기간을 무사히 경과한 때에는 형의 선고의 효력을 잃게 하는 제도이다.

형법상의 집행유예의 요건으로(형법 제62조), ① 3년 이하의 징역 또는 금고의 형을 선고할 경우일 것, ② 개전의 정이 있을 것, ③ 금고 이상의 형을 선고받은 경우 그것의 집행종료 또는 면제 후 5년 이상의 기간을 경과할 것, ④ 집행유예의 기간은 1년 이상 5년 이하이며 그 범위 내에서 법원이 재량에 의하여 정한다.

집행유예 선고의 실효 또는 취소됨이 없이 유예기간을 경과한 때에는 형의 선고는 효력을 상실한다(형법 제65조). 집행유예의 선고를 받은 자가 유예기간 중 금고 이상의 형의 선고를 받아 그 판결이 확정 될 때에는 집행유예의 선고는 효력을 상실한다(형법 제63조). 집행유예의 선고를 받은 후 금고 이상의 형을 선고받아 집행을 종료한 후 또는 집행이 면제된 후로부터 5년을 경과하지 아니한 자라는 것이 발각된 때에는 집행유예의 형을 취소한다(형법 제64조).

(3) 가석방

자유형의 집행 중에 있는 자를 형기만료 전에 임시 석방하고 일정한 기간을 무사히 경과하면 형의 집행을 종료한 것으로 보는 제도이다.

가석방의 요건으로는(형법 제72조), ① 징역 또는 금고의 집행 중에 있는 자일 것, ② 무기형에 있어서는 10년, 유기형에 있어서는 그 형기의 3분의 1을 경과할 것, ③ 형기의 집행 중 개전의 정이 현저할 것, ④ 벌금 또는 과료의 병과가 있는 때에는 그 금액을 완납해야 한다. 이상의 요건이 갖추어져 있으면 법무부장관은 가석방심사위원회의 가석방구신이 정당하다고 때에는 가석방을 허가한다.

가석방의 처분을 받은 후 처분의 실효 또는 취소됨이 없이 무기형에 있어서는 10년, 유기형에 있어서는 잔여형기를 경과한때 형의 집행을 종료한 것으로 간주한다(형법 제76조 1항). 가석방 중 금고 이상의 형의 선고를 받아 그 판결이 확정된 때에는 가석방처분은 효력을 상실한다(과실범죄 제외)(제74조). 가석방의 처분을 받은 자가 감시에 관한 규칙에 위반한 때에는 가석방처분의 취소가능하다(형법 제75조). 가석방이 실효 또는 취소되면 잔형기간의 형이 집행된다. 이 경우 가석방 중의 일수는 형기에 산입되지 않는다.

13. 경범죄 처벌법

(1) 경범죄처벌법의 목적과 남용금지

1) 경범죄처벌법의 목적

경범죄처벌법은 경범죄의 종류 및 처벌에 필요한 사항을 정함으로써 국민의 자유와 권리를 보호하고 사회공공의 질서유지에 이바지함을 목적으로 한다(경범죄처벌법 제1조).

2) 경범죄처벌법의 남용금지

경범죄처벌법을 적용할 때에는 국민의 권리를 부당하게 침해하지 아니하도록 세심한 주의를 기울여야 하며, 본래의 목적에서 벗어나 다른 목적을 위하여 이 법을 적용하여서는 아니 된다(경범죄처벌법 제2조).

(2) 경범죄의 종류와 처벌

경범죄처벌법이 규정하고 있는 경범죄를 범한 사람에게는 10만원-60만원 이하의 벌금, 구류 또는 과료(科料)의 형으로 처벌한다(경범죄처벌법 제3조). 경범죄처벌법 제3조의 죄를 짓도록 시키거나 도와준 사람은 죄를 지은 사람에 준하여 벌한다(경범죄처벌법 제4조). 경범죄처벌법에 따라 사람을 벌할 때에는 그 사정과 형편을 헤아려서 그 형을 면제하거나 구류와 과료를 함께 과(科)할 수 있다(경범죄처벌법 제5조).

1) 경범죄의 종류(1)

다음 각 호의 어느 하나에 해당하는 사람은 10만원 이하의 벌금, 구류 또는 과료(科料)의 형으로 처벌한다(경범죄처벌법 제3조 제1항).

1. (빈집 등에의 침입) 다른 사람이 살지 아니하고 관리하지 아니하는 집 또는 그 울타리 · 건조물(建造物) · 배 · 자동차 안에 정당한 이유 없이 들어간 사람

2. (흉기의 은닉휴대) 칼 · 쇠몽둥이 · 쇠톱 등 사람의 생명 또는 신체에 중대한 위해를 끼치거나 집이나 그 밖의 건조물에 침입하는 데에 사용될 수 있는 연장이나 기구를 정당한 이유 없이 숨겨서 지니고 다니는 사람

3. (폭행 등 예비) 다른 사람의 신체에 위해를 끼칠 것을 공모(共謀)하여 예비행위를 한 사람이 있는 경우 그 공모를 한 사람

5. (시체 현장변경 등) 사산아(死産兒)를 감추거나 정당한 이유 없이 변사체 또는 사산아가 있는 현장을 바꾸어 놓은 사람

6. (도움이 필요한 사람 등의 신고불이행) 자기가 관리하고 있는 곳에 도

움을 받아야 할 노인, 어린이, 장애인, 다친 사람 또는 병든 사람이 있거나 시체 또는 사산아가 있는 것을 알면서 이를 관계 공무원에게 지체 없이 신고하지 아니한 사람

7. (관명사칭 등) 국내외의 공직(公職), 계급, 훈장, 학위 또는 그 밖에 법령에 따라 정하여진 명칭이나 칭호 등을 거짓으로 꾸며 대거나 자격이 없으면서 법령에 따라 정하여진 제복, 훈장, 기장 또는 기념장(記念章), 그 밖의 표장(標章) 또는 이와 비슷한 것을 사용한 사람

8. (물품강매 · 호객행위) 요청하지 아니한 물품을 억지로 사라고 한 사람, 요청하지 아니한 일을 해주거나 재주 등을 부리고 그 대가로 돈을 달라고 한 사람 또는 여러 사람이 모이거나 다니는 곳에서 영업을 목적으로 떠들썩하게 손님을 부른 사람

9. (광고물 무단부착 등) 다른 사람 또는 단체의 집이나 그 밖의 인공구조물과 자동차 등에 함부로 광고물 등을 붙이거나 내걸거나 끼우거나 글씨 또는 그림을 쓰거나 그리거나 새기는 행위 등을 한 사람 또는 다른 사람이나 단체의 간판, 그 밖의 표시물 또는 인공구조물을 함부로 옮기거나 더럽히거나 훼손한 사람 또는 공공장소에서 광고물 등을 함부로 뿌린 사람

10. (마시는 물 사용방해) 사람이 마시는 물을 더럽히거나 사용하는 것을 방해한 사람

11. (쓰레기 등 투기) 담배꽁초, 껌, 휴지, 쓰레기, 죽은 짐승, 그 밖의 더러운 물건이나 못쓰게 된 물건을 함부로 아무 곳에나 버린 사람

12. (노상방뇨 등) 길, 공원, 그 밖에 여러 사람이 모이거나 다니는 곳에서 함부로 침을 뱉거나 대소변을 보거나 또는 그렇게 하도록 시키거나 개 등 짐승을 끌고 와서 대변을 보게 하고 이를 치우지 아니한 사람

13. (의식방해) 공공기관이나 그 밖의 단체 또는 개인이 하는 행사나 의식을 못된 장난 등으로 방해하거나 행사나 의식을 하는 자 또는 그 밖에 관계 있는 사람이 말려도 듣지 아니하고 행사나 의식을 방해할 우려가 뚜렷한 물

건을 가지고 행사장 등에 들어간 사람

14. (단체가입 강요) 싫다고 하는데도 되풀이하여 단체 가입을 억지로 강요한 사람

15. (자연훼손) 공원 · 명승지 · 유원지나 그 밖의 녹지구역 등에서 풀 · 꽃 · 나무 · 돌 등을 함부로 꺾거나 캔 사람 또는 바위 · 나무 등에 글씨를 새기거나 하여 자연을 훼손한 사람

16. (타인의 가축 · 기계 등 무단조작) 다른 사람 또는 단체의 소나 말, 그 밖의 짐승 또는 매어 놓은 배 · 뗏목 등을 함부로 풀어 놓거나 자동차 등의 기계를 조작한 사람

17. (물길의 흐름 방해) 개천 · 도랑이나 그 밖의 물길의 흐름에 방해될 행위를 한 사람

18. (구걸행위 등) 다른 사람에게 구걸하도록 시켜 올바르지 아니한 이익을 얻은 사람 또는 공공장소에서 구걸을 하여 다른 사람의 통행을 방해하거나 귀찮게 한 사람

19. (불안감조성) 정당한 이유 없이 길을 막거나 시비를 걸거나 주위에 모여들거나 뒤따르거나 몹시 거칠게 겁을 주는 말이나 행동으로 다른 사람을 불안하게 하거나 귀찮고 불쾌하게 한 사람 또는 여러 사람이 이용하거나 다니는 도로 · 공원 등 공공장소에서 고의로 험악한 문신(文身)을 드러내어 다른 사람에게 혐오감을 준 사람

20. (음주소란 등) 공회당 · 극장 · 음식점 등 여러 사람이 모이거나 다니는 곳 또는 여러 사람이 타는 기차 · 자동차 · 배 등에서 몹시 거친 말이나 행동으로 주위를 시끄럽게 하거나 술에 취하여 이유 없이 다른 사람에게 주정한 사람

21. (인근소란 등) 악기 · 라디오 · 텔레비전 · 전축 · 종 · 확성기 · 전동기(電動機) 등의 소리를 지나치게 크게 내거나 큰소리로 떠들거나 노래를 불러 이웃을 시끄럽게 한 사람

22. (위험한 불씨 사용) 충분한 주의를 하지 아니하고 건조물, 수풀, 그 밖에 불붙기 쉬운 물건 가까이에서 불을 피우거나 휘발유 또는 그 밖에 불이 옮아붙기 쉬운 물건 가까이에서 불씨를 사용한 사람

23. (물건 던지기 등 위험행위) 다른 사람의 신체나 다른 사람 또는 단체의 물건에 해를 끼칠 우려가 있는 곳에 충분한 주의를 하지 아니하고 물건을 던지거나 붓거나 또는 쏜 사람

24. (인공구조물 등의 관리소홀) 무너지거나 넘어지거나 떨어질 우려가 있는 인공구조물이나 그 밖의 물건에 대하여 관계 공무원으로부터 고칠 것을 요구받고도 필요한 조치를 게을리하여 여러 사람을 위험에 빠트릴 우려가 있게 한 사람

25. (위험한 동물의 관리 소홀) 사람이나 가축에 해를 끼치는 버릇이 있는 개나 그 밖의 동물을 함부로 풀어놓거나 제대로 살피지 아니하여 나다니게 한 사람

26. (동물 등에 의한 행패 등) 소나 말을 놀라게 하여 달아나게 하거나 개나 그 밖의 동물을 시켜 사람이나 가축에게 달려들게 한 사람

27. (무단소등) 여러 사람이 다니거나 모이는 곳에 켜 놓은 등불이나 다른 사람 또는 단체가 표시를 하기 위하여 켜 놓은 등불을 함부로 끈 사람

28. (공중통로 안전관리소홀) 여러 사람이 다니는 곳에서 위험한 사고가 발생하는 것을 막을 의무가 있으면서도 등불을 켜 놓지 아니하거나 그 밖의 예방조치를 게을리한 사람

29. (공무원 원조불응) 눈·비·바람·해일·지진 등으로 인한 재해, 화재·교통사고·범죄, 그 밖의 급작스러운 사고가 발생하였을 때에 현장에 있으면서도 정당한 이유 없이 관계 공무원 또는 이를 돕는 사람의 현장출입에 관한 지시에 따르지 아니하거나 공무원이 도움을 요청하여도 도움을 주지 아니한 사람

30. (거짓 인적사항 사용) 성명, 주민등록번호, 등록기준지, 주소, 직업 등

을 거짓으로 꾸며대고 배나 비행기를 타거나 인적사항을 물을 권한이 있는 공무원이 적법한 절차를 거쳐 묻는 경우 정당한 이유 없이 다른 사람의 인적사항을 자기의 것으로 거짓으로 꾸며댄 사람

31. (미신요법) 근거 없이 신기하고 용한 약방문인 것처럼 내세우거나 그 밖의 미신적인 방법으로 병을 진찰 · 치료 · 예방한다고 하여 사람들의 마음을 홀리게 한 사람

32. (야간통행제한 위반) 전시 · 사변 · 천재지변, 그 밖에 사회에 위험이 생길 우려가 있을 경우에 국민안전처장관이나 경찰청장이 정하는 야간통행제한을 위반한 사람

33. (과다노출) 여러 사람의 눈에 뜨이는 곳에서 공공연하게 알몸을 지나치게 내놓거나 가려야 할 곳을 내놓아 다른 사람에게 부끄러운 느낌이나 불쾌감을 준 사람

34. (지문채취 불응) 범죄 피의자로 입건된 사람의 신원을 지문조사 외의 다른 방법으로는 확인할 수 없어 경찰공무원이나 검사가 지문을 채취하려고 할 때에 정당한 이유 없이 이를 거부한 사람

35. (자릿세 징수 등) 여러 사람이 모이거나 쓸 수 있도록 개방된 시설 또는 장소에서 좌석이나 주차할 자리를 잡아 주기로 하거나 잡아주면서, 돈을 받거나 요구하거나 돈을 받으려고 다른 사람을 귀찮게 따라다니는 사람

36. (행렬방해) 공공장소에서 승차 · 승선, 입장 · 매표 등을 위한 행렬에 끼어들거나 떠밀거나 하여 그 행렬의 질서를 어지럽힌 사람

37. (무단 출입) 출입이 금지된 구역이나 시설 또는 장소에 정당한 이유 없이 들어간 사람

38. (총포 등 조작장난) 여러 사람이 모이거나 다니는 곳에서 충분한 주의를 하지 아니하고 총포, 화약류, 그 밖에 폭발의 우려가 있는 물건을 다루거나 이를 가지고 장난한 사람

39. (무임승차 및 무전취식) 영업용 차 또는 배 등을 타거나 다른 사람이

파는 음식을 먹고 정당한 이유 없이 제 값을 치르지 아니한 사람

40. (장난전화 등) 정당한 이유 없이 다른 사람에게 전화·문자메시지·편지·전자우편·전자문서 등을 여러 차례 되풀이하여 괴롭힌 사람

41. (지속적 괴롭힘) 상대방의 명시적 의사에 반하여 지속적으로 접근을 시도하여 면회 또는 교제를 요구하거나 지켜보기, 따라다니기, 잠복하여 기다리기 등의 행위를 반복하여 하는 사람

2) 경범죄의 종류(2)

다음 각 호의 어느 하나에 해당하는 사람은 20만원 이하의 벌금, 구류 또는 과료의 형으로 처벌한다(경범죄처벌법 제3조 제2항).

1. (출판물의 부당게재 등) 올바르지 아니한 이익을 얻을 목적으로 다른 사람 또는 단체의 사업이나 사사로운 일에 관하여 신문, 잡지, 그 밖의 출판물에 어떤 사항을 싣거나 싣지 아니할 것을 약속하고 돈이나 물건을 받은 사람

2. (거짓 광고) 여러 사람에게 물품을 팔거나 나누어 주거나 일을 해주면서 다른 사람을 속이거나 잘못 알게 할 만한 사실을 들어 광고한 사람

3. (업무방해) 못된 장난 등으로 다른 사람, 단체 또는 공무수행 중인 자의 업무를 방해한 사람

4. (암표매매) 흥행장, 경기장, 역, 나루터, 정류장, 그 밖에 정하여진 요금을 받고 입장시키거나 승차 또는 승선시키는 곳에서 웃돈을 받고 입장권·승차권 또는 승선권을 다른 사람에게 되판 사람

3) 경범죄의 종류(3)

다음 각 호의 어느 하나에 해당하는 사람은 60만원 이하의 벌금, 구류 또는 과료의 형으로 처벌한다(경범죄처벌법 제3조 제3항).

1. (관공서에서의 주취소란) 술에 취한 채로 관공서에서 몹시 거친 말과

행동으로 주정하거나 시끄럽게 한 사람

2. (거짓신고) 있지 아니한 범죄나 재해 사실을 공무원에게 거짓으로 신고한 사람

(3) 경범죄 처벌의 특례

1) 범칙행위

(가) "범칙행위"란 경범죄처벌법 제3조 제1항 각 호 및 제2항 각 호의 어느 하나에 해당하는 위반행위를 말하며, 그 구체적인 범위는 대통령령으로 정한다(경범죄처벌법 제6조 제1항).

(나) "범칙자"란 범칙행위를 한 사람으로서 다음 각 호의 어느 하나에 해당하지 아니하는 사람을 말한다(경범죄처벌법 제6조 제2항).

1. 범칙행위를 상습적으로 하는 사람
2. 죄를 지은 동기나 수단 및 결과를 헤아려볼 때 구류처분을 하는 것이 적절하다고 인정되는 사람
3. 피해자가 있는 행위를 한 사람
4. 18세 미만인 사람

(다) "범칙금"이란 범칙자가 경범죄처벌법 제7조에 따른 통고처분에 따라 국고 또는 제주특별자치도의 금고에 납부하여야 할 금전을 말한다(경범죄처벌법 제6조 제3항).

2) 통고처분

경찰서장, 해양경찰서장, 제주특별자치도지사 또는 철도특별사법경찰대장은 범칙자로 인정되는 사람에 대하여 그 이유를 명백히 나타낸 서면으로 범칙금을 부과하고 이를 납부할 것을 통고할 수 있다. 다만, 다음 각 호의 어느 하나에 해당하는 사람에게는 통고하지 아니한다(경범죄처벌법 제7조 제1항).

1. 통고처분서 받기를 거부한 사람

2. 주거 또는 신원이 확실하지 아니한 사람

3. 그 밖에 통고처분을 하기가 매우 어려운 사람

통고할 범칙금의 액수는 범칙행위의 종류에 따라 대통령령으로 정한다(경범죄처벌법 제7조 제2항). 제주특별자치도지사, 철도특별사법경찰대장은 통고처분을 한 경우에는 관할 경찰서장에게 그 사실을 통보하여야 한다(경범죄처벌법 제7조 제3항).

3) 범칙금의 납부

경범죄처벌법 제7조에 따라 통고처분서를 받은 사람은 통고처분서를 받은 날부터 10일 이내에 경찰청장·해양경찰청장 또는 철도특별사법경찰대장이 지정한 은행, 그 지점이나 대리점, 우체국 또는 제주특별자치도지사가 지정하는 금융기관이나 그 지점에 범칙금을 납부하여야 한다. 다만, 천재지변이나 그 밖의 부득이한 사유로 말미암아 그 기간 내에 범칙금을 납부할 수 없을 때에는 그 부득이한 사유가 없어지게 된 날부터 5일 이내에 납부하여야 한다(경범죄처벌법 제8조 제1항).

납부기간에 범칙금을 납부하지 아니한 사람은 납부기간의 마지막 날의 다음 날부터 20일 이내에 통고받은 범칙금에 그 금액의 100분의 20을 더한 금액을 납부하여야 한다(경범죄처벌법 제8조 제2항). 범칙금을 납부한 사람은 그 범칙행위에 대하여 다시 처벌받지 아니한다(경범죄처벌법 제8조 제3항).

4) 신용카드 등에 의한 범칙금 납부

범칙금은 경범죄처벌법 제8조에 따른 납부 방법 외에 대통령령으로 정하는 범칙금 납부대행기관을 통하여 신용카드, 직불카드 등으로 낼 수 있다. 이 경우 "범칙금 납부대행기관"이란 정보통신망을 이용하여 신용카드등에 의한 결제를 수행하는 기관으로서 대통령령으로 정하는 바에 따라 범칙금 납부대행기관으로 지정받은 자를 말한다(경범죄처벌법 제8조의2 제1항). 신용카

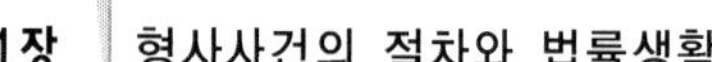

드등으로 내는 경우에는 범칙금 납부대행기관의 승인일을 납부일로 본다(경범죄처벌법 제8조의2 제2항). 범칙금 납부대행기관은 납부자로부터 신용카드등에 의한 과태료 납부대행 용역의 대가로 대통령령으로 정하는 바에 따라 납부대행 수수료를 받을 수 있다(경범죄처벌법 제8조의2 제3항). 범칙금 납부대행기관의 지정 및 운영, 납부대행 수수료 등에 관하여 필요한 사항은 대통령령으로 정한다(경범죄처벌법 제8조의2 제4항).

5) 통고처분 불이행자 등의 처리

경찰서장, 해양경찰서장 및 제주특별자치도지사는 다음 각 호의 어느 하나에 해당하는 사람에 대하여는 지체 없이 즉결심판을 청구하여야 한다. 다만, 즉결심판이 청구되기 전까지 통고받은 범칙금에 그 금액의 100분의 50을 더한 금액을 납부한 사람에 대하여는 그러하지 아니하다(경범죄처벌법 제9조 제1항).

1. 경범죄처벌법 제7조 제1항 각 호의 어느 하나에 해당하는 사람
2. 경범죄처벌법 제8조 제2항에 따른 납부기간에 범칙금을 납부하지 아니한 사람

경범죄처벌법 제9조 제1항 제2호에 따라 즉결심판이 청구된 피고인이 통고받은 범칙금에 그 금액의 100분의 50을 더한 금액을 납부하고 그 증명서류를 즉결심판 선고 전까지 제출하였을 때에는 경찰서장, 해양경찰서장 및 제주특별자치도지사는 그 피고인에 대한 즉결심판 청구를 취소하여야 한다(경범죄처벌법 제9조 제2항). 제1항 단서 또는 제2항에 따라 범칙금을 납부한 사람은 그 범칙행위에 대하여 다시 처벌받지 아니한다(경범죄처벌법 제9조 제3항).

철도특별사법경찰대장은 경범죄처벌법 제9조 제1항 각 호의 어느 하나에 해당하는 사람이 있는 경우에는 즉시 관할 경찰서장 또는 해양경찰서장에게

그 사실을 통보하고 관련 서류를 넘겨야 한다. 이 경우 통보를 받은 경찰서장 또는 해양경찰서장은 제1항부터 제3항까지의 규정에 따라 이를 처리하여야 한다(경범죄처벌법 제9조 제4항).

제12장 정치참여와 지방자치

1. 선거권과 공무담임권

(1) 선거권

헌법 제24조는 국민의 선거권을 보장하고 있다. 이 선거권이란 국민이 선거인으로서 각종 공무원을 선출하는 권리를 말한다. 그러므로 국민은 국회의원·대통령·지방의회의원 및 지방자치단체의 장 등을 선거할 권리를 가진다. 현행헌법은 선거연령에 관한 규정을 삭제하고 선거연령을 법률에 위임하고 있다(공직선거법 제15조).

국민의 선거권에는 대통령선거권(헌법 제67조 1항), 국회의원선거권(제41조 1항), 지방자치단체의 장과 지방의회의원선거권(제118조 2항) 등이 있다.

선거일 현재 다음에 해당하는 자는 선거권이 제한된다(공직선거법 제18조 1항). ⅰ) 금치산선고를 받은 자, ⅱ) 금고 이상의 형의 선고를 받고 그 집행이 종료되지 아니하거나 그 집행을 받지 아니하기로 확정되지 아니한 자, ⅲ) 선거범으로서, 100만원 이상의 벌금형의 선고를 받고 그 형이 확정된 후 5년 또는 형의 집행유예의 선고를 받고 그 형이 확정된 후 10년을 경과하지 아니하거나 징역형의 선고를 받고 그 집행을 받지 아니하기로 확정된 후 또는 그 형의 집행이 종료되거나 면제된 후 10년을 경과하지 아니한 자(형이 실효된 자도 포함한다), ⅳ) 법원의 판결에 의하여 선거권이 정지 또는 상실된 자

(2) 공무담임권

헌법 제25조의 공무담임권(公務擔任權)이란 입법·행정·사법 및 지방자치단체

그 밖의 공공단체 등에서 모든 직무를 담당할 수 있는 권리를 말한다. 따라서 공무담임권은 선거에 의해서 국가기관의 구성원이 될 수 있는 자격인 피선거권보다 넓은 개념이다.

공무담임권은 국민이 현실적으로 공무에 취임하는 권리가 아니라 권리의 주체가 될 수 있는 자격 및 지위요건에 불과하며, 국민은 공무담임의 의무를 가지는 것이 아니다(예외 : 국방의 의무). 따라서 헌법이 공무담임권을 보장하고 있더라도 모든 국민이 직접 공무를 담당할 수 없어 법률이 정하는 바에 따라 선거에서 당선되거나, 시험에 합격하거나 기타 임명에 필요한 자격 등을 구비하여야만 한다. 이 공무담임권 중에서도 선거직 공무원에 있어서 피선거권을 가지는 것이 가장 중요하다고 하겠다. 법률은 공무담임권 내지 피선거권(예컨대 대통령은 40세, 국회의원, 지방의회 의원, 시장·군수·구청장, 광역시장·도지사는 25세가 되어야 피선거권이 있다)에 관하여 자격과 결격사유를 규정하고 있다(공직선거법 제16조, 제19조, 제266조).[242]

(3) 직접참정권

직접참정권이라 함은 국민이 국가의 의사형성에 직접 참여할 수 있는 권리로

242) 피선거권이 제한되는 자와 선거범죄로 인한 공무담임이 제한되는 경우는 공직선거법 규정은 다음과 같다. ⅰ) 제19조 〔선거권이 없는 자〕 선거일 현재 다음 각호의 1에 해당하는 자는 피선거권이 없다. ⓐ 제18조(선거권이 없는 자) 제1항 제1호·제3호 또는 제4호에 해당하는 자, ⓑ 금고 이상의 형의 선고를 받고 그 형이 실효되지 아니한 자, ⓒ 법원의 판결 또는 다른 법률에 의하여 피선거권이 정지되거나 상실된 자. ⅱ) 제266조 〔선거범죄로 인한 공무담임 등의 제한〕 다른 법률의 규정에 불구하고 제230조(매수 및 이해유도죄) 내지 제234조(당선무효유도죄)·제237조(선거의 자유방해죄) 내지 제255조(부정선거운동죄)·제256조(각종제한규정위반죄) 제1항 및 제2항·제257조(기부행위의 금지제한 등 위반죄) 내지 제259조(선거범죄선동죄)의 죄를 범함으로 인하여 징역형의 선고를 받은 자는 그 집행을 받지 아니하기로 확정된 후 또는 그 형의 집행이 종료되거나 면제된 후 10년간, 형의 집행유예의 선고를 받은 자는 그 형이 확정된 후 10년간, 100만원 이상의 벌금형의 선고를 받은 자는 그 형이 확정된 후 5년간 각 다음 각호의 1에 해당하는 직에 취임하거나 임용될 수 없다. ⓐ 제53조(공무원 등의 입후보) 제1항 각호의 1에 해당하는 직 〔같은 조 같은 항 제5호의 경우 각 조합의 조합장 및 의료보험법 제12조(보험자) 제1항 중 지역의료보험조합의 상임 대표이사·직원과 같은 법 제27조(의료보험연합회)의 의료보험연합회의 상임 임·직원을 포함한다〕, ⓑ 제60조(선거운동을 할 수 없는 자) 제1항 제6호 또는 제7호에 해당하는 직, ⓒ 공직자윤리법 제3조(등록의무자) 제1항 제10호 또는 제11조에 해당하는 기관·단체의 임·직원, ⓓ 사립학교법 제53조(학교의 장의 임면) 또는 같은 법 제53조의2(학교의 장이 아닌 교원의 임면)의 규정에 의한 교원, ⓔ 방송법 제12조(구성 등)의 규정에 의한 방송위원회의 위원이다.

간접민주제의 단점을 보완하는 기능을 한다. 이에는 국민표결제(국민투표제)·국민발안제·국민소환제·일반적 신임투표제 등이 있는데, 우리나라에서는 국민표결의 일종인 국민투표제만이 인정되고 있다(헌법 제72조 및 제130조).

(가) 국민투표

국민투표제(國民投票制)는 국민표결제라고도 하는데 대의정치, 즉 간접민주정치에서 주권자의 대표기관의 의사와 주권자인 국민의 의사가 배치되는 경우에 국민의 최종적 의사를 결정하기 위하여 사용된다. 헌법상 인정되는 국민투표로서는 다음의 2가지가 있다.

① 국가안위에 관한 중요정책에 관한 국민투표

헌법 제72조는 「대통령은 필요하다고 인정할 때에는 외교·국방·통일 기타 국가안위에 관한 중요정책을 국민투표에 붙일 수 있다」고 규정하고 있다. 이는 대통령이 임의로 국민투표에 붙일 수 있는 것이나, 이 투표 결과에는 기속된다고 본다.

② 헌법개정안(憲法改正案)에 대한 국민투표

헌법 제130조는 「헌법개정안은 국회가 의결한 후 30일 이내에 국민투표에 붙여 국회의원선거권자 과반수의 투표와 투표자 과반수의 찬성을 얻어야 한다」고 규정하고 있다.

③ 지방자치단체의 주요 결정사항에 대한 주민투표(住民投票)

헌법에 규정된 제도는 아니지만 지방자치법 제14조는 “지방자치단체의 장은 주민에게 과도한 부담을 주거나 중대한 영향을 미치는 지방자치단체의 주요 결정사항 등에 대하여 주민투표에 부칠 수 있다”고 규정하고 있다.

2. 선거제도

(가) 선거와 선거의 기능

선거는 다수의 선거인에 의하여 국가기관의 구성원을 선임하는 집합적 합성행위를 말하는 것이지, 선거인단의 구성원이 행하는 개개의 투표행위를 말하는 것은 아니다. 또한 위로부터 선임행위인 공무원의 임명행위와도 구별된다. 따라서 선거는 단순한 지명행위라는 점에서 위임행위와 구별된다. 선거는 합의에 의한 정치를 구현하기 위하여 국민의 대표자를 선출하는 것으로서 선거제도의 올바른 운영은 민주정치의 성패를 결정하는 중요한 요소가 된다. 또한 선거제도는 국민의 참정권을 실현시킴으로써 국가권력의 창설과 국가 내에서 행사되는 모든 권력의 최후적 정당성을 국민의 정치적인 공감대에 귀착시키게 하는 통치기구의 조직원리라는 점에서 국민의 참정권과 불가분의 관계에 있다. 그러나 오늘날 정당제 국가에서는 선거의 의의가 변질되어 정부선택적 프레비시트(plébiscite)의 성격을 띠게 되었다.

(나) 선거의 정치적 기능

① 선거는 대표자를 선출함으로써 국민주권의 원칙을 실현하고 대표자를 교체하여 집행부와 입법부의 쇄신을 기할 수 있고(국가권력의 정당성 기초 형성), ② 정권의 담당자를 국민이 교체시킴으로써 민의(民意)에 의한 정치를 가능케 하며(국가질서통합), ③ 통치기관에 신탁을 부여하는 기능을 하며, ④ 민의에 반하는 지배를 방지하여 폭력혁명이나 쿠데타를 예방할 수 있다. 그러나 선거가 국민의 무관심·금력·폭력 등의 개입으로 공정성이 상실될 경우에는 지배자의 지배를 정당화시켜 주는 도구로 전락할 우려도 있다.

(다) 선거의 기본원칙

헌법은 명문으로 보통·평등·직접·비밀선거 등 4대 기본원칙으로 규정하고 있으나 자유선거를 합하여 일반적으로 선거의 5대 원칙이 인정되고 있다.

① 보통선거

보통선거(普通選擧)라 함은 제한선거에 대응하는 제도로서 선거인의 사회적 신분이나 재산·지위·성별·교육 등에 관계없이 일정연령에 다다른 모든 사람에게 선거권을 인정하는 제도이다. 또한 피선거권에 있어 과도한 기탁금을 요구하거나, 지나친 추천자의 서명을 요구하는 것도 보통선거에 반한다(1989.9.8. 88헌가6; 1991.3.11. 91헌마21).

② 평등선거

평등선거(平等選擧)란 차등선거에 대응하는 제도로서 1인 1표를 원칙으로 하고 또한 선거인의 투표가치가 평등하게 취급되는 제도이다. 이 평등선거는 투표의 표면가치의 평등만을 요구하는 것이 아니라 투표의 결과가치의 평등도 함께 요구한다(One man, One vote, One value). 특히 오늘날 문제가 되는 것은 인구비례라든가 선거구획정과 의원정수배분의 불균형에서 생기는 불평등의 문제이다(투표가치의 등가성 문제). 평등선거는 모든 선거참여자 및 정당에게 모든 선거절차에서의 균등한 기회가 보장되어야 한다. 왜냐하면 선거에서 모든 정당에게 균등한 기회가 주어지는 것은 민주정치실현을 위해 중요한 의미를 갖기 때문이다. 또한 무소속후보자나 비정당정치단체도 선거절차에서 불리한 대우를 받아서는 아니된다. 특히 피선거권의 측면에서 무소속입후보자나 비정당적 단체를 정당과 차별하여서는 아니된다. 그러나 국가공권력이 합리적이고 불가피한 이유로 차별대우하는 것은 허용된다. 예컨대, 군소정당의 난립방지 및 정국불안요인을 해소하기 위해(의회안정세력을 확보하기 위하여) 선거법에 저지조항(沮止條項)을 두어 일정률 이상의 득표를 한 정당에게만 비례대표제에 의한 의석배분을 하고 선거운동경비를 보상하는 것 등은 기회균등의 원칙에 반한다고 볼 수 없다.

③ 직접선거

직접선거란 간접선거에 대응하는 제도로서 선거인이 직접 후보자를 뽑는 제도이다. 중간선거인을 선출하여 대표자를 선출하는 것은 선거인의 의사가 왜곡될 수 있기 때문이다. 특히 직접선거에서 문제가 되는 것은 비례대표제하에서의 구속명부제이다. 이 구속명부제가 실질적으로 정당에 의한 간선의 결과가 되기 때문이다.

④ 비밀선거

비밀선거(秘密選擧)란 공개선거에 대응하는 제도로서 선거인이 누구에게 투표하였는지를 모르는 제도이다. 비밀선거를 보장하기 위해서 무기명투표, 투표의 비밀보장, 투표용지관급제, 투표내용에 관한 진술거부제 등이 보장되고 있다. 그러나 투표의 비밀을 침해하지 않는 범위 내에서 행하는 이른바 출구조사는 비밀선거의 원칙에 위배되지 않는다고 하겠다.

⑤ 자유선거

자유선거(自由選擧)란 강제선거에 대응하는 제도로서 어떠한 압력없이 자유롭게 투표가 행해지는 제도를 말한다(기권가능). 따라서 법률이 선거권의 행사를 구속력있는 의무적인 것으로 하는 것은 자유선거의 원칙과 합치되지 않는다.

(라) 대표제와 선거구

대표제는 의원정수의 결정방법을 말한다. 여기에는 일반적으로 다수대표제, 소수대표제, 비례대표제 및 직능대표제 등을 들 수 있다. 또한, 선거구란 국회의원을 선출하는 단위인 지구를 말한다. 즉, 선거인단을 나눈 지역을 말한다.

① 대수대표제(多數代表制)

다수대표제라 함은 대표의 선출을 그 선거구에 있는 다수자의 의사에

따르게 하는 방법으로 다수자만이 대표자를 낼 수 있고, 소수자는 대표제를 내는 것이 거의 불가능한 제도이다. 즉, 유효투표 중 최다득표를 얻은 자를 당선자로 하는 제도이다. 일반적으로 소선거구제와 결부되므로 소수표를 얻은 정당에서는 한 사람의 의원도 낼 수 없어 다수당에 유리하다. 따라서 소수자는 대표자를 내는 것이 거의 불가능하다(일반적으로 소선거구제와 연결).

다수대표제에는 상대다수대표제(영·미)와 절대다수대표제(프랑스)가 있다. 전자는 상대적 다수를 얻은 후보자가 당선되는 것이며, 후자는 투표자의 과반수 이상의 표를 얻은 자가 당선되는 것이다. 또한 다수대표제에는 대선거구연기제와 소선거구단기제가 있다. 전자는 1표라도 많은 정당의 후보자 전원이 당선되며 1표라도 적은 정당의 후보자는 전원이 낙선되는 것이며, 후자는 1개의 의석을 단순 다수결로 결정하는 것이다.

② 소수대표제(少數代表制)

소수대표제라 함은 한 선거구에서 2인 이상의 대표자를 선출하는 방법이다. 즉, 소수득표로도 당선될 수 있다. 이는 다수대표제의 결함인 소수의견의 무시를 보정하여 소수파에게도 득표수에 상응하는 수의 대표를 내게 하려는 제도로서 중·대선거구제를 전제로 한다.

ⓐ 의원수보다 약간 적은 수의 투표를 하게 하는 제한연기투표제, ⓑ 완전연기제를 전제로 하여 의원정수에 맞추어 연기투표를 하되 기입의 순위에 따라서 가치를 체감시키는 체감연기투표제(순서체감투표제), ⓒ 상이한 후보자만을 연기할 필요없이 동일인을 의원 정수만큼 연기할 수도 있는 누적투표제, ⓓ 제한연기투표제·누적투표제를 결합하여 일부를 동일인에게 누적투표할 수 있는 누적제한투표제, ⓔ 대선거구에서 선거인이 한 후보자에게 단기투표만을 허용하는 대선거구 단기투표제(단기비위양식투표제) 등이 있다. 소수당에게도 최소한 대표를 보장할 수 있다는 장점은 있

으나, 절차가 너무 복잡하여 실시하기 곤란하다.

③ 비례대표제(比例代表制)

비례대표제는 소수대표제나 다수대표제의 문제점을 시정하기 위하여 고안된 제도로 각 정당의 득표수에 비례하여 당선자를 결정하는 선거제도이다. 이 제도는 각 정당의 유효득표수에 비례하여 의원수를 공평하게 배정하는 제도로서 사표를 방지하여 소수대표를 보장하고, 득표수와 당선의원수와의 비례관계를 합리화하려는 데 목적이 있다. 이는 실세력에 상응하여 가능한 한 공정하게 대표의 기회를 주려고 하는 방법이다. 각국의 입법례는 3백여종에 달한다고 한다. 그 중 대표적인 방법을 들면, 단기이양식과 명부식이 있는데, 단기이양식(영국식)은 후보자의 순위에 의하여 당선점을 넘는 득표의 이전이 인정되고, 명부식(대륙식 또는 유럽식)은 정당이 제출한 후보자명부에 투표하는 것으로, 당선자가 명부의 순서에 구속되는 구속명부식과 1개의 명부에 구속되지 않는 자유명부식(비구속명부식)이 있다. 대체로 명부식비례대표제를 채택하고 있으나 단기이양식과 자유명부식은 개인본위의 성격이 강한데 반해, 구속명부식은 정당본위의 성격이 강하다.

④ 직능대표제

직능대표제(職能代表制)란 지역대표제에 반대되는 제도로서 직능 또는 직업단체를 단위로 하여 대표를 선출하는 방법이다(정치의 경제화). 이 직능대표제는 직능별 전문인을 대표로 선출할 수 있는 장점이 있지만, 오늘날 복잡한 職域의 분별과 거기에 따른 대표자의 할당이 가장 큰 문제가 되고 있다.

⑤ 소선거구제(小選擧區制)

한 선거구에서 1인을 선출하는 제도, 즉 의원정수가 1인인 선거구를 소선거구제라 하는 바, 이 경우 선거인은 반드시 1인에게만 투표하고 다수표를 얻은 자를 당선자로 하므로 단기투표법과 다수대표제가 적용된다.

⑥ 중선거구제

중선거구제(中選擧區制)란 1선거구에서 2~4명의 대표자를 선출하는 방법이다.

⑦ 대선거구제

한 선거구에서 5명 이상의 대표자를 선출하는 제도를 말한다. 대선거구제(大選擧區制)는 소수대표제와 연결되는데 단기 또는 연기투표방법을 채택한다. 특히 연기투표시에는 다수대표제와도 관련이 있다. 대선거구제의 장·단점은 소선거구제의 장·단점과 반대로 생각하면 된다.

(마) 우리나라의 선거제도

헌법은 제1조 제2항에서 국민주권 원리를 선언하고 그 구현 방식으로 대표민주제(간접민주제)원칙에 직접민주제를 가미하였다. 또한 제24조와 제25조에서 선거권과 피선거권을 규정하고, 선거의 기본원칙으로 보통·평등·직접·비밀선거를 채택(제41조 제1항, 제67조 제1항)하고 있다. 대통령선거·국회의원선거·지방의회의원 및 지방자치단체의 장의 선거에 적용하기 위하여 1994년 3월 16일 공직선거및선거부정방지법(공직선거법)을 새로이 제정하였다.

(바) 선거권이 없는 자

선거권이 없는 자는 ⅰ) 금치산선고를 받은 자, ⅱ) 금고 이상의 형의 선고를 받고 그 집행이 종료되지 아니하거나 그 집행을 받지 아니하기로 확정되지 아니한 자, ⅲ) 선거범으로서, 100만원 이상의 벌금형을 선고받고 그 형이 확정된 후 5년이 경과되지 않거나 또는 형의 집행유예의 선고를 받고 그 형이 확정된 후 10년을 경과하지 아니하거나, 징역형의 선고를 받고 그 집행을 받지 아니하기로 확정된 후 또는 그 형의 집행이 종료되거나 면제된 후 10년을 경과하지 아니한 자(형이 실효된 자도 포함한다), ⅳ) 법원의 판결에 의하여 선거권이 정지 또는 상실된 자이다(제18조 제1항).

(사) 선거운동을 할 수 없는 자

공직선거법상 선거운동을 할 수 없는 사람은 다음과 같다(공직선거법 제60조).

ⅰ) 다음 各號의 1에 해당하는 者는 選擧運動을 할 수 없다. 다만, 第4號 내지 第9號에 해당하는 者가 候補者의 配偶者인 경우에는 그러하지 아니하다.

1. 大韓民國 國民이 아닌 者
2. 未成年者
3. 第18條(選擧權이 없는 者) 第1項의 規定에 의하여 選擧權이 없는 者
4. 國家公務員法 第2條(公務員의 구분)에 規定된 國家公務員과 地方公務員法 第2條(公務員의 구분)에 規定된 地方公務員. 다만, 政黨法 第6條(發起人 및 黨員의 資格) 第1號 但書의 規定에 의하여 政黨의 黨員이 될 수 있는 公務員(國會議員과 地方議會議員외의 政務職公務員을 제외한다.)은 그러하지 아니하다.
5. 第53條(公務員등의 立候補) 第1項 第2號 내지 第8號에 해당하는 者
6. 鄕土豫備軍 小隊長級이상의 幹部
7. 統·里·班의 長
8. 特別法에 의하여 設立된 國民運動團體로서 國家 또는 地方自治團體의 출연 또는 보조를 받는 團體(바르게살기運動協議會·새마을運動協議會·韓國自由總聯盟을 말한다)의 常勤 任·職員과 이들 團體의 中央會長
9. 醫療保險法에 의하여 設立된 地域醫療保險組合의 常任 代表理事·職員 또는 醫療保險聯合會의 常任 任·職員

ⅱ) 鄕土豫備軍 小隊長級이상의 幹部 또는 統·里·班의 長이 選擧事務長, 選擧連絡所長, 選擧事務員, 會計責任者, 演說員, 對談·討論者 또는 投票參觀人이나 不在者投票參觀人이 되고자 하는 때에는 選擧日전 90日(補闕選擧등에

있어서는 그 選擧의 실시사유가 확정된 때부터 5日이내)까지 그 職을 그 만두어야 하며, 選擧日후 6月이내에는 종전의 職에 復職될 수 없다. 이 경우 그만둔 것으로 보는 時期에 관하여는 第53條(公務員등의 立候補) 第2項의 規定을 準用한다.

(아) 선거운동과 선거운동의 규제

헌법은 제116조에서 선거운동의 원칙으로서 기회균등과 선거경비국고부담을 원칙으로 하는 선거공영제를 규정하고 있다.[243)]

공직선거및선거부정방지법 등의 규정에 의하여 금지되거나 제한되지 아니한 선거운동은 모두 허용하는 선거운동의 자유를 확대하였으나 다음과 같은 제한이 있다.

i) 선거운동은 후보자의 등록이 끝난 때부터 투표 전일까지에 한한다(시간상의 제한). 사전운동과 선거당일의 운동은 금지된다. 입후보를 위한 준비운동은 사전운동이 아니다.

ii) 일정한 범위의 사람들에게는(선거사무관계자·일반직공무원·교육자(예외 있음)·미성년자) 이른바 제3자운동이 금지되고 있다(인적 제한).

iii) 선거운동을 위한 호별방문·서명운동·음식물제공·기부행위·비방·사조직의 설치와 이용·옥외대중집회(대통령선거의 경우) 등이 금지되고 있다(방법상의 제한).

iv) 선거의 부패를 방지하기 위한 비용의 액수와 출납책임의 법정, 수입 및 지출의 보고와 공개 등을 규정하고 있다.[244)]

---

243) ① 선거운동의 자유는 널리 선거과정에서 자유로이 의사를 표현할 자유의 일환이므로 표현의 자유의 한 태양이기도 하다(1995.4.20. 92헌바29). ② 선거운동은 국민주권 행사의 일환일 뿐 아니라 정치적 표현의 자유의 한 형태로서 그 제한입법의 위헌 여부에 대하여는 엄격한 심사기준이 적용된다(1994.7.29. 93헌가4·6병합).

244) 대통령선거의 중요성에 비추어 선거의 공정을 위하여 선거일을 앞두고 어느 정도의 기간 동안 선거에 관한 여론조사결과의 공표를 금지하는 것 자체는 그 禁止期間이 지나치게 길지 않는 한 違憲이라고 할 수 없다(1998.5.28. 97헌마362·394병합; 1995.7.21. 92헌마177,199병합).

3. 지방자치제도

지방자치제도는 지방자치단체가 그 지역 내의 공동관심사를 그 자치기구에 의해서 스스로의 책임하에 처리함으로써 민주정치와 권력분립의 이념을 실현시키는 자유민주적 통치기구의 중요한 조직원리이다. 따라서 지방자치라 함은 일반적으로 일정한 지역을 기초로 하는 (지방자치)단체나 일정한 지역의 주민이 지방적 사무(자기사무)를 자신의 책임하에 자신이 선출한 기관에 의해 처리하는 제도를 말한다. 이러한 관념은 민주주의(주민자치 : 정치적 자치)와 지방분권(단체자치 : 법률적 자치)이라는 두 가지 요청을 기반으로 한다.[245)]

(1) 지방자치의 이념

제임스 브라이스(James Bryce)가 '지방자치는 민주주의의 원천인 동시에 그 교실'이라고 한 바와 같이 지방자치의 이념은 민주주의의 정신과 상통한다. 즉, 지방자치는 아래로부터의 민주주의(풀뿌리 민주주의)를 고무하고 중앙집권주의를 견제하기 위한 지방분권주의를 실현함을 그 이념으로 한다. 또한 지방자치는 권력의 억제기능, 민주주의의 학교로서의 기능, 주민의 기본권을 실현하는 기능, 지역개발과 지역발전을 촉진시키는 기능, 경제·사회·문화정책 등을 분업적으로 집행하는 기능 등을 수행한다.

(2) 우리나라의 지방자치제

헌법 제8장에서 지방자치라는 독립된 장을 두어 지방자치의 기본원칙을 명시하고 있다. 헌법 제117조는 지방자치제의 제도적 보장, 지방자치단체의 권능, 지방자치단체의 종류의 법정주의를 규정하고, 제118조는 지방자치단체의 기구와 그 구성방법을 규정하고 있다. 지방자치에 관한 일반법으로서 지방자치법이

245) 지방자치제도란 일정한 지역을 단위로 일정한 지역의 주민이 그 지방에 관한 여러사무를 그들 자신의 책임하에 자신들이 선출한 기관을 통하여 직접 처리하게 함으로써 지방자치행정의 민주성과 능률성을 제고하고 지방의 균형있는 발전과 아울러 국가의 민주적 발전을 도모하는 제도이다(1996.6.26. 96헌마200).

있다.

지방자치법은 지방자치단체를 법인으로 규정하고 있으며, 집행과 의결기관을 분리시킨 이원적 기관구성과 지방자치단체에 대한 국가의 감독 등을 규정한 점으로 보아 원칙적으로 단체자치를 하면서 주민자치를 결합한 혼합형으로 조직형태는 대통령제형을 취하고 있다.

(3) 지방자치단체의 개념 및 종류

(가) 지방자치단체의 개념

지방자치단체(地方自治團體)라 함은 지방자치의 주체가 되는 단체, 즉 국가 내의 일정한 지역을 기초로 하고 그 지역의 주민을 구성원으로 하여 국가로부터 부여된 자치권에 기초하여 지방적 행정을 담당하는 지역적 권력단체를 말한다. 이러한 지방자치제도는 제1공화국헌법에서부터 제6공화국헌법에 이르기까지 모든 헌법이 규정하고 있었다.

(나) 지방자치단체의 종류

지방자치단체의 종류는 법률에 유보되어 있는 바(헌법 제117조 2항), 개정된 지방자치법에 의하면 일반지방자치단체로는 광역(상급)지방자치단체로서 특별시와 광역시 및 도(이상 정부직할)가 있고, 기초(하급)지방자치단체로서 시와 군(이상 도 관할) 및 자치구(특별시와 광역시 관할)가 있다(지방자치법 제2조 1항, 제3조 2항). 광역지방자치단체와 기초지방자치단체는 각각 대등한 법인이며, 상·하복종관계에 있는 것은 아니다. 그리고 일반지방자치단체 외에 별도의 특별지방자치단체를 설치할 수 있으며, 이 특별지방자치단체의 설치·운영을 위하여 필요한 사항은 대통령령으로 정한다(동법 제2조 3항·4항). 이에는 지방자치단체조합이 있다(동법 제149조-154조). 이는 2개이상의 지방자치단체가 그 사무를 공동으로 처리할 필요가 있을 때에는 규약을 정하여 당해 지방의회의 의결을 거쳐 행정자치부장관(시·도) 또는 도지사(시·군·구)의

승인을 얻어 설립하는 법인을 말한다(동법 제149조).

(4) 지방자치단체의 기관과 권한

(가) 지방자치단체의 기관

일반지방자치단체에는 의결기관인 지방의회와 집행기관인 지방자치단체의 장이 있다.

① 지방의회

헌법상 지방의회(地方議會)는 필수적 기관이며(제118조 1항), 지방의회의원은 반드시 그 지역주민의 선거에 의하여야 한다. 다만, 그 선거방법만을 법률에 위임하고 있다(제118조 2항).

지방의회의원 후보자는 관할구역에서 60일이상 거주한 자로서 25세 이상이어야 하며, 후보자는 선거일전 13일부터 2일이내에 등록을 하여야 하며, 지방의회의원 총선거는 임기만료전 30일이후 첫번째 목요일에 실시한다. 의원의 임기는 4년이다. 정기회는 매년 시·도는 11월 20일에 시·군·자치구는 11월 25일에 집회한다. 임시회는 지방자치단체의 장이나 재적의원 3분의 1 이상의 요구로 소집된다. 정기회의 회기는 시·도의회의 경우 40일, 시·군 및 자치구의회의 경우 35일로 하고, 임시회의 회기는 15일 이내로 하며, 합하여 시·도에서는 120일, 시·군·자치구는 80일을 초과할 수 없다(동법 제38조, 제39조, 제41조). 지방의회는 조례의 제정 및 개폐, 예산의 심의·확정, 결산의 승인, 기금의 설치·운영, 청원의 수리와 처리, 기타 주민부담에 관한 사항 등의 심의와 의결권을 가지며(동법 제35조 : 제한적 열거주의에 의한 의결권), 당해 지방자치단체의 장에게 서류제출요구권(동법 제35조의2), 지방자치단체의 행정사무조사·감사권(동법 제36조)·행정사무처리상황을 보고받을 권한과 질문권(동법 제37조 : 출석답변요구권)을 갖는다. 이외에 자주조직권(선출권), 자율권 등이 있다.

② 지방자치단체의 장(長)

지방자치단체의 장은 당해 지방자치단체를 대표하고 그 사무를 총괄한다(동법 제92조). 특별시에는 특별시장, 광역시에는 광역시장, 도에는 도지사, 시에는 시장, 군에는 군수, 자치구에는 구청장을 둔다(동법 제85조). 지방자치단체의 장은 주민의 직접선거에 의하여 선출한다(동법 제86조). 임기는 4년이다(동법 제87조). 지방자치단체장의 피선거권은 당해 지역에 60일 이상 거주한 자로 25세 이상의 자에 부여된다(공직선거법 제16조 3항).

지방의회의 의결사항에 대한 재의요구권, 선결처분권을 갖는다. 또한 사무의 관리 및 집행권이 있고, 사무의 일부를 보조기관에 위임할 수 있으며, 소속직원의 임면권, 지휘·감독·징계권 등이 있다(동법 제94조 내지 제100조 등).246)

(나) 지방자치단체의 권한

지방자치권의 내용인 전권능성과 자기책임성을 기초로 아래와 같은 권한을 갖는다.

① 지방자치단체는 자기 단체의 조직을 스스로 결정할 수 있는 권한을 갖는다. 지방자치법은 광범위한 자치조직권을 인정하고 있다.

---

246) 지방의회와 지방자치단체장과의 관계를 살펴보면 다음과 같다. ⓐ 재의요구권(再議要求權) : 지방자치단체장은 의회의 의결이 월권, 법령에 위반, 공익을 현저히 해하고 또는 예산상 집행할 수 없는 경비가 포함된 의결일 때에는 20일 이내에 이유서를 첨부하여 재의를 요구할 수 있고, 의회가 재적과반수 출석과 출석 3분의 2이상의 찬성으로 재의결하면 그 의결은 확정된다. 그러나 재의결된 사항이 법령에 위반된다고 인정되는 경우에는 20일 이내에 대판에 소를 제기할 수 있다(동법 제98조, 제99조). 재의결된 사항이 법령에 위반된 경우에 자치단체의 장이 제소하지 않으면 행정자치부장관 또는 시·도지사는 자치단체장에게 제소를 지시하거나 직접제소 및 집행정지결정을 신청할 수 있다(동법 제159조). ⓑ 선결처분권(先決處分權) : 지방자치단체장은 지방의회가 성립되지 아니한 때(의원의 구속 등의 사유로 의결정족수가 미달하게 된 때)와 지방의회의 의결사항 중 주민의 생명과 재산보호를 위하여 긴급하게 필요한 사항으로서 의회를 소집할 시간적 여유가 없거나 의회에서 의결이 지체되어 의결되지 아니한 때에는 선결처분할 수 있다. 이 경우 선결처분은 지체없이 지방의회에 보고하여 승인을 얻어야 한다. 승인을 얻지 못하면 그 때부터 효력을 상실한다(동법 제100조).

② 자치단체의 사무에는 고유사무, 단체위임사무, 기관위임사무가 있다.

ⓐ 고유사무(固有事務) : 지방자치단체의 존립목적이 되는 사무(주민의 복지증진에 관한 사무가 핵심)로써 자신의 의사와 책임하에 처리하고 이 사무처리 경비는 자치단체가 전액부담하며 국가는 사후에 합법성 감독만 할 수 있다.

ⓑ 단체위임사무(團體委任事務) : 법령의 특별한 규정에 의하여 국가 또는 상급지방자치단체로부터 위임된 사무를 말한다(동법 제9조 1항). 단체위임사무라 하더라도 자치단체에 위임된 이상 국가의 소극적 감독(사후·합법·합목적)만 허용되고 소요경비는 국가와 분담하며 국정감사는 배제된다. 단체위임사무로는 예방접종사무, 국세징수사무, 국유하천의 점용료 등의 징수사무, 생활보호사무, 보건소·농촌지도소 운영사무 등이 있다.

ⓒ 기관위임사무(機關委任事務) : 전국적으로 이해관계가 있는 사무로서 국가 또는 상급지방자치단체로부터 지방자치단체의 장, 기타 집행기관에 위임된 사무를 말한다. 이 사무를 위임받은 집행기관은 국가의 하급기관과 동일한 지위에서 사무를 처리하며, 이 기관위임사무에서는 국가가 사전감독할 수 있고 경비는 전액을 국고에서 부담하는 것이 원칙이며 국정감사가 허용된다(사전예방적·교정적·합법성·합목적성 감독). 이 기관위임사무로는 병사, 호적, 주민등록, 민방위, 선거, 경찰, 소방, 지적 등의 사무를 들 수 있다.

③ 지방자치단체는 재산을 관리하며, 자치단체의 경비를 지불하기 위한 필요한 세입을 확보하고, 지출을 관리하는 권한을 갖는다.

④ 지방자치단체는 법령의 범위 안에서 자치에 관한 규정을 제정할 수 있다(헌법 제117조 1항). 자치입법에는 지방자치법상의 조례와 규칙 그리고 교육법상의 교육규칙이 있다.

ⓐ 조례제정권(條例制定權)

지방자치단체는 법령의 범위 안에서 그 사무에 관하여 조례를 제정할 수 있다. 다만, 주민의 권리제한 또는 의무부과에 관한 사항이나 벌칙을 정할 때에는 법률의 위임이 있어야 한다(지방자치법 제15조). 법령이 특히 조례로서 정할 것을 규정한 필요적 조례규정사항(지방자치법 제35조 제1항)과 법령에 위임이 없는 사항이라도 국가의 전권에 속하지 아니한 사항에 관하여 조례로 정할 수 있는 임의적 조례규정사항이 있다. 형식적 효력은 법률·법령보다 하위에 있으며, 그 규정사항도 법률과 명령에 위반하는 것이어서는 아니 된다. 즉, 지방자치단체는 법령의 범위 안에서 자치에 관한 규정을 제정할 수 있다.[247)]

ⓑ 규칙제정권(規則制定權)

지방자치단체의 장은 법령 또는 조례가 위임한 범위안에서 그 권한에 속하는 사무에 관하여 규칙을 제정할 수 있다(동법 제16조).

247) ① 조례의 제정권자인 지방의회는 선거를 통해서 그 지역적인 민주적 정당성을 지니고 있는 주민의 대표기관이고 헌법이 지방자치단체에 포괄적인 자치권을 보장하고 있는 취지로 볼 때, 조례에 대한 법률의 위임은 법규명령에 대한 법률의 위임과 같이 반드시 구체적으로 범위를 정하여 할 필요가 없으며 포괄적인 것으로 족하다(1995.4.20. 92헌마264등병합). ② 행정관청의 명령과는 달리 조례는 주민의 대표기관인 지방의회의 의결로 제정되는 지방자치단체의 자주법인 만큼, 지방자치단체가 법령에 위반되지 않는 범위 내에서 주민의 권리의무에 관한 사항을 조례로 제정할 수 있다(1991.8.27. 대판 90누6613).

제13장 계약일반과 금전거래

1. 계약 일반

(1) 계약의 의의

계약(契約)은 2인 이상의 대립하는 의사표시의 합치에 의해 일정한 법률효과를 발생시킬 목적으로 하는 법률행위를 말한다. 여기서 2개의 대립하는 의사표시라고 함은 청약(請約)과 승낙(承諾)을 의미하는데, 계약의 성립은 대립하는 당사자 중 일방이 청약을 하고, 상대방이 이를 승낙함으로써 성립함이 가장 전형적이다. 예컨대, 주택을 사고파는 매매(賣買)를 살펴보면, 매수인(買受人) 갑(甲)이 을(乙)에게 "X주택을 1000원에 사겠소"는 의사표시(청약)를 하고, 이에 대하여 매도인(賣渡人) 을(乙)이 갑(甲)에 대하여 "X주택을 1000원에 팔겠소"라는 의사표시(승낙)를 하여, 매매라는 계약이 성립하는 것이다.

(2) 계약자유의 원칙

근대 이전에도 계약이라는 관념은 있었으나 그 당시 계약에 의하여 설정되는 관계는 신분적 지배관계였다. 근대 이후에는 재화의 이동을 지배하려는 관계가 중심을 이루고 있다. 아무튼 현대사회를 계약사회라고 해도 과언이 아닐 정도로, 우리의 일상생활의 대부분은 다양한 형태의 계약을 통해 이루어지고 있다. 예컨대, 주택을 구입하거나 빌리고, 물건을 구입하고, 교통수단을 이용하고, 취업을 하고, 혼인을 하고, 이 모든 것이 계약을 통해 이루어진다.

계약자유(契約自由)의 원칙은 근대 이후 개인의 사적 생활관계를 규율하는 사법의 3가지 기본원칙(계약자유·재산권절대·과실책임) 중의 하나를 이루고 있는

데, 계약자유의 내용에는 체결(締結)의 자유, 상대방선택의 자유, 내용결정의 자유, 방식의 자유가 있다. 그러나, 계약자유는 당사자가 서로 대등한 지위에 있다는 것을 전제로 하는 것으로, 오늘날 개인과 기업간의 거래나 대량거래 등에서 볼 수 있는 것처럼 한 쪽에서 일방적으로 결정하고 다른 쪽은 이를 그대로 수용하는 형태로 사실적 제한이 이루어지고 있다.[248)]

(3) 계약의 종류

계약은 물권법·채권법·신분법 등 사법의 모든 영역에서 존재하나, 통상적 의미의 계약은 채권발생을 목적으로 하는 채권계약을 의미한다. 계약은 다양하게 분류할 수 있는데, 일반적으로 ① 전형계약과 비전형계약, ② 낙성계약과 요물계약, ③ 쌍무계약과 편무계약, ④ 유상계약과 무상계약, ⑤ 계속적 계약과 일시적 계약으로 분류할 수 있다.

(가) 전형계약(유명계약)과 비전형계약(무명계약)

전형계약은 민법전에서 유형화하고 있는 14가지 형태의 전형적인 계약을 말하고, 비전형계약은 민법에 규정되어 있지 않지만 거래관행상 하나의 계약유형으로 인정될 수 있을 정도로 빈번히 이용되고 있는 계약을 말한다. 민법에서 규정하고 있는 전형적인 계약은 증여(贈與), 도급(都給), 교환(交換), 소비대차(消費貸借), 임대차(賃貸借), 고용(雇傭), 도급(都給), 현상광고(懸賞廣告), 위임(委任), 임치(任置), 조합(組合), 종신정기금(終身定期金), 화해(和解) 14가지이다.[249)]

전형계약에 관한 민법의 규정은 그 대부분이 당사자의 의사를 보충하는 임의규정(任意規定)에 불과하여 당사자가 다른 합의를 하면 그 적용이 배제된다. 따라서 계약당사자는 전형계약과 다른 명칭과 내용의 계약 즉 비전형

---

248) 이처럼 경제적 불평등에서 초래되는 사실적 제한으로 인해, 오늘날에는 계약의 공정성을 확보하기 위한 법적인 간섭이 요청되고 있다.

249) 구체적인 내용은 민법 채권편에서 다루어질 것이므로, 여기서는 이 정도의 설명으로 그친다.

계약(무명계약)을 자유롭게 체결할 수 있다.[250]

(나) 낙성계약(諾成契約)과 요물계약(要物契約)

낙성계약은 계약의 체결에 있어서 당사자의 합의만으로 성립할 수 있는 계약을 말하고, 요물계약은 당사자의 합의와 아울러 일방당사자의 물건의 인도(引渡) 기타의 채무이행이 이루어져야 하는 계약을 말한다. 민법의 전형계약은 현상광고를 제외하고 모두 낙성계약에 해당한다.

(다) 쌍무계약(雙務契約)과 편무계약(偏務契約)

쌍무계약은 계약의 당사자가 서로 대가적(對價的) 의미를 가지는 채무를 부담하는 계약을 말하고, 편무계약은 하나의 계약에서 일방당사자만이 채무를 부담하거나 쌍방이 채무를 부담해도 그 채무가 서로 대가적 의미를 갖지 않는 계약을 말한다.[251]

(라) 유상계약(有償契約)과 무상계약(無償契約)

유상계약은 계약당사자가 서로 대가적 의미있는 재산(財産)상의 출연(出捐)을 하는 계약을 말하고, 무상계약은 계약당사자의 일방만이 급부를 할 뿐이거나 쌍방당사자가 급부를 하더라도 그 급부사이에 대가적 의존관계가 없는 계약을 말한다.[252] 민법상 전형계약 중 매매·교환·임대차·고용·도급·조합·화해·현상광고는 유상계약이고, 증여·사용대차는 무상계약이며, 소비대차·위임·임치·종신정기금은 이자나 보수를 약정여부에 따라서 유상계약에도 무상계약에도

250) 현대에서는 비전형계약에 의한 거래나 리스계약·크레디트카드이용계약·프랜차이징가입계약과 같은 신종계약이 증가하는 경향이 있다.

251) 쌍무계약이 되기 위해서는 한 개의 계약에 의해 쌍방당사자가 채무를 부담할 뿐 아니라, 서로 상대방이 채무를 부담하기 때문에 나도 채부를 부담한다는 관계가 존재해야 한다. 쌍무계약과 편무계약의 구별실익은 쌍무계약에 대하여는 동시이행의 항변권(민법 제536조)과 위험부담(민법 제537조 및 제538조)의 규정이 적용된다고 하는 사실에 있다.

252) 유상계약과 무상계약의 구별실익은 유상계약에 대하여는 모두 매매의 규정, 특히 매도인의 담보책임에 관한 규정이 준용된다는 데에 있다.

속한다.

(마) 계속적(繼續的) 계약과 일회적(一回的) 계약

계속적 계약은 하나의 계약으로부터 시간적 계속성 또는 정기적 급부성을 갖는 채무가 발생하는 계약을 말하고, 일회적 계약은 계약으로부터 발생하는 주된 급부가 1회적인 계약을 말한다. 일회적 계약은 이행기가 도래하여 채무를 이행하면 소멸하고, 계속적 계약은 그 대가(차임·이자 등)가 일정한 기간을 기준으로 결정되며, 기간의 경과로서 보통 채권관계가 소멸한다. 계속적 계약으로 발생되는 계속적 채권관계에서는 사정이 변경되어 애당초의 계약내용을 그대로 이행케 하는 것이 부당한 경우에 계약내용을 변경하거나 해지할 수 있다.[253]

(4) 계약의 효력

(가) 계약의 구속력

계약이 성립하면 원칙적으로 당사자는 임의로 자기의 의사를 철회하여 계약체결 자체를 없었던 것으로 할 수 없고, 이미 성립한 계약은 당사자의 합의를 통해서만 변경할 수 있으며, 당사자는 계약상의 의무를 이행할 채무를 부담하게 된다.

(나) 계약체결상의 과실책임과 쌍무계약의 효력

민법상 전형계약의 효력의 구체적 내용은 14종의 계약에서 개별적으로 규정하고 있다. 현대생활에서 빈번히 이루어지는 계약은 쌍무계약인데, 민법은 계약총칙의 절에서 쌍무계약의 공통된 효력으로 '동시이행의 항변권'과 '위험부담'에 관하여 규정하고 있다. 또한 민법은 체결된 계약의 목적이 원시적(原

253) 계속적 채권관계에서는 장래에 향하여 채권관계를 소멸케 하는 해지가 인정되는데, 계속적 채권관계를 중도에 해지함으로써 기준시점이후의 급부를 거절하고 계약관계를 청산할 수 있다.

始的)으로 불능(不能)이어서 무효로 되는 경우를 '계약체결상의 과실'이라고 하여 규정하고 있다.

① 계약체결상의 과실

'계약체결상의 과실책임'이란 계약체결을 위한 준비단계 또는 계약의 성립과정에서 당사자의 일방이 그에게 책임이 있는 사유로 상대방에게 손해를 끼친 경우에 이를 배상해야할 책임을 의미한다.[254] 민법 제535조 제1항 본문은 "목적이 불능한 계약을 체결할 때에 그 불능을 알았거나 알 수 있었을 자는 상대방이 그 계약의 유효를 믿었음으로 인하여 받은 손해를 배상하여야 한다"고 규정하고 있다. 예컨대, 건물에 대한 매매계약체결 전에 그 건물이 소실된 때 그 계약은 무효가 되어 계약의 유효를 전제로 한 채무불이행책임은 성립할 수 없지만, 그러나 이러한 원시적 불능을 매도인이 알았거나 알 수 있었고 매수인이 선의·무과실인 경우에는, 매도인은 매수인이 입은 일정한 손해를 배상할 책임을 지게 된다.[255] 여기서 '계약체결상'이라 함은 계약체결상의 준비단계와 계약체결단계를 포함하는 계약성립과정·계약체결과정을 의미하며, 과실은 주의의무의 위반이나 태만으로 대상은 위법한 사실의 결과발생이 예견가능성이 있어야 하고, 예견가능성이 없으면 과실로 되지 않는다.[256][257]

254) 민법 제535조 (契約締結上의 過失) ① 목적이 불능한 계약을 체결할 때에 그 불능을 알았거나 알 수 있었을 자는 상대방이 그 계약의 유효를 믿었음으로 인하여 받은 손해를 배상하여야 한다. 그러나 그 배상액은 계약이 유효함으로 인하여 생길 이익액을 넘지 못한다. ② 전항의 규정은 상대방이 그 불능을 알았거나 알 수 있었을 경우에는 적용하지 아니한다.

255) 김준호, 『민법강의』, 법문사, 1999, 906면.

256) **의사의 설명의무(계약체결과정에서 신체에 위험을 줄 특별한 사정을 설명하지 않거나 잘못 설명한 경우)** : 일반적으로 의사는 환자에게 수술 등 침습을 과하는 과정 및 그 후에 나쁜 결과 발생의 개연성이 있는 의료행위를 하는 경우 또는 사망 등의 중대한 결과 발생이 예측되는 의료행위를 하는 경우에 있어서 응급환자의 경우나 그 밖에 특단의 사정이 없는 한 진료계약상의 의무 내지 위 침습 등에 대한 승낙을 얻기 위한 전제로서 당해 환자나 그 법정대리인에게 질병의 증상, 치료방법의 내용 및 필요성, 발생이 예상되는 위험 등에 관하여 당시의 의료수준에 비추어 상당하다고 생각되는 사항을 설명하여 당해 환자가 그 필요성이나 위험성을 충분히 비교해 보고 그 의료행위를 받을 것인가의 여부를 선택할 수 있도록 할 의무가 있다. … 의사가 설명의무를 위반한 채 수술 등을 하여 환자에게 예상치 못한 피해를 입히는 등의 중대한 결과가 발생한 경우에 있어서, 그 결과로 인한 모든 손해를 청

㉯ 동시이행의 항변권

민법 제536조 제1항 본문은 "쌍무계약의 당사자일방은 상대방이 그 채무이행을 제공할 때까지 자기의 채무이행을 거절할 수 있다"고 규정하고 있다.[258)]

'동시이행의 항변권(抗辯權)'은 쌍무계약의 당사자의 일방이 상대방이 채무의 이행을 제공하기까지 자기의 채무이행을 거절할 수 있는 권리를 말한다. 쌍무계약에 있어서 그 내용의 실행이 이행에 있어서, 자기의 의무는 이행하지 않고서 상대방의 이행만을 청구하는 것은 공평의 관념과 신의칙에 반하기 때문에 인정된 것이다. 예컨대, 매도인은 매수인이 대금을 지급할 때까지 목적물의 인도를 거절할 수 있으며 매수인은 매도인이 목적물

구하는 경우에는 그 중대한 결과와 의사의 설명의무위반 내지 승낙취득 과정에서의 잘못과의 사이에 상당인과관계가 존재하여야 하며, 그 경우 의사의 설명의무위반은 환자의 자기결정권 내지 치료행위에 대한 선택의 기회를 보호하기 위한 점에 비추어 환자의 생명·신체에 대한 의료적 침습과정에서 요구되는 의사의 주의의무위반과 동일시할 정도의 것이어야 할 것이지만, 환자측에서 선택의 기회를 잃고 자기결정권을 행사할 수 없게 된 데 대한 위자료만을 청구하는 경우에는 의사의 설명 결여 내지 부족으로 선택의 기회를 상실하였다는 사실만을 입증함으로써 족하고, 설명을 받았더라면 사망 등의 결과는 생기지 않았을 것이라는 관계까지 입증할 필요는 없다. … 의료행위라 함은 의학적 전문지식을 기초로 하는 경험과 기능으로 진찰·검안·처방·투약 또는 외과적 시술을 시행하여 하는 질병의 예방 또는 치료행위 및 그 밖에 의료인이 행하지 아니하면 보건위생상 위해가 생길 우려가 있는 행위를 의미한다 할 것이고, 성형수술행위도 질병의 치료행위의 범주에 속하는 의료행위임이 분명하므로, 이러한 성형수술 과정에서 의사가 환자에게 침습을 가하는 경우에 대하여도 의사의 환자에 대한 설명의무에 관한 법리가 마찬가지로 적용된다(대판 2002. 10. 25, 2002다48443).

257) **학교법인이 사무직원채용통지를 하였다가 채용하지 않은 경우 불법행위책임을 인정한 사례** : 학교법인이 원고를 사무직원 채용시험의 최종합격자로 결정하고 그 통지와 아울러 '1989.5.10.자로 발령하겠으니 제반 구비서류를 5.8.까지 제출하여 달라.' 는 통지를 하여 원고로 하여금 위 통지에 따라 제반 구비서류를 제출하게 한 후, 원고의 발령을 지체하고 여러 번 발령을 미루었으며, 그 때문에 원고는 위 학교법인이 1990.5.28. 원고를 직원으로 채용할 수 없다고 통지할 때까지 임용만 기다리면서 다른 일에 종사하지 못한 경우 이러한 결과가 발생한 원인이 위 학교법인이 자신이 경영하는 대학의 재정 형편, 적정한 직원의 수, 1990년도 입학정원의 증감 여부 등 여러 사정을 참작하여 채용할 직원의 수를 헤아리고 그에 따라 적정한 수의 합격자 발표와 직원채용통지를 하여야 하는데도 이를 게을리 하였기 때문이라면 위 학교법인은 불법행위자로서 원고가 위 최종합격자 통지와 계속된 발령 약속을 신뢰하여 직원으로 채용되기를 기대하면서 다른 취직의 기회를 포기함으로써 입은 손해를 배상할 책임이 있다(대판 1993.9.10, 92다42897).

258) 민법 제536조 (同時履行의 抗辯權) ① 쌍무계약의 당사자일방은 상대방이 그 채무이행을 제공할 때까지 자기의 채무이행을 거절할 수 있다. 그러나 상대방의 채무가 변제기에 있지 아니하는 때에는 그러하지 아니하다. ② 당사자일방이 상대방에게 먼저 이행하여야 할 경우에 상대방의 이행이 곤란할 현저한 사유가 있는 때에는 전항 본문과 같다.

을 인도할 때 까지 대금의 지급을 거절할 수 있는 것 등이다.[259)260)]

㉰ 위험책임

쌍무계약이 일방 당사자의 채무가 당사자 쌍방의 책임없는 사유로 후발적으로 불능이 되어 소멸한 경우 그에 대응하는 상대방의 채무도 소멸하는지 여부가 '위험책임(危險責任)'의 문제이다. 민법 제537조 "쌍무계약의 당사자일방의 채무가 당사자쌍방의 책임없는 사유로 이행할 수 없게 된

259) **대항력과 우선변제권을 겸유하고 있는 임차인이 배당요구를 하였으나 보증금 전액을 배당받지 못한 경우, 그 잔액에 대하여 경락인에게 동시이행의 항변을 할 수 있는지 여부 등** : 주택임대차보호법상의 대항력과 우선변제권이라는 두 가지 권리를 겸유하고 있는 임차인이 먼저 우선변제권을 선택하여 임차주택에 대하여 진행되고 있는 경매절차에서 보증금 전액에 대하여 배당요구를 하였다고 하더라도, 그 순위에 따른 배당이 실시된 경우 보증금 전액을 배당받을 수 없었던 때에는 보증금 중 경매절차에서 배당받을 수 있었던 금액을 공제한 잔액에 관하여 경락인에게 대항하여 이를 반환받을 때까지 임대차관계의 존속을 주장할 수 있다고 봄이 상당하고, 이 경우 임차인의 배당요구에 의하여 임대차는 해지되어 종료되고, 다만 같은 법 제4조 제2항에 의하여 임차인이 보증금의 잔액을 반환받을 때까지 임대차관계가 존속하는 것으로 의제될 뿐이므로, 경락인은 같은 법 제3조 제2항에 의하여 임대차가 종료된 상태에서의 임대인의 지위를 승계한다. … 주택임대차보호법상의 대항력과 우선변제권을 겸유하고 있는 임차인이 배당요구를 하였으나 보증금 전액을 배당받지 못하였다면 임차인은 임차보증금 중 배당받지 못한 금액을 반환받을 때까지 그 부분에 관하여는 임대차관계의 존속을 주장할 수 있으나 그 나머지 보증금 부분에 대하여는 이를 주장할 수 없으므로, 임차인이 그의 배당요구로 임대차계약이 해지되어 종료된 다음에도 계쟁 임대 부분 전부를 사용·수익하고 있어 그로 인한 실질적 이익을 얻고 있다면 그 임대 부분의 적정한 임료 상당액 중 임대차관계가 존속되는 것으로 보는 배당받지 못한 금액에 해당하는 부분을 제외한 나머지 보증금에 해당하는 부분에 대하여는 부당이득을 얻고 있다고 할 것이어서 이를 반환하여야 한다(대판 1998. 7. 10, 98다15545).

260) **하자확대손해로 인한 수급인의 손해배상채무와 도급인의 공사대금채무가 동시이행관계에 있는지 여부 등** : 수급인이 도급계약에 따른 의무를 제대로 이행하지 못함으로 말미암아 도급인의 신체 또는 재산에 손해가 발생한 경우 수급인에게 귀책사유가 없었다는 점을 스스로 입증하지 못하는 한 도급인에게 그 손해를 배상할 의무가 있다고 보아야 할 것이고, 원래 동시이행의 항변권은 공평의 관념과 신의칙에 입각하여 각 당사자가 부담하는 채무가 서로 대가적 의미를 가지고 관련되어 있을 때 그 이행과정에서의 견련관계를 인정하여 당사자 일방은 상대방이 채무를 이행하거나 이행의 제공을 하지 아니한 채 당사자 일방의 채무의 이행을 청구할 때에는 자기의 채무이행을 거절할 수 있도록 하는 제도인데, 이러한 제도의 취지로 볼 때 비록 당사자가 부담하는 각 채무가 쌍무계약관계에서 고유의 대가관계가 있는 채무는 아니라고 하더라도 구체적인 계약관계에서 각 당사자가 부담하는 채무에 관한 약정내용 등에 따라 그것이 대가적 의미가 있어 이행상의 견련관계를 인정하여야 할 사정이 있는 경우에는 동시이행의 항변권이 인정되어야 하는 점, 민법 제667조 제3항에 의하여 민법 제536조가 준용되는 결과 도급인이 수급인에 대하여 하자보수와 함께 청구할 수 있는 손해배상채권과 수급인의 공사대금채권은 서로 동시이행관계에 있는 점 등에 비추어 보면, 하자확대손해로 인한 수급인의 손해배상채무와 도급인의 공사대금채무도 동시이행관계에 있는 것으로 보아야 한다. … 부진정 연대채무자 중 1인으로서 피해자에 대한 손해배상의무를 실제로 이행한 도급인이 사용자책임을 부담하게 되는 수급인에 대하여 취득하게 되는 구상권은 도급인이 하자보수와 함께 청구할 수 있는 손해배상채권이나 이른바 하자확대손해의 배상채권의 변형물로서 수급인의 공사대금채권과 그 실질에 있어서 대가적인 의미가 있어 공평의 원칙에 비추어 이행상의 견련관계를 인정함이 상당하므로 위 양 채권은 서로 동시이행의 관계에 있다고 보아야 한다(대판 2005. 11. 10, 2004다37676).

때에는 채무자는 상대방의 이행을 청구하지 못한다"고 규정하여 '채무자위험부담주의'를 취하고 있다. 따라서, 채권자의 반대급부가 이미 이행된 경우, 채권자는 채권의 소멸에 의한 부당이득을 이유로 급부한 것의 반환을 청구할 수 없다.

그러나 채권자의 책임있는 사유로 이행할 수 없게 된 경우 또는 채권자가 수령을 지체하고 있는 중에 당사자 쌍방의 책임없는 사유로 이행할 수 없게 된 경우에는 채무자는 이행을 청구할 수 있다(민법 제538조 제1항).

2. 금전거래

인간사(人間事)에서 돈은 행복과 불행의 씨앗이 될 수 있다. 돈이 싸움과 분쟁의 원인이 되고 있으며, 심지어 금전거래가 발단이 되어 사람의 생명까지 앗아가는 일이 발생하고 있다.

돈을 빌려주거나 꾸어가서 약속한 날짜에 돌려주면 아무 법률문제가 발생하지 않지만, "똥 누러 갈 때와 똥 누고 나올 때 마음이 다르다"는 속담처럼 사람의 마음이란 처음과 다른데서 법률문제가 발생하는 것이다. 또 사람이 실수하는 것이 아니라 돈이 실수하는 것이다. 이처럼 법은 사회에서 각종의 다툼과 일탈행위를 규제하는 사회통제의 수단이다. 금전거래에서도 분쟁이 발생되지 않도록 사전 예방이 중요하다.

우선, 금전 거래할 때의 유의사항을 먼저 알아두자.

(1) 명확한 근거를 남기는 것이 중요하다.

인간의 '기억은 순간이요, 기록은 영원하다'는 말이 있다. 사람의 기억에는 한계가 있기 마련이다. 따라서 모든 것을 기록하고 문서화하는 것이 분쟁을 예방하는 가장 중요한 방법이다. 돈을 주고 받을 때는 차용증(借用證)과 영수증

(領收證)을 반드시 작성하고 하여 교환하고, 계약(契約)을 할 때는 계약 내용을 상세히 기록한 문서를 작성하여 교환하는 것이 중요하다.

가까운 사이일수록 금전거래는 하지 않는 것이 좋지만, 사람 사는 세상에서 돈이 필요하면 제일 먼저 가까운 친인척이나 친구를 찾는 것이 인지상정(人之常情)이다. 그러한 가깝고 친밀한 사이에서 체면 때문에 차용증과 영수증을 주고 받지 않으므로 인해 돈 잃고 사람까지 잃는 일이 발생하고 그것을 애통해 하는 경우가 우리 주위에 많이 발생한다.

가까운 친인척사이나 친구사이일수록 금전거래를 하면서 빌려주는 입장에서 차용증을 써달라고 하거나, 돈을 갚으면서 영수증을 써달라고 하면 당장은 서운하고 기분 나쁜 일 일수 있지만 길게는 분쟁을 예방하는 가장 합리적인 방법이다.

(2) 돈을 빌려줄 때는 상대방의 신원과 돈을 갚을 능력이 있는지를 확인한다.

돈 거래를 할 때 상대방의 신원을 확인하여야 한다. 특히, 상대방에게 돈을 빌려줄 때는 상대방의 재력과 신용을 확인하는 것이 중요하다. 상대방의 신용이나 재력이 의심스러울 때는 금전거래를 하지 않는 것이 가장 이상적이지만 그렇지 못한 경우 반드시 채권회수를 위한 담보를 취득하여야 한다.

담보에는 인적 담보(人的 擔保)와 물적 담보(物的 擔保)가 있다. 인적 담보는 제3자로 하여금 보증이나 연대보증을 서도록 하는 방법이며, 물적 담보는 부동산에 저당권(抵當權)이나 가등기(假登記)를 설정하는 방법, 동산(動産)이나 유가증권(有價證券)을 담보로 받아두는 것이다.

미성년자(未成年者)[261]에게 돈을 빌려줄 때는 부모(보호자)의 동의가 있어야 하고 동의가 없으면 미성년자의 보호자가 계약을 취소할 수 있으므로(민법 제5조 제2항, 제140조), 손해를 볼 수 있다.

---

261) 미성년자라 함은 만 20세에 이르지 않은 자를 말한다. 미성년자가 법률행위를 할 때는 원칙적으로 법정대리인의 동의를 얻는 것이 필요하며, 동의를 얻지 않고 한 법률행위는 미성년자 자신 또는 법정대리인이 이를 취소할 수 있다.

가정주부와 돈 거래를 할 때는 그 돈이 자녀들의 학비나 의료비, 가스·전기료 등과 같은 일상가사비용으로 사용된다면 배우자에게도 변제책임이 있으나 일상가사와 관계없이 유흥비나 계돈 등에 사용되는 남편이 별도의 보증을 서지 않는 한 남편에게 돈을 갚을 책임이 없다는 것도 알아두어야 한다.

도박자금이나 범죄에 사용되는 줄 알면서도 돈을 빌려주는 경우 돈을 빌려간 사람(借用人)이 임의로 갚지 않으면 법률상 청구할 수 없으므로 그러한 금전거래는 하지 않아야 한다(민법 제103조 참조).

(3) 돈을 빌릴 때도 채권자의 부당한 요구를 거부할 수 있어야 한다.

일반적으로 돈을 빌리는 사람은 다급한 사정 때문에 돈을 빌려주는 채권자의 부당한 요구에 응하는 경우가 많다. 또한, 악덕 채권자는 돈을 빌리려오는 사람의 다급함을 악용하여 부당하고 가혹한 요구를 하는 경우가 있으므로 돈을 빌릴 때는 원금과 이자, 기간 등 차용계약서의 내용을 잘 읽어보고 상세히 파악해야 한다.

돈을 갚을 때는 원금과 이자에 대한 영수증을 받아야 하고, 차용금액에 대해 완전히 갚았을 때는 빌릴 때 작성해 준 차용증서 등을 채권자로부터 반드시 회수하여야 한다. 악덕 채권자는 회수하지 않은 차용증을 통해서 이중변제를 요구하는 경우가 있기 때문이다.

악덕 채권자 중에는 비싼 담보물을 싸게 취득할 목적으로 돈을 갚을 날짜(변제일)에 만나주지 않거나 변제기일을 연기해주겠노라고 채무자를 속인 후 담보물을 처분하는 경우가 있으므로 채무자는 변제기일에 채권자를 만날 수 없거나 만나주지 않는 경우 변제일에 반드시 법원에 공탁(供託)절차를 밟아야 한다.

(4) 채무는 상속된다.

돈을 빌려간 채무자가 사망하여도 채무는 상속인이 알건 모르건 법률상 단연히 상속되므로(민법 제1005조), 채권자는 그 상속인에게 돈을 갚을 것을 요구

할 수 있다. 채무자의 상속인이 채무를 면하려면 상속을 포기(抛棄)[262]하거나 상속의 한정승인(限定承認)[263]을 하여야 한다.

(5) 채권자는 합법적 수단을 통하여 빌려준 돈을 회수하여야 한다.

우리 민법은 사권(私權)에 관한 자력구제(自力救濟)를 금지하고 있다.[264] 자력구제란 자기의 권리를 보전하기 위하여 국가가 정하고 있는 제3의 기관의 힘을 빌리지 않고 스스로 채권을 회수하는 것을 말한다. 우리가 일상생활에서 접하는 신문기사를 보건데, 채권회수를 하기 위해 해결사를 동원한 폭력수단으로 돈을 받아내는 것은 그 자체가 범죄를 구성하므로 이러한 방법을 동원해서는 안된다.

3. 보증

일상생활에서 보증(保證)이라는 용어가 많이 사용된다. 아무개는 보증 잘못섰다가 살림이 거덜랐다고 하더라, 아무개는 빚보증 때문에 자살했다고 하더라는 말들을 흔치않게 듣는다. 빚보증을 서달라는 친척이나 절친한 친구의 요구를 거절하지 못하고 그 놈의 정(情) 때문에 보증을 서주었다가 나중에 패가망신하거나 고통을 받으며 후회하는 경우가 많다.

262) 상속인의 의사(意思)로 상속재산의 승계를 전면적으로 거부하여 상속을 처음부터 하지 않았던 것과 같은 선택의 방법을 말한다. 소극재산(채무와 같이 부담이 되는 재산)이 명백히 적극재산(주택이나 예금과 같이 이득이 되는 재산)을 초과할 때는 이 방법이 합리적이다.

263) 한정승인이란, 피상속인의 채무는 상속재산의 범위 내에서 변제하고 상속인 자신의 고유재산에서는 책임을 지지 않겠다는 것을 유보하여 상속을 승인하는 것이다. 상속재산 중 적극재산과 소극재산이 병존하여 어느 쪽이 많은지 불명한 경우 이 방법이 합리적이다.

264) 우리 민법은 오직 점유자(占有者)에게만 일정한 경우에 자력방위권과 자력탈환권을 인정하고 있다. 민법은 "점유자는 그 점유를 부정히 침탈 또는 방해하는 행위에 대하여 자력으로써 이를 방위할 수 있다(민법 제209조 제1항)", "점유물이 침탈되었을 경우에 부동산일 때에는 점유자는 침탈 후 즉시 가해자를 배제하여 이를 탈환할 수 있고, 동산일 때에는 점유자는 현장에서 또는 추적하여 가해자로부터 이를 탈환할 수 있다." 고 규정하고 있다.

"보증을 서는 자식은 낳지도 말라"는 속담이 있고, 사회생활하는 자식이나 남편에게 부모님이나 아내는 시시때때로 "보증서면 살림 망(못) 한다", "보증서지 마라"를 귀에 못이 박히도록 되풀이한다. 이는 보증으로 인해 발생하는 문제가 많기 때문에 이러한 속담과 가족들이 보증을 서지 말라고 하는 것이리라.

우리가 일상적으로 사용하는 보증(保證)이라는 것은 금전소비대차(金錢消費貸借)의 담보제도(擔保制度)이다.

돈을 빌린 채무자가 돈을 빌려준 채권자에게 돈을 갚을 날짜에 차용한 금액을 지불하면 아무 문제가 발생하지 않는다. 그러나 돈을 빌린 채무자가 돈을 갚지 않을 것에 대비하여 돈을 빌려주는 채권자는 채무자로 하여금 보증인을 내세우게 하거나, 빌려주는 금액만큼의 재산을 제공하게 한다.

(1) 보증의 종류

우리 민법상 채무에 대한 보증에는 물적담보(物的擔保)와 인적담보(人的擔保)가 있다.

① 물적담보는 채무의 담보로 부동산 등 재산을 제공하고 그 담보의 범위내에서만 책임을 지는 것이다. 저당권, 유치권, 양도담보, 가등기담보 등이 있다.

② 인적담보는 채권을 확보하기 위하여 보증을 선 보증인의 재산을 가지고 무한책임을 지도록 하는 것이다. 여기에는 보증채무 등이 있다. 인적담보제도는 채무자의 수를 늘림으로써 채권자가 추급할 수 있는 책임재산의 상태를 늘리는 것으로 보증인의 인적 요소에 의존하는 정도가 강하다. 그러나 실제적으로는 물적담보에 비하여 그 절차가 간편하다는 점에서 자주 활용된다.

(가) 보증채무(保證債務)

보증채무란 돈을 빌린 채무자가 그 차용금(채무)을 갚지 않을 경우에 보증

인이 그 차용금을 이행하여야 할 채무를 말한다. 실생활에서 돈을 빌린 채무자가 돈을 갚을 능력이 의심되거나 불안한 경우에는 보증인을 세우게 한다. 보증채무는 소액의 금융거래나 채무자가 담보물(집이나 토지 등)을 가지고 있지 않을 때 보증을 세우게 하여 채무자가 채무를 이행하지 않아 빌려준 돈을 받지 못했을 때 보증인으로부터 돈을 받아내는 것이다.

보증채무는 채권자와 보증인간의 보증계약에 의하여 성립한다. 따라서, 주채무자는 보증계약의 당사자가 아니다.[265)]

보증채무는 주채무의 이행을 우선하고, 그 이행이 없는 때에 보증인이 이행하도록 하는 것이다. 따라서 채권자는 주채무자가 채무를 이행하지 않을 때에는 보증인에게 보증채무의 이행을 청구할 수 있다. 보증인이 채권자에게 보증채무를 이행한 경우에는 주채무자에 대하여 구상(求償)할 수 있다.

채권자가 미리 주채무자에게 청구를 하여 보지도 않고 바로 보증인에게 청구를 한 때에는, 주채무자가 돈을 갚을 수 있는 재산이 있다는 사실 및 그 집행이 용이하다는 것을 증명해서 먼저 주채무자에게 청구할 항변할 수 있는 보증인의 권리가 있다(민법 제437조). 이를 보증인의 '최고의 항변권'이라고 한다.[266)] 또한, 채권자가 주채무자에게 최고를 한 후에 보증인에 대해 이행을 청구한 경우에도 보증인은 다시 주채무자에게 변제할 재산이 있다는 사실 및 그 집행이 용이함을 증명하여 먼저 주채무자의 재산에 대하여 집행할 것을 항변할 수 있는 보증인의 권리를 '검색의 항변권'이라고 한다.

보증채무는 특정한 채무를 보증하는 것이기 때문에 보증인이 사망하더라도 상속인에게 보증채무가 상속하게 된다. 따라서, 상속인들은 상속의 포기 또는 한정승인의 의사를 법원에 신고하여야만 보증책임을 면할 수 있다.

265) 실생활에서 보증계약은 주채무자가 보증인이 될 사람을 대리하여 보증계약을 체결하는 경우가 많다.

266) 보증인이 최고의 항변권을 갖지 못하는 경우가 있다. ① 보증인이 연대보증인인 때, ② 주채무자가 파산선고를 받은 때, ③ 주채무자의 행방을 알 수 없는 경우, ④ 보증인이 최고의 항변권을 포기한 때이다.

(나) 연대보증

연대보증(連帶保證)은 보증인이 주채무자와 연대하여 채무를 부담함으로써 주채무의 이행을 담보하는 보증을 말한다.

연대보증은 보증채무의 일종이지만, 보충성이 없기 때문에 연대보증인은 '최고·검색의 항변권'을 갖지 않는다. 따라서 채권자는 곧바로 연대보증인에게 채권을 청구할 수 있고, 연대보증인이 여러 명인 경우에는 어느 연대보증인에 대하여서도 주채무의 변재를 전액 청구할 수 있다.

(다) 공동보증

동일한 주채무에 대하여 여러 명이 보증인으로 된 경우의 보증을 말한다. 공동보증은 1개의 계약으로 공동보증인 된 경우일 수도 있고, 각각 별개의 계약으로 공동보증인이 된 경우에도 공동보증인은 주채무의 액을 균등한 비율로 분할한 금액에 관하여서만 보증채무를 부담한다. 이를 '분별의 이익'이라고 한다.

공동보증에서 고동보증인 가운데 한 사람이 자기의 재산으로 주채무를 면책케 한 때에, 그 전액에 관하여 주채무자에게 구상할 수 있으며, 자신의 부담부분을 넘은 금액을 변제한 때에는 나머지 다른 공동보증인에 대하여서도 구상권(求償權)을 행사할 수 있다.

(라) 유치권과 저당권

유치권(留置權)이란, 타인의 물건 또는 유가증권을 점유하는 자가 그 물건이나 유가증권으로부터 생긴 채권을 가지고 있을 때에, 그 채권의 변제를 받을 때까지 그 물건 또는 유가증권을 유치하여 채무자의 변제를 재촉하는 권리를 말한다(민법 제320조). 예를 들면 시계를 수선하여 준 사람은 시계 수리비를 받을 때까지 시계의 반환을 거절할 수 있는 것이 유치권의 기능이다.

저당권(抵當權)이란, 저당권자가 채무자 또는 제3자가 점유를 이전하지 아니하고 채무의 담보로 제공한 부동산(不動産)에 대하여 다른 채권자보다 우

선하여 자기의 채권의 변제를 받을 수 있는 권리이다(민법 제356조).[267] 저당권은 저당을 취득하고자 하는 저당권자(抵當權者)와 목적 부동산 등에 저당권을 설정하는 저당권설정자(抵當權設定者) 사이에 저당권설정의 합의로서 성립하며 등기(登記)에 의하여 효력이 발생한다. 등기가 없으면 저당권은 성립하지 않는다. 저당권설정등기에 관한 비용은 다른 약정이 없으면 원칙적으로 채무자가 부담하는 것이 거래의 관행이다.

일상생활에서 돈을 빌려주고 부동산을 저당 잡을 때 다음 사항을 주의해야 한다. 첫째, 부동산이 채무자의 소유인지 아니면 물상보증인(物上保證人)의 소유인지를 확인하여 저당권설정계약을 체결해야 한다. 둘째, 법원의 등기부를 열람하여 다른 담보물권이나 용익물권이 설정되어 있는지 여부를 조사하여 피담보채권을 확보할 수 있는지를 확인하여야 한다. 셋째, 부동산에 소액임차인이 거주하는지, 조세체납 사실이 있는지 등을 확인해야 한다. 소액임차인은 저당권자보다 우선변제권이 인정되어 저당권자가 받을 수 있는 채권이 줄어들 수 있기 때문이다.

(2) 신원보증

신원보증(身元保證)이란 피용자가 장차 고용계약(雇傭契約)상의 채무불이행으로 사용자에 대해 손해배상의무를 부담하게 되는 경우에 그 이행을 담보하는 보증을 말한다. 예를 들면, 피용자가 회사에서 공금을 횡령했을 경우 신원보증인이 책임을 지는 것이다.

신원보증은 친족간의 정실이나 의리에 기초하여 이루어지는 보증인 바, 이 신원보증계약내용은 사용자에 의하여 일방적으로 정하여 지고 범위도 넓어서 부당한 경우가 많아 신원보증인의 책임을 완화하기 위한 법률이 [신원보증법]이다.

267) 저당권은 부동산 이외에도 상법상의 등기된 선박, 자동차, 중기, 항공기 등에 저당권을 설정할 수 있다. 농기구인 경운기는 자동차관리법상 등록대상이 아니므로 경운기에는 저당권을 설정할 수 없다.

기간을 정하지 않은 신원보증계약의 존속기간은 원칙적으로 3년이고(신원보증법 제2조), 기간을 정하였다고 하더라도 5년을 초과할 수 없다(신원보증법 제3조).

사용자는 피용자가 업무상 부적임하거나 불성실한 사적이 있어 이로 말미암아 신원보증인의 책임을 야기할 염려가 있음을 안 때, 피용자의 임무 또는 임지를 변경함으로써 신원보증인의 책임을 가중하거나 또는 그 감독이 곤란하게 될 때에는 지체 없이 신원보증인에게 통지하여야 한다(신원보증법 제4조).

신원보증인은 사용자로부터 통지를 받은 때, 신원보증인이 스스로 통지사유가 되는 사실을 안 때에는 계약을 해지할 수 있고, 피용자의 고의 또는 과실이 잇는 행위로 발생한 손해를 신원보증인이 배상한 때에도 신원보증인은 계약을 해제할 수 있다(신원보증법 제5조).

신원보증인의 손해배상 책임과 그 금액을 정할 때 피용자의 감독에 관한 사용자의 과실의 유무, 신원보증을 하게 된 사유 및 신원보증을 함에 있어서 주의를 한 정도, 피용자의 임무 또는 신원의 변화 기타 모든 사정을 참작하여야 한다(신원보증법 제6조).

신원보증계약은 신원보증인의 사망으로 그 효력을 상실한다(신원보증법 제7조). 그러나 신원보증인이 사망하기 전에 이미 발생한 신원보증계약으로 인한 보증채무는 상속인에게 상속된다.

4. 공탁제도

공탁(供託)이란 법령의 규정에 따른 원인에 의하여 금전·유가증권·물품을 법원의 공탁소에 임치(任置)하여 법령에 정한 일정한 목적을 달성하는 제도이다. 원인에 따라 공탁의 종류도 여러 가지이다. 변제공탁(辨濟供託), 보증공탁(保證供託) 등이 있다.

(1) 변제공탁

변제공탁이란, 채무자가 변제를 하려고 하여도 채권자가 변제를 받지 아니하거나 변제를 받을 수 없는 경우 또는 과실(過失) 없이 채권자가 누구인지 알 수 없는 경우에 채무자는 채무이행에 갈음하여 채무의 목적물을 공탁하여 그 채무를 면할 수 있는 공탁을 말한다. 변제공탁을 하면 채무가 소멸하므로 채무자는 채무를 면하게 된다.

공탁은 채권자의 주소지를 관할하는 법원의 공탁소에 비치된 공탁서와 공탁통지서를 받아 일정한 서류를 제출하면 공탁공무원이 심사하여 공탁을 수리하게 되고, 그 후 공탁자가 공탁물을 공탁물보관은행에 납입하면 된다. 지정한 납일기일까지 납입하지 않으면 공탁수리결정은 그 효력이 상실된다.

(2) 보증공탁

보증공탁은 특정의 상대방이 받을 수 있는 손해를 담보하기 위한 공탁을 말한다. 이를 재판상보증공탁으로 활용되며, 가압류보증, 가처분보증, 소송비용담보, 가집행을 면하기 위한 담보 등이 있으며 보증공탁의 신청절차는 변제공탁과 동일하다.

5. 내용증명

내용증명(內容證明)은 발송인이 수취인에게 어떤 내용의 문서를 언제 발송하였다는 사실을 우체국에서 공적으로 증명하는 등기취급우편제도이다. 내용증명은 개인 상호간의 채권·채무관계나 권리의무를 더욱 명확하게 할 필요가 있을 때 주로 이용되고 있다.

내용증명은 본안소송 제기에 앞서 의무의 이행을 촉구하거나 증거력을 확보하기 위한 수단 등으로 개인상호간에 주로 이용된다. 따라서 내용증명을 발송했다고 해서 법적 효력이 곧바로 발생하는 것은 아니다.

실생활에서 내용증명우편이 필요한 경우는 ① 채무이행의 최고와 계약의 해제, ② 채권양도의 통지, ③ 임대차계약의 해지, ④ 기타 법적인 의의를 지닌 의사의 통지 할 때이다.

내용증명은 A4용지에 상대방에게 알리고자 하는 내용을 6하원칙에 따라 작성한다. 내용문서의 서두나 끝부분에는 발송인 및 수취인의 주소, 성명을 반드시 기재하여 누가 누구에게 발송한 내용문서임을 확실히 해야 한다.

작성된 원본과 원본을 복사한 2부를 우체국 접수창구에 제출하면 된다. 내용문서 원본과 복사된 등본 2통에 대하여 소정의 증명절차가 끝나면 원본을 수취인에게 발송하여야 한다. 수취인에게 보낼 원본은 내용문서에 기록된 발송인 및 수취인의 주소·성명을 동일하게 기재한 봉투에 넣고 우체국 취급직원이 보는 곳에서 이를 봉함하여 등기접수하면 된다.

내용증명을 발송하는 경우에는 반드시 등기우편으로 하고 배달증명[268]을 함께 받아두어야 한다.

6. 지급명령

지급명령(支給命令)이란, 변론(辯論)을 열지 아니하고 간단한 절차에 의하여 채권자의 청구에 이유가 있다고 인정하면 채무자에 대하여 금전, 기타의 대체물(代替物) 또는 유가증권의 일정수량의 지급을 명하는 재판을 말한다. 지급명령은 판결절차와 같이 변론이나 증거조사 등의 번거로운 절차를 거치지 않고 누구라도 이용하기 쉬운 소송절차이다. 지급명령은 상대방의 주소지를 관할하는 법원에 신청하면 된다.

법원은 대여금이라든지 외상대금이 있는 채권자가 상대방의 주소지를 관할하

268) 배달증명은 등기우편물에 대해서만 특별히 취급되는 우편물로서 몇년 몇월 몇일에 그 우편물이 상대방에게 배달되었는가를 우체국에서 증명하는 것이다.

는 지방법원 또는 지원에 신청을 하면, 법원은 채무자의 주장이나 변명을 듣지 않고 채권자가 일방적으로 제출한 증거만으로 지급명령을 내린다.

이에 대하여 채무자는 지급명령에 대하여 불복이 있으면 이의를 신청할 수 있고, 지급명령에 대하여 적법한 이의신청이 있는 때에는 정식소송으로 진행된다.

법원의 지급명령에 대하여 이의신청이 없거나 이의신청을 취하(取下)하거나 각하결정(却下決定)이 확정된 때에는 지급명령은 확정판결과 같은 효력이 발생한다.

지급명령을 우편으로 송달(送達) 받은 채무자가 받은 날부터 2주일 내에 지급을 하지 않고 법원에 이의신청을 하지 않으면 지급명령은 확정되고, 채권자는 채무자의 재산을 강제집행 할 수 있게 된다.

7. 소액심판

3천만을 초과하지 아니하는 금전지급을 목적으로 하는 대여금·물품대금·손해배상청구와 같은 사건에 대하여 신속하고 간편하게 경제적으로 재판을 받을 수 있는 제도가 소액심판(少額審判)제도이다.

소액심판은 법원 종합접수실이나 법원 민사과에 가면 누구나 인쇄된 소장서식 용지를 무료로 얻어서 해당사항을 기재하면 소장이 되도록 마련되어 있다. 또한, 원고와 피고 쌍방이 임의로 법원에 출석하여 진술하는 방법으로도 소(訴)제기가 가능하다.

소장을 접수하면 즉시 변론기일을 지정하여 알려준다. 소액심판은 재판이 단 1회로 끝내는 것을 원칙으로 하므로 당사자들이 꼭 유의해야할 사항으로는 「모든 증거를 최초의 변론기일에 제출할 수 있도록 준비하여야 한다」는 것이다. 또한, 당사자들이 명심하여야 할 사항은 재판에 불출석하면 불리한 결과가 닥친다는 것이다. 피고가 불출석하고 답변서도 내지 않으면 즉석에서 원고에게 '승소 판결'이 선고되고, 원고가 두번 불출석하고 그 후 1월내에 기일지정의 신

청을 하지 아니하면 소송은 취하된 것으로 간주될 수 있다.

소액심판제도는 변호사가 아니더라도 원고나 피고의 아내·남편·부모·형제자매·자녀 등이 법원의 허가 없이 원고나 피고를 대리하여 소송을 할 수 있다. 이 경우에는 위임장과 호적등본 또는 주민등록등본을 법원에 제출하여야 한다.

제14장 소비자기본법과 약관규제에 관한 법률

1. 소비자기본법

(1) 소비자 보호의 필요성

현대의 계약사회에서 소비자보호가 중요한 문제로 대두되고 있는데, 그 중요성은 '소비자 주권'이라는 말이 보편화되고 있음을 통해 확인할 수 있다. 특히 기업간의 판매경쟁으로 인한 허위·과장 광고, 부정·불량 상품의 증가, 독과점기업의 시장지배력 강화 등으로 인한 소비자 보호의 필요성이 강하게 요청되고 있다.

헌법은 소비자보호 조항을 마련하고 있는데, 제124조는 "국가는 건전한 소비행위를 계도하고 생산품의 품질향상을 촉구하기 위한 소비자보호운동을 법률이 정하는 바에 의하여 보장한다"고 규정하고 있다. 이에 따라 소비자기본법(消費者基本法)을 제정하여 소비자의 기본권익을 보호하기 위하여 국가·지방자치단체 및 사업자의 의무와 소비자 및 소비자단체의 역할을 규정함과 아울러 소비자정책의 종합적 추진을 위한 기본적 사항을 규정함으로써 소비생활의 향상과 합리화를 기하고 있다(소비자기본법 제1조). 아래에서는 소비자기본법의 내용을 간략히 살펴본다.

(2) 소비자의 기본적 권리와 역할

(가) 소비자의 기본적 권리

소비자기본법 제4조 제1호 내지 제8호에서는 소비자의 기본적 권리를 8가지로 유형화하여 규정하고 있다.[269] 여기서 소비자라 함은 "사업자가 제공하

는 물품 및 용역을 소비생활을 위하여 사용하거나 이용하는 자”를 말한다.[270)]

① 안전할 권리

소비자는 모든 물품 및 용역으로 인한 생명 · 신체 및 재산상의 위해(危害)로부터 보호받을 권리가 있으며, 안전에 대한 조사와 검사를 요구할 권리가 있다(제1호). 따라서 소비자의 권리를 위태롭게 하는 상품과 용역은 제조·판매되어서는 아니 된다.

② 알 권리

소비자는 물품 및 용역을 선택함에 있어서 필요한 지식 및 정보를 제공받을 권리가 있다(제2호). 소비자는 허위·과장의 상품정보, 건전한 소비생활을 방해하는 정보와 선전광고, 소비자를 오도하는 상품 및 이에 유사한 상업 관습으로부터 보호되어야 한다.

③ 선택할 권리

소비자는 물품 및 용역을 사용 또는 이용함에 있어서 거래의 상대방 · 구입 장소 · 가격 · 거래 조건 등을 자유로이 선택할 권리가 있다(제3호).

---

269) 소비자기본법 제4조(소비자의 기본적 권리)소비자는 다음 각 호의 기본적 권리를 가진다.

1. 물품 또는 용역(이하 "물품등"이라 한다)으로 인한 생명 · 신체 또는 재산에 대한 위해로부터 보호받을 권리
2. 물품등을 선택함에 있어서 필요한 지식 및 정보를 제공받을 권리
3. 물품등을 사용함에 있어서 거래상대방 · 구입장소 · 가격 및 거래조건 등을 자유로이 선택할 권리
4. 소비생활에 영향을 주는 국가 및 지방자치단체의 정책과 사업자의 사업활동 등에 대하여 의견을 반영시킬 권리
5. 물품등의 사용으로 인하여 입은 피해에 대하여 신속 · 공정한 절차에 따라 적절한 보상을 받을 권리
6. 합리적인 소비생활을 위하여 필요한 교육을 받을 권리
7. 소비자 스스로의 권익을 증진하기 위하여 단체를 조직하고 이를 통하여 활동할 수 있는 권리
8. 안전하고 쾌적한 소비생활 환경에서 소비할 권리

270) 소비자기본법 제2조 제1호는 “소비자” 라 함은 사업자가 제공하는 물품 또는 용역(시설물을 포함한다.)을 소비생활을 위하여 사용(이용을 포함한다.)하는 자 또는 생산활동을 위하여 사용하는 자로서 대통령령이 정하는 자를 말한다.

소비자가 주체적으로 상품과 용역을 고를 수 있는 거래 환경이 이루어지지 않으면 부당한 피해를 입을 수 있으므로, 국가는 소비자가 좋은 품질의 안전한 상품과 서비스를 비교하여 구매할 수 있도록 다양한 정보공급을 보장해야 한다.

④ 의견을 반영할 권리

소비자는 소비생활에 영향을 주는 국가 및 지방자치단체의 정책과 사업자의 사업활동 등에 대하여 의견을 최대한 그리고 신속하게 반영시킬 권리가 있다(제4호). 정부는 법령을 제정할 때는 소비자의 이익을 충분히 고려하고 공정하게 취급해야 한다.

⑤ 피해 보상을 받을 권리

소비자는 거래관계에서 물품 및 용역의 사용 또는 이용으로 인하여 입은 피해에 대하여 신속 · 공정한 절차에 의하여 적절한 보상을 받을 권리가 있다(제5호).

⑥ 교육을 받을 권리

소비자는 합리적인 소비생활을 영위하기 위하여 필요한 교육을 받을 권리가 있다(제6호). 이를 통해 소비자는 거래방법, 상품내용, 건강과 안전을 위한 상품선택 방법 등 소비생활에 필요한 폭넓은 정보를 가질 수 있다.

⑦ 소비자단체의 조직 · 활동권

소비자는 소비생활에서 스스로의 권익을 옹호하기 위하여 단체를 조직하고 이를 통하여 활동할 수 있는 권리가 있다(제7호).[271] 소비자 개개인은 대량생산·대량판매 위주의 거래관계에서 약자의 지위에 있기 때문이다. 국가 또는 지방자치단체는 등록된 소비자단체의 건전한 육성·발전을 위하여 필요하다고 인정될 때에는 보조금을 지급할 수 있다(제20조)

271) 소비자단체에 대하여는 동법 제4장 제18조 내지 제25조에서 구체적으로 규정하고 있다.

⑧ 쾌적한 환경에서 소비할 권리

소비자는 안전하고 쾌적한 소비생활 환경에서 소비할 권리가 있다(제8호). 따라서 대기오염·수질오염·소음공해 등 쾌적한 소비환경을 저해하는 요인을 제거하기 위해 모두가 노력하여야 한다.

(나) 소비자의 역할

소비자기본법은 소비자의 권리뿐만 아니라 역할에 대하여도 규정하고 있다. 즉 동법 제5조는 "소비자는 스스로의 안전과 권익을 향상시키기 위하여 필요한 지식을 습득하는 동시에 자주적이고 성실한 행동과 환경친화적인 소비생활을 함으로써 소비생활의 향상과 합리화에 적극적인 역할을 다하여야 한다"고 규정하고 있다.

(3) 국가 및 지방자치단체 등의 의무

(가) 국가 및 지방자치단체의 의무

국가 및 지방자치단체는 소비자의 기본적 권리가 실현되도록 하기 위하여, ① 관계법령 및 조례의 제정 및 개폐, ② 필요한 행정조직의 정비 및 운영 개선, ③ 필요한 시책의 수립 및 실시, ④ 소비자의 건전하고 자주적인 조직 활동의 지원·육성 등의 의무가 있다(제6조).

(나) 국가의 위해(危害) 방지의무

국가는 사업자가 제공하는 물품 또는 용역으로 인한 소비자의 생명·신체 및 재산상의 위해를 방지하기 위하여 물품 및 용역의 성분·함량·구조 등 그 중요한 내용, 물품 및 용역의 사용 또는 이용상의 지시사항이나 경고 등 표시할 내용과 방법, 기타 위해를 방지하기 위하여 필요하다고 인정되는 사항에 관하여 사업자가 지켜야 할 기준을 정하여야 한다(제8조 제1항). 중앙행정기관의 장은 사업자가 기준을 준수하는지 여부를 정기적으로 시험·검사 또

는 조사하고(제3항), 기준을 정하거나 변경한 때에는 이를 고시하여야 한다(동조 제2항). 또한 재정경제부장관은 각종 위해정보를 수집하기 위하여 필요한 경우 행정기관·소비자단체·병원·학교 등을 위해정보 보고기관으로 지정·운영할 수 있다(동조 제4항).

(다) 국가 및 지방자치단체의 계량 및 규격의 적정화

국가 및 지방자치단체는 소비자가 사업자와의 거래에 있어서 계량으로 인하여 손해를 보는 일이 없도록 하기 위하여 물품 및 용역의 계량에 관하여 필요한 시책을 강구하여야 하며(제9조 제1항), 물품의 품질개선 및 소비생활의 합리화를 기하기 위하여 물품 및 용역의 규격을 정하고 이를 보급하기 위한 시책을 강구하여야 한다(동조 제2항).

(라) 국가의 표시기준 마련 의무

국가는 소비자가 물품의 사용이나 용역의 이용에 있어서 표시나 포장 등으로 인하여 선택이 잘못되는 일이 없도록 필요한 경우에는 그 주관하는 물품 또는 용역에 대하여 ① 상품명·용도·성분·재질·성능·규격·가격·용량·허가번호 및 용역의 내용, ② 물품을 제조·수입·가공하거나 용역을 제공한 사업자명(주소 및 전화번호 포함) 및 물품의 원산지, ③ 사용방법, 사용 및 보관상의 주의사항 및 경고사항, ④ 제조년월일, 품질보증기간 또는 식품이나 의약품 등 유통과정에서 변질되기 쉬운 물품은 그 유효기간, ⑤ 표시의 크기·위치·방법, ⑥ 물품 또는 용역에 대한 부만 및 소비자피해가 있는 경우의 처리기구(주소 및 전화번호 포함) 및 처리방법에 대한 표시기준을 정하여야 한다(제10조 제1항).

(마) 국가 및 지방자치단체의 정보제공의무

국가 및 지방자치단체는 소비자의 기본적인 권리가 실현될 수 있도록 소비자보호와 관련된 주요시책 및 주요결정사항을 소비자에게 제공하여야 하며

(제13조 제1항), 소비자가 물품 및 용역을 합리적으로 선택할 수 있도록 하기 위하여 물품 및 용역의 거래조건·거래방법·품질·안전성 및 환경성 등에 관련되는 사업자의 정보가 소비자에게 제공될 수 있도록 필요한 시책을 강구하여야 한다(동조 제2항).

(바) 국가 및 지방자치단체의 소비자피해의 구제의무

국가 및 지방자치단체는 소비자의 불만 및 피해를 신속·공정하게 처리할 수 있도록 필요한 조치를 강구하여야 한다(제16조 제1항). 또한 국가는 소비자와 사업자간의 분쟁의 원활한 해결을 위하여 대통령령이 정하는 일반적 소비자피해보상기준에 따라 품목별로 '소비자피해보상기준'을 제정할 수 있으며(동조 제2항), 분쟁당사자간에 보상방법에 대한 별도의 의사표시가 없는 한 품목별 소비자분쟁해결기준은 소비자분쟁해결의 기준이 된다(동조 제3항).

(사) 기타

국가는 사업자의 불공정한 거래조건이나 방법으로 인하여 소비자가 부당한 피해를 입지 아니하도록 필요한 시책을 수립·실시하여야 하며(제12조 제1항), 물품 또는 용역의 잘못된 소비 또는 과다한 소비로 인하여 소비자의 생명·신체 및 재산상의 위해를 방지하기 위하여 광고의 내용 및 방법에 관한 기준을 정할 수 있다(제11조 제1항). 또한 국가 및 지방자치단체는 물품 및 용역의 규격·품질·안전성 등에 관하여 시험·검사 또는 조사를 실시할 수 있는 기구와 시설을 갖추어야 한다(제17조 제1항).

(4) 사업자의 의무

사업자는 물품을 제조(加工 및 포장을 포함)·수입·판매하거나 용역을 제공하는 자를 말한다. 사업자는 물품 또는 용역을 공급함에 있어서 소비자의 합리적인 선택이나 이익을 침해할 우려가 있는 거래조건이나 방법을 사용하여서는 아니 되고(제19조 제1항), 공급하는 물품 또는 용역에 대하여 소비자보호를 위하

여 필요한 조치를 강구하여야 하며(동조 제2항), 국가 및 지방자치단체의 소비자보호시책과 소비자단체 또는 한국소비자보호원의 소비자보호업무의 추진에 필요한 자료 및 정보제공요청에 적극 협력하여야 한다(동조 제3항). 또한 사업자는 소비자에게 제공한 물품 및 용역에 결함이 있을 경우 이에 대한 보고의무(제47조)와 물품 및 용역의 자진수거의무(제48조)가 있다.

(5) 소비자의 피해구제제도

(가) 한국소비자원의 설치

소비자기본법은 소비자보호시책의 효과적인 추진을 위하여 정부 출연의 특수법인 형태의 한국소비자원을 설치하고 있다(제33조).

한국소비자원은 ① 소비자의 불만처리 및 피해구제, ② 소비자보호를 위하여 필요한 경우 물품 및 용역의 규격·품질·안전성·환경성에 대한 시험·검사 및 가격 등을 포함한 거래조건이나 거래방법에 대한 조사·분석의 실시, ③ 소비자보호와 관련된 제도와 정책의 연구 및 건의, ④ 소비생활의 합리화 및 안전을 위한 각종 정보의 수집과 제공, ⑤ 소비자보호와 관련된 교육 및 홍보, ⑥ 국민생활의 향상을 위한 종합적인 조사·연구, ⑦ 국가 또는 지방자치단체가 소비자보호를 위하여 관계 법령의 규정에 의하여 의뢰한 조사·심의 등의 업무, ⑧ 기타 소비자보호관련업무를 수행한다(제35조 제1항).

또한 한국소비자원에는 소비자분쟁조정위원회를 설치하여, ① 소비자분쟁에 대한 조정결정, ② 소비자분쟁조정규칙의 제정 및 개폐, ③ 기타 원장이 부의하는 사항에 대하여 심의·의결하도록 하고 있다(제60조).

(나) 피해구제절차

① 합의권고(合意勸告)

소비자는 물품의 사용 및 용역의 이용으로 인한 피해의 구제를 한국소비자보호원에 신청할 수 있다(제55조 제1항).[272] 원장 피해구제청구의 당사자에 대하여 피해보상에 대한 합의권고를 할 수 있다(제57조).

② 분쟁조정(紛爭調停)

원장은 피해구제의 청구를 받은 날로부터 30日 이내에 합의가 이루어지지 아니할 때에는 지체 없이 조정위원회에 조정을 요청하고 그 결정에 따라 처리하여야 한다(제65조 제1항). 또한 소비자와 사업자간에 발생한 분쟁에 대하여 합의권고에 따른 합의가 이루어지지 아니할 경우 관계당사자는 조정위원회에 분쟁조정을 신청할 수 있다(동조 제2항).

조정위원회는 분쟁조정신청을 받은 때에 지체 없이 분쟁조정절차를 개시하여 30日 이내에 분쟁조정을 하여야 한다(제66조). 조정위원회위원장은 분쟁조정이 있는 때에는 지체 없이 그 결과를 당사자에게 통보하여야 하고(제67조 제1항), 당사자 통보를 받은 날로부터 15日 이내에 조정을 수락한 경우 조정서를 작성하여야 한다(동조 제2항). 만약 당사자가 이 기간 내에 분쟁조정에 대한 수락거부의 의사표시를 하지 않은 경우에는 분쟁조정을 수락한 것으로 본다(동조 제3항). 분쟁조정의 내용은 재판상의 화해와 동일한 효력을 갖는다(동조 제4항).

한국소비자원이 피해구제의 처리절차 중에 일방당사자가 관할법원에 소를 제기한 경우 그 당사자는 한국소비자보호원에 피해구제처리의 중지를 요청할 수 있고(제65조 제5항 및 제59조), 한국소비자원은 지체 없이 피해구제절차를 중지하여야 하며 당사자에게 이를 통보하여야 한다(동조 제2항).

272) 원장은 피해구제청구사건을 처리함에 있어 관계인의 법령위반사실이 확인된 때에는 관계기관에 이를 통보하고 적절한 조치를 의뢰하여야 한다(소비자기본법 제56조).

2. 약관의 규제에 관한 법률

(1) 약관의 의의 및 규제의 필요성

(가) 약관의 의의

약관이라 함은 그 명칭이나 형태 또는 범위를 불문하고 계약의 일방 당사자가 다수의 상대방과 계약을 체결하기 위하여 일정한 형식에 의하여 미리 마련한 계약의 내용이 되는 것을 말한다(약관규제법 제2조 제1항). 약관은 은행·보험·운송·신용카드전기·할부거래 등 대부분의 대량 거래에 있어서 이용되고 있다.

대량으로 거래가 이루어지는 현실 속에서 거래가 발생할 때마다 사업자와 대다수 소비자들이 일일이 흥정하여 개별적인 내용의 계약을 체결하는 것은 사실상 불가능하므로, 사업자는 약관을 만들어 불특정다수의 소비자들과 계약체결시 이를 계약내용에 포함시킴으로써 계약체결에 따른 비용과 시간을 절약할 수 있다.

(나) 약관규제의 필요성

약관은 사업자가 대량거래를 위하여 일방적으로 작성하여 계약내용에 포함시킨 것으로, 계약은 소비자는 이러한 약관이 첨부된 정형화된 계약서에 서명하는 형식으로 이루어진다. 그러나 약관은 소비자에 대하여 우월적인 지위에 있는 사업자가 작성하기 때문에, 면책조항·채무의 이행·계약의 해지 등에 있어서 부당하거나 사업자에게 일방적으로 유리하게 작성될 수 있다. 따라서 사업자가 부당하거나 불공정한 내용을 약관에 포함시키는 것을 규제할 필요가 있다. 약관사업자가 거래상의 지위를 이용하여 불공정한 조항이 남용되는 것을 방지하고 소비자의 권익을 신장함으로써 계약의 공정을 기하기 위하여 약관규제가 필요하게 됨에 따라 제정된 법률이 '약관의 규제에 관한 법률'(이하 약관규제법)이다.

(2) 약관규제법의 목적 및 성격

(가) 약관규제법이 목적

약관규제법은 "사업자가 그 거래상의 지위를 남용하여 불공정한 내용의 약관을 작성·통용하는 것을 방지하고 불공정한 내용의 약관을 규제하여 건전한 거래질서를 확립함으로써 소비자를 보호하고 국민생활의 균형 있는 향상을 도모함"을 목적으로 한다(제1조).

(나) 약관규제법의 성격

① 소비자보호를 위한 법

약관규제법은 소비자보호를 위한 법의 일종이라고 할 수 있으며, 사업자와 소비자 사이에서 사용되는 모든 종류의 부당한 약관을 규제하는 일반법이다. 소비자보호법은 약관거래에 관하여 소비자보호를 위하여 필요한 시책을 간구하도록 규정하고 있으며, 이에 근거하여 1986년 약관규제법이 제정되었다.

② 강행규제성

민법 및 상법상의 규정은 대부분이 임의규정으로서 당사자의 의사에 의하여 그 적용을 배제할 수 있다. 약관이 이용된 계약에 있어서는 민법과 상법 등에 우선하여 약관규제법이 적용됨으로써 이들에 대하여 우선하는 특별법적인 성격을 가진다. 약관규제법은 경제적 약자인 소비자를 보호하기 위한 입법으로서 당사자의 합의에 의하여 그 적용을 배제할 수 없다.

(3) 약관규제법의 내용

(가) 약관의 명시·설명의무

① 약관의 명시의무

사업자는 계약체결에 있어서 고객에게 약관의 내용을 계약의 종류에 따라 일반적으로 예상되는 방법으로 명시하고, 고객이 요구할 때에는 당해 약관의 사본을 고객에게 교부하여 이를 알 수 있도록 하여야 한다(제3조 제1항 본문). 거래현실에서는 일반적으로 계약서에 약관을 인쇄해 두거나 별도서면으로 계약서에 첨부하는 방식으로 이루어지고 있다. 약관의 명시의무는 고객으로 하여금 약관의 인지가능성을 부여하기 위한 것이다.

② 약관의 설명의무

사업자는 약관에 정하여져 있는 중요한 내용을 고객이 이해할 수 있도록 설명하여야 한다(제3조 제2항 본문). 여기서, '중요한 내용'이라 함은 고객의 이해관계에 중요한 영향을 미치는 것으로 사회통념상 당해 사항의 인지 여부가 계약체결의 여부에 영향을 미칠 수 있는 사항이다.

(나) 위반의 효과

사업자가 약관의 명시의무나 설명의무에 위반하여 계약을 체결한 때에는 당해 약관을 계약의 내용으로 주장할 수 없다(제3조 제3항). 그러나 약관의 중요한 내용에 해당하는 사항이라 하더라도 상대방이나 그 대리인이 그 내용을 충분히 잘 알고 있는 경우에는 당해 약관이 바로 계약 내용이 되어 당사자에 대하여 구속력을 가지므로, 약관의 내용을 따로 설명할 필요는 없다. 이 경우 상대방이나 그 대리인이 그 약관의 내용을 충분히 잘 알고 있다는 점은 이를 주장하는 사업자측에서 입증하여야 한다.

(다) 명시·설명의무의 면제

다른 법률의 규정에 의하여 행정관청의 인가를 받은 약관으로서 거래의 신속을 위하여 필요하다고 인정되어 대통령령이 정하는 약관에 대하여는 명시의무가 면제된다(제3조 제1항 단서). 또한, 계약의 성질상 설명이 현저하게 곤란한 경우에는 약관의 설명의무는 면제된다(제3조 제2항 단서). 일반적으

로 약관의 명시의무가 없는 경우에는 설명의무도 없는 것으로 이해된다.[273)274)275)]

(가) 약관 해석의 원칙

① 객관적 · 통일적 해석의 원칙

약관은 신의성실의 원칙에 따라 공정하게 해석되어야 하며(제5조 제1항 전단), 약관은 고객에 따라 다르게 해석되어서는 아니 된다(제5조 제1항 후단). 즉, 약관의 내용은 개개 계약체결자의 의사나 구체적인 사정을 고려함이 없이 평균적 고객의 이해가능성을 기준으로 하여 객관적·통일적으로 해석하여야 한다.[276)]

273) 김준호, 『민법강의』, 법문사, 1999, 883면.

274) **보험사고의 내용이나 범위를 정한 보험약관이라고 하더라도 이에 대한 명시·설명의무의 이행 여부가 보험계약의 체결 여부에 영향을 미치지 않는 경우, 위 보험약관의 내용을 명시·설명의무의 대상이 되는 보험계약의 중요한 내용으로 볼 수 있는지 여부(소극)** : 어떤 보험계약에서 무엇을 보험사고로 할 것인지는 보험금 지급의무의 존부와 직결되는 보험계약의 핵심적 사항이므로, 보험사고의 구체적인 내용이나 그 범위를 정한 보험약관은 원칙적으로 보험자의 명시·설명의무의 대상이 되는 보험약관의 중요한 내용으로 보아야 할 것이지만, 이러한 명시·설명의무가 인정되는 것은 어디까지나, 보험계약자가 알지 못하는 가운데 약관의 중요한 사항이 계약 내용으로 되어 보험계약자가 예측하지 못한 불이익을 받게 되는 것을 피하고자 하는 것 등에 그 근거가 있으므로, 만약 어떤 보험계약의 당사자 사이에서 이러한 명시·설명의무가 제대로 이행되었더라도 그러한 사정이 그 보험계약의 체결 여부에 영향을 미치지 아니하였다고 볼 만한 특별한 사정이 인정된다면 비록 보험사고의 내용이나 범위를 정한 보험약관이라고 하더라도 이러한 명시·설명의무의 대상이 되는 보험계약의 중요한 내용으로 볼 수 없다(대판 2005.10.7, 2005다28808).

275) **보험계약자가 보험약관의 내용을 충분히 잘 알고 있는 경우, 보험자에게 그 약관 내용을 설명할 의무가 있는지 여부 및 그 입증책임의 소재** : 약관의규제에관한법률 제3조의 규정에 의하여 보험자는 보험계약을 체결할 때에 보험계약자에게 보험약관에 기재되어 있는 보험상품의 내용, 보험료율의 체계, 보험청약서상 기재사항의 변동 및 보험자의 면책사유 등 보험계약의 중요한 내용에 대하여 구체적이고 상세한 명시·설명의무를 지고 있으므로, 만일 보험자가 이러한 보험약관의 명시·설명의무에 위반하여 보험계약을 체결한 때에는 그 약관의 내용을 보험계약의 내용으로 주장할 수 없지만, 보험약관의 중요한 내용에 해당하는 사항이라 하더라도 보험계약자나 그 대리인이 그 내용을 충분히 잘 알고 있는 경우에는 당해 약관이 바로 계약 내용이 되어 당사자에 대하여 구속력을 가지므로 보험자로서는 보험계약자 또는 그 대리인에게 약관의 내용을 따로 설명할 필요가 없으며, 이 경우 보험계약자나 그 대리인이 그 약관의 내용을 충분히 잘 알고 있다는 점은 이를 주장하는 보험자측에서 입증하여야 한다. … 자동차종합보험계약상 가족운전자 한정운전특약은 보험자의 면책과 관련되는 중요한 내용에 해당하는 사항으로서 일반적으로 보험자의 구체적이고 상세한 명시·설명의무의 대상이 되는 약관이다(대판 2003.8.22, 2003다27054).

276) 보통거래약관의 내용은 개개 계약체결자의 의사나 구체적인 사정을 고려함이 없이 평균적 고객의 이해가능성을 기준으로 하여 객관적·획일적으로 해석하여야 하고, 고객보호의 측면에서 약관 내용이 명백하지 못하거나 의심스러운

② 작성자 불이익의 원칙

만약 약관의 의미가 명백하지 아니한 불명확한 조항은 고객에게 유리하게 해석되어야 한다(제5조 제2항). 고객보호의 측면에서 약관의 내용이 명백하지 못하거나 의심스러운 때에는 고객에게 유리하게 약관작성자에게 불리하게 제한 해석하여야 한다.[277)]

③ 개별약관우선의 원칙

약관조항과 다른 당사자의 합의가 있으면, 그 합의가 약관조항에 우선하여 적용된다(제4조).[278)]

(나) 불공정한 약관조항의 효력

① 일반원칙

때에는 고객에게 유리하게, 약관작성자에게 불리하게 제한해석하여야 한다. … 신용보증기금이 약관에서 '기금이 채권자에게 채무자를 신용보증사고기업으로 정하여 통지한 때'를 독립된 신용보증사고의 하나로 정하고 있는 경우, 약관상의 '신용보증사고가 발생된 후 당해 사고사유가 해소되어 처음부터 그 신용보증사고가 발생되지 아니한 것'으로 보기 위해서는 신용보증기금이 채권자에게 채무자에 대한 신용보증사고 기업지정을 해제한다거나 장래 보증부대출을 취급하여도 무방하다는 취지의 통지를 하여야 하는 것으로 해석함이 상당하다(대판 2005.10.28, 2005다35226; 대판 1996.6.25, 96다12009).

277) 자동차보험에 있어서 피보험자의 명시적·묵시적 승인하에서 피보험자동차의 운전자가 무면허운전을 하였을 때 생긴 사고로 인한 손해에 대하여는 보상하지 않는다는 취지의 무면허운전 면책약관은 무면허운전이 보험계약자나 피보험자의 지배 또는 관리가능한 상황에서 이루어진 경우에 한하여 적용되는 것으로서, 이 경우에 있어서 묵시적 승인은 명시적 승인의 경우와 동일하게 면책약관이 적용되므로 무면허운전에 대한 승인 의도가 명시적으로 표현되는 경우와 동일시 할 수 있는 정도로 그 승인 의도를 추단할 만한 사정이 있는 경우에 한정되어야 하고, 무면허운전이 보험계약자나 피보험자의 묵시적 승인하에 이루어졌는지 여부는 보험계약자나 피보험자와 무면허운전자의 관계, 평소 차량의 운전 및 관리 상황, 당해 무면허운전이 가능하게 된 경위와 그 운행 목적, 평소 무면허운전자의 운전에 관하여 보험계약자나 피보험자가 취해 온 태도 등의 여러 사정을 함께 참작하여 인정하여야 하며, 보험계약자나 피보험자가 과실로 운전자가 무면허임을 알지 못하였다거나 무면허운전이 가능하게 된 데에 과실이 있었다거나 하는 점은 무면허운전 면책약관의 적용에서 고려할 사항이 아니다(대판 2000.10.13, 2000다2542).

278) 금융기관의 여신거래기본약관에서 금융사정의 변화 등을 이유로 사업자에게 일방적 이율 변경권을 부여하는 규정을 두고 있으나, 개별약정서에서는 약정 당시 정해진 이율은 당해 거래기간 동안 일방 당사자가 임의로 변경하지 않는다는 조항이 있는 경우, 위 약관조항과 약정서의 내용은 서로 상충된다 할 것이고, 약관의규제에관한법률 제4조의 개별약정우선의 원칙 및 위 약정서에서 정한 개별약정 우선적용 조항에 따라 개별약정은 약관조항에 우선하므로 대출 이후 당해 거래기간이 지나기 전에 금융기관이 한 일방적 이율 인상은 그 효력이 없다(대판 2001.3.9, 2000다67235).

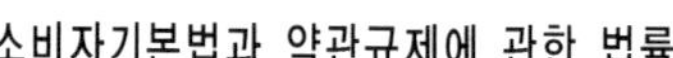

신의성실의 원칙에 반하여 공정을 잃은 약관조항은 무효이다(제6조 제1항). 신의성실원칙은 사업자와 고객의 거래상 지위의 차이에 따른 불공정을 제거하기 위한 것으로, 사업자가 약관의 작성·통용시 장래의 다수계약 상대방의 정당한 이익도 함께 고려함으로써 당사자간 이익형평이 유지되어야 한다는 것을 말한다. 약관에 ① 고객에 대하여 부당하게 불리한 조항,[279] ② 고객이 계약의 거래형태 등 제반사정에 비추어 예상하기 어려운 조항, ③ 계약의 목적물 달성할 수 없을 정도로 계약에 따르는 본질적 권리를 제한하는 조항이 있는 경우에는 당해 약관조항은 공정을 잃은 것으로 추정된다(제6조 제2항).

(다) 구체적인 무효 사유

① 면책조항의 금지

사업자의 책임이 발생한 경우 사업자가 부담해야 할 책임을 법률의 규정에 미달하는 수준으로 축소시키는 약관조항이나 사업자가 부담하여야 할

279) **사업자가 시장상황을 고려하여 필요한 경우 판매대리점의 판매지역 내에 사업자의 판매대리인을 추가로 선정할 수 있다고 한 약관 조항이 구 약관의규제에관한법률 제6조 제2항 제1호 소정의 '고객에 대하여 부당하게 불리한 조항'으로서 불공정한 약관으로 추정되는지 여부(적극)** :사업자가 시장상황을 고려하여 필요한 경우 판매대리점의 판매지역 내에 사업자의 판매대리인을 추가로 선정할 수 있다고 한 약관 조항에 대하여, 비록 사업자에게 고객인 판매대리점들에 대한 판매지역권 보장의무가 당연히 인정되는 것은 아니라고 하더라도, 사업자가 소속 대리점에게 사실상 인정되는 판매지역권을 부당하게 침해하는 것은 허용되지 않는다고 할 것인바, 위 약관 조항은 상호 협의 없이 사업자가 일방적으로 판매대리점의 판매지역 내에 자기의 판매대리인을 추가로 선정할 수 있도록 하고 있으므로, 이는 결국 고객인 판매대리점의 판매지역을 사업자가 일방적으로 축소 조정할 수 있도록 허용함으로써 판매대리점의 판매지역권을 부당하게 침해하는 것으로, 구 약관의규제에관한법률(2001. 3. 28. 법률 제6459호로 개정되기 전의 것) 제6조 제2항 제1호 소정의 '고객에 대하여 부당하게 불리한 조항'으로서 불공정한 약관으로 추정된다. … 사업자와 판매대리점 중 어느 일방의 당사자가 대리점계약을 해지하고자 할 경우에는 상대방에게 그 뜻을 계약해지 예정일로부터 2개월 전에 서면으로 예고하여야 한다고 한 약관에 대하여, 형식적으로는 당사자 쌍방에게 동등하게 해지권을 유보한 것처럼 보이나, 판매대리점은 투하자본 때문에 계약을 임의로 해지하기가 어려운 반면, 사업자는 필요에 따라 2개월의 유예기간만 두면 언제든지 계약의 해지가 가능하므로, 실질적으로는 사업자의 이익을 위하여 기능하는 조항이라고 할 수 있는바, 당사자간의 신뢰관계의 파괴, 부득이한 사유의 발생, 채무불이행 등 특별한 사정의 발생 유무를 불문하고 사업자가 2개월 전에 서면예고만 하면 언제든지 계약을 해지할 수 있도록 규정하고 있으므로, 구 약관의규제에관한법률(2001. 3. 28. 법률 제6459호로 개정되기 전의 것) 제6조 제2항 제1호 소정의 '고객에 대하여 부당하게 불리한 조항'으로서 불공정한 약관으로 추정된다(대판 2003.1.10, 2001두1604).

위험을 고객에게 이전시키는 약관조항을 규제하는 것이다. 계약당사자의 책임에 관하여 정하고 있는 약관의 내용 중 ① 사업자·이행보조자 또는 피용자의 고의 또는 중대한 과실로 인한 법률상의 책임을 배제하는 조항, ② 상당한 이유 없이 사업자의 손해배상범위를 제한하거나 사업자가 부담하여야 할 위험을 고객에게 이전시키는 조항, ③ 상당한 이유 없이 사업자의 담보책임을 배제 또는 제한하거나 그 담보책임에 따르는 고객의 권리행사의 요건을 가중하는 조항 또는 계약목적물에 관하여 견본이 제시되거나 품질·성능 등에 관한 표시가 있는 경우 그 보장된 내용에 대한 책임을 배제 또는 제한하는 조항 등은 이를 무효이다(제7조).[280)281)282)283)]

280) 예컨대, 주차장내 도난·파손 등 제반 사고에 대하여 사업자가 책임지지 않는다는 조항은 사업자가 고의 또는 과실로 선량한 관리자의 의무를 다하지 아니함으로써 발생한 손해에 대한 배상까지도 정당한 이유없이 배제하고 있으므로 이는 사업자의 고의 또는 중대한 과실로 인한 법률상의 책임을 배제하는 조항으로 약관법 제7조 제1호에 해당되어 무효이다(약관심사위원회 의결 제90-3호).

281) **전기공급규정 중 면책약관의 효력** : 한국전력공사의 전기공급규정 제51조 제3호, 제49조 제1항 제3호는 한국전력공사의 전기설비에 고장이 발생하거나 발생할 우려가 있는 때 한국전력공사는 전기의 공급을 중지하거나 그 사용을 제한할 수 있고, 이 경우 한국전력공사는 수용가가 받는 손해에 대하여 배상책임을 지지 않는다고 규정하고 있는바, 이는 면책약관의 성질을 가지는 것으로서 한국전력공사의 고의 또는 중대한 과실로 인한 경우까지 적용된다고 보는 경우에는 약관의규제에관한법률 제7조 제1호에 위반되어 무효이나, 그 외의 경우에 한하여 한국전력공사의 면책을 정한 규정이라고 해석하는 한도에서는 유효하다고 보아야 한다(대판 2002.4.12, 98다57099).

282) 자기차량 손해보험은 물건보험으로서 손해보험에 속하기는 하나 보험금이 최종적으로 귀속될 자가 보험계약자 또는 피보험자 자신들이므로 대인·대물배상 보험에 있어서와 같이 제3자(피해자)의 보호를 소홀히 할 염려가 없을 뿐만 아니라, 보험계약자나 피보험자의 지배관리가 미치지 못하는 자동차 운전자의 음주운전 여부에 따라 보호를 받지 못한다고 하더라도 자기차량 손해보험의 보상금 상한이 제한되어 있어 보험계약자나 피보험자가 이를 용인할 여지도 있는 점 등에 비추어 보면, 보험계약자나 피보험자가 입은 자기차량 손해가 자동차종합보험약관상의 음주면책조항과 같이 보험계약자 등이 음주운전을 하였을 때에 생긴 손해에 해당하는 경우에는 그 면책조항의 문언 그대로 아무런 제한 없이 면책되는 것으로 해석하여야 할 것이고, 이렇게 해석한다 하여 약관의규제에관한법률 제6조 제1항, 제2항, 제7조 제2호, 제3호의 규정에 반하는 해석이라고 볼 수는 없다. … 자기신체사고 자동차보험(자손사고보험)은 피보험자의 생명 또는 신체에 관하여 보험사고가 생길 경우에 보험자가 보험계약이 정하는 보험금을 지급할 책임을 지는 것으로서 그 성질은 인보험의 일종이라고 할 것이므로, 그와 같은 인보험에 있어서의 음주운전 면책약관이 보험사고가 전체적으로 보아 고의로 평가되는 행위로 인한 경우뿐만 아니라 과실(중과실 포함)로 평가되는 행위로 인한 경우까지 포함하는 취지라면 과실로 평가되는 행위로 인한 사고에 관한 한 무효라고 보아야 한다(대판 1998.12.22, 98다35730).

283) 운전자연령 26세 이상 한정운전 특별약관은 이로 인하여 보험자의 담보범위가 축소되어 보험계약자에게 불리한 것은 분명하나 보험계약자에게도 위 특별약관을 보험계약에 편입시킴으로써 보험료가 할인되어 그 할인된 만큼의 보험료를 납부하지 아니함으로써 얻는 이익이 있고, 위 특별약관을 보험계약에 편입시킬 것인지 여부는 전적으로 보험계약자의 의사에 달려 있는 것이므로, 약관의규제에관한법률 제7조 제2호에 해당하여 무효라고 볼 수 없다(대판

㉯ 손해배상의 예정

고객에 대하여 부당하게 과중한 지연손해금 등의 손해배상의무를 부담시키는 약관조항은 무효이다(제8조). 민법 제398조는 "당사자가 약속한 배상액이 부당히 과다한 때에는 법원이 이를 적당히 감액할 수 있다"고 규정하고 있는데, 이에 따라 법원의 개입으로 부당하게 과다한 손해배상예정액을 감액하려면 시간과 비용이 들고 대량적·반복적으로 행해지는 약관에 의한 거래에서 그 불편이 크다는 점을 고려하여, 약관규제법은 과중한 손해배상액의 예정을 무효라고 규정한 것이다.[284][285]

㉰ 계약의 해제 · 해지

계약의 해제 및 해지는 계약의 본질적 사항임에도 약관에 의한 거래에 있어서는 우월적 지위를 가진 사업자가 자기에게 일방적으로 유리하게 규정하는 경우가 많다. 이를 감안하여 제9조에서는 위의 다섯 가지의 유형을 예시적으로 열거하고 있다. 즉, 계약의 해제·해지에 관하여 정하고 있는 약관의 내용 중 ① 법률의 규정에 의한 고객의 해제권 또는 해지권을 배제하거나 그 행사를 제한하는 조항, ② 사업자에게 법률에서 규정하고 있지

1998.6.23, 98다14191).

284) 예컨대, 건설회사의 아파트공급계약서에서 고객이 계약을 해지할 경우 공급대금의 10%와 계약해제시점에서 기발생한 중도금 및 잔금에 대한 지연료를 위약금을 지불해야 한다는 조항은 고객에 대하여 과도한 지연손해금 등의 손해배상의무를 부담시키는 조항으로써 약관법 제8조에 해당되어 무효이다(공정거래위원회 의결 제93-101호).

285) **단순 최저가 낙찰방식에 의한 건설공사 도급계약에 있어 예정가격의 100분의 85 미만에 낙찰받은 자는 예정가격과 낙찰금액의 차액을 차액보증금으로서 현금으로 납부하게 하고 수급인의 채무불이행의 경우 차액보증금을 발주자에게 귀속시키기로 하는 약관조항이 약관의규제에관한법률 제6조 또는 제8조에 저촉되는지 여부** : 단순 최저가 낙찰방식에 의한 건설공사 도급계약에 있어서는 현저한 저가 입찰을 억제하여 덤핑에 의한 부실공사를 방지하고 계약 내용대로 계약을 이행할 것을 담보할 필요성이 매우 강한 점에 비추어, 예정가격의 100분의 85 미만에 낙찰받은 자는 예정가격과 낙찰금액의 차액을 차액보증금으로서 현금으로 납부하게 하고 채무불이행의 경우 차액보증금을 발주자에게 귀속시키기로 하는 약관조항은 허용될 수 있으며, 이러한 약관조항이 약관의규제에관한법률 제6조, 제8조에 저촉된다고 보기는 어려우나, 위의 경우, 차액보증금을 현금에 갈음하여 건설공제조합 등이 발행하는 보증서로 납부하고자 하는 경우에는 그 차액의 2배를 납부하게 하고 수급인의 채무불이행의 경우 계약보증금과 차액보증금을 발주자에게 귀속시키기로 하는 약관조항은 같은 법 제6조 제2항 제1호 또는 제8조에 저촉되어 무효라고 할 것이다(대판 2000.12.8, 99다53483).

아니하는 해제권·해지권을 부여하거나 법률의 규정에 의한 해제권·해지권의 행사요건을 완화하여 고객에 대하여 부당하게 불이익을 줄 우려가 있는 조항, ③ 계약의 해제 또는 해지로 인한 고객의 원상회복의무를 상당한 이유 없이 과중하게 부담하거나 원상회복청구권을 부당하게 포기하도록 하는 조항, ④ 계약의 해제·해지로 인한 사업자의 원상회복의무나 손해배상의무를 부당하게 경감하는 조항, ⑤ 계속적인 채권관계의 발생을 목적으로 하는 계약에서 그 존속기간을 부당하게 단기 또는 장기로 하거나 묵시의 기간연장 또는 갱신 가능하도록 정하여 고객에게 부당하게 불이익을 줄 우려가 있는 조항에 해당되는 내용을 정하고 있는 조항은 무효이다(제9조).[286)][287)][288)]

---

286) **생명보험계약 체결 후 동일한 위험을 담보하는 보험계약을 체결하는 때에는 이를 통지하도록 하고, 그와 같은 통지의무를 위반하는 경우 보험계약을 해지할 수 있다는 약관이 유효한지 여부(적극) 및 그러한 통지의무위반을 이유로 보험계약을 해지하기 위한 요건** : 보험계약 체결 당시 다른 보험계약의 존재 여부에 관하여 고지의무가 인정될 수 있는 것과 마찬가지로 보험계약 체결 후 동일한 위험을 담보하는 보험계약을 체결할 경우 이를 통지하도록 하고, 그와 같은 통지의무의 위반이 있으면 보험계약을 해지할 수 있다는 내용의 약관은 유효하다고 할 것이다. 그러나 그와 같은 경우에도 보험자가 통지의무위반을 이유로 보험계약을 해지하기 위하여는 고지의무위반의 경우와 마찬가지로 보험계약자 또는 피보험자가 그러한 사항에 관한 통지의무의 존재와 다른 보험계약의 체결 사실에 관하여 이를 알고도 고의로 또는 중대한 과실로 인하여 이를 알지 못하여 통지를 하지 않은 사실이 우선 입증되어야 할 것이다(대판 2001.11.27, 99다33311).

287) **계약해제시 반환할 금전에 대한 이자의 지급을 배제하고 있는 공장용지 분양계약상의 약관조항이 약관의규제에관한법률에 위반하여 무효인지 여부(적극)** : 임의법규인 민법 제548조 제2항의 규정에 의하면 계약이 해제된 경우에 반환할 금전에는 이자를 가하여야 하도록 되어 있다는 점, 사업자가 시행하고 있는 전라북도 지방공업단지조성및분양에관한조례 제19조 제1항 및 제2항은 사업자가 계약 상대방의 귀책사유로 인하여 공업용지 분양계약을 해제하였을 때에는 납입한 계약보증금을 제외한 납입액에 대하여는 기간 중 법정이자를 가산하여 반환하도록 규정하고 있다는 점 등에 비추어 보면, 공장용지 분양계약서 제16조 제5항의 규정 내용 중 반환할 금전에 대한 이자의 지급을 배제하고 있는 부분은 사업자의 원상회복의무를 부당하게 경감하는 조항으로서 약관의규제에관한법률 제9조 제4호의 규정에 위반되어 무효이다(대판 1996.7.30, 95다16011).

288) **보증보험약관이 약관의 규제에 관한 법률에 위반되어 무효라고 한 사례** : 계속적 거래에 따른 채무를 보증하기는 하지만 보증기간과 보증한도가 정해져 있는 보증보험계약의 보험자에게, 그 계속적 거래의 한 당사자인 채권자 및 피보험자가 변경되었다는 사정만으로 그 계속적 거래의 유형이나 거래내용, 채권자 및 피보험자가 변경되게 된 사유(단순한 계약인수인지, 영업양도나 합병에 수반된 계약인수인지 등), 그 채권자 및 피보험자의 변경이 채무자의 채무이행에 영향을 미치는지 여부나 그 내용 및 정도, 나아가 그로 인하여 채무자의 채무불이행으로 인한 손해 발생의 위험을 현저히 변경 또는 증가시켰는지 등을 묻지 않고 곧바로 보증관계를 유지할지 여부를 결정할 권한을 무제한적으로 주는 것을 내용으로 한 보증보험약관은 약관의규제에관한법률 제9조 제2호에 위반되어 무효라고 할 것이다(대판 2002.5.10, 2000다70156).

㉱ 채무의 이행

급부의 내용을 채권자와 채무자가 자유롭게 결정하는 것이 원칙이나, 약관에 의한 거래에 있어서는 급부의 내용이 사실상 사업자의 일방적 의사에 의하여 정하여진다는 점을 고려하여, 약관규제법에서는 고객을 보호하기 위해 상당한 이유 없이 급부내용을 일방적으로 결정하거나 변경할 수 있도록 권한을 부여하는 조항을 무효로 하고 있다. 즉, 채무의 이행에 관하여 정하고 있는 약관의 내용 중에 ① 상당한 이유 없이 급부의 내용을 사업자가 일방적으로 결정하거나 변경할 수 있도록 권한을 부여하는 조항, ② 상당한 이유 없이 사업자가 이행하여야 할 급부를 일방적으로 중지할 수 있게 하거나 제3자로 하여금 대행할 수 있게 하는 조항은 무효이다(제10조).[289)]

(라) 고객의 권익보호

약관규제법은 고객이 계약에 의하여 취득하거나 그 계약 외에서 누릴 수 있는 권리를 사업자가 약관으로 제한하는 것을 방지함으로써 고객의 권익을 보호하고 있다. 즉, 고객의 권익에 관하여 정하고 있는 약관의 내용 중에 ① 법률의 규정에 의한 고객의 항변권, 상계권 등의 권리를 상당한 이유 없이 배제 또는 제한하는 조항, ② 고객에게 부여된 기한의 이익을 상당한 이유 없이 박탈하는 조항, ③ 고객이 제3자와 계약을 체결하는 것을 부당하게 제한하는 조항, ④ 사업자가 업무상 알게 된 고객의 비밀을 정당한 이유 없이 누설하는 것을 허용하는 조항은 무효이다(제11조).[290)]

289) 예컨대, 주택매매계약에 있어서 분양면적이 약정면적과 다를 경우 하등의 의의를 제기할 수 없도록 규정한 조항은 상당한 이유가 없는 경우에도 급부의 내용을 사업자가 변경할 수 있도록 권한을 부여하여 고객에 게 부당한 급부의 내용을 경정하고 있으므로 약관법 제10조 제1항에 해당되어 무효이다(약관심사위원회 의결 제88-7호).

290) 예컨대, 백화점신용카드계약상 회원이 본 규약을 위반하여 채무를 불이행하는 경우 이에 관한 신용정보를 신용정보기관과 관련업계에 임의로 제공할 수 있도록 규정한 조항은 불입급지급을 1회라도 체납한 경우에도 본인의 동의나 최고없이 신용정보를 유출할 위험이 있으므로 신용정보의 관리와 정보부실로 인한 고객의 손해를 고려할 때 사업자가 업무상 알게 된 고객의 비밀을 정당한 이유없이 누설하는 것으로써 약관규제법 제11조 제4호에 해당되어 무효이다(약관심사위원회 의결 제89-4호).

(마) 의사표시의 의제

의사표시는 법률행위의 본질적인 요소이므로 사업자가 일방적으로 의사표시를 의제하거나 의사표시의 도달을 의제하는 것은 고객에 대하여 불이익을 초래하므로, 약관규제법은 이를 규제하고 있다. 즉, 의사표시에 관하여 정하고 있는 약관의 내용 중에 ① 일정한 작위 또는 부작위가 있을 때 고객의 의사표시가 표명되거나 표명되지 아니한 것으로 보는 조항(다만, 고객에게 상당한 기한내에 의사표시를 하지 아니하면 의사표시가 표명되거나 표명되지 아니한 것으로 본다는 뜻을 명확하게 따로 고지하거나 부득이한 사유로 그러한 고지를 할 수 없는 경우에는 그러하지 아니하다), ② 고객의 의사표시의 형식이나 요건에 대하여 부당하게 엄격한 제한을 가하는 조항, ③ 고객의 이익에 중대한 영향을 미치는 사업자의 의사표시가 상당한 이유 없이 고객에게 도달된 것으로 보는 조항, ④ 고객의 이익에 중대한 영향을 미치는 사업자의 의사표시에 부당하게 장기의 기한 또는 불확정기한을 정하는 조항은 무효이다(제12조).[291)]

(바) 대리인의 책임가중

고객의 대리인에 의하여 계약이 체결된 경우 고객이 그 의무를 이행하지

---

291) **보험계약자 또는 피보험자의 주소변경통보 불이행시 종전 주소지를 보험회사 의사표시의 수령장소로 본다는 보험약관의 효력(한정 무효)** : 약관의규제에관한법률 제12조 제3호는 의사표시에 관하여 정하고 있는 약관의 내용 중 고객의 이익에 중대한 영향을 미치는 사업자의 의사표시가 상당한 이유 없이 고객에게 도달된 것으로 보는 조항은 무효로 한다고 규정하고 있는데, 보험계약자 또는 피보험자가 개인용자동차보험 보통약관에 따라 주소변경을 통보하지 않는 한 보험증권에 기재된 보험계약자 또는 기명피보험자의 주소를 보험회사의 의사표시를 수령할 지정장소로 한다고 규정하고 있는 개인용자동차보험 특별약관의 보험료 분할납입 특별약관 제3조 제3항 후단을 문언 그대로 보아 보험회사가 보험계약자 또는 피보험자의 변경된 주소 등 소재를 알았거나 혹은 보통일반인의 주의만 하였더라면 그 변경된 주소 등 소재를 알 수 있었음에도 불구하고 이를 게을리 한 과실이 있어 알지 못한 경우에도 보험계약자 또는 피보험자가 주소변경을 통보하지 않는 한 보험증권에 기재된 종전 주소를 보험회사의 의사표시를 수령할 지정장소로 하여 보험계약의 해지나 보험료의 납입최고를 할 수 있다고 해석하게 되는 경우에는 위 특별약관 조항은 고객의 이익에 중대한 영향을 미치는 사업자의 의사표시가 상당한 이유 없이 고객에게 도달된 것으로 보는 조항에 해당하는 것으로서 위 약관의규제에관한법률의 규정에 따라 무효라 할 것이고, 따라서 위 특별약관 조항은 위와 같은 무효의 경우를 제외하고 보험회사가 과실 없이 보험계약자 또는 피보험자의 변경된 주소 등 소재를 알지 못하는 경우에 한하여 적용되는 것이라고 해석하여야 한다(대판 2000.10.10, 99다35379).

아니하는 때에는 대리인에게 그 의무의 전부 또는 일부를 이행할 책임을 지우는 내용의 약관조항은 무효이다(제13조). 고객의 대리인이 본인에 갈음하여 계약을 체결했다 하더라도 의무를 이행하지 않은 책임은 본인에게 귀속되는 것이지 대리인과는 상관없는 일이기 때문이다.[292]

(사) 소제기의 금지

고객에 대하여 부당하게 불리한 소제기의 금지조항 또는 재판관할의 합의조항이나 상당한 이유없이 고객에게 입증책임을 부담시키는 약관조항은 무효이다(제14조).[293][294]

---

292) 대리인이라 함은 단순히 본인을 위하여 계약체결을 대리하는 민법상 상법상의 대리인을 뜻 하므로 재단법인 축산물유통사업단의 입찰안내서 수입조건 제12조 F항의 국내대리점은 단순히 계약체결의 대리인이 아니라 계약이행자로서의 지위도 겸하고 있으므로 약관규제법 제13조의 대리인에 해당되지 않는다(대판 1999. 3. 9, 98두17494).

293) **아파트 공급계약서상의 관할합의 조항이 약관의규제에관한법률 제14조에 해당하여 무효라고 본 사례** : 대전에 주소를 둔 계약자와 서울에 주영업소를 둔 건설회사 사이에 체결된 공급계약서상의 "본 계약에 관한 소송은 서울민사지방법원을 관할법원으로 한다" 라는 관할합의 조항은 약관법 제2조 소정의 약관으로서 민사소송법상의 관할법원 규정 보다 고객에게 불리한 관할법원을 규정한 것이어서 사업자에게는 유리할지언정 원거리에 사는 경제적 약자인 고객에게는 제소 및 응소에 큰 불편을 초래할 우려가 있으므로 약관법 제14조의 고객에 대하여 부당하게 불리한 재판관할 협의조항에 해당되어 무효이다(대판 1998.6.29, 98마863).

294) **독립적 은행보증에 있어서 보증의뢰인이 보증은행의 보증금 지급을 저지하는 가처분신청 등을 배제시키는 부제소특약조항의 효력** : 원래 약관의규제에관한법률상 약관의 내용통제원리로 작용하는 신의성실의 원칙은 당해 약관이 사업자에 의하여 일방적으로 작성되고 상대방인 고객으로서는 그 구체적 조항 내용을 검토하거나 확인할 충분한 기회가 없이 계약을 체결하게 되는 계약성립의 과정에 비추어 약관 작성자로서는 반드시 계약 상대방의 정당한 이익과 합리적인 기대에 반하지 않고 형평에 맞게끔 약관조항을 작성하여야 한다는 행위원칙을 가리키고, 고객에 대하여 일방적으로 합리적인 근거 없이 그 거래로 인한 분쟁과 관련하여 소제기를 금지시키는 취지의 약관조항은 고객에게 부당하게 불리하여 공정을 잃은 것으로 추정되고 이러한 약관의 작성은 신의성실의 원칙에 반하여 무효라고 보아야 할 것이며, 같은 법 제14조 소정의 소제기의 금지조항에서 소제기라고 함은 본안의 제소는 물론이고 보전소송 등 강제집행에 있어서의 신청까지를 포함한 소송절차상의 일체의 신청행위를 뜻한다고 할 것인바, 독립적 은행보증에 있어서 보증의뢰인과 보증은행 사이에 체결된 보증의뢰계약에서 보증의뢰인이 보증은행의 보증금 지급을 저지시키기 위하여 행사할 수 있는 가처분신청권을 포함한 일체 소송절차에 있어서의 신청을 배제시키는 의미의 부제소특약조항을 두고 있는 것은, 보증의뢰인이 수익자의 권리남용임이 명백한 보증금 청구에 대하여자신의 권리를 신속하게 보전할 수 있는 길을 원천적으로 봉쇄하는 것에 다름 아니고, 물론 보증은행의 입장에서 볼 때 비교적 간이한 소명방법이 허용되는 가처분절차에 의하여 보증금의 지급을 금지하는 가처분을 받게 되면 나중에 그 가처분이 부당한 것으로 판명됨에 따라 보증은행이 대외적인 신용에 있어 손상을 입게 되는 경우도 생길 수 있을 것이나, 이는 수익자의 보증금 청구가 명백히 권리남용에 해당하여 무효라는 충분한 소명이 있는 경우에 한하여 법원이 그러한 가처분을 인용함으로써 해결할 일이지, 가처분 신청권 자체를 부정하여 그 직접적인 이해당사자인 보증의뢰인으로 하여금 사법상의 권리구제조치를 취할 수 없도록 하여서는 그에게 일방적인 희생을 강요하는 결과가 되어 매우 부당하다고 하지 않을 수 없으므로, 그 부제소특약의 약관조항은 같은 법 제14조의 규정에

(아) 무효의 효과

㉮ 적용의 제한

불공정 약관은 무효이다. 따라서 사업자는 약관규제법 제6조 내지 제14조의 규정에 해당하는 불공정한 약관조항을 계약의 내용으로 하여서는 아니 된다(제17조). 그러나 약관규제법은 국제적으로 통용되는 약관 기타 특별한 사정이 있는 약관으로 대통령령이 정하는 경우에는 예외를 인정하고 있다(제15조). 이에 따라 동법 시행령 제3조는 "국제적으로 통용되는 운송업·금융업· 보험업 및 수출보험법에 의한 수출보험에 관한 약관"을 예로 들고 있다.

㉯ 일부무효의 특칙

약관의 명시의무·설명의무를 위반하거나 약관조항이 불공정한 내용을 담고 있어 무효로 되는 경우에는 계약의 내용이 되지 못한다. 이 경우, 즉 약관의 전부 또는 일부의 조항이 무효인 경우 계약은 나머지 부분만으로 유효하게 존속한다(제16조). 다만, 유효한 부분만으로는 계약의 목적달성이 불가능하거나 일방 당사자에게 부당하게 불리한 때에는 당해 계약을 무효로 한다(제16조 단서).

㉰ 시정조치

공정거래위원회는 사업자가 불공정한 약관조항을 계약의 내용으로 한 경우 사업자에게 당해 약관조항의 삭제·수정 등 시정에 필요한 조치를 권고할 수 있다(제17조의2 제1항). 또한 일정한 경우 사업자에게 당해 약관조항의 삭제·수정 등 시정에 필요한 조치를 명할 수 있다(제17조의2 제2항). 사업자가 시정명령에 위반한 경우 2년 이하의 징역 또는 1억원 이하의 벌금에 처한다(제32조).[295]

따라 무효라고 해석함이 옳을 것이다(대판 1994.12.9, 93다43873).

295) 무효인 약관조항에 의거하여 계약이 체결된 후 상대방이 약관작성자에게 종전 약관에 따른 계약내용의 이행 및 약

정내용을 재차 확인하는 취지의 각서를 작성·교부한 경우, 무효인 약관조항이 유효하게 되거나 위 각서의 내용을 새로운 개별약정으로 볼 수 있는지 여부 : 무효인 약관조항에 의거하여 계약이 체결되었다면 그 후 상대방이 계약의 이행을 지체하는 과정에서 약관작성자로부터 채무의 이행을 독촉 받고 종전 약관에 따른 계약내용의 이행 및 약정내용을 재차 확인하는 취지의 각서를 작성하여 교부하였다 하여 무효인 약관의 조항이 유효한 것으로 된다거나, 위 각서의 내용을 새로운 개별약정으로 보아 약관의 유·무효와는 상관없이 위 각서에 따라 채무의 이행 및 원상회복의 범위 등이 정하여진다고 할 수 없다(대판 2000.1.18, 98다18506).

제15장 제조물 책임과 소비자 보호

1. 제조물책임의 의의

제조물책임이란 자동차·가전제품·식품·의약품 등 제조·가공을 거친 제조물의 결함에 의해 소비자·이용자 또는 제3자의 생명·신체 또는 재산에 발생한 손해에 대하여 제조업자·판매업자 등 그 제조물의 제조·판매에 관여한 자가 지게 되는 손해배상책임을 말한다.

제조물이 통상적으로 기대되는 안전성(安全性)이 결여한 결함으로 인해 소비자에게 손해를 입혔을 때에 제조업자의 과실여부와 관련이 없이 배상책임을 지움(무과실책임)으로써 소비자를 보호하기 위한 사후적인 구제제도의 일종이다.[296] 우리나라의 경우 제조물책임을 규율하기 위하여 2000년에 '제조물책임법'이 제정(2002. 7. 1. 시행)되었으나, 그 전부터 판례와 학설을 통해 인정되어 오고 있었다.[297]

296) 제조물의 생산자는 제조물을 사용 중 소비자에게 발생한 손실에 대하여 과거에는 계약당사자 주의에 의해 소비자는 제조자와 계약관계(privity of contract)가 없다는 이유로 배상책임을 배척하였으나, 20세기에 들어서서 제조업자의 책임을 강조하고 있다.

297) 자동차 급발진사고와 관련한 판례 - [1] 제조물책임의 성립요건 : 물품을 제조·판매하는 제조업자는 그 제품의 구조·품질·성능 등에 있어서 그 유통 당시의 기술수준과 경제성에 비추어 기대 가능한 범위 내의 안전성과 내구성을 갖춘 제품을 제조·판매하여야 할 책임이 있고, 이러한 안전성과 내구성을 갖추지 못한 결함으로 인하여 소비자에게 손해가 발생한 경우에는 불법행위로 인한 손해배상의무를 부담한다. [2] 제조물책임에 관한 입증책임의 분배 : 고도의 기술이 집약되어 대량으로 생산되는 제품의 결함을 이유로 그 제조업자에게 손해배상책임을 지우는 경우 그 제품의 생산과정은 전문가인 제조업자만이 알 수 있어서 그 제품에 어떠한 결함이 존재하였는지, 그 결함으로 인하여 손해가 발생한 것인지 여부는 일반인으로서는 밝힐 수 없는 특수성이 있어서 소비자 측이 제품의 결함 및 그 결함과 손해의 발생과의 사이의 인과관계를 과학적·기술적으로 입증한다는 것은 지극히 어려우므로 그 제품이 정상적으로 사용되는 상태에서 사고가 발생한 경우 소비자 측에서 그 사고가 제조업자의 배타적 지배하에 있는 영역에서 발생하였다는 점과 그 사고가 어떤 자의 과실 없이는 통상 발생하지 않는다고 하는 사정을 증명하면, 제조업자 측에서 그 사고가 제품의 결함이 아닌 다른 원인으로 말미암아 발생한 것임을 입증하지 못하는 이상 그 제품에게 결함이 존재하며 그 결함으로 말미암아 사고가 발생하였다고 추정하여 손해배상책임을 지울 수 있도록 입

2. 제조물의 개념

제조물이라 함은 다른 동산이나 부동산의 일부를 구성하는 경우를 포함한 제조 또는 가공된 동산을 말한다(제2조 제1항). 채혈된 혈액이 그대로 수혈되는 경우에는 제조물이 아니지만, 그 혈액에 항응고제가 첨가되는 경우에는 그 혈액제제는 제조물이 된다.[298] 제조물의 범위에 대하여는 아직 많은 논란이 있다.

3. 제조물책임의 주체

제조물책임법은 제조업자를 ① 제조물의 제조·가공 또는 수입을 업으로 하는 자와 ② 제조물에 성명·상호·상표 기타 식별가능한 기호 등을 사용하여 자신을 ①의 자로 표시한 자 또는 ①의 자로 오인시킬 수 있는 표시를 한 자로 규정하고 있다(제2조 제3호).

제조업자(製造業者)는 제조물의 결함으로 인하여 생명·신체 또는 재산에 손해(당해 제조물에 대해서만 발생한 損害를 제외한다)를 입은 자에게 그 손해를 배

증책임을 완화하는 것이 손해의 공평·타당한 부담을 그 지도원리로 하는 손해배상제도의 이상에 맞다. [3] 자동변속기가 장착된 차량의 급발진사고에서 대체설계 미채용에 의한 설계상의 결함 유무를 판단하는 기준 : 급발진사고가 운전자의 액셀러레이터 페달 오조작으로 발생하였다고 할지라도, 만약 제조자가 합리적인 대체설계를 채용하였더라면 급발진사고를 방지하거나 그 위험성을 감소시킬 수 있었음에도 대체설계를 채용하지 아니하여 제조물이 안전하지 않게 된 경우 그 제조물의 설계상의 결함을 인정할 수 있지만, 그러한 결함의 인정 여부는 제품의 특성 및 용도, 제조물에 대한 사용자의 기대의 내용, 예상되는 위험의 내용, 위험에 대한 사용자의 인식, 사용자에 의한 위험회피의 가능성, 대체설계의 가능성 및 경제적 비용, 채택된 설계와 대체설계의 상대적 장단점 등의 여러 사정을 종합적으로 고려하여 사회통념에 비추어 판단하여야 할 것이다. [4] 표시(지시·경고)상의 결함에 의한 제조물책임의 성립요건 및 그 결함의 유무에 대한 판단 기준 : 제조자가 합리적인 설명·지시·경고 기타의 표시를 하였더라면 당해 제조물에 의하여 발생될 수 있는 피해나 위험을 줄이거나 피할 수 있었음에도 이를 하지 아니한 때에는 표시상의 결함에 의한 제조물책임이 인정될 수 있지만, 그러한 결함 유무를 판단함에 있어서는 제조물의 특성, 통상 사용되는 사용형태, 제조물에 대한 사용자의 기대의 내용, 예상되는 위험의 내용, 위험에 대한 사용자의 인식 및 사용자에 의한 위험회피의 가능성 등의 여러 사정을 종합적으로 고려하여 사회통념에 비추어 판단하여야 한다(대판 2004.3.12, 2003다16771).

298) 지원림, 『민법강의』, 홍문사, 2004, 1324면.

상하여야 한다(제3조 제1항). 제조물책임의 주체는 원칙적으로 제조업자이지만, 공급업자도 책임의 주체가 될 수 있다. 즉, 제조물의 제조업자를 알 수 없는 경우에는 제조물을 영리목적으로 판매·대여 등의 방법에 의하여 공급한 자(供給業者)는 제조물의 제조업자 또는 제조물을 자신에게 공급한 자를 알거나 알 수 있었음에도 불구하고 상당한 기간 내에 그 제조업자 또는 공급한 자를 피해자 또는 그 법정대리인에게 고지하지 아니한 때에는 손해를 배상하여야 한다.

4. 결함의 개념 및 유형

제조물책임의 귀책근거는 제조물의 결함(缺陷)이다. 여기서 결함이란 "당해 제조물에 제조·설계 또는 표시상의 결함이나 기타 통상적으로 기대할 수 있는 안전성이 결여"되어 있는 것을 말한다.

제조물책임법은 제조물의 결함을 제조상의 결함, 설계상의 결함, 표시상의 결함 등 3가지로 유형화하고 있다(제2조 제2호). ① 제조상의 결함이라 함은 제조업자의 제조물에 대한 제조·가공상의 주의의무의 이행여부에 불구하고 제조물이 원래 의도한 설계와 다르게 제조·가공됨으로써 안전하지 못하게 된 경우를 말하고, ② 설계상의 결함이라 함은 제조업자가 합리적인 대체설계를 채용하였더라면 피해나 위험을 줄이거나 피할 수 있었음에도 대체설계를 채용하지 아니하여 당해 제조물이 안전하지 못하게 된 경우를 말하며, ③ 표시상의 결함이라 함은 제조업자가 합리적인 설명·지시·경고 기타의 표시를 하였더라면 당해 제조물에 의하여 발생될 수 있는 피해나 위험을 줄이거나 피할 수 있었음에도 이를 하지 아니한 경우를 말한다.[299]

299) **제조물책임에 있어서 설계상의 결함이 있는지 여부를 판단하는 기준 등 - [1] 제조물책임에 있어서 설계상의 결함이 있는지 여부를 판단하는 기준** : 일반적으로 제조물을 만들어 판매하는 자는 제조물의 구조, 품질, 성능 등에 있어서 현재의 기술 수준과 경제성 등에 비추어 기대가능한 범위 내의 안전성을 갖춘 제품을 제조하여야 하고, 이러한 안전성을 갖추지 못한 결함으로 인하여 그 사용자에게 손해가 발생한 경우에는 불법행위로 인한 배상책임을 부담하게 되는 것인바, 그와 같은 결함 중 주로 제조자가 합리적인 대체설계를 채용하였더라면 피해나 위험을 줄이

5. 면책사유 · 면책특약의 배제

(1) 면책사유

제조물책임법 제4조 제1항은 다음의 경우 해당 사실을 입증할 손해배상책임을 면하도록 하고 있다. 즉, ① 제조업자가 당해 제조물을 공급하지 아니한 사실, ② 제조업자가 당해 제조물을 공급한 때의 과학·기술수준으로는 결함의 존재를 발견할 수 없었다는 사실, ③ 제조물의 결함이 제조업자가 당해 제조물을 공급할 당시의 법령이 정하는 기준을 준수함으로써 발생한 사실, ④ 원재료 또는 부품의 경우에는 당해 원재료 또는 부품을 사용한 제조물 제조업자의 설계 또는 제작에 관한 지시로 인하여 결함이 발생하였다는 사실 등이다. 이중 ③ 내지 ④는 법적으로 기술수준의 항변을 인정한 경우이다.

그러나 손해배상책임을 지는 자가 제조물을 공급한 후에 당해 제조물에 결함이 존재한다는 사실을 알거나 알 수 있었음에도 그 결함에 의한 손해의 발생을 방지하기 위한 적절한 조치를 하지 아니한 때에는 면책(免責)을 주장할 수 없다(제4조 제2항).[300]

거나 피할 수 있었음에도 대체설계를 채용하지 아니하여 제조물이 안전하지 못하게 된 경우를 말하는 소위 설계상의 결함이 있는지 여부는 제품의 특성 및 용도, 제조물에 대한 사용자의 기대와 내용, 예상되는 위험의 내용, 위험에 대한 사용자의 인식, 사용자에 의한 위험회피의 가능성, 대체설계의 가능성 및 경제적 비용, 채택된 설계와 대체설계의 상대적 장단점 등의 여러 사정을 종합적으로 고려하여 사회통념에 비추어 판단하여야 한다. [2] 표시(지시·경고)상의 결함으로 제조물책임을 인정할 수 있는지 여부(적극) 및 표시상의 결함이 있는지 여부를 판단하는 기준 : 제조물에 대한 제조상 내지 설계상의 결함이 인정되지 아니하는 경우라 할지라도, 제조업자 등이 합리적인 설명, 지시, 경고 기타의 표시를 하였더라면 당해 제조물에 의하여 발생될 수 있는 피해나 위험을 줄이거나 피할 수 있었음에도 이를 하지 아니한 때에는 그와 같은 표시상의 결함(지시·경고상의 결함)에 대하여도 불법행위로 인한 책임이 인정될 수 있고, 그와 같은 결함이 존재하는지 여부에 대한 판단을 함에 있어서는 제조물의 특성, 통상 사용되는 사용형태, 제조물에 대한 사용자의 기대의 내용, 예상되는 위험의 내용, 위험에 대한 사용자의 인식 및 사용자에 의한 위험회피의 가능성 등의 여러 사정을 종합적으로 고려하여 사회통념에 비추어 판단하여야 한다(대판 2003.9.5, 2002다17333).

300) **텔레비전이 내구연한을 1년 정도 초과한 상태에서 그 정상적인 이용상황 하에서 폭발한 경우 제조상의 결함을 인정한 사례** - [1] 제조물책임의 성립 요건 : 무릇 물품을 제조·판매하는 제조업자 등은 그 제품의 구조, 품질, 성능 등에 있어서 그 유통 당시의 기술 수준과 경제성에 비추어 기대 가능한 범위 내의 안전성과 내구성을 갖춘 제품을 제조·판매하여야 할 책임이 있고, 이러한 안전성과 내구성을 갖추지 못한 결함으로 인하여 소비자에게 손해가 발생한 경우에는 불법행위로 인한 손해배상의무를 부담한다. [2] 제조물책임에 있어서 입증책임의 분배 : 물품을

(2) 면책특약의 배제

당사자가 제조물책임법상의 손해배상책임을 배제하거나 제한하는 특약을 하더라도 이는 무효(無效)이다(제6조 본문). 다만, 자신의 영업에 이용하기 위하여 제조물을 공급받은 자가 자신의 영업용 재산에 대하여 발생한 손해에 관하여 그와 같은 특약을 체결한 경우에는 그러하지 아니하다(제6조 단서).

6. 소멸시효

법에 의한 손해배상의 청구권은 피해자 또는 그 법정대리인이 손해 및 손해배상책임을 지는 자를 안 날부터 3년간 이를 행사하지 아니하면 시효로 인하여 소멸한다(제7조 제1항). 그리고 손해배상청구권은 제조업자가 손해를 발생시킨 제조물을 공급한 날부터 10년 이내에 이를 행사하여야 한다(제7조 제2항). 다만, 신체에 누적되어 사람의 건강을 해하는 물질에 의하여 발생한 손해 또는 일정한 잠복기간이 경과한 후에 증상이 나타나는 손해에 대하여는 그 손해가 발생한 날부터 기산한다(제7조 제2항 단서).

제조·판매한 자에게 손해배상책임을 지우기 위하여서는 결함의 존재, 손해의 발생 및 결함과 손해의 발생과의 사이에 인과관계의 존재가 전제되어야 하는 것은 당연하지만, 고도의 기술이 집약되어 대량으로 생산되는 제품의 경우, 그 생산과정은 대개의 경우 소비자가 알 수 있는 부분이 거의 없고, 전문가인 제조업자만이 알 수 있을 뿐이며, 그 수리 또한 제조업자나 그의 위임을 받은 수리업자에 맡겨져 있기 때문에, 이러한 제품에 어떠한 결함이 존재하였는지, 나아가 그 결함으로 인하여 손해가 발생한 것인지 여부는 전문가인 제조업자가 아닌 보통인으로서는 도저히 밝혀 낼 수 없는 특수성이 있어서 소비자 측이 제품의 결함 및 그 결함과 손해의 발생과의 사이의 인과관계를 과학적·기술적으로 완벽하게 입증한다는 것은 지극히 어려우므로, 텔레비전이 정상적으로 수신하는 상태에서 발화·폭발한 경우에 있어서는, 소비자 측에서 그 사고가 제조업자의 배타적 지배하에 있는 영역에서 발생한 것임을 입증하고, 그러한 사고가 어떤 자의 과실 없이는 통상 발생하지 않는다고 하는 사정을 증명하면, 제조업자 측에서 그 사고가 제품의 결함이 아닌 다른 원인으로 말미암아 발생한 것임을 입증하지 못하는 이상, 위와 같은 제품은 이를 유통에 둔 단계에서 이미 그 이용시의 제품의 성상이 사회통념상 당연히 구비하리라고 기대되는 합리적 안전성을 갖추지 못한 결함이 있었고, 이러한 결함으로 말미암아 사고가 발생하였다고 추정하여 손해배상책임을 지울 수 있도록 입증책임을 완화하는 것이 손해의 공평·타당한 부담을 그 지도원리로 하는 손해배상제도의 이상에 맞는다. [3] 텔레비전이 내구연한을 1년 정도 초과한 상태에서 그 정상적인 이용상황 하에서 폭발한 경우, 내구연한은 텔레비전의 결함으로 인한 손해배상청구권의 권리행사기간 내지 제조업자의 손해배상채무의 존속기간이 아니고 제조업자는 내구연한이 다소 경과된 이후에도 제품의 안전성을 확보할 주의의무가 있다는 이유로 제조상의 결함을 인정한다(대판 2000.2.25, 98다15934).

제16장 거래유형과 소비자 보호

1. 할부매매와 소비자보호

(1) 할부매매의 의의

할부매매는 대금분할지급 매매(代金分割支給 賣買), 즉 매매대금을 수회로 분할하여 그 금액을 일정기간이 경과할 때마다 계속하여 지급하기로 하고, 매도인은 대금을 완불받기 전에 매수인에게 미리 물건을 인도함으로서 상당기간 신용을 주는 특약을 붙인 매매이다. 보통 할부매매의 가격은 매매대금을 한 번에 지급하는 현금판매 가격보다 고액인 것이 원칙인데, 그 차액을 흔히 수수료라고 일컫고 있으나 이는 할부금에 대한 利子라고 보아야 한다. 할부매매의 특징은 매수인의 대금 지급채무의 이행을 분할지급하는 데에 있는데, 대급의 분할지급의 단위를 어떻게 정하느냐에 따라 일부(日賦), 주부(週賦), 월부(月賦), 년부(年賦) 기타 여러 가지가 있다. 우리나라의 경우 보통 근로자의 보수가 월급으로 지급되므로 월부(月賦)가 보통이다.

(2) 할부매매와 소비자보호

소비자신용거래의 일종으로서 할부매매에서 매도인은 대금채권을 확보하기 위하여 통상 소유권유보부, 계약해제 및 기한이익의 상실 등을 약관에서 정할 뿐만 아니라 즉시 집행할 수 있는 방안을 취하기도 한다. 또한 소비자는 신용거래의 특성상 충동구매를 하는 경우가 적지 않으며, 경제적 약자로소 자기 권리를 충분히 보호받지 못하게 되기도 한다. 이에 따라 '할부거래에 관한 법률(이하 할부거래법)'이 제정되었다.

(가) 적용범위

할부거래법의 적용대상이 되는 할부매매는 ① 동산의 매수인 또는 용역을 제공받는 자(買受人)가 동산의 매도인 또는 용역을 제공하는 자(賣渡人)에게 동산의 대금 또는 용역의 대가(目的物의 代金)를 2월 이상의 기간에 걸쳐 3회 이상 분할하여 지급하고, 목적물의 대금의 완납 전에 동산의 인도 또는 용역의 제공(目的物의 引渡)을 받기로 하는 계약, ② 매수인이 신용제공자(매도인·매수인과의 각 약정에 따라 목적물의 대금에 충당하기 위하여 신용을 제공하는 자를 말한다)에게 목적물의 대금을 2월 이상의 기간에 걸쳐 3回이상 분할하여 지급하고, 그 대금의 완납 전에 매도인으로부터 목적물의 인도 등을 받기로 하는 계약이다(제2조 제1항). 매매의 명칭·형식은 불문한다. 매수인이 상행위를 목적으로 할부계약을 체결하는 경우에는 적용되지 않는다(제2조 제2항).

(나) 할부조건의 표시와 서면교부

① 할부거래의 표시

매도인은 할부계약을 체결하기 전에 매수인이 할부계약의 내용을 이해할 수 있도록 다음의 사항을 표시하고 이를 매수인에게 고지하여야 한다(제3조).[301] 즉, ① 목적물의 종류 및 내용, ② 현금가격, ③ 할부가격, ④ 각 할부금의 금액·지급회수 및 시기, ⑤ 할부수수료의 실제연간요율, ⑥ 계약금, ⑦ 지연손해금 산정시 적용하는 율이다.

㉯ 할부계약의 서면주의

할부계약은 일정한 사항을 기재한 서면으로 체결하여야 한다(제4조 제1항).[302] 매도인은 할부계약을 체결한 때에는 지체 없이 계약서 1통을 매수

301) 다만, 여신전문금융업법에 의한 신용카드가맹점과 信用카드회원간의 할부계약의 경우에는 제3호, 제6호 및 제7호의 사항을 표시하지 아니할 수 있다(제3조 단서).

302) 다만, 여신전문금융업법에 의한 信用카드가맹점과 信用카드회원간의 할부계약의 경우에는 제4호 및 제12호의 사항

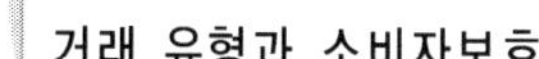

인에게 교부하여야 한다(제4조 제3항). 할부계약이 요건을 갖추지 못하거나 그 내용이 불확실한 경우에는 매도인과 매수인간의 특약이 없는 한, 그 계약내용은 어떠한 경우에도 매수인에게 불리하게 해석되어서는 아니 된다(제4조 제4항). 서면기재 사항 중 할부수수료의 실제연간요율의 계산방법과 최고한도는 연 100분의 40이내의 범위에서 대통령으로 정한다(제4조 제2항).

(다) 매수인의 철회권

① 철회권의 행사

㉠ 철회의 기간 및 방법

매수인은 계약서를 교부받은 날 또는 계약서를 교부받지 아니한 경우에는 목적물의 인도 등을 받은 날부터 7일 이내에 철회(撤回)의 의사표시가 기재된 서면(書面)을 발송하여 할부계약에 관한 청약을 철회할 수 있다(제5조 제1항 및 제2항). 매수인의 철회권은 당사자 사이의 특약에 의하여서도 포기될 수 없다.

㉡ 철회의 제한

매수인에게 책임 있는 사유로 목적물이 멸실 또는 훼손된 경우에는 매수인은 계약에 관한 청약을 철회하지 못한다(제5조 제4항).

㉢ 철회의 효력발생시기

청약의 철회는 서면을 발송한 날에 그 효력이 발생한 것으로 본다(제5조 제3항).

㉣ 철회의 입증책임

계약서의 교부사실 및 그 시기, 목적물의 인도 등의 사실 및 그 시기에 관하여 다툼이 있는 경우에는 매도인이 이를 입증하여야 한다.

을 기재하지 아니할 수 있다(제4조 제1항 단서).

② 철회권 행사의 효과

매수인이 계약에 관한 청약을 철회한 경우에는 매수인은 이미 인도받은 동산 또는 제공받은 용역을 반환하여야 하며, 매도인은 이미 지급받은 할부금을 동시에 반환하여야 한다(제6조 제1항). 이 경우, 매도인은 이미 용역이 제공된 경우에는 이미 제공된 용역과 동일한 용역의 반환이나 그 용역의 대가 또는 그 용역에 의하여 얻어진 이익에 상당하는 금액의 지급을 청구할 수 없다(제6조 제2항). 또한 목적물의 반환에 필요한 비용은 매도인이 이를 부담하며, 매도인은 매수인에게 위약금 또는 손해배상을 청구할 수 없다(제6조 제3항).

③ 신용제공자가 있는 경우의 매수인의 철회의 통보

매수인이 할부계약에 관한 청약을 철회한 경우에는 철회권 행사 기간 내에 신용제공자에게 철회의 의사표시가 기재된 서면을 발송하여야 한다(제7조 제1항). 매수인이 신용제공자에게 서면을 발송하지 아니한 경우에는 신용제공자의 할부금지급청구에 대항하지 못한다(제7조 제2항). 다만, 신용제공자가 철회권 행사 기간 내에 매도인에게 목적물의 대금을 지급한 경우에는 매수인이 그 서면을 발송하지 아니한 경우라도 신용제공자의 할부금지급청구에 대항할 수 있다(제7조 제2항 단서).

(라) 매도인의 계약해제와 매도인의 손해배상청구금액 제한

① 매도인의 계약해제

매도인은 매수인이 할부금 지급의무를 이행하지 아니한 경우에는 할부계약을 해제할 수 있다(제8조 제1항). 이 경우 매도인은 그 계약을 해제하기 전에 14日 이상의 기간을 정하여 매수인에게 그 이행을 서면으로 최고(催告)하여야 한다. 계약이 해제된 경우 각 당사자는 그 상대방에 대하여 원상회부의 의무를 지며, 당사자는 상대방이 그 이행의 제공을 할 때까지 자기의 의무이행을 거절할 수 있다(제8조 제2항).

② 매도인의 손해배상청구금액 제한

매도인 또는 신용제공자가 할부금 지급의무의 불이행을 이유로 매수인에게 청구하는 손해배상액은 지연된 할부금에 연 100분의 40이내의 범위에서 대통령령이 정한 율을 곱하여 산정한 금액에 상당하는 지연손해금을 초과하지 못한다(제9조 제1항).

매도인이 계약을 해제한 경우에 매수인에게 청구하는 손해배상액은 위의 지연손해금과 ① 목적물의 반환 등 원상회복이 된 경우에는 통상의 사용료액과 계약체결 및 그 이행을 위하여 통상 필요한 비용액의 합계액, ② 목적물의 반환 등 원상회복이 되지 아니한 경우에는 할부가격에 상당한 금액, ③ 목적물의 인도 등이 되기 전인 경우에는 계약체결 및 그 이행을 위하여 통상 필요한 비용액과의 합계액을 초과하지 못한다(제9조 제2항).

매도인 또는 신용제공자는 손해배상액의 예정·위약금 기타 명칭·형식 여하를 불구하고 위의 금액을 초과하여 손해배상액을 청구할 수 없다(제9조 제3항).

매도인 또는 신용제공자는 손해배상을 청구함에 있어 입은 손해가 최소화되도록 신의(信義)에 좇아 성실히 하여야 한다(제9조 제4항).

(마) 기한이익상실과 기한전의 지급

① 매수인의 기한이익 상실

매수인은 ① 할부금을 다음 지급기일까지 연속하여 2회이상 지급하지 아니하고 그 지급하지 아니한 금액이 할부가격의 10분의 1을 초과하는 경우, ② 생업에 종사하기 위하여 외국에 이주하는 경우와 외국인과의 결혼 및 연고관계로 인하여 이주하는 경우에는 할부금의 지급에 대한 기한의 이익을 주장하지 못한다(제10조).

② 매수인의 기한(期限) 전 지급

매수인은 기한이 도래(到來)하기 전이라도 나머지 할부금을 일시에 지급할 수 있다(제11조 제1항). 이 경우 매수인이 일시에 지급하는 금액은 나머지 할부금에서 나머지 기간에 대한 할부수수료를 공제한 금액으로 한다(제11조 제2항).

(바) 매수인의 항변권(할부금지급의 거절)

매수인은 ① 할부계약이 무효·취소 또는 해제된 경우, ② 목적물의 전부 또는 일부가 매수인에게 인도 또는 제공되지 아니한 경우, ③ 매도인이 하자담보책임을 이행하지 아니한 경우, ④ 기타 매도인의 채무불이행으로 인하여 할부계약의 목적을 달성할 수 없는 경우에는 매도인에게 할부금의 지급을 거절할 수 있다(제12조 제1항).

(사) 매수인에 불리한 계약의 금지

매도인과 매수인간의 할부계약의 내용 중에서 위의 내용보다 매수인에게 불리한 것은 그 효력이 없다(제13조).[303)]

---

303) **할부거래법 제2조 제2항 소정의 '매수인이 상행위를 목적으로 할부계약을 체결하는 경우' 의 의미** : 할부거래에관한법률 제2조 제2항 소정의 '매수인이 상행위를 목적으로 할부계약을 체결하는 경우' 라 함은, 매수인이 신용제공자의 여신으로 매수한 물건을 다른 소비자에게 판매할 목적으로 물건을 할부로 구입한 경우만을 의미하는 것이 아니라, 자신의 소비만을 목적으로 한 경우가 아닌 영리를 목적으로 할부계약을 체결하는 경우를 의미한다. … 약관의규제에관한법률 제30조 제3항이 '특정한 거래분야의 약관에 관하여 다른 법률에 특별한 규정이 있는 경우에는 이 법의 규정에 우선한다.' 라고 규정하고 있고, 이 사건 할부금융약정을 규율하는 위 할부거래에관한법률 제2조 제2항이 이 사건 약관조항의 내용과 동일하게 규정되어 있는 점에 비추어, 이 사건 약관조항이 약관의규제에관한법률에 위반되거나, 사회질서 또는 신의칙에 반하여 무효라고는 할 수 없다(대판 2001.8.21, 2000다8397).

2. 방문판매와 소비자보호

(1) 방문판매의 의의

방문판매라 함은 재화 또는 용역의 판매가 방문의 방법으로 그의 영업소·대리점 기타 영업장소 외의 장소에서 소비자에게 권유하여 계약의 청약을 받거나 계약을 체결하여 재화 등을 판매하는 것을 말한다(방문판매 등에 관한 법률 제2조 제1호). 방문판매에서 소비자를 보호하기 위하여 '방문판매 등에 관한 법률(이하 방문판매법)'이 제정되었다.[304)]

(2) 방문판매와 소비자보호

(가) 계약체결전의 정보제공 및 계약체결에 따른 계약서 교부의무

방문판매자[305)] 등은 재화 등의 판매에 관한 계약을 체결하기 전에 소비자가 계약의 내용을 이해할 수 있도록 일정한 사항[306)]을 설명하여야 하며(제7조 제1항),[307)] 이를 기재한 계약서를 소비자에게 교부하여야 한다(제7조 제2

---

304) 이 법은 방문판매, 전화권유판매, 다단계판매, 계속거래 및 사업권유거래 등에 의한 재화 또는 용역의 공정한 거래에 관한 사항을 규정함으로써 소비자의 권익을 보호하고 시장의 신뢰도 제고를 통하여 국민경제의 건전한 발전에 이바지함을 목적으로 한다(제1조). 따라서 이 법의 적용을 받는 판매는 방문판매 외에 전화권유판매·다단계판매·계속거래 및 사업권유거래 등이다.

305) 방문판매자라 함은 방문판매를 업으로 하기 위하여 방문판매조직을 개설 또는 관리·운영하는 자와 방문판매업자를 대신하여 방문판매업무를 수행하는 자(방문판매원)를 말한다(제2조 제2호).

306) 방문판매자가 설명할 사항은 ⅰ) 방문판매업자 등의 성명·상호·주소·전화번호·전자우편주소, ⅱ) 방문판매원 등의 성명·주소·전화번호·전자우편주소, ⅲ) 재화 등의 명칭·종류 및 내용, ⅳ)재화 등의 가격과 그 지급 방법 및 시기, ⅴ) 재화 등의 공급 방법 및 시기, ⅵ) 청약의 철회 및 계약의 해제의 기한·행사방법·효과에 관한 사항 및 청약철회 등의 권리 행사에 필요한 서식, ⅶ) 재화 등의 교환·반품·수리보증 및 그 대금 환불의 조건과 절차, ⅷ) 전자매체로 공급이 가능한 재화 등의 설치·전송 등과 관련하여 요구되는 기술적 사항, ⅸ) 소비자피해보상·재화 등에 대한 불만 및 소비자와 사업자 사이의 분쟁처리에 관한 사항, ⅹ) 거래에 관한 약관, ⅹⅰ) 그밖에 소비자의 구매 여부 판단에 영향을 주는 거래조건 또는 소비자의 피해구제에 필요한 사항으로서 대통령령이 정하는 사항이다.

307) 계약서 중 전화권유판매에 관한 계약서의 경우에는 소비자의 동의를 얻어 당해 계약의 내용을 모사전송이나 전자문서(전자거래기본법 제2조 제1호의 규정에 의한 전자문서)로 송부하는 것으로 갈음할 수 있으며, 모사전송 또는 전자문서에 의하여 송부한 계약의 내용이나 도달에 관하여 다툼이 있는 경우에는 전화권유판매자가 이를 입증하여야 한다(제4항).

항). 방문판매자 등은 소비자에게 표시 또는 고지한 거래조건을 신의에 좇아 성실하게 이행하여야 한다(제7조 제5항).

방문판매자 등이 재화 등의 계약을 미성년자와 체결하고자 하는 경우에는 법정대리인의 동의를 얻어야 한다. 이 경우 법정대리인의 동의를 얻지 못하는 경우에는 미성년자 본인 또는 법정대리인이 계약을 취소할 수 있다는 내용을 고지하여야 한다(제7조 제3항).

(나) 청약철회의 철회

① 청약의 철회

방문판매의 방법으로 재화 등의 구매에 관한 계약을 체결한 소비자는 일정한 기간(거래 당사자 사이에 그 기간보다 긴 기간으로 약정한 경우에는 그 기간) 이내에 당해 계약에 관한 청약철회를 할 수 있다(제8조 제1항, 제3항).

㉠ 계약서를 교부받은 경우(제8조 제1항 제1호)

소비자는 계약서를 교부받은 날부터 14일 이내에 청약을 철회할 수 있다. 다만, 그 계약서를 교부받은 때보다 재화 등의 공급이 늦게 이루어진 경우에는 재화 등을 공급받거나 공급이 개시된 날부터 14일 이내에 철회할 수 있다.

㉡ 계약서를 교부받지 아니한 경우 등(제8조 제1항 제2호)

소비자는 계약서를 교부받지 아니한 경우, 방문판매자 등의 주소 등이 기재되지 아니한 계약서를 교부받은 경우 또는 방문판매자 등의 주소 변경 등의 사유로 청약철회를 할 수 없는 경우에는 그 주소를 안 날 또는 알 수 있었던 날부터 14일 이내에 철회할 수 있다.

㉢ 재화의 내용이 표시의 내용과 다르거나 계약내용과 다르게 이행된 경우(제8조 제3항)

소비자는 재화 등의 내용이 표시·광고의 내용과 다르거나 계약내용과 다르게 이행된 경우에는 당해 재화 등을 공급받은 날부터 3월 이내, 그 사실을 안 날 또는 알 수 있었던 날부터 30일 이내에 청약철회를 할 수 있다.

② 청약철회의 제한

소비자는 다음의 경우에는 방문판매자 등의 의사에 반하여 청약철회를 할 수 없다(제8조 제2항). 즉, i) 소비자에게 책임 있는 사유로 재화 등이 멸실 또는 훼손된 경우(다만, 재화 등의 내용을 확인하기 위하여 포장 등을 훼손한 경우를 제외한다), ii) 소비자의 재화 등의 사용 또는 일부 소비에 의하여 그 가치가 현저히 감소한 경우, iii) 시간의 경과에 의하여 재판매가 곤란할 정도로 재화 등의 가치가 현저히 감소한 경우, iv) 복제가 가능한 재화 등의 포장을 훼손한 경우, v) 그밖에 거래의 안전을 위하여 대통령령이 정하는 경우 등에는 청약을 철회할 수 없다.

③ 입증책임

재화 등의 훼손에 대하여 소비자의 책임이 있는지의 여부, 계약이 체결된 사실 및 그 시기, 재화 등의 공급사실 및 그 시기 또는 계약서의 교부사실 및 그 시기 등에 관하여 다툼이 있는 경우에는 방문판매자 등이 이를 입증하여야 한다(제8조 제5항).

④ 청약철회의 효과

소비자는 청약철회를 한 경우에는 이미 공급받은 재화 등을 반환하여야 한다(제9조 제1항).

방문판매자 등은 재화 등을 반환 받은 날부터 3영업일 이내에 이미 지급받은 재화 등의 대금을 환급하여야 한다(제9조 제2항).

(다) 손해배상청구금액의 제한

소비자에게 책임 있는 사유로 인하여 재화 등의 판매에 관한 계약이 해제된 경우 방문판매자 등이 소비자에게 청구하는 손해배상액은 ① 공급받은 재화 등이 반환된 경우에는 반환된 재화 등의 통상 사용료액 또는 그 사용에 의하여 통상 얻어지는 이익에 상당하는 금액, 반환된 재화 등의 판매가액에서 그 재화 등이 반환된 당시의 가액을 공제한 금액 중 큰 금액, ② 공급받은 재화 등이 반환되지 아니한 경우에는 그 재화 등의 판매가액에 상당하는 금액에 대금미납에 따른 지연배상금을 더한 금액을 초과할 수 없다(제10조 제1항).

(라) 금지행위

방문판매자 등은 다음의 행위를 하여서는 아니 된다(제11조 제1항). 즉, ① 재화 등의 판매에 관한 계약의 체결을 강요하거나 청약철회 등 또는 계약의 해지를 방해할 목적으로 소비자에게 위력을 가하는 행위, ② 허위 또는 과장된 사실을 알리거나 기만적 방법을 사용하여 소비자를 유인 또는 거래하거나 청약철회 등 또는 계약의 해지를 방해하는 행위, ③ 가입비·판매보조물품·개인할당 판매액·교육비 등 그 명칭 및 형태여하를 불문하고 방문판매원 등이 되고자 하는 자 또는 방문판매원 등에게 방문판매원 등이 되기 위한 조건 또는 방문판매원 등의 자격을 유지하기 위한 조건으로서 대통령령이 정하는 수준 이상의 비용 그 밖의 금품을 징수하거나 재화 등을 구매하게 하는 등 의무를 부과하는 행위, ④ 방문판매원 등에게 다른 방문판매원 등을 모집하도록 의무를 지게 하는 행위, ⑤ 청약철회 등이나 계약의 해지를 방해할 목적으로 주소·전화번호 등을 변경하는 행위, ⑥ 분쟁이나 불만처리에 필요한 인력 또는 설비의 부족을 상당기간 방치하여 소비자에게 피해를 주는 행위, ⑦ 소비자의 청약이 없는데도 일방적으로 재화등을 공급하고 재화 등의 대금을 청구하는 행위, ⑧ 소비자가 재화를 구매하거나 용역을 제공받을 의사가 없음을 밝혔음에도 불구하고 전화, 모사전송, 컴퓨터통신 등을 통하여 재화를 구매하거나 용역을 제공받도록 강요하는 행위, ⑨ 본인의 허락을 받지 아니하거나 허락 받은 범위를 넘어 소비자에 관한 정보를 이용(제3자에게 제공하는 경우를 포함한다)하는 행위[308]는 금지된다.

3. 다단계판매와 소비자보호

(1) 다단계판매의 의의

다단계판매라 함은 재화 또는 용역의 판매업자가 특정인에게 자기가 공급하는 재화 또는 용역을 소비자에게 판매하는 등의 활동을 하면 일정한 이익[309]을 얻을 수 있다고 권유하여, 판매원의 가입이 순차적·단계적으로 이루어진 다단계판매조직[310]을 통하여 행하여지는 재화 등의 판매를 말한다(방문판매법 제2조 제5호). 다단계판매에 대하여는 방문판매법에서 규정하고 있다.[311]

308) 다만, ⅰ) 재화 등의 배송 등 소비자와의 계약의 이행에 불가피한 경우로서 대통령령이 정하는 경우, ⅱ) 재화 등의 거래에 따른 대금정산을 위하여 필요한 경우, ⅲ) 도용방지를 위하여 본인확인에 필요한 경우로서 대통령령이 정하는 경우, ⅳ) 법률의 규정 또는 법률에 의하여 필요한 불가피한 사유가 있는 경우는 제외된다(제11조 제1항 9호 단서).

309) 다단계판매에 있어서 다단계판매원이 소비자에게 재화 등을 판매하여 얻는 소매이익과 다단계판매업자가 그 다단계판매원에게 지급하는 후원수당을 말한다)을 얻을 수 있다고 권유하여 판매원의 가입이 단계적(판매조직에 가입한 판매원의 단계가 3단계 이상인 경우를 말한다.

310) 판매조직에 가입한 판매원의 단계가 2단계 이하인 판매조직 중 사실상 3단계 이상인 판매조직으로 관리·운영되는 경우로서 대통령령이 정하는 판매조직을 포함한다.

311) 누구든지 다단계판매조직 또는 이와 유사하게 단계적으로 가입한 자로 구성된 다단계조직을 이용하여 재화 등의 거래 없이 금전거래만을 하거나 재화 등의 거래를 가장하여 사실상 금전거래만을 하는 행위를 하여서는 아니 된다(제23조 제2항). 이에 위반한 경우 5년 이하의 징역 또는 1억5천만원 이하의 벌금에 처해진다(제52조).

(2) 다단계판매와 소비자보호

(가) 계약체결전의 정보제공 및 계약체결에 따른 계약서 교부의무

방문판매에 대한 방문판매법 제7조의 규정은 다단계판매의 방법으로 재화 등의 판매에 관한 계약을 체결하는 경우에 준용된다(제16조).312)

(나) 청약철회

방문판매에 대한 방문판매법 제8조의 규정은 다단계판매의 방법으로 재화 등의 구매에 관한 계약을 체결한 소비자가 청약철회 등을 하는 경우에 준용된다(제17조 제1항).

다단계판매의 방법으로 재화 등의 구매에 관한 계약을 체결한 다단계판매원은 다단계판매업자에게 재고의 보유를 허위로 알리는 등의 방법으로 재화 등의 재고를 과다하게 보유한 경우, 재판매가 곤란한 정도로 재화 등을 훼손한 경우 그밖에 대통령령이 정하는 경우를 제외하고는 계약을 체결한 날부터 3월 이내에 서면으로 당해 계약에 관한 청약철회 등을 할 수 있다(제17조 제2항).

청약철회의 경우, 계약이 체결된 사실 및 그 시기, 재화 등의 공급사실 및 그 시기, 재화 등의 훼손여부 및 책임소재 등에 관하여 다툼이 있는 경우에는 재화 등을 판매한 자가 이를 입증하여야 한다(제17조 제3항).

---

312) **인터넷 쇼핑몰의 운영이 그 운영방식에 비추어 볼 때 방문판매등에관한법률 제45조 제2항 제2호 소정의 '다단계조직의 가입자에게 상품의 판매를 알선하게 하는 행위'에 해당한다고 한 사례** : 인터넷 쇼핑몰의 운영자가 기존회원의 추천을 통해 신규회원이 등록할 때마다 추천수당을 지급하고, 추천회원이 세대 당 일정 수의 신규회원을 가입시켜 신규회원이 인터넷 쇼핑몰 운영프로그램을 구입할 경우 순수익에 대하여 본인 및 세대별 차등을 둔 배당비율에 따라 추천적립금을 순차적·단계적으로 지급하는 방식으로 신규회원들에게 인터넷 쇼핑몰 운영프로그램을 판매한 행위가 방문판매등에관한법률 제45조 제2항 제2호 소정의 '다단계조직의 가입자에게 상품의 판매를 알선하게 하는 행위' 에 해당한다(대판 2002.4.12, 2002도944).

(다) 손해배상청구금액의 제한

방문판매에 대한 방문판매법 제10조의 규정은 다단계판매자와의 재화 등의 판매 계약이 해제된 경우(제17조의 규정에 의하여 청약철회된 경우를 제외한다)에 이를 준용한다(제19조).

(라) 금지행위

다단계판매자는 재화 등의 판매에 관한 계약의 체결을 강요하거나 청약철회 등 또는 계약의 해지를 방해할 목적으로 상대방에게 위력을 가하는 행위 등 일정한 행위를 하여서는 아니 된다(제23조 제1항 내지 제4항 참조).[313]

4. 통신판매와 소비자보호

(1) 통신판매

통신판매라 함은 우편·전기통신 등의 방법에 따라 재화 또는 용역의 판매에 관한 정보를 제공하고 소비자의 청약에 의하여 재화 또는 용역을 판매하는 것으로, 전화권유판매('방문판매 등에 관한 법률' 제2조제3호)를 제외한 것을 말한다(전자상거래 등에서의 소비자보호에 관한법률 제2조 제6호).[314] 예컨대, 상품

313) **다단계 판매자가 다단계 판매원이 되고자 하는 자에게 교육을 실시하면서 의약품이 아닌 제품에 관하여 의학적 효능·효과 등이 있는 것으로 오인될 우려가 있는 광고를 한 경우, 약사법 위반으로 처벌할 수 있는지 여부(적극)** : 방문판매등에관한법률 제18조 제1항은 다단계 판매에 있어서, 다단계 판매자가 다단계 판매원 또는 소비자에게 판매한 때에는 다단계 판매원 또는 소비자가 거래의 상대방이 된다고 규정하고 있으므로, 다단계 판매자가 다단계 판매원이 되고자 하는 자에게 그 판매하는 제품의 효능에 관한 교육을 실시하면서, 그 제품이 의약품이 아님에도 마치 의학적 효능·효과 등이 있는 것으로 오인될 우려가 있는 광고를 한 경우에는, 단순히 내부 교육에 그치는 것이 아니라 다단계 판매의 성격상 다단계 판매원이 되고자 하는 자가 다단계 판매자로부터 당해 제품을 구입하는 거래의 상대방이 될 수 있으므로, 이와 같은 경우에도 의약품이 아닌 것에 대하여 의학적 효능·효과 등이 있는 것으로 오인될 우려가 있는 내용의 광고를 한 행위에 대한 처벌법규인 약사법 제74조 제1항 제1호, 제55조 제2항을 적용할 수 있다(대판 2004.6.11, 2003도7911).

314) 전자상거래라 함은 전자거래(전자거래기본법 제2조제5호의 규정에 의한 전자거래)의 방법으로 상행위를 하는 것을 말한다. 여기서 '전자거래' 라 함은 인터넷 등 전자적 통신수단을 통해 계약이 체결되는 상거래뿐만 아니라, 전자

판매에 관한 정보를 제공하고 인터넷쇼핑·TV홈쇼핑·카다로그 쇼핑 등과 같이 전기통신이나 우편 등 비대면의 방법으로 소비자의 청약을 받아 재화 등을 판매하는 행위를 말한다. 비대면의 방법으로 계약이 성립하고 재화 등을 판매하는지 여부가 통신판매에 해당하는지를 판단하는 기준이 된다.[315]

통신판매(전자상거래 포함)에 의한 재화 또는 용역의 공정한 거래에 관한 사항을 규정함으로써 소비자의 권익을 보호하기 위해 '전자상거래 등에서의 소비자보호에 관한 법률'이 제정되어 있다.[316]

(2) 통신판매와 소비자보호

(가) 신원 및 거래조건에 대한 정보의 제공

통신판매업자가 재화 등의 거래에 관한 청약을 받을 목적으로 표시·광고를 행하는 경우에는 ① 상호 및 대표자 성명, ② 주소·전화번호·전자우편주소, ③ 신고번호·신고기관 등 신고를 확인할 수 있는 사항이 포함되도록 하여야 한다(제13조 제1항).

또한 통신판매업자는 소비자가 계약체결 전에 재화 등에 대한 거래조건을 정확하게 이해하고 실수 또는 착오없이 거래할 수 있도록 ① 재화 등의 공급자 및 판매자에 관한 사항, ② 재화 등의 명칭·종류 및 내용, ③ 재화 등의 가격과 그 지급 방법 및 시기, ④ 재화 등의 공급 방법 및 시기, ⑤ 청약의 철회 및 계약의 해제의 기한·행사방법 및 효과에 관한 사항, ⑥ 재화 등의 교환·반품·보증과 그 대금 환불의 조건 및 절차, ⑦ 소비자피해보상, 재화 등에 대한 불만 및 소비자와 사업자간 분쟁처리에 관한 사항 등 일정 사항을

결제나 자판기에서의 전자적 신호를 이용한 상품거래, 전자문서를 이용한 각종 표시 광고나 통지행위 등이 포함된다. 거래의 일부가 전자문서로 처리되면 상품의 판매나 그에 관한 계약의 성립여부에 관계없이 전자거래가 된다.

315) 인터넷쇼핑몰의 경우에는 전자상거래인 동시에 통신판매에 해당된다.

316) 이 법률은 총 7개의 장과 45개의 조문 및 부칙으로 구성되어 있다. 각 장의 표제는 제1장은 '총칙', 제2장은 '전자상거래 및 통신판매', 제3장은 '소비자권익의 보호', 제4장은 '조사 및 감독', 제5장은 '시정조치 및 과징금 부과', 제6장은 '보칙', 제7장은 '벌칙'으로 되어 있다.

적절한 방법으로 표시·광고 또는 고지하고, 계약이 체결된 경우에는 계약자에게 그 사항이 기재된 계약내용에 관한 서면을 재화 등을 공급할 때까지 교부하여야 한다(제13조 제2항).

통신판매업자가 미성년자와 재화 등의 거래에 관한 계약을 체결하고자 하는 경우에는 법정대리인이 그 계약에 대하여 동의를 하지 아니하면 미성년자 본인 또는 법정대리인이 그 계약을 취소할 수 있다는 내용을 미성년자에게 고지하여야 한다(제13조 제3항).

(나) 청약확인

통신판매업자는 소비자로부터 재화 등의 거래에 관한 청약을 받은 경우 청약의 의사표시의 수신 확인 및 판매 가능 여부에 관한 정보를 소비자에게 신속하게 통지하여야 한다(제14조 제1항). 또한 통신판매업자는 계약체결 전에 소비자가 청약의 내용을 확인하고, 정정 또는 취소할 수 있도록 적절한 절차를 갖추어야 한다(제14조 제2항).

(다) 재화 등의 공급

통신판매업자는 소비자가 청약을 한 날부터 7일 이내에 재화 등의 공급에 필요한 조치를 하여야 하고, 소비자가 재화 등을 공급받기 전에 미리 재화 등의 대금의 전부 또는 일부를 지급하는 경우에는 소비자가 그 대금의 전부 또는 일부를 지급한 날부터 3영업일 이내에 재화등의 공급을 위하여 필요한 조치를 하여야 한다(제15조 제1항).

또한, 통신판매업자는 청약을 받은 재화 등을 공급하기 곤란하다는 것을 알았을 때에는 그 사유를 소비자에게 지체 없이 알려야 하고, 선불식 통신판매의 경우에는 소비자가 그 대금의 전부 또는 일부를 지급한 날부터 3영업일 이내에 환급하거나 환급에 필요한 조치를 하여야 한다(제15조 제2항).

(라) 청약철회

① 청약철회

청약철회는 가장 핵심적인 소비자의 권리이다. 통신판매업자와 재화 등의 구매에 관한 계약을 체결한 소비자는 ⅰ) 계약내용에 관한 서면을 교부받은 날부터 7일(다만, 그 서면을 교부받은 때보다 재화 등의 공급이 늦게 이루어진 경우에는 재화 등의 공급을 받거나 공급이 개시된 날부터 7일), ⅱ) 계약내용에 관한 서면을 교부받지 아니한 경우, 통신판매업자의 주소 등이 기재되지 아니한 서면을 교부받은 경우 또는 통신판매업자의 주소 변경 등의 사유로 ⅰ)의 기간 이내에 청약철회 등을 할 수 없는 경우에는 그 주소를 안 날 또는 알 수 있었던 날부터 7일 이내에 당해 계약에 관한 청약철회를 할 수 있다(제17조 제1항).

또한 소비자는 재화 등의 내용이 표시·광고 내용과 다르거나 계약내용과 다르게 이행된 경우에는 당해 재화 등을 공급받은 날부터 3월 이내, 그 사실을 안 날 또는 알 수 있었던 날부터 30일 이내에 청약철회를 할 수 있다(제17조 제3항).[317)]

② 청약철회의 제한

소비자는 ⅰ) 소비자에게 책임 있는 사유로 재화 등이 멸실 또는 훼손된 경우(다만, 재화 등의 내용을 확인하기 위하여 포장 등을 훼손한 경우를 제외한다), ⅱ) 소비자의 사용 또는 일부 소비에 의하여 재화 등의 가치가 현저히 감소한 경우, ⅲ) 시간의 경과에 의하여 재판매가 곤란할 정도로 재화 등의 가치가 현저히 감소한 경우, ⅳ) 복제가 가능한 재화 등의 포장을 훼손한 경우, ⅴ) 그밖에 거래의 안전을 위하여 대통령령이 정하는 경우에는 통신판매업자의 의사에 반하여 청약철회를 할 수 없다(제17조 제2항).

317) 제17조 제1항 및 제2항과 관계없이 행사할 수 있다.

③ 청약철회의 효과

소비자는 청약철회 등을 행한 경우에는 이미 공급받은 재화 등을 반환하여야 하며(제18조 제1항), 통신판매업자는 재화 등을 반환 받은 날부터 3영업일 이내에 이미 지급 받은 재화 등의 대금을 환급하여야 한다(제2항).[318]

제17조 제1항의 규정에 의한 청약철회 등의 경우 공급받은 재화 등의 반환에 필요한 비용은 소비자가 이를 부담하며 통신판매업자는 소비자에게 청약철회 등을 이유로 위약금 또는 손해배상을 청구할 수 없다(제18조 제9항). 그러나 제17조 제3항의 규정에 의한 청약철회 등의 경우 재화 등의 반환에 필요한 비용은 통신판매업자가 이를 부담한다(제18조 제10항).

5. 신용카드거래와 소비자보호

(1) 신용카드거래의 법적 성질

신용카드거래는 카드회원이 카드발행회사에 가맹점에 대한 채무를 인수하여 줄 것을 포괄적으로 의뢰하고, 카드발행회사가 가맹점에 대하여 카드회원의 채무를 중첩적으로 인수하며, 그 대신에 가맹점은 카드회원에 우선하여 카드발행회사에게 거래대금을 청구하기로 하는 계약이다.[319] 신용카드거래는 '여신전문금융업법'의 적용을 받는다.

318) 이 경우 통신판매업자가 소비자에게 재화 등의 대금의 환급을 지연한 때에는 그 지연기간에 대하여 공정거래위원회가 정하여 고시하는 지연이자율을 곱하여 산정한 지연이자를 지급하여야 한다.

319) 대판 1999. 5. 19, 98가합4410

(2) 여신전문금융업법상 신용카드회원의 보호 조항

(가) 도난 또는 분실의 경우

① 신용카드업자의 책임

신용카드업자는 신용카드회원 또는 직불카드회원으로부터 신용카드 또는 직불카드의 분실·도난 등의 통지를 받은 때에는 그때부터 당해 신용카드회원 또는 직불카드회원에 대하여 신용카드 또는 직불카드의 사용으로 인한 책임을 진다(여신전문금융업법 제16조 제1항). 또한 통지 전에 발생한 신용카드의 사용에 대하여도 대통령령이 정하는 기간 이내의 범위에서 책임을 진다(제16조 제2항).

② 신용카드업자의 책임 제한

통지 전에 발생한 신용카드의 사용과 관련하여, 신용카드업자는 신용카드의 분실 또는 도난 등에 대하여 그 책임의 전부 또는 일부를 신용카드회원의 부담으로 할 수 있다는 취지의 계약을 체결한 때에는 당해 신용카드회원에 대하여 그 계약내용에 따른 책임을 부담하게 할 수 있다(제16조 제3항).

그러나 그 계약은 서면에 의한 경우에만 효력이 있으며, 신용카드회원 등의 중대한 과실은 계약서에 기재된 것에 한한다(제16조 제7항). 또한, 저항할 수 없는 폭력이나 자기 또는 친족의 생명·신체에 대한 위해로 인하여 비밀번호를 누설한 경우 등 신용카드 회원의 고의 또는 과실이 없는 경우에는 그러하지 아니하다(제16조 제3항 단서).

(나) 위조 또는 변조의 경우

신용카드업자는 신용카드회원 등에 대하여 위조 또는 변조된 신용카드 등의 사용으로 인한 책임을 진다(제16조 제5항).

그러나, 신용카드업자가 신용카드 등의 위조 또는 변조에 대하여 그 신용카드회원 등의 고의 또는 중대한 과실을 입증하는 경우 그 책임의 전부 또는 일부를 신용카드회원 등의 부담으로 할 수 있다는 취지의 계약을 신용카드회원 등과 체결한 때에는 당해 신용카드회원 등에 대하여 그 계약내용에 따른 책임을 부담하게 할 수 있다(제16조 제6항). 그러나 그 계약은 서면에 의한 경우에만 효력이 있으며, 신용카드회원 등의 중대한 과실은 계약서에 기재된 것에 한한다(제16조 제7항).[320)]

(다) 신용카드이용금액의 청구 중지

신용카드회원이 서면으로 신용카드의 이용금액에 대하여 이의를 제기할 경우 신용카드업자는 이에 대한 조사를 완료할 때까지 그 신용카드회원으로부터 해당금액을 지급받을 수 없다(제16조 제10항).

(라) 기타

신용카드가맹점은 신용카드에 의한 거래를 이유로 물품의 판매 또는 용역의 제공 등을 거절하거나 신용카드회원을 불리하게 대우하지 못한다(제19조 제1항). 또한 신용카드가맹점은 신용카드에 의한 거래를 할 때마다 당해 신용카드가 본인에 의하여 정당하게 사용되고 있는지의 여부를 확인하여야 한다(제2항). 또한 신용카드가맹점은 가맹점수수료를 신용카드회원 등으로 하여금 부담하게 하여서는 아니 된다(제3항).[321)][322)]

---

320) **신용카드가맹점의 직원이 매출전표상의 서명이 신용카드상의 서명과 일치하는지 여부를 제대로 확인하지 아니하여 신용카드회원이 손해를 입은 경우, 신용카드가맹점은 위 직원의 사용자로서 그 손해에 대한 배상책임이 있다고 한 사례** : 신용카드가맹점의 직원이 신용카드의 실제 사용자가 신용카드회원과 동일인인지 여부 및 매출전표상의 서명이 신용카드상의 서명과 일치하는지 여부를 제대로 확인하지 아니하여 신용카드회원이 손해를 입은 경우, 신용카드가맹점은 위 직원의 사용자로서 그 손해에 대한 배상책임이 있다. … 신용카드회원이 자신의 방에 걸려 있는 바지 속에 신용카드를 남겨둔 사실 및 신용카드의 부정사용을 인지한 후에도 분실신고를 하지 않은 사실 등만으로는 위 회원에게 신용카드 부정사용에 대한 모든 책임을 지우고 신용카드가맹점이 면책될 만한 사정이 있다고 보기 어렵다. … 신용카드회원이 모르는 사이에 그 회원의 예금계좌에서 카드할부대금이 자동이체의 방식으로 인출된 사실만으로는 신용카드 부정사용을 추인하였다고 보기 어렵다(서울중앙지법 2005. 8. 19, 2004나16777(확정)).

321) **타인에게 기망당하여 신용카드를 교부한 신용카드회원의 책임** : 신용카드회원은 타인에게 카드를 대여할 수 없으며 신용카드회사는 회원의 고의 또는 중대한 과오로 인한 손해나 카드를 타인에게 양도, 대여 또는 담보로 제공함

6. 보험계약과 소비자보호

(1) 보험의 의의 및 종류

(가) 보험의 의의

보험은 "동질의 위험에 처해 있는 다수인이 하나의 위험단체를 형성하여, 통계적 기초에 의하여 산출된 금액을 각출하여 공동의 준비재산을 형성하였다가, 그 단체의 구성원에게 미리 약정한 우연한 사고가 발생하였을 경우 재산적 급여를 함으로써 경제생활의 안정을 도모할 수 있도록 해주는 경제제도"라고 정의할 수 있다.[323] 보험은 잠재적인 각종 사회적 위험에 대비하고자 하는 다수의 사람들이 십시일반(十匙一飯) 식으로 각자 분담금을 부담하여 공동의 자금을 형성해두었다가 실제로 구성원이 위험에 처하였을 경우 그 자금으로 위험발생으로 인한 경제적 부담을 덜어주는 공동체적 위험대처제도라 할 수 있으며, 개인의 노력만으로 대처가 불가능한 질병·사고 등 각종 위험에 대비하기 위한 현대사회에서 아주 유용하고 필수불가결한 제도이다.

으로써 발생한 손해에 대하여는 보상책임을 부담하지 아니한다고 규정되어 있는 신용카드거래규약의 취지와 신용카드가 타인의 수중에 들어가면 쉽게 부정사용 될 수 있으므로 신용카드회원은 이를 현금과 같은 정도의 주의로써 보관하여야 하는 점 등을 고려하면, 비록 신용카드회원이 타인에게 기망당하여 카드를 교부하였다 하더라도 자기 스스로 이를 교부한 이상 그가 카드를 부정사용하여 발생한 카드이용대금에 대하여도 자신이 직접 이를 사용한 경우와 동일한 책임을 부담하여야 한다고 보아야 한다(서울지법 의정부지원 1991.3.29, 90가합5358 제1민사부판결(확정)).

322) **신용카드 개인회원약관상의 신용카드를 분실·도난당한 경우 회원의 면책요건** : 이 사건 신용카드회원가입계약의 내용이 된 개인회원약관에서 회원은 카드를 분실하거나 도난당한 경우에는 즉시 카드사에 통지하고 소정양식에 의거 지체 없이 그 내용을 서면으로 신고하여야 하며, 이러한 절차를 이행한 경우 회원은 분실·도난신고접수일로부터 15일 전 이후(현금인출 및 현금서비스는 신고시점 이후)에 발생한 제3자의 카드 부정사용금액에 대하여는 카드사(현금입출입은행)으로부터 보상을 받을 수 있도록 규정되어 있는 경우, 회원이 책임을 면하기 위해서는 신용카드의 분실·도난 사실을 통지하는 것만으로는 부족하고, '지체 없이 서면에 의한 신고'를 하여야 한다 할 것이고, 위 약관에 따라 회원이 그 책임을 면할 수 있는 기간의 기준시점인 '분실·도난신고접수일'이라 함은 단순히 신용카드를 분실·도난당한 사실을 카드사에 '통지'한 때가 아닌 '서면에 의한 분실신고를 한 때'라고 해석하는 것이 상당하다 할 것이므로, 서면에 의한 분실신고가 접수된 시점으로부터 15일 전 이후에 발생한 부정사용카드대금에 한하여 회원이 그 책임을 면할 수 있다(서울지법 1998. 2. 17, 97나44804).

323) 따라서, 보험계약법은 기술성, 단체성, 공공성·사회성, 강행법규성을 특징으로 으로 한다.

(나) 보험의 종류

보험은 기준설정 방법에 따라 다양하게 분류할 수 있으나, 우리 일상에서 흔히 접할 수 있는 구분방식은 인보험과 물보험, 손해보험(부정액보험)과 정액보험이다. 인보험은 사람의 신체에 대하여 생긴 사고를 보험사고로 하는 보험이고(생명보험·질병보험·상해보험 등), 물보험은 재산에 대하여 생긴 사고를 보험사고로 하는 보험이다(화재보험·자동차보험·보증보험·책임보험 등). 또한 손해보험은 보험사고로 인한 재산에 대하여 생긴 손해를 보상할 것을 목적으로 하는 보험이고(화재보험·운송보험·각종 책임보험 등의 경우처럼, 보험사고가 발생한 경우 지급되어야 할 보험금액을 미리 정해두지 않고 사고가 발생으로 인해 실제로 생긴 손해액에 따라 달라지므로, 부정액보험이라고 한다), 정액보험은 재산에 대한 손해 유무와 상관없이 일정한 사유가 발생한 경우 미리 약정한 금액을 일시 또는 연금 형식으로 지급할 것을 목적으로 하는 보험이다(생명보험이 이에 해당하며, 상해보험은 정액보험과 부정액보험의 양면성을 가지고 있다).

(2) 보험계약

(가) 의의

보험제도에서 위험단체의 구성은 계약법리에 의하여 이루어진다. 보험계약이라 함은 당사자 일방(보험계약자)이 약정한 보험료를 지급하고, 상대방(보험자)이 재산 또는 생명이나 신체에 관하여 불확정한 사고가 생긴 경우 일정한 보험금액 기타 급여를 지급할 것을 내용으로 하는 계약이다(상법 제638조).

(나) 보험계약관계자

보험계약관계자는 보험계약의 직접 당사자인 보험자(보통 보험회사)와 보험계약자(보험 가입자), 그리고 보험계약에 관하여 이해를 가지는 제3자로서

피보험자와 보험수익자를 지칭한다.

① 보험자와 보험계약자

보험자는 보험사고 발생시 보험금을 지급할 의무를 지는 자이고, 보험계약자는 보험자의 상대방으로서 자기명의로 보험계약을 체결하고 보험료의 지급의무를 지는 자이다.

② 피보험자

피보험자는 손해보험과 인보험에 있어서 각각 그 의미가 전혀 다른데, 손해보험에 있어서는 피보험이익의 주체로서 보험사고 발생시 보험금을 지급받을 자를 말한다. 반면, 인보험에 있어서는 보험사고의 객체로서 자신의 생명 또는 신체를 보험에 붙인 자연인을 의미한다.

보험계약에서는 보험계약자와 피보험자가 동일한지 여부에 따라 손해보험에서는 '자기를 위한 보험'과 '타인을 위한 보험(상법 제639조)'로 나누어지고, 인보험에서는 '자기의 보험'과 '타인의 보험(상법 제731조)'으로 구분된다.

③ 보험수익자

보험수익자는 생명보험 등 인보험에만 존재하는 개념으로, 보험계약에 의하여 보험금을 지급받을 자로 지정된 자를 말한다. 보험수익자는 보험사고 발생시 보험자에 대하여 보험금 지급을 청구할 수 있으나, 보험계약의 당사자는 아니므로 보험금청구권 외에 아무런 권리를 주장하지 못한다. 인보험에서는 보험계약자와 보험수익자가 동일인인지 여부에 따라 '자기를 위한 보험'과 '타인을 위한 보험'으로 나뉜다.

(다) 법적 규율의 필요성

보험제도와 이러한 제도를 구체적으로 이용하는 방법인 보험계약은 현대사회에서 유용한 존재이다. 그러나 보험제도는 사람의 생명이나 신체 또는 재산을 대상으로 하고 금전적 급부가 이루어지는 경우가 많다. 따라서 고의적으로 사고를 유발하거나 이를 방치하는 등 도덕적 해이가 존재할 가능성 있으며, 이 경우 궁극적 피해자들은 대다수의 선의의 보험 가입자들이 될 것이므로 이를 규율할 필요가 있다. 또한 보험계약에서 보험자는 경제적 이윤을 함께 추구하는 보험회사인 경우가 많으므로 이를 위해 부당한 방법으로 보험계약을 성립시키거나 사고발생시 보험금을 지급하지 않는 폐단이 발생하고 이에 대한 법적 규율이 필요하다.

그런데, 보험제도와 보험계약은 다수의 보험 가입자들과 이들의 갹출로 구성된 공동재산으로 각종의 위험을 분산하기 위한 것이므로, 다른 개인과 개인간의 계약과는 달리 공공성(公共性)과 사회성(社會性)이 강하다. 따라서 보험제도와 보험계약에서 법적 규율로 인한 보호되는 소비자는 현실적인 위험이 발생한 보험계약자와 잠재적인 위험발생이 있는 보험계약자 모두를 위한 것이다. 상법 보험편에서는 보험계약체결과 보험금지급과 관련한 법적 규율을 두고 있다.

(3) 보험계약과 소비자 보호

(가) 보험계약의 성립과 당사자의 의무

① 보험계약의 성립

보험계약은 당사자 일방이 약정한 보험료를 지급하고 상대방이 재산 또는 생명이나 신체에 관하여 불확정한 사고가 생길 경우에 일정한 보험금액 기타의 급여를 지급할 것을 약정함으로써 효력이 생긴다(상법 제638조).

② 보험자의 보험계약 낙부의 통지

보험자는 보험계약자로부터 보험계약의 청약과 함께 보험료 상당액의 전부 또는 일부의 지급을 받은 때에는 다른 약정이 없으면 30日내에 그

상대방에 대하여 낙부(諾否)의 통지를 발송하여야 하며(상법 제633조의2 제1항 본문), 이 기간 내에 낙부의 통지를 해태한 때에는 승낙한 것으로 본다(상법 제638조의2 제2항). 다만, 인보험계약의 피보험자가 신체검사를 받아야 할 경우에는 그 기간은 신체검사를 받은 날부터 기산한다(상법 제638조의2 제1항 단서).

③ 보험자의 책임

보험자가 보험계약자로부터 보험계약의 청약과 함께 보험료 상당액의 전부 또는 일부를 받은 경우에 그 청약을 승낙하기 전에 보험계약에서 정한 보험사고가 생긴 때에는 그 청약을 거절할 사유가 없는 한 보험자는 보험계약상의 책임을 진다(상법 제638조의2 제3항 본문). 그러나 인보험계약의 피보험자가 신체검사를 받아야 하는 경우에 그 검사를 받지 아니한 때에는 그러하지 아니하다(상법 제638조의2 제3항 단서).

(나) 약관의 교부·설명의무

① 의의

상법 제638조의3은 보험자가 보험계약을 체결할 때에 보험계약자에게 보험약관을 교부하고 그 약관의 중요한 내용을 알려주어야 하고 이를 위반한 경우 보험계약자는 보험계약이 성립한 날로부터 1월 내에 그 계약을 취소할 수 있도록 하고 있다.

상법 제638조의3은 보험계약이 위험단체라는 보험제도를 전제로 한 것임을 인정하고, 보험계약에서의 보통보험약관을 계약당사자만을 전제로 하는 여타의 개별적인 계약에서의 보통거래약관과 같이 다룰 수 없다는 견지에서 신설된 것이라고 할 것이므로, 상법 제638조의3은 약관규제법 제3조에 대하여 특별법관계 내지는 신법관계에 있고, 따라서 두 규정이 경합하는 경우에는 상법의 규정이 우선한다.[324] 그러나 판례는 이와 반대 입

장이다.[325]

② 교부설명의무의 대상 및 교부설명의 시기

일반적으로 보험료와 그 지급방법, 보험금액, 보험기간 특히 보험자의 책임개시를 정한 경우 그 시기, 보험사고와 내용, 보험사고의 내용, 보험계약의 해지사유 또는 보험자의 면책사유 등이 대상이 된다. 보험자는 청약자가 청약서 소정의 사항을 기재하고 보험자에게 교부하기 전에 약관을 교부하여야 하고 그 중요내용을 설명하여야 한다.[326][327]

---

324) 약관규제법 제3조는 사업자는 계약체결에 있어서 고객에게 약관의 내용을 계약의 종류에 따라 일반적으로 예시되는 방법으로 명시하고 고객이 요구할 때에는 당해약관의 사본을 고객에게 교부하여 이를 알 수 있도록 하여야 하고, 약관에 정하여져 있는 중요한 내용을 고객이 이해할 수 있도록 설명하여야 한다고 규정하고 있다. 그리고 보험자가 약관의 명시설명의무를 위반하여 보험계약을 체결한 때에는 그 약관을 계약의 내용으로 주장할 수 없도록 하고 있다.

325) **상법 제638조의3 제2항이 약관의규제에관한법률 제3조 제3항의 적용을 배제하는 특별규정인지 여부(소극) 및 보험자가 보험약관의 명시·설명의무에 위반하여 보험계약을 체결한 경우, 그 약관의 내용을 보험계약의 내용으로 주장할 수 있는지 여부(소극)** : 상법 제638조의3 제2항은 보험자의 설명의무 위반의 효과를 보험계약의 효력과 관련하여 보험계약자에게 계약의 취소권을 부여하는 것으로 규정하고 있으나, 나아가 보험계약자가 그 취소권을 행사하지 아니한 경우에 설명의무를 다하지 아니한 약관이 계약의 내용으로 되는지 여부에 관하여는 아무런 규정도 하지 않고 있을 뿐만 아니라 일반적으로 계약의 취소권을 행사하지 아니하였다고 바로 계약의 내용으로 되지 아니한 약관 내지 약관 조항의 적용을 추인 또는 승인하였다고 볼 근거는 없다고 할 것이므로, 결국 상법 제638조의3 제2항은 약관의규제에관한법률 제16조에서 약관의 설명의무를 다하지 아니한 경우에도 원칙적으로 계약의 효력이 유지되는 것으로 하되 소정의 사유가 있는 경우에는 예외적으로 계약 전체가 무효가 되는 것으로 규정하고 있는 것과 모순·저촉이 있다고 할 수 있음은 별론으로 하고, 약관에 대한 설명의무를 위반한 경우에 그 약관을 계약의 내용으로 주장할 수 없는 것으로 규정하고 있는 약관의규제에관한법률 제3조 제3항과의 사이에는 아무런 모순·저촉이 없으므로, 따라서 상법 제638조의3 제2항은 약관의규제에관한법률 제3조 제3항과의 관계에서는 그 적용을 배제하는 특별규정이라고 할 수가 없으므로 보험약관이 상법 제638조의3 제2항의 적용 대상이라 하더라도 약관의규제에관한법률 제3조 제3항 역시 적용이 된다. 일반적으로 보험자 및 보험계약의 체결 또는 모집에 종사하는 자는 보험계약의 체결에 있어서 보험계약자 또는 피보험자에게 보험약관에 기재되어 있는 보험상품의 내용, 보험료율의 체계 및 보험청약서상 기재사항의 변동사항 등 보험계약의 중요한 내용에 대하여 구체적이고 상세한 명시·설명의무를 지고 있으므로 보험자가 이러한 보험약관의 명시·설명의무에 위반하여 보험계약을 체결한 때에는 그 약관의 내용을 보험계약의 내용으로 주장할 수 없다(대판 1998.11.27, 98다32564).

326) 보험자는 보험계약을 체결함에 있어서 보험계약자가 알고 있거나 거래상 일반적이고 공통된 것이어서 별도의 설명이 없더라도 충분히 예상할 수 있었던 사항 또는 이미 법령에 의하여 정하여진 것을 되풀이하거나 부연하는 정도에 불과한 사항이 아니라면 보험상품의 내용이나 보험요율의 체계 등 보험약관에 기재되어 있는 중요한 내용에 대하여 구체적이고 상세하게 명시·설명하여야 하고, 보험자가 이러한 보험약관의 명시·설명의무를 위반하여 보험계약을 체결한 때에는 그 약관의 내용을 보험계약의 내용으로 주장할 수 없다. … 업무용자동차보험계약 체결시 보험

③ 위반의 효과

보험자가 이를 위반한 경우 보험계약자는 보험계약이 성립한 날로부터 1월내에 그 계약을 취소할 수 있다(제638조의3 제2항).

(다) 보험계약자 등 의 고지의무

① 의의

보험계약자 또는 피보험자가 보험계약을 체결함에 있어서 중요한 사실을 고지하거나, 불실한 고지를 하지 아니할 의무를 말한다(제651조). 고지의무는 보험계약 체결시에 부담하는 의무로, 보험계약의 효과로서 보험계약 성립 후에 위험의 현저한 변경 또는 증가, 보험사고의 발생 등을 보험자에게 통지하는 통지의무(제652조, 제657조)와 구별된다.

② 고지당사자 및 고지방법과 시기

㉠ 고지당사자

고지의무자는 보험계약자와 피보험자이다. 생명보험에서 보험사고 발생의 객체인 피보험자가 고지의무자임은 물론이나 타인을 위한 손해보험계약의 피보험자도 고지의무자에 포함된다. 특히 타인을 위한 손해보험계약의 경우 보험계약자가 피보험자의 위임 없이 계약을 체결함을 보험자에게 알리지 아니하면 계약이 체결되었음을 이유로 고지의무위반의 책임을 면하지 못한다(제639조 제1항 단서).

자가 유상운송면책 약관에 관한 명시·설명의무를 위반한 경우, 피보험자의 유상운송 중 발생한 사고에 대하여 면책을 주장할 수 없다(대판 1999. 5. 11, 98다59842).

327) **보험계약자가 보험약관의 내용을 충분히 잘 알고 있는 경우, 보험자가 보험계약자에게 그 약관 내용을 설명할 의무가 있는지 여부(소극)** : 보험약관의 중요한 내용에 해당하는 사항이라고 하더라도 보험계약자나 그 대리인이 그 내용을 충분히 잘 알고 있는 경우에는 당해 약관이 바로 계약 내용이 되어 당사자에 대하여 구속력을 갖는 것이므로, 보험자로서는 보험계약자 또는 그 대리인에게 약관의 내용을 따로 설명할 필요가 없다(대판 2005. 8. 25, 2004다18903).

고지수령권자는 보험자 및 그 대리권자, 즉 보험회사와 보험대리점이다. 생명보험의 경우 보험의는 고지수령권이 있으나 보험중개인이나 보험모집인은 고지수령권이 없다. 판례는 보험가입청약서에 기왕병력을 기재하지 아니하고 보험회사의 외무사원에게 이를 말한 것만으로 보험회사에 대하여 고지의무를 다하였다고 볼 수 없다고 한 경우도 있으나,[328] 이후에는 보험모집인이나 보험외판원의 보험계약체결을 인정하는 경향이 있다.[329]

ⓛ 고지방법과 시기

고지는 보험계약 성립시까지 하여야 한다. 청약 후라도 보험자의 승낙 전에 발생·변경된 사항은 고지해야 한다. 고지방법은 서면이든 구두이든 상관없다. 통상 질문표를 두어 기재하도록 하고 있다.

③ 고지의무의 내용(중요한 사항)

고지의무의 대상은 '중요한 사항'이다. 중요한 사항이란 보험사고 발생이나 그로 인한 책임부담 정도의 개연율을 측정하는 데 필요한 사실, 즉 계약체결 여부나 보험료 결정에 영향을 미칠 수 있는 사실이다. 대리인에 의하여 계약이 체결되는 경우에는 대리인이 알고 있는 사실 뿐만 아니라 본인이 알고 있는 중요한 사항도 고지하여야 한다. 중요한 사항은 계약 성립시까지 존재한 사항이며, 중요한 사항의 입증책임은 보험자에게 있다. 중요사항인지 여부는 결정하기 어렵고 분쟁의 소지가 있으므로 거래계에서는 청약서에 미리 고지할 사항을 열거할 질문란을 두고 있다. 서면으로 질문한 사항은 중요한 사항으로 추정한다(제651조의2).

328) 대판 1979. 10. 30, 79다1234

329) 대판 1992. 3. 10, 91다31883; 대판 1996. 8. 11, 94다52492

④ 고지의무위반의 요건

객관적 요건으로 보험계약자 또는 피보험자의 중요한 사항의 '불고지' 또는 '부실한 고지'가 있어야 한다. 또한 주관적 요건으로 '고의' 또는 '중대한 과실'이 있어야 한다. 고의에 사기의 의사는 필요치 않으며, 중요한 사항의 존재와 이를 고지하여야 함을 알면서 고지하지 않거나 사실과 다르게 고지하는 것을 말한다.

⑤ 위반의 효과

㉠ 계약해지권의 발생

보험자는 위반사실을 안날로부터 1월 내에, 계약체결일로부터 3년 내에 보험계약을 해지할 수 있다(제651조). 보험사고 발생 전후를 불문하고 해지할 수 있다. 보험자는 보험사고 발생 후 해지한 때에는 보험금액의 지급책임이 없고 이미 지급한 보험금액의 반환을 청구할 수 있다(제655조 본문).

㉡ 해지권행사의 제한

보험자는 고지의무 위반사실을 안날로부터 1월, 계약체결한 날로부터 3년 내에 해지하여야 하고, 이 기간은 제척기간이다. 또한 보험자가 중요한 사실을 알았거나 중대한 과실로 알지 못한 경우에는 해지권은 인정되지 않는다(제651조 제1항 단서). 보험모집인이나 보험중개인의 악의 또는 중과실은 보험자의 해지권 조각사유가 되지 못한다.

보험계약자가 위반대상이 되는 사실과 보험사고의 발생 사이에 인과관계가 없음을 증명한 때에는 보험금을 청구할 수 있고 이미 지급된 보험금의 반환을 거절할 수 있다(제655조 단서).

고지의무위반이 있더라도 부고지 또는 불실고지를 한 사항이 보험사고의 발생 전에 소멸한 경우(예컨대 보험계약체결시 화재위험이 있는 옆집을 고지하지 않았으나 화재는 옆집이 철거된 후에 발생한 경우)에도 해지권을 행사할 수 없다고 해야 할 것이다.

⑥ 보험자의 보험약관 명시의무위반과 보험계약자의 고지의무위반의 관계

약관의 내용에 만약 보험계약자의 고지의무위반으로 인한 보험자의 보험계약 해지권을 규정하고 있는데, 만약 보험자가 약관의 내용을 설명하지 아니하고 또 보험계약자는 약관의 내용에 따른 고지의무를 위반하였다면 보험자의 약관설명의무위반과 보험계약자의 고지의무위반과의 관계에서, 약관설명의무위반이 고지의무위반으로 인한 계약의 해지를 배제하게 되는지가 문제이다. 판례는 일관되게 "보험자의 약관 명시설명의무의 위반은 곧 보험계약자의 고지의무위반 자체를 배제한다"는 입장이다. 즉, 대법원은 "보험자가 약관설명의무를 위반한 경우에는 보험계약자가 고지의무를 위반한 경우에도 고지의무위반으로 인한 계약해지권을 인정할 수 없다"라는 입장이다.[330][331][332]

330) **상법 제651조 소정의 고지의무의 대상이 되는 '중요한 사항'의 의미와 판단 기준 및 보증보험계약상의 보증인에 관한 사항이 상법 제651조 소정의 고지의무의 대상인지 여부(소극)** : 보험계약자나 피보험자가 보험계약 당시에 보험자에게 고지할 의무를 지는 상법 제651조에서 정한 '중요한 사항'이란, 보험자가 보험사고의 발생과 그로 인한 책임부담의 개연율을 측정하여 보험계약의 체결 여부 또는 보험료나 특별한 면책조항의 부가와 같은 보험계약의 내용을 결정하기 위한 표준이 되는 사항으로서, 객관적으로 보험자가 그 사실을 안다면 그 계약을 체결하지 않든가 적어도 동일한 조건으로는 계약을 체결하지 않으리라고 생각되는 사항을 말하고, 어떠한 사실이 이에 해당하는가는 보험의 종류에 따라 달라질 수밖에 없는 사실인정의 문제로서 보험의 기술에 비추어 객관적으로 관찰하여 판단되어야 한다. … 보증보험에서는 고지의무의 대상이 되는 중요한 사항으로서 주계약상의 거래조건, 금액, 기간, 보험계약자의 신용이나 자력 등에 관한 사항을 들 수 있을 것이며, 보증인이 누구인가는 보험사고 발생의 가능성 등과는 관계없이 보험사고가 이미 발생한 후에 보험자가 구상권을 행사하기 위한 대비를 해 두기 위한 것이므로, 보증인에 관한 사항은 일반적으로는 고지의무의 대상이 되지 않는다(대판 2001. 2. 13, 99다13737).

331) **암 치료 종료 후 5년이 지나 검사를 실시한 결과 의사로부터 암 재발의 가능성을 고지받고 확진을 위한 재검사 요구를 받은 상태에서 5년 내 암을 앓거나 치료받은 적이 없다고 신고하면서 생명공제계약을 체결한 경우, 고지의무 위반에 해당한다고 본 사례** : 암 치료 종료 후 5년이 지나 검사를 실시한 결과 의사로부터 암 재발의 가능성을 고지 받고 확진을 위한 재검사 요구를 받은 상태에서 5년 내 암을 앓거나 치료받은 적이 없다고 신고하면서 생명공제계약을 체결한 경우, 암치료 종료 후 정기적인 검진을 위하여 병원에 다니던 동안 피공제자의 상태는 비록 통상적인 의미에서 암 질병을 앓고 있는 것은 아니라고 할지라도 공제약관상 기재된 암 질환에 준하는 것이거나, 또는 이러한 피공제자의 병력 내지 자각증세, 의사의 암 재발 가능성 고지사실 등은 공제계약 청약서상의 질문사항에 포함되어 있지 않다고 하더라도 피공제자의 생명위험 측정상 중요한 사실로서 고지할 중요 사항에 포함된다는 이유로 고지의무 위반에 해당한다(대판 1999. 11. 26, 99다37474).

332) **보험자가 보험약관에 대한 명시 설명의무에 위반하여 보험계약을 체결한 경우, 보험계약자의 고지의무 위반을 이유로 보험계약을 해지할 수 없다고 한 사례** : 보험자 및 보험계약의 체결 또는 모집에 종사하는 자는 보험계약의

(라) 생명보험에 대한 규제

① 15세미만자 등에 대한 계약금지

15세미만자, 심신상실자 또는 심신박약자의 사망을 보험사고로 한 보험계약은 무효로 한다(상법 제732조). 보험수익자가 누구인지를 불문하고 무효이다.

② 타인의 생명보험

생명보험계약의 경우 보험계약자가 타인을 피보험자로 한 것을 '타인의 생명보험계약'이라고 한다. 타인의 생명보험은 보험계약자와 피보험자, 피보험자와 보험수익자가 각각 다른 경우로, 피보험자의 의사에 반하여 자신의 생명이 보험사고의 대상이 되는 보험계약을 체결되는 것을 막고 보험범죄를 방지하기 위하여 이를 규제할 필요가 있다.

이 경우 상법은 피보험자의 서면동의를 요구하고 있다. 즉, 타인의 사망을 보험사고로 하는 보험계약에는 보험계약 체결시에 그 타인의 서면에 의한 동의를 얻어야 한다(제731조 제1항).

그러나 단체보험의 경우에는 이에 대한 예외가 인정된다. 즉, 상법 제735조의3은 "단체가 규약에 따라 구성원의 전부 또는 일부를 피보험자로 하는 생명보험계약을 체결하는 경우에는 피보험자의 서면동의를 요하지 않는다"고 할 뿐만 아니라(제1항), "보험증권도 보험계약자에 대하여서만 교부한다"고 규정하고 있다(제2항). 이에 대하여 학설은 위헌이라는 주장이 있으나, 헌법재판소는 합헌으로 결정하였다.

체결에 있어서 보험계약자 또는 피보험자에게 보험약관에 기재되어 있는 보험상품의 내용, 보험률의 체계 및 보험청약서상 기재사항의 변동사항 등 보험계약의 중요한 내용에 대하여 구체적이고 상세한 명시 설명의무를 지고 있어서, 보험자가 이러한 보험약관의 명시 설명의무에 위반하여 보험계약을 체결한 때에는 그 약관의 내용을 보험계약의 내용으로 주장할 수 없으므로, 보험계약자나 그 대리인이 그 약관에 규정된 고지의무를 위반하였다 하더라도 이를 이유로 보험계약을 해지할 수 없다(대판 1995. 8. 11, 94다52492; 동지 대판 1997. 9. 26, 97다4494).

【관련판례】

□ 단체보험에 대한 '상법 제735조의3 제1항'의 위헌 여부

[1] 사건개요

甲(피고)은 乙(원고) 등을 종업원으로 고용하여 자동차정비업체 운영자(사업주)로서, 丁생명보험회사와 자신을 보험계약자 겸 보험수익자로 하고 乙 등을 피보험자로 하여 "피보험자의 사망·장해에 따른 사망·장해보험금의 지급과 만기에 따른 생존보험금의 지급"을 내용으로 하는 단체보험계약(상품명: 종합보장직장인보험계약)을 체결하였다. 甲이 보험계약자로서 보험료를 납부하여 오던 중 乙이 교통사고로 보험약관 소정의 1급장해 판정을 받자 丁으로부터 장해보험금164,845,616원을 수령한 후 乙에게 그중 82,420,000원을 지급하였다. 이에 乙은 甲을 상대로 나머지 장해보험금 82,000,000원 상당액의 지급을 구하는 부당이득반환청구소송을 제기하였다. 이 사건 항소심 법원은 '직권'으로 당해사건에 적용되는 단체보험 관련 규정인 상법 제735조의3 제1항의 위헌여부심판의 제청을 하였다.

[2] 헌법재판소의 결정

재판의 전제성 요건과 관련하여, 법무부장관은 "乙이 자필서명에 의해 동의한 사실이 인정되므로 재판의 전제성이 결여되어 각하되어야 하다"는 의견을 제시하였으나, 헌법재판소는 "법률(조항)의 재판의 전제성 요건은 이에 대한 제청법원의 법률적 견해를 존중해야 하고, 다만 그 전제성에 관한 법률적 견해가 명백히 유지될 수 없을 때에만 헌법재판소가 그 제청을 부적법하다 하여 각하할 수 있다"고 하였다. 또한 헌법재판소는 상법 제735조의3 제1항의 위헌성 여부와 관련하여서는 "상법 제735조의3 제1항의 입법취지는 타인의 생명보험계약을 체결함에 있어서 피보험자의 서면동의를 얻도록 하는 개별보험의 일반원칙에서 벗어나 규약으로써 동의에 갈음할 수 있게 함으로써

단체보험의 특성에 따른 운용상의 편의를 부여해 주어 단체보험의 활성화를 돕는다는 것으로, 동 조항은 단체구성원들의 복리증진 등 이익에 기여하는 바가 있고 단체보험의 특성에 따라 개별적 동의를 집단적 동의로 대체하는 것에 불과하며 그 방법은 합리성을 가지고 있으므로, 인간의 존엄성과 가치를 훼손하고 행복추구권을 침해하는 것이며 국가의 기본권 보장의무에 위배되는 것이라 할 수 없다"고 하였다(이에 대하여, 재판관 3인은 동 조항이 헌법 제10조에 위반된다는 견해이다).

(마) 보험계약의 효과

① 보험자의 의무

㉠ 보험증권 교부의무

보험증권은 보험계약의 성립과 그 내용을 증명하기 위하여 계약의 내용을 기재하고 보험자가 기명날인 또는 서명하여 보험계약자에게 교부하는 증권을 말한다. 보험자는 보험계약이 성립한 때에는 '지체 없이' 보험증권(保險證券)을 작성하여 보험계약자에게 교부(交付)하여야 한다(상법 제640조 제1항). 그러나 보험계약자가 보험료의 전부 또는 최초의 보험료를 지급하지 아니한 때에는 그러하지 아니하다(상법 제640조 제1항 단서). 보험계약자는 보험증권이 멸실 또는 현저하게 훼손된 경우 자기의 부담으로 보험자에 대하여 증권의 재교부를 청구할 수 있다(상법 제642조).

보험계약의 당사자는 보험증권의 교부가 있는 날로부터 일정한 기간 내에 한하여 그 증권내용의 정부에 관한 이의를 할 수 있음을 약정할 수 있으며, 이 경우 그 기간은 1월을 내리지 못한다(상법 제641조 제2항).

㉡ 보험금지급의무

i) 의의

보험계약의 핵심을 이루는 것으로, 보험자는 보험사고가 발생한 경우 보험계약의 효과로서 보험금을 지급할 의무가 있다(상법 제638조). 보험금지급의무는 원칙적으로 보험료의 지급을 받은 때로부터 이후 보험기간이 종료할 때까지 발생한 보험사고에 대하여서만 진다(상법 제656조). 보험금지급의무의 소멸시효기간은 2년이며(상법 제662조), 약관으로 이보다 단축할 수 없다.

ii) 지급시기

보험자는 보험금액의 지급에 관하여 약정기간이 있는 경우에는 그 기간 내에, 약정기간이 없는 경우에는 보험사고발생의 통지를 받은 후 지체 없이 지급할 보험금액을 정하고 그 정하여진 날부터 10일 내에 피보험자 또는 보험수익자에게 보험금액을 지급하여야 한다(상법 제658조).

iii) 면책사유

ⓐ 보험계약자 등의 고의 또는 중과실에 의한 보험사고의 발생

보험사고가 보험계약자 또는 피보험자나 보험수익자의 고의 또는 중대한 과실로 인하여 생긴 때에는 보험자는 보험금액을 지급할 책임이 없다(상법 제659조 제1항).보험계약자 또는 피보험자가 회사 기타 법인인 경우에는 법인의 구성원이나 업무집행사원 또는 표현대표이사나 이에 준하는 임원의 고의 또는 중과실이 있는 경우에도 보험자는 책임을 면한다. 그러나 생명보험 즉, 사망을 보험사고로 한 보험계약에는 사고가 보험계약자 또는 피보험자나 보험수익자의 중대한 과실로 인하여 생긴 경우에도 보험자는 보험금액을 지급할 책임을 면하지 못한다(상법 제732조의2).

ⓑ 전쟁 기타 변란에 의한 보험사고의 발생

보험사고가 전쟁 기타의 변란으로 인하여 생긴 때에는 당사자간에 다

른 약정이 없으면 보험자는 보험금액을 지급할 책임이 없다(상법 제660조).

ⓒ 기타

보험사고가 발생한 경우에도, 보험자가 보험료불지급·고지의무위반·위험변경증가에 대한 통지의무의 해태·보험계약자의 고의나 중과실에 의한 위험증가에 의하여 계약을 해지한 경우에는 보험금액을 지급할 책임이 없고 이미 지급한 보험금액은 반환을 청구할 수 있다(상법 제655조 본문). 또한 보통보험약관에 법적면책사유 이외이 기타의 면책사유를 정하여 책임을 면하고 있는데(면책약관), 상법의 보험에 대한 규정을 보험계약자 또는 피보험자나 보험수익자의 불이익으로 변경하지 않는 한 유효하다.[333]

③ 보험료반환의무

보험계약이 전부 또는 무효인 경우 보험계약와 피보험자 또는 보험수익자가 선의이며 중대한 과실이 없는 경우 보험자는 보험료의 전부 또는 일부를 반환해야 한다(상법 제648조). 또한 보험계약자는 보험사고 발생 전에 언제든지 보험계약의 전부 또는 일부를 해지할 수 있는데, 이 경우 보험자는 미경과보험료를 반환하여야 한다(상법 제649조).[334] 보험료반환의무의 소멸시효기간은 2년이다(상법 제662조).

② 보험계약자 등의 의무

㉠ 보험료지급의무

보험계약은 유상계약이므로 보험계약자는 보험자에게 보험료를 지급할 의무가 있다(상법 제638조). 보험계약자가 계약 성립 후 최초의 보험

333) 최기원, 『상법학원론』, 박영사, 1998, 1173면.

334) 미경과보험료란 보험계약의 해지시점이 속하는 보험료기간 이후의 보험료기간에 해당하는 보험료를 말하다. 생명보험의 경우 보험계약이 해지된 때에는 보험자는 보험료적립금을 보험계약자에게 반환하여야 한다.

료를 지급하지 아니한 경우 보험자의 책임이 개시되지 않으며(상법 제656조) 계약성립 후 2월이 경과하면 계약해제가 의제된다(상법 제650조 제1항). 또한 보험계약자가 약정된 사기에 계속보험료를 지급하지 아니한 경우 보험자는 상당 기간을 정하여 최고를 하고 이 기간 내에도 지급하지 않으면 계약을 해지할 수 있다(제650조 제2항).[335]

실무상에서는 이른바 실효약관이 사용되고 있는데, 이러한 최고와 해지를 밟는 대신에 약정된 시기로부터 일정 기간을 유예기간으로 정하여 그 기간이 경과할 때까지 계속보험료를 지급하지 않으면 보험계약을 그대로 실효시키는 내용이다. 그러나 대법원은 보험자가 유예기간을 두었더라도 최고를 하지 않은 때에는 그 실효약관은 무효라고 한다.

㉡ 통지의무

i) 보험사고가 발생한 경우

보험사고보험계약자 또는 피보험자나 보험수익자는 보험사고 발생을 안 경우 지체 없이 보험자에게 그 통지를 발송하여야 한다(상법 제657조 제1항). 이를 해태하여 손해가 증가한 경우에는, 보험자는 그 증가된 손해를 보상할 책임이 없다(제657조 제2항).

ii) 위험의 현저한 변경·증가의 경우

보험기간 중에 보험계약자 또는 피보험자가 사고발생의 위험이 현저하게 변경 또는 증가된 사실을 안 때에는 지체 없이 보험자에게 통

---

335) **분납 보험료 연체시 납입유예 기간의 경과로 구 상법(1991.12.31. 법률 제4470호로 개정되기 전의 것) 제650조조 소정의 최고 및 해지절차 없이 곧바로 보험계약이 실효되도록 하는 보험약관의 효력** : 구 상법(1991.12.31. 법률 제4470호로 개정되기 전의 것) 제650조는 보험료가 적당한 시기에 지급되지 아니한 때에는 보험자는 상당한 기간을 정하여 보험계약자에게 최고하고 그 기간 내에 지급하지 아니한 때에는 계약을 해지할 수 있도록 규정하고, 같은 법 제663조는 위 규정을 보험당사자 간의 특약으로 보험계약자 또는 보험수익자의 불이익으로 변경하지 못한다고 규정하고 있으므로, 분납 보험료가 소정의 시기에 납입되지 아니하였음을 이유로 그와 같은 절차를 거치지 아니하고 막바로 보험계약이 해지되거나 실효됨을 규정하고 보험자의 보험금지급 책임을 면하도록 규정한 보험약관은 위 상법의 규정에 위배되어 무효이다(대판 1995.11.16, 94다56852 전원합의체 판결).

지하여야 한다(상법 제652조 제1항). 보험자는 보험계약자 등의 통지의무 해태의 사실을 안 날로부터 1월내에 한하여 계약을 해지할 수 있으며(상법 제652조 제1항 단서), 위험변경증가의 통지를 받은 때에도 1월내에 보험료의 증액을 청구하거나 계약을 해지할 수 있다(상법 제652조 제2항).[336)337)]

보험자는 보험사고의 발생 후에도 위험변경증가의 사실을 안날로부터 또는 통지를 받는 날로부터 1월내인 한은 계약을 해지할 수 있다(상법 제655조 본문). 그러나 보험계약자 등이 위험의 변경증가의 사실과 보험사고의 발생 상이에 인과관계가 없음을 증명하는 때에는 보험금지급을 청구할 수 있고 이미 지급받은 보험금의 반환을 거절할 수 있다(제655조 단서).

---

336) **보험계약자가 보험계약 체결 당시 보험모집인에게 장차 피보험차량에 크레인을 장착할 예정임을 알려주었으나 그 후 크레인 장착을 완료한 사실을 보험자에게 통지하지 않았고 보험모집인 역시 위 구조변경 후 그 사실을 통지해야 한다는 약관 내용을 설명하지 않은 사안에서, 보험자가 상법 제652조 제1항에 의하여 보험계약자의 통지의무 위반을 이유로 위 보험계약을 해지할 수 있다고 본 사례** : 보험계약자가 보험계약 체결 당시 보험모집인에게 장차 트럭에 크레인을 장착할 예정임을 알려주었으나 그 후 크레인 장착을 완료한 사실을 보험자에게 통지하지 않았고, 보험모집인 역시 위 보험계약 체결 당시 보험계약자에게 구조변경 후 그 사실을 보험자에게 서면으로 알리고 보험증권에 보험자의 승인을 받아 할증된 보험료를 추가로 납입하여야 한다는 약관의 내용을 제대로 설명하지 않은 사안에서, 보험계약자가 보험모집인에 불과한 자에게 피보험차량에 크레인을 장착할 예정이라는 사실을 알려주었을 뿐이라면, 일반적으로 보험모집인이 독자적으로 보험자를 대리하여 보험계약을 체결할 권한이 없을 뿐만 아니라 고지 내지 통지의 수령권한도 없는 점에 비추어 볼 때 그로써 피보험차량의 구조변경에 관한 통지의무를 다한 것이라고 할 수 없으므로, 보험계약자가 나아가 보험계약 체결 후에 보험자에게 크레인 장착을 완료한 사실을 통지하지 아니한 이상, 이는 보험계약자가 상법 제652조 소정의 통지의무를 해태한 것이라고 할 것이어서, 보험자가 보험약관상 규정된 보험계약 체결 후 자동차의 구조변경 사실에 관한 보험계약자의 통지의무에 관한 규정을 보험계약자에게 설명하였는지 여부와 상관없이 상법 제652조에 의하여 위 보험계약을 해지할 수가 있다(대판 1998. 11. 27, 98다32564).

337) **상해보험의 약관에 피보험자의 기왕증의 영향으로 상해가 중하게 된 때에는 보험금을 감액한다는 규정이 있는 경우, 보험자가 그 약관에 따라 보험금을 감액하여 지급할 수 있는지 여부(적극)** : 상해보험은 피보험자가 보험기간 중에 급격하고 우연한 외래의 사고로 인하여 신체에 손상을 입는 것을 보험사고로 하는 인보험으로서, 일반적으로 외래의 사고 이외에 피보험자의 질병 기타 기왕증이 공동 원인이 되어 상해에 영향을 미친 경우에도 사고로 인한 상해와 그 결과인 사망이나 후유장해 사이에 인과관계가 인정되면 보험계약 체결시 약정한 대로 보험금을 지급할 의무가 발생하고, 다만 보험약관에 계약체결 전에 이미 존재한 신체장해, 질병의 영향에 따라 상해가 중하게 된 때에는 그 영향이 없었을 때에 상당하는 금액을 결정하여 지급하기로 하는 내용이 있는 경우에는 지급될 보험금액을 산정함에 있어서 그 약관 조항에 따라 피보험자의 체질 또는 소인 등이 보험사고의 발생 또는 확대에 기여하였다는 사유를 들어 보험금을 감액할 수 있다(대판 2005. 10. 27, 2004다52033).

찾아보기

저자소개

이철호
남부대학교 경찰행정학과 교수
(헌법, 인권법, 경찰법)

동국대학교 법과대학을 졸업하고 동 대학원에서 법학박사학위를 취득했다. 모교인 동국대학교를 비롯하여 덕성여자대학교, 평택대학교 등 여러 대학에서 헌법, 비교헌법론, 법학개론, 경찰행정법 등을 강의 했으며, 현재는 광주광역시(光州廣域市)에 소재하고 있는 남부대학교 경찰행정학과에서 헌법, 경찰과 인권, 경찰특별법규 등을 가르치고 있다.

이철호는 역사에 토대를 둔 학문을 하고자 하며, "과거 청산에는 시효나 기한이 있을 수 없다"라는 신념으로 군사독재 정권의 왜곡된 법리 문제를 논구(論究)하고자 애쓰고 있다.

학교 안에서는 학과장, 입학홍보실장, 생활관장, 경찰법률연구소 소장으로 봉사하였고, 학교 밖에서는 중앙선거관리위원회 자문교수, 개인정보분쟁조정위원회 전문위원, 광주지방경찰청 징계위원, 경찰청 치안정책 평가위원, 경찰청 과학수사센터 자문교수, 광주광산경찰서 집회시위자문위원회 위원장, (사)한국투명성 기구 정책위원 등으로 활동하고 있다.

그 동안 발표한 논문으로는 성범죄의 재범 방지 제도와 경찰의 성범죄 전력자 관리, 전·의경의 손해배상청구권 제한의 문제점과 해결방안, 국회 날치기 통과사와 국회폭력방지방안, 한국의 기업인 범죄와 법집행의 문제, 존속살해 범죄와 존속살해죄 가중처벌의 위헌성 검토, 선거관리위원회의 위상과 과제, 헌법상 종교의 자유와 종교문제의 검토, 헌법상 인간의 존엄과 성전환의 문제, 친일인사 서훈 취소 소송에 관한 관견(管見), The Story of the "Order of Merit Party" and the Cancellation of Awards Issued to Chun Doo-Hwan's New Military 등 다수 논문이 있고, 〈헌법강의〉(공저), 〈헌법입문〉, 〈경찰행정법〉, 〈경찰과 인권〉, 〈의료관계법규〉, 〈법학입문〉(공저), 〈법은 어떻게 독재의 도구가 되었나〉(공저), 〈동국의 법학자〉 등의 저서가 있다.

법과 생활

1판 1쇄 인쇄 2018년 08월 20일
1판 1쇄 발행 2018년 08월 30일
저　　자 이철호
발 행 인 이범만
발 행 처 **21세기사** (제406-00015호)
경기도 파주시 산남로 72-16 (10882)
Tel. 031-942-7861 Fax. 031-942-7864
E-mail : 21cbook@naver.com
Home-page : www.21cbook.co.kr
ISBN 978-89-8468-808-7

정가 20,000원